JN383043

1950
02:03
1950년대의 음악 장르들은 서로에게 영향을 주고받으며 대중음악의 다양성을 풍부하게 만든 시기였다. 각 장르의 근원을 지키면서도 조금씩 융합이 일어났다.

1970

이 시기에는 록 음악이 여러 종류의 하위 장르로 분화되고 디스코와 펑크 같은 새로운 스타일이 등장하면서 대중음악의 판도가 크게 변화했다.

1990

00:53 -02:03

1990년대 대중음악은 다양화와 글로벌화가 두드러진 시기였다. 여러 장르가 동시에 발전하며 혼합되고 새로운 기술과 인터넷의 보급이 음악산업에 큰 영향을 미쳤다.

2000

00:53 -02:03

인터넷과 MP3의 보급, 스트리밍 서비스의 출현으로 음악의 소비 방식이 혁신적으로 변했다. 이와 함께 장르가 다양하게 발전하고 혼합되면서 새로운 음악 스타일이 탄생했다.

팝 음악의 모든 것

알아두면 잘난 척하기 딱 좋은 **팝 음악의 모든 것**

초판 1쇄 인쇄 2024년 12월 16일
초판 1쇄 발행 2024년 12월 25일

지은이 박정한
펴낸이 이춘원
펴낸곳 노마드
기 획 강영길
편 집 유연식
디자인 Do'soo
마케팅 강영길

주 소 경기도 고양시 일산동구 무궁화로120번길 40-14 (정발산동)
전 화 (031) 911-8017
팩 스 (031) 911-8018
이메일 bookvillagekr@hanmail.net
등록일 2005년 4월 20일
등록번호 제2005-29호

ISBN 979-11-86288-88-7 (03600)

책값은 책표지 뒤에 있습니다.

알아두면 잘난 척하기 딱 좋은

팝 음악의 모든 것

박정한 지음

nomad 노마드

알아두면 잘난 척하기 딱 좋은

팝 음악의 모든 것

올드 팝에서 모던 팝까지

1950년대 대중문화의 시작부터
현대에 이르기까지 종합적 음악사

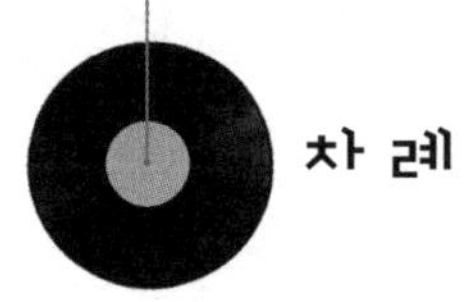

차 례

Part 4. 1980년대 음악 장르 및 특징

Part 5. 1990년대 음악 장르 및 특징

Part 6. 2000년대 음악 장르 및 특징

에필로그

머리말

우리는 평생 음악을 듣고 살아갑니다. 절대 안 듣겠다고 마음먹더라도 길거리에서 흘러나오거나 각종 매체에 의해 노출되기 때문에 거부하려야 할 수가 없죠. 어쩌면 음악이란 평생 함께해야 할 또 하나의 동반자일지도 모릅니다.

우리는 각자 다른 음악을 듣고 자랐고, 각자의 음악에 무의식적으로 추억을 담아두었습니다. 어릴 적 어머니가 불러주시던 자장가, 등·하교나 출·퇴근할 때 버스에서 햇살을 맞으며 들었던 음악, 하루 종일 컴퓨터 앞에 앉아 게임을 하면서 들었던 음악, 운동하면서 힘을 내기 위해 들었던 부스터용 음악, 계절이나 날씨에 따라 들었던 음악, 사랑하는 사람을 생각하며 눈물을 흘리며 들었던 음악 등 지극히 개인적인 추억들을 각자의 음악 속에 담아두죠.

뜬금없이 흘러나온 음악이 그 시절의 감정들을 불러

일으켜 은은한 미소를 짓게 하며 기분이 좋아졌던 경험이 누구나 한 번쯤은 있을 것입니다. 이러한 나의 '직접적인 경험'들은 별거 아닐 수도 있는 음악을 나만의 영롱한 음악으로 바꿔줍니다.

'직접적인 경험'만큼 중요한 또 다른 하나는 바로 '간접적인 경험'입니다. 세상에 나온 모든 곡 중에서 이유와 의미 없이 태어난 곡은 아마 없을 것입니다. 아티스트들은 작곡·작사할 때 자신의 개인적인 생각이나 시대적 상황, 영감 등을 곡에 담아 전달합니다. 비틀스(The Beatles)의 음악을 들으면 1960년대 영국의 감성이 느껴지고, 마이클 잭슨(Michael Jackson)의 음악을 들으면 80년대 화려했던 미국의 문화를 몸소 체험하는 것 같고, 일본의 시티 팝을 들으면 90년대 도쿄의 네온사인 거리를 걷는 느낌이 드는 이유가 바로 여기에 있습니다.

우리가 이들의 의도를 100% 완벽하게 이해할 수는 없지만, 교감을 통해 어느 정도의 '간접적인 경험'을 느낄 수 있습니다. <벚꽃 엔딩>은 봄이라는 계절적인 감성을 잘 담아냈기 때문에 우리는 그 노래를 들으며 따뜻한 봄의 기운을 느낍니다. <어느 60대 노부부 이야기>를 듣고 비록 경험해보지 못한 타인의 인생이지만 노래가 그런 느낌을 잘 투영해주기 때문에 큰 공감과 깊은 감동을 받게 됩니다.

저는 이 '간접적인 경험'에 초점을 맞추어 감동을 증폭시키기 위해서는 배경지식이 필요하다고 생각합니다.

여기서 말하는 배경지식이란 특별한 것이 아니라 아티스트들의 개인적인 성격, 살아온 환경, 음악을 대하는 마인드, 일생 동안의 고뇌, 정치적인 성향 등을 말합니다.

이 책은 그러한 배경지식들을 제공하여 작은 정보들이 모여 한 곡, 한 앨범, 또는 아티스트의 일생 전체를 '가볍게나마' 이해할 수 있게 하자는 취지입니다. 이렇게 되면 기존에 알던 곡의 풍미가 한층 더 진해져 다르게 들릴 것이며, 몰랐던 곡들조차도 조금은 흥미를 가지고 듣게 되지 않을까 기대해봅니다.

뮤지션들의 태생부터 데뷔 배경, 히트한 곡과 앨범들, 시간의 흐름에 따른 음악적 변화, 사건 사고 등 많은 것들을 담고 싶었지만 물리적인 한계가 있어 어디서부터 어디까지 써야 할지, 어떤 스토리를 뽑아야 할지 많은 고민을 했습니다. 결국 팝 음악사에서 중요한 사건과 흥미로운 이야기를 위주로 쓰기로 마음먹었습니다. 좀 욕심을 부린다면, 음악을 잘 모르는 사람들도 쉽게 읽고 흥미를 느낄 수 있기를 바라며, 음악을 잘 아는 사람들은 다시 한 번 리바이벌하면서 되새겨볼 수 있으면 좋겠다는 생각입니다.

글의 전체적인 진행은 대중문화가 시작된 1950년대부터 현대에 이르기까지 시간의 순서에 따라 서술됩니다. 각각의 파트가 따로 읽어도 쉽게 이해될 수 있도록 연계성에 신경을 썼습니다. 간혹 스토리가 옆으로 뻗어 나가는 경우도 없진 않을 겁니다. 또 어떤 분께는 어쩌면 중요도가 떨어지고 일회성에 가까운 이야기에 불과할 수도 있을 것입니다. 그럼에도 감히 부탁드리고 싶은 말은 부담없이 흥미 위주로 읽어주시면 감사하겠습니다.

최대한 객관화하려 했지만 필자의 음악적 취향이 반영되어 있다는 점도 양해 부탁드립니다. 음악에 관련된 책이긴 하나 음악적 이론이나 용어는 최대한 빼거나 간략하게 설명해 누구나 쉽게 이해하는 데 초점을 맞췄습니다. 앨범 판매량이나 각종 수상 횟수 같은 기록들은 시간이 지나면서 당연히 달라질 것이고, 장르적인 규정이나 모호함 역시 필자와 독자의 생각이 다를 수 있을 것입니다. 다만 최대한 객관적으로 팩트를 중심으로 서술하려 애쓴 점만은 말씀드리려 합니다.

본문에서 앨범명은 [ ]로, 곡명은 〈 〉으로 표시했고 필요한 추천곡들은 단락 밑에 추가로 달았습니다. 맥주를 마시면서 이야기를 나누듯 편안하게 음악적 소재를 제공해 드리고 싶었고, 책을 닫을 때쯤이면 자동적으로 현대 팝 음악 흐름을 이해하는 데 일조했으면 좋겠다는 욕심도 가져봅니다.

개인적으로 요즘 고전 팝과 록을 찾아서 듣는 분들이 많이 없어 안타깝게 생각하고 있으므로, 이 책을 통해 팝 음악에 새롭게 유입되는 독자들이 많아지면 좋겠습니다.

감사합니다.

1950

00:53 -02:03

1950
Miscellaneous knowledge about pop songs

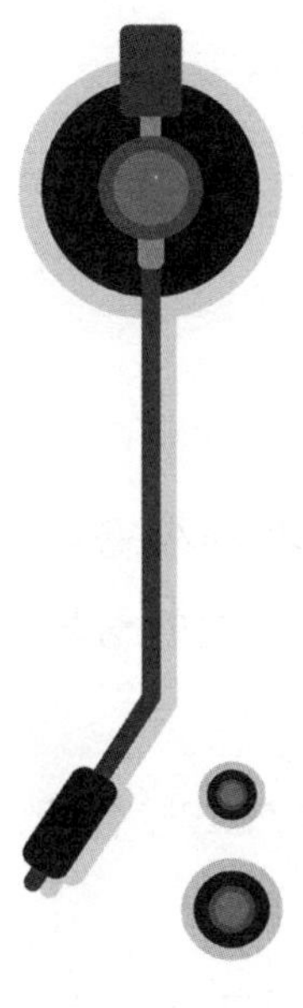

Part 1.

1950년대 음악 장르 및 특징

1950년대 이전의 세계 음악 흐름은 한곳으로 집중되기보다는 각 지역별로 전통음악들이 중요한 역할을 했다.
1950년대의 음악 장르들은 서로에게 영향을 주고받으며 대중음악의 다양성을 풍부하게 만든 시기였다. 각 장르의 근원을 지키면서도 조금씩 융합이 일어났다.

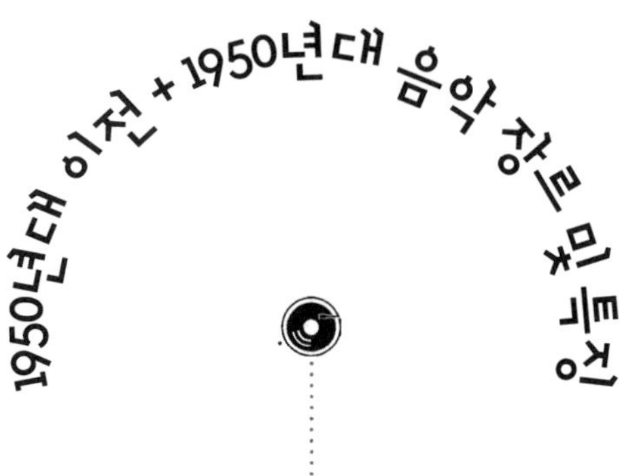

1950년대 이전의 세계 음악 흐름은 한곳으로 집중되기보다는 각 지역별로 전통음악들이 중요한 역할을 했다.

유럽에서 시작된 고전 '클래식' 음악은 여전히 오케스트라, 실내악, 오페라 등의 다양한 형식으로 소비되고 있었다.

20세기 초 미국 뉴올리언스에서 시작된 '재즈'는 시카고, 뉴욕 등지로 확산 중이었으며 블루스 스케일과 스윙 리듬의 즉흥연주가 유행했고, 초기의 딕시랜드 재즈는 이후 스윙, 비밥 등으로 발전되었다. 대표적인 아티스트로는 루이 암스트롱, 듀크 엘링턴, 빌리 홀리데이 등이 있다.

19세기 말에 이주한 아프리카계 노동자들에 의해 생겨난 '블루스'는 슬라이드 기타를 통해 12마디 블루스 구조, 블루노트 음계, 반복적인 코드 진행이 특징이었다. 대표적인 아티스트로는 로버트 존슨, 머디 워터스, B. B. 킹 등이 있다.

'컨트리' 음악은 20세기 초 미국 남부와 서부의 전통음악에서 기원했으며 밴조, 기타, 바이올린 등의 악기를 통해 단순한 멜로디와 가사, 농촌 생활을 주제로 한 노래들이 많았다. 대표적인 아티스트로는 지미 로저스, 행크 윌리엄스, 카터 패밀리 등이 있다.

빅밴드 혹은 대규모 악단으로 편성된 '스윙' 음악은 20세기 초에 유행했으며, 경쾌한 리듬과 브라스 섹션의 화려한 연주로 주로 춤 음악으로 인기가 있었다. 대표적인 아티스트로는 베니 굿맨, 글렌 밀러, 카운트 베이시 등이 있다.

'포크' 음악은 20세기 초에 유행한 전통 민요와 노동가로 사회적·정치적 메시지를 담아내는 특징이 있었다. 주로 간단한 악기로 편성되었으며 기타와 목소리가 중심이었다. 대표적인 아티스트로는 우디 거스리, 피트 시거 등이 있다.

쿠바, 브라질, 아르헨티나 같은 예스파뇰 국가에서 기원된 '라틴' 음악은 강한 리듬감과 다채로운 퍼커션을 사용해 살사, 삼바, 탱고 같은 춤곡으로 표현되었다. 대표적인 아티스트로는 카를로스 가르델, 주앙 질베르토 등이 있다.

이 시기의 음악들은 주로 라디오와 레코드 등에 의해 확산되었고 각 장르의 특징과 문화적 배경이 음악 스타일에 큰 영향을 미쳤다.

1950년대는 대중음악의 혁명적인 시기였다. 다양한 장르에서 발전하여 대중문화에 큰 영향을 미쳤다. 특히 로큰롤의 등장과 함께 새로운 음악 스타일이 세계적으로 퍼지게 되었다.

'로큰롤'은 블루스, 컨트리, 재즈의 요소들이 혼합된 새로운 음악 스타일이었다. 강한 비트와 리듬에 일렉트릭 기타가 도입되었으며, 반항적이고 거친 이미지는 청소년문화와 밀접한 관련이 있었다. 대표적인 아티스트로는 엘비스 프레슬리, 척 베리, 리틀 리처드 등이 있다.

블루스와 재즈, 가스펠의 음악적 결합은 '리듬앤블루스(R&B)'라는 새로운 음악을 만들어냈다. 강한 리듬 섹션과 보컬의 감정 표현이 강조된 음악으로 이후 소울, 펑크, 힙합 등 다양한 장르로 발전한다. 대표적인 아티스트로는 레이 찰스, 루이스 조던, 페츠 도미노 등이 있다.

'두왑'은 보컬 그룹 중심의 아카펠라 스타일의 음악이었다. 반복적인 코러스와 멜로디, 하모니의 조화를 중시했고 사랑과 낭만적인 주제를 주로 다루었다. 대표적인 아티스트로는 더 플래터스, 더 코스터스, 프랭키 라이먼 앤 더 틴에이저스 등이 있다.

'컨트리'는 전통적인 스타일에서 현대화된 스타일로 발전되었다. 전기기타와 스틸기타를 사용한 홍키통크 스타일이 유행했으며 농촌과 일상생활을 넘어 사랑, 이별 등의 주제를 다루는 가사가 많았다. 대표적인 아티스트로는 행크 윌리엄스, 패츠 클라인, 조니 캐시 등이 있다.

'블루스'는 전통 블루스에서 도시 블루스로 발전하였고, 전기기타의 도입으로 일렉트릭 블루스가 등장했다. 고통과 희망, 삶의 애환을 담은 가사들이 주를 이루었고 대표적인 아티스트로는 B. B. 킹, 머디 워터스, 하울링 울프 등이 있다.

'재즈'는 비밥과 쿨재즈 등 다양한 스타일이 공존했다. 복잡한 화성과 리듬, 즉흥연주가 중심이었다. 주로 클럽이나 페스티벌을 중심으로 활발히 공연되었으며, 대표적인 아티스트로는 마일스 데이비스, 찰리 파커, 디지 길레스피 등이 있다.

'팝' 음악은 부드러운 멜로디를 중심으로 라디오와 TV의 발달로 크게 대중화되었다. 전통 팝 음악에서 로큰롤과 혼합된 새로운 스타일로 발전되었으며, 대표적인 아티스트로는 프랭크 시나트라, 페리 코모, 도리스 데이 등이 있다.

라틴음악은 맘보, 차차차, 보사노바 등 강렬하고 다양한 리듬과 스타일로 세분화되어 북미와 유럽에서도 큰 인기를 끌었다. 대표적인 아티스트로는 페레스 프라도, 주앙 질베르토 등이 있다.

1950년대의 음악 장르들은 서로에게 영향을 주고받으며 대중음악의 다양성을 풍부하게 만든 시기였다. 각 장르마다 근원을 지키면서도 조금씩 융합이 일어났다.

새로운 시대 - **저항 정신**

1945년, 미국이 일본에 원자 폭탄을 투하함으로써 6년간 지속되었던 제2차 세계대전이 종결되었다. 이로써 미국은 전 세계적으로 독보적인 패권을 쥔 초강대국으로 떠올랐다. 유럽의 산업 인프라 70%가 파괴되고 소련, 중국, 일본 또한 참혹한 피해를 입었다. 전후 복구와 경제 재건을 주도한 미국은 패전국들이 눈치를 보지 않을 수 없는 정치적·경제적·문화적 실질적 리더 국가가 되었다.

돈의 흐름이 자연스럽게 미국 쪽으로 쏠리게 되었고 전쟁 전과 비교해서 상당히 부유해진다. 가장 기본적인 의·식·주가 해결되고 소위 먹고 살 만해지자 사람들은 삶의 여유를 갖기 시작했고 자연스럽게 자신이 관심 있는 것, 하고 싶은 것에 눈길을 돌리게 되었다. 특히 이러한 현상은 기성세대보다 힘이 넘치고 혈기왕성한 10대들 사이에서 더 활발히 일어났으며, 이들은 새로운 '문화'를 형성해 나갔다.

우리가 어릴 적 그랬듯이 당시 젊은 세대도 고리타분한 것을 싫어했고 늘 새롭고 흥미로운 것을 찾길 원했다. '음악' 분야에서도 마찬가지였다. 늘 듣던 지겨운 음악 대신 신선한 음악이 필요했다. 당시 미국의 음악은 백인과 흑인의 음악이 철저히 분리되어 있었다. 백인은 포크나 컨트리음악, 혹은 프랭크 시나트라로 대변되는 스탠더드 팝 음악이 주류였고, 흑인은 블루스나 빅밴드 재즈 형식의 음악이 대세였다. 젊은 세대들은 점잖고 구닥다리 같은 백인의 음악보다는 정반대인 흑인의 블루스 음악을 선호했다. 블루스에 일렉트릭 기타의 리듬을 더한 경쾌한 음악은 모든 이를 춤추게 했고 젊은 세대를 매료시켰다.

당시 백인 기성세대는 기본적으로 흑인에 대한 차별적인 가치관을 가지고 있었다. 그들은 젊은 세대가 저급한 흑인음악을 듣는 것을 탐탁지 않게 여겨 이러한 현상을 억압하려 했다. 그러나 하지 말라고 하면 할수록 더 하고 싶은 것이 젊은이들의 마음 아니겠는가. 원조 반항아인 영화배우 제임스 딘의 영화 「이유 없는 반항」이 유행하면서 모든 젊은 세대의 마음속에는 '저항'이라는 글자가 새겨졌고 그것은 억압하면 할수록 더 크게 타올랐다.

음악적 융합 - **로큰롤**

서서히 백인과 흑인의 음악적 경계가 무너지기 시작한다. 백인들은 흑인의 블루스 음악을, 흑인들은 백인들의 컨트리음악을 서로 차용하면서 자연스러운 음악적 융합 흐름이 나타난 것이다. 그로 인해 새롭게 탄생한 음악이 바로 블루스와 컨트리의 합작물인 로큰롤이다. 젊은 세대는 끊임없이 로큰롤을 원했고, 음반사들도 소비문화의 중심이었던 젊은 세대의 니즈를 맞추기 위해 발 빠르게 움직였다.

1950년대에는 다양한 전설적인 로큰롤 1세대 뮤지션들이 대거 등장했다. '로큰롤의 선구자' 척 베리(Chuck Berry), '샤우팅의 원조' 리틀 리처드(Little Richard), '최초의 로큰롤 곡 주인공' 빌 헤일리(Bill Haley), '피아노 로큰롤' 제리 리 루이스(Jerry Lee Lewis), '록밴드 포메이션'을 정립한 버디 홀리(Buddy Holly) 등, 로큰롤의 뿌리라고 일컬어지는 다수의 뮤지션들이 활동했다. 이들은 로큰롤의 황제가 되는 엘비스 프레슬리(Elvis Presley)와 함께 한 시대를 이끌며 후대의 뮤지션들에게 지대한 영향을 끼쳤다.

로큰롤의 탄생은 대중음악계에 큰 시사점을 주었으며 대중음악의 시초이자 근간이 되었다. 안타깝게 현재 로큰롤은 수많은 파생 음악들에 의해 의미가 축소되어 단지 하나의 작은 장르로 여겨지고 있다. 그러나 클래식 록, 하드록, 사이키델릭, 프로그레시브, 펑크, 헤비메탈, 얼터너티브, 심지어 힙합까지도 모두 로큰롤의 자양분을 먹고 자라난 음악들이다. 엄밀히 말하면 이후 탄생한 음악들은 로큰롤의 영향에서 벗어날 수 없으며, 로큰롤이 없었다면 현재 존재하지 않았을 수도 있다. 한때 "로큰롤은 죽었다(Rock'n Roll Is Dead)"라는 표현이 유행했지만, 사실 '로큰롤은 절대 죽지 않는다(Rock'n Roll Will Never Die)'는 말이 더 진실에 가깝다.

추천곡

척 베리 : <Maybellene>, <Johnny B. Goode>, <My Ding-a-Ling> 등
리틀 리처드 : <Tutti Frutti>, <Long Tall Sally>, <Good Golly Miss Molly> 등
빌 헤일리 : <Rock around the Clock>, <Shake, Rattle and Roll>, <See You Later, Alligator> 등
제리 리 루이스 : <Great Balls of Fire>, <Whole Lotta Shakin' Goin' on>, <Breathless> 등
버디 홀리 : <Everyday>, <That'll Be the Day>, <Peggy Sue> 등

트럭기사에서 황제로 - **엘비스 프레슬리**

엘비스 프레슬리는 어릴 적 가난한 가정에서 자랐다. 아버지는 옥살이를 했고, 어머니는 목화밭이나 공장에서 일하며 생계를 유지했다. 빈민가에서 자란 엘비스는 주위에 흑인 친구들이 많아 이들과 자연스럽게 어울리며 그들의 감성과 문화를 몸에 익혔다. 또한 교회에서 성가대를 하며 음악적으로도 성장한다. 고등학교 졸업 후 낮에는 트럭기사로 일하고, 저녁에는 인근 술집에서 노래를 하며 돈을 벌었다.

어머니의 생일이 가까워지자 엘비스는 자신의 목소리를 선물해야겠다는 생각으로 단돈 4달러를 들고 레코드사를 찾아간다. 녹음이 시작되자 레코드사 사장은 그의 목소리를 듣고 큰 충격을 받았다. 당시에는 TV에 흑인들이 나와 노래하는 것이 사실상 어려웠다. 음반사들은 흑인 스타일로 노래하는 백인을 찾고 있었는데, 엘비스는 그토록 모두가 찾던 바로 그 흑인의 느낌이 나는 백인이었다. 또한 엘비스의 큰 키와 매력적인 미소의 비주얼적인 매력까지 더해져 모든 것이 완벽했다.

엘비스는 곧바로 가수로 데뷔했고, 반응은 선풍적이었다. 그는 소녀 팬들의 인기를 독차지했고, 10대들의 음악적 탈출구 역할을 톡톡히 해주었다. 하지만 기성세대들은 백인이 다리를 흔들면서 노래하는 모습을 보고 비난했으며, 방송에서도 그의 상체 부분만 클로즈업하여 송출하기도 했다.

<Heartbreak Hotel>, <Hound Dog>, <Don't Be Cruel>, <Love Me Tender>, <Jailhouse Rock> 등 음반을 내는 족족 히트했으며 빌보드차트 1위에 무려 17곡을 올려 '로큰롤의 황제'라는 칭호를 얻게 된다. 엘비스는 대중음악 사상 최초의 슈퍼스타로서 로큰롤이라는 장르를 전 세계 음악의 주류로 끌어올렸고, 흑인과 백인의 이분법적인 기성세대 음악문화의 판도를 뒤집는 중추적인 역할을 했다. 그는 블루스, 컨트리, 가스펠 등 다양한 음악적 요소를 융합하여 후대 수많은 음악가들에게 큰 영향력을 남겼다.

로큰롤의 몰락과 음악이 죽은 날

영원할 것만 같던 로큰롤은 예상보다 빠르게 쇠퇴기를 맞이하였다. 앞서 언급한 1세대 로큰롤 스타들은 비슷한 시기에 내리막길을 걷기 시작한다.

척 베리는 1959년 자신의 클럽에서 일하던 미성년자를 데리고 국경을 넘어 성행위를 시도하다 체포되어 1년 6월의 징역형을 받는다.

리틀 리처드는 1957년 갑자기 은퇴를 선언하고 목사의 길을 가겠다고 선언한다. 이유는 호주 투어 도중 경비행기 고장으로 추락 위기에 처했을 때 마음속으로 하나님에게 살려달라고 기도했고 다행히 불시착하여 구조되었기 때문이다. 이후 그는 하나님을 극도로 섬기는 건실한 기독교인이 되었고 로큰롤을 사탄의 음악이라고 주장해 버린다.

빌 헤일리는 인기와 음반 판매량이 서서히 떨어지자 알코올에 의존하게 되었고 결국 알코올중독자가 된다.

제리 리 루이스는 1958년 영국 투어 도중 불과 13살이었던 사촌 동생과 결혼한 사실이 밝혀지며 좋지 않은 소문에 휘말린다. 보수적인 사회에서 큰 반발을 일으켰고 예정된 37군데 콘서트 중 세 군데에서 강행하다 여론의 반발로 나머지 34개는 전면 취소되었으며, 라디오에서는 루이스의 곡이 금지해 버린다.

버디 홀리는 1959년 2월 3일 빅 바퍼(The Big Bopper)와 <LA Bamba>로 유명한 리치 발렌스(Ritchie Valens)와 함께 순회공연을 가기 위해 경비행기에 탑승했다가 추락하여 모두 사망하고 만다. 이날은 음악사에서 '음악이 죽은 날'로 불리고 있다.

그 무렵 로큰롤의 유행에 큰 역할을 했던 미국의 라디오 DJ 앨런 프리드(Alan Freed)는 메이저 음반사들로부터 돈을 받고 특정 로큰롤 곡을 틀어주던 일명 '페이올라 사건'이 발각되어 해고되면서 로큰롤 음악에 부정적인 시선이 가득 차게 된다.

당시 엘비스는 미국의 징집 대상자였고 슈퍼스타의 거취는 세간의 화제였다. 엘비스를 징집하지 말아야 한다는 팬들과 군대에 가야 한다는 기성세대와의 끊임없는 논쟁이 있었다. 매니저인 톰 파커(Tom Parker)는 이 위기를 기회로 삼아 이미지 변신을 꾀하기 위해 (보수층의 지지를 얻기 위해) 엘비스의 입대를 결정했고, 그는 1958년부터 1960년까지 군 복무를 한다.

복귀 후 놀랍게도 음악 스타일은 이전의 다리를 떨던 로커빌리, 로큰롤이 아닌 스탠더드 팝으로 변화했으며, 그것도 음악 활동보

단 주로 영화 활동에만 전념한다. 자신의 의지와는 상관없이 톰 파커의 결정에 따라 엘비스는 약 30편에 달하는 영화에 출연했지만 특별히 기억에 남는 작품은 크게 없다. 당시에는 엘비스가 영화에서 노래를 부르면 흥행에 성공하는 시대였기에 영화의 퀄리티보다는 단순히 90분짜리 뮤직비디오를 찍는 느낌이었다.

이렇게 로큰롤은 서서히 사라지는 모습을 보였지만 몇 년 후에 영국에서 커다란 융단폭격이 떨어져 새로운 시대를 열게 된다.

몸 안에 똥이 가득 - **엘비스 프레슬리**

엘비스는 군대에서의 2년이라는 시간 동안 고뇌에 가득 차 있었다. 제대 후 음악 활동 방향에 대한 고심도 있었지만, 가장 큰 이유는 복무 중 어머니의 사망소식이었다. 어머니를 평생 사랑했던 효자 엘비스에게 어머니의 부재는 죽을 때까지 걷잡을 수 없는 외로움과 상실감에 빠지게 했다.

전역 후 약 7년 동안 영화 촬영만 하면서 자신이 가수인지 배우인지에 대한 정체성 고민을 하며 정신적으로 불안한 슬럼프 생활을 이어간다. 자신감과 자존감이 바닥까지 떨어진 엘비스는 심리적인 안정을 위해 다량의 안정제와 진통제, 각성제를 복용한다. 불법 마약은 아니었지만 엘비스는 암 말기 환자가 복용해야 할 정도의 양을 수년간 매일 복용했다. 게다가 나이가 들면서 잘못된 식습관과 스트레스성 폭식으로 살이 160kg까지 쪄버리고 만다.

말년에 안타까운 망가진 록 스타의 이미지를 가지고 있던 엘비스는 결국 1977년 8월 자택에서 심장마비로 사망한다. 사망 후 부검 결과, 대장에서 엄청난 양의 대변이 검출되었다. 엘비스가 복용하던 약 중 코데인이라는 약물이 변비를 유발한 것이었다.

일반적으로 처방받는 양보다 10배에 달하는 코데인을 복용하던 엘비스는 항상 대변이 마려운 상태였으며 대변을 보기를 항상 힘겨워 했다. 갑자기 불어난 몸무게에 영향을 끼칠 정도의 양이었는데, 주치의는 항문 이식 수술을 권유했지만 엘비스는 연예인 신분이라 거절했다고 한다. 엘비스의 집안 내력이었던 심장마비가 약물 과다 복용에 의해 더 빨리 발생했을 수도 있다고 전했다.

그에게는 다른 록 스타들과는 달리 불법적인 마약이 일절 나오지 않았다. 엘비스는 평생 건실한 기독교 신자였다. 사생활도 깨끗하고 허세와 오만함도 큰 스캔들조차 없었다. 게다가 모범적인 군 생활까지 한 품위 있는 스타로 귀감이 되는 인물이었다.

1960

00:53 -02:03

1960
Miscellaneous knowledge about pop songs

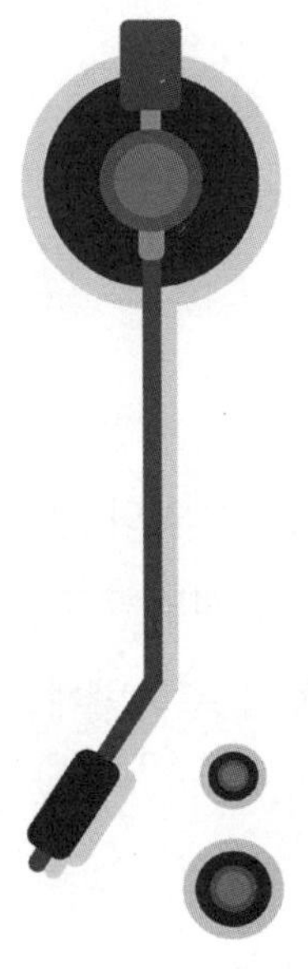

Part 2.

1960년대 음악 장르 및 특징

1960년대는 대중음악의 황금기로 다양한 장르가 폭발적으로 성장하고 발전하는 시기였다.
'로큰롤'은 더 강렬한 사운드와 복잡한 곡 구조를 통해 '록'으로 발전했으며, 반문화적인 요소와 청년문화의 상징으로 자리 잡는다.

1960년대 음악 장르 및 특징

1960년대는 대중음악의 황금기로 다양한 장르가 폭발적으로 성장하고 발전하는 시기였다. 음악적 혁신과 문화적 변화가 맞물리면서 여러 장르가 주목받게 되었고, 오늘날의 대중음악에 큰 영향을 미쳤다.

'로큰롤'은 더 강렬한 사운드와 복잡한 곡 구조를 통해 '록'으로 발전했으며, 반문화적인 요소와 청년문화의 상징으로 자리 잡는다. 하드록, 사이키델릭 록, 프로그레시브 록 등 서브 장르가 생겨났으며 대표적인 아티스트로는 비틀스, 롤링스톤즈, 지미 헨드릭스, 도어즈 등이 있다.

'사이키델릭 록'은 '록'의 서브 장르로, 히피와 약물 문화와 연관

된 음악 스타일이다. 혁신적인 사운드 이펙트와 실험적인 곡 구조, 환상적이고 몽환적인 가사가 특징이며 대표적인 아티스트로는 도어즈, 그레이트풀 데드, 지미 헨드릭스, 제니스 조플린 등이 있다.

'브리티시 인베이전'은 영국 밴드들이 미국 대중음악시장에 큰 영향을 끼친 사건으로 비틀스의 성공을 필두로 록 음악의 글로벌화를 가져왔다. 다양한 음악 스타일을 혼합한 실험적인 접근이 주를 이루었다. 대표적인 아티스트로는 비틀스, 롤링스톤즈, 애니멀스, 더후 등이 있다.

'소울' 음악은 R&B와 가스펠송에서 발전한 장르로 강력한 보컬과 감정 표현이 특징적이고 민권운동과 밀접한 연관이 있었다. 대표적인 아티스트로는 아레사 프랭클린, 제임스 브라운, 오티스 레딩 등이 있다.

디트로이트에 기반을 둔 레이블 모타운이 만든 '모타운' 음악은 소울과 R&B와 팝을 결합한 매끄러운 사운드를 선보였고 흥겨운 리듬과 멜로디, 화려한 보컬 하모니가 특징이었다. 대표적인 아티스트로는 스모키 로빈슨, 마빈 게이, 스티비 원더, 슈프림스 등이 있다.

'포크'는 전통 민속음악에 현대적 요소를 결합하여 더욱 강한 사회적·정치적 메시지를 담았다. 어쿠스틱 악기와 단순한 편곡에서 일렉트릭 기타가 도입되어 좀 더 복잡해졌으며, 대표적인 아티스트로는 밥 딜런, 조안 바에즈, 피터폴앤메리 등이 있다.

'팝' 음악은 여전히 라디오와 TV를 통해 폭넓게 퍼졌으며 다양한 장르와 혼합되었다. 대중적이면서 접근하기 쉬운 멜로디와 가사로 특히 비치보이스 같은 서프 뮤직 아티스트들이 대표적이다.

'레게'는 자메이카에서 기원했으며 스카와 록스테디에서 발전되었다. 오프비트 리듬, 강한 베이스 라인, 사회적·정치적 메시지를 담은 가사가 특징이다. 대표적인 아티스트로는 밥 말리, 피터 토시, 지미 클리프 등이 있다.

'컨트리'는 더욱 모던한 스타일로 발전되었고 세련된 프로덕션과 팝적인 요소가 결합되었다. 개인적인 이야기와 감정 표현이 두드러졌으며 대표적인 아티스트로는 조니 캐시, 로레타 린, 멀 해거드 등이 있다.

'재즈'는 하드밥, 프리재즈 등 다양한 스타일로 발전하였고 높은 수준의 즉흥연주와 복잡한 화성, 아방가르드한 접근과 실험적인 음악을 선보였다. 대표적인 아티스트로는 존 콜트레인, 마일스 데이비스, 찰스 밍거스 등이 있다.

1960년대는 대중음악이 더욱 다변화되고 국제적으로 확산된 시기였다. 이 시기의 음악적 혁신과 문화적 변화는 이후 수십 년간의 대중음악 발전에 큰 영향을 미쳤다.

비틀스의 등장과 브리티시 인베이전 - 비틀스

미국 1세대 로큰롤의 불꽃은 꺼졌지만 영국에서는 이제 막 불이 붙기 시작했다. 수많은 밴드가 등장했고 그중 최고는 단연코 음악 역사상 G.O.A.T인 비틀스였다. 비틀스는 결성 후 몇 번의 멤버 교체가 있었고 최종적으로 존 레논(John Lennon), 폴 매카트니(Paul McCartney), 조지 해리슨(George Harrison), 링고 스타(Ringo Starr)로 정해진다.

이들은 결성 후 바로 뜬 것이 아니라 영국 리버풀과 독일 함부르크를 중심으로 약 5년간의 무명 생활을 하며 기본기를 탄탄히 닦았다. 비틀스의 홈 경기장이라고 할 수 있는 리버풀의 캐번클럽에서 수백 번의 공연을 통해 실력이 입소문 나기 시작했다.

인근에서 NEMS 레코드사를 경영하고 있던 브라이언 엡스타인(Brian Epstein)은 손님들이 자꾸 비틀스의 앨범을 찾고 실력이 뛰어나다는 말을 하자 캐번클럽으로 직접 찾아간다. 비틀스의 공연을 본 엡스타인은 매니저를 자처하며 비틀스와 계약을 맺는다.

이후 그는 비틀스를 성공시키기 위한 처방에 돌입했다. 가장 먼저 스타일부터 손봤다. 반항적인 로커 스타일을 버리고 정장을 입혔으며 머리를 더벅머리로 바꾸었다. 공연에서 음식, 흡연, 욕설을 금지시켰고 공연이 끝나면 모두 나와 관객에게 머리 숙여 인사하라고 했다.

엡스타인은 앨범 발매를 위해 영국의 대표적인 레코드사의 문을 두드렸다. 그중 데카 레코드사는 1시간 동안 무려 15곡이나 연주하게 하고는 결국 탈락시켰는데 이는 현대 음악사 최악의 오판으로 꼽힌다.

결국 EMI와 계약을 맺고 1962년 10월 5일 대망의 첫 싱글 <Love Me Do>와 3개월 후 두 번째 싱글 <Please Please Me>가 연속 발매되어 UK 싱글차트 정상을 차지한다. 이후 1963년 3월, 첫 정규 앨범 [Please Please Me]가 발매되자마자 UK 앨범차트 정상에 올랐다.

비틀스의 인기는 최고였다. 메이저 데뷔와 동시에 하늘을 찔렀다. 내는 싱글마다 1위를 차지하는 것은 기본이었다. 앨범차트에서 비틀스를 끌어내릴 수 있는 것은 다음 앨범을 낸 비틀스뿐이었다. 잘생기고 실력 있는 네 명의 미소년들의 질주에 영국과 유럽은 단숨에 점령되어 '비틀마니아'라는 용어가 생길 만큼 엄청난 팬덤을 형성했다.

포부가 원대했던 브라이언 엡스타인은 영국과 유럽에서 그치지 않고 더 큰 시장인 미국을 타깃으로 삼는다. 비틀스라면 충분히 세계를 제패할 수 있다고 판단한 엡스타인은 미국으로 마케팅 캠페인에 투자했고 당시 미국 최고의 프로그램이었던 「에드 설리번 쇼」에 출연 계약을 체결한다.

1964년 2월 7일, JFK공항에 비틀스가 도착했고 수많은 인파가 몰려 비틀스를 환영했다. 비행기를 타고 오기 직전까지만 해도 비틀스 멤버들은 미국 내 자신들의 인기를 실감하지 못해 걱정이 많았다고 했다. 이전까지 영국 출신 가수가 미국에 진출해서 성공한 경우가 없었기 때문이다. 그런 걱정은 미국 땅에 발을 디디자마자 수만 명의 인파를 보고 싹 사라지게 된다.

이틀 후 「에드 설리번 쇼」에 출연한 비틀스는 엄청난 센세이션을 불러일으켰다. 당시 미국 인구의 40퍼센트에 육박하는 7,300만 명이 시청했으며 방송시간 동안 미국 전역의 청소년범죄 신고율이 0건이었다. 진정한 브리티시 인베이전(영국의 침공)의 시작이었다. 비틀스가 그 포문을 열자 그 뒤로 롤링스톤즈, 더후, 킹크스, 애니멀스, 크림 등 많은 영국 밴드들이 파도처럼 밀려들어왔다. 보수 단체들이 비틀스를 막으려 했지만 막을 수 없는 쓰나미 같은 존재였다.

1960년대 미국 음반 시장의 60% 이상을 비틀스와 브리티시 인베이전 밴드들이 점유했고, 많은 미국 가수들이 타격을 입었다. 밥 딜런, 비치보이스, 슈프림스 등 본토 뮤지션들이 힘을 합쳐 방어전선을 구축했지만 역부족이었다.

그 외 비틀스 초기 추천곡

<Twist and Shout>, <A Hard Day's Night>, <Cant' Buy Me Love>, <Eight Days a Week>, <I Want to Hold Your Hand>, <All My Loving>, <From Me to You>, <I Fell Fine> 등

비틀스에 열광한 이유

비틀스의 영향력과 가치는 어디서부터 시작해서 어디까지 담아야 할지 가늠조차 할 수 없다. 그만큼 영향력이 지대하다. 음악, 정치, 사회문화 등 이들의 영향을 받지 않은 대중문화는 존재하지 않는다. 어떤 단체의 어떤 집계에서든 항상 최고의 아티스트로 꼽힌다.

비틀스의 공식 활동 기간은 1962년 데뷔 후 1970년까지다. 채 10년도 채 되지 않는 기간 동안 그들이 만들어낸 유산은 실로 어마어마하다. 단편적인 기록 측면만 봐도 이들이 얼마나 위대했는지 체감할 수 있다.

역대 최다로 음반을 판매한 뮤지션으로 공식·비공식 모두 3억에서 10억 장까지 추산된다. 놀라운 점은 해체한 지 30년이 지난 시점인 2000년에 나온 컴필리케이션 앨범 [1]은 2010년대 최고 판매를 달성했다. 빌보드 싱글차트에서 1위에 무려 20곡, 앨범차트에서 1위에 19개를 올리며 50년째 깨지지 않는 기록을 보유 중인데, 이 기간을 모두 합치면 191주, 즉 3년 6개월 동안 1위에 머문 것이다. 참고로 앨범 전체를 들어달라는 의미로 [Rubber Soul]과 [Sgt. Pepper's Lonely Hearts Club Band] 앨범은 단 한 곡도 싱글로 발표하지 않았다. 또한 그룹과 멤버 모두가 로큰롤 명예의 전당에 오른 유일한 아티스트이며 이외에도 자잘한 기록들이 셀 수 없이 많다.

엘비스 프레슬리를 비롯한 초기 아티스트들이 대중음악을 형성했다면 비틀스는 이 대중음악을 다방면으로 입체화하고 다각화하고 발전시켜 살을 덧붙였다. 음악적으로 신선한 코드를 사용해 팝의 표준 형식을 변경하고, 가사에 철학적이면서 사회적 메시지를 담아 전달했으며, 다양한 악기들을 도입하고, 음향 기계를 변칙적으로 사용하고 다양한 녹음 방법을 시도하는 한편, 앨범 전체를 통일성 있게 구성하는 등 여러 시도들을 통해 음악을 몇 계단 업그레이드시켰다.

비틀스가 영향을 끼친 장르만 손꼽아도 팝, 포크, 블루스, 재즈, 컨트리, 사이키델릭, 프로그레시브, 메탈 등 수많은 하위 장르들이 있다. 그뿐 아니라 발라드, 일렉트로닉, 아방가르드, 정글, 힙합, 랩 등 현존하는 모든 장르가 비틀스의 그림자 안에 조금이라도 들어와 있다.

이들은 대중성과 음악성을 모두 다 잡은 최고의 뮤지션이자 개척자로서 세상을 뒤엎었다. 역대 많은 선·후배 아티스트들이 비틀스 영향을 받았다고 직접 언급한다. 심지어 2000년대 이후 태어나 활동한 아티스트들마저 존경을 표한다.

저자 개인적으로 초기 앨범부터 중기, 후기로 나눠서 비틀스의 모든 음악을 섭렵했다. 각 시기별로 성장하는 과정이 느껴지곤 했는데, 특히 5대 앨범은 무조건 들어보면 좋겠다는 생각이 든다. 만약 비틀스가 없었더라면 과연 현재의 광범위한 음악세계가 존재했을지, 궁금함을 넘어 외경심마저 들기도 한다.

다시 한 번 말하지만 비틀스의 활동 기간은 10년도 채 되지 않으며, 다른 가수들은 50년씩 활동해도 이 정도의 업적과 영향력을 가지지 못한 경우가 많다.

비틀스는 패션 영역에서도 큰 영향을 끼쳤다. 그들이 선보인 슬림한 상의 핏과 넥타이, 밑단이 딱 떨어지는 짧은 핏과 첼시 부츠, 더벅머리로 통하는 일명 모즈(Mods) 룩은 영국뿐만 아니라 미국, 그리고 세계의 젊은이들이 모두 따라했다. 모즈 룩이란 모던즈(Moderns)의 약자로 1960년대에 대중문화, 대량 소비문화가 발달하면서 기성세대의 가치관과 관습에 얽매이지 않고 자신만의 개성을 추구한 패션을 말한다. 겉모습은 상당히 단정해 보이고 순종적일 것 같지만 알고 보면 반항 문화의 대표적인 옷차림이다.

비틀스는 평화와 사랑, 자유와 화합의 히피 문화를 선도했다. 좋고 나쁨을 떠나 반전주의, 반체제주의, 반기성주의, 반정부주의, LSD(lysergic acid diethylamide) 등 비틀스가 큰 영향을 끼쳤다.

술, 마약, 가무, 섹스 등 쾌락적·퇴폐적인 문화 사이에서도 서로를 위해주는 신뢰와 사랑이 있었다. <All You Need Is Love>는 대표적인 히피 문화의 상징곡이다.

이외에도 여러 사회문화 운동에 비틀스의 정신이 들어갔다. 보수적인 사회에 대한 긍정적인 반발, 국가 체제에 대한 시위, 좌우 이념 갈등, 남녀 성별 간의 대립, 인종 간 차별 문화 철폐, 인권, 인류애, 평화주의, 세속주의 등 기존의 틀을 깨부수기 위해 필요한 곳에는 항상 비틀스의 곡이 사용되었다. 특히 존 레논은 홀로서기 이후 신좌파의 대표적인 인물로 엄청난 문화적 영향력을 선사했다. 비틀스가 내뱉는 한마디와 한 곡에 담긴 정치, 사회문화적인 사상은 많은 사람들의 생각을 바꾸는 큰 파도와 같았다.

비틀스는 1965년, 국가 경제에 직접적인 영향과 위상을 높였다는 이유로 왕실로부터 대영제국훈장(MBE)를 수여받는다. 이 훈장은 전쟁 영웅이나 국가에 이바지한 공로가 있어야 받을 수 있는 명예로운 훈장이었다. 그러나 대중가수 최초로 훈장을 수여받자 기존의 수여자들이 딴따라와 자신은 동급이 되기 싫다며 약 1,000명이 반환하는 사태가 벌어진다. 비틀스는 4년 후 훈장을 반환했지만 당시 20대의 비틀스의 위엄을 보여주는 사건이었다.

최초의 줄 세우기 - **비틀스**

1964년 4월 4일, 빌보드차트 Hot 100에서 1위부터 5위까지를 모두 비틀스가 차지하는 놀라운 사건이 발생한다. 1위는 <Can't Buy Me Love>, 2위 <Twist and Shout>, 3위 <She Loves You>, 4위 <I Want to Hold Your Hand>, 5위 <Please Please Me>가 차지했다. 뿐만 아니라 이날 차트 100위 안에는 비틀스의 곡이 총 12곡이나 올랐다(다음 주인 4월 11일 차트에는 추가로 2곡이 더 진입해 총 14곡이 100위 안에 입성했다). 당시 비틀스의 인기가 어마어마했다는 것을 보여주는 기록이자 빌보드 역사상 최초의 '줄 세우기' 사건이었다.

영원히 깨지지 않을 것 같았던 이 기록은 시간이 흐르며 50여 년이 지난 근래에 이르러 조금씩 흔들리기 시작한다. 2019년 2월 23일자 Hot 100에서 아리아나 그란데(Ariana Grande)가 <7 Rings>를 포함한 3곡으로 차트 1~3위를 점령했고, 2021년 9월 18일자 Hot 100에서는 드레이크(Drake)가 <Way 2 Sexy>를 포함한 9곡을 10위권 안에 올렸다. 2022년 11월 5일자 Hot 100에서는 테일러 스위프트(Taylor Swif)t가 <Anti-Hero>를 포함한 10곡을 모두 10위권 안에 올리며 100위 안에 총 20곡을 입성시켰다.

현재의 Hot 100 집계 및 선정 방식은 판매량, 음원 스트리밍과 다운로드, 유튜브 조회 수, 라디오 송출 횟수 등을 기준으로 순위를 매긴다. 60년대와는 집계 방식이 사뭇 달라져 앞으로는 위와 비슷한 기록들이 수차례 더 나올 수도 있을 것이다.

예수보다 위대한 가수 - 비틀스

1966년 여름, 미국 남부 지방을 중심으로 비틀스 앨범을 십자가에 걸어 화형식을 집행하고 비틀스의 모든 사진, 굿즈, 상품을 부숴버리는 등의 반대 집회와 시위가 곳곳에서 발발한다. 교회의 목사들은 비틀스를 악으로 규정하고 수십 개의 라디오는 비틀스 음악 송출을 금지한다. 브리티시 인베이전 이후 미국 음반 판매량의 절반 이상을 차지하던 비틀스가 갑자기 이런 대우를 받게 된 이유는 무엇일까?

그해 초 존 레논은 영국의 한 잡지사와의 인터뷰에서 "현재 비틀스는 예수보다 인기가 많다"라는 발언을 했다. 이 발언은 영국에서는 별다른 오해 없이 넘어갔지만 미국에서는 반응이 사뭇 달랐다. 실제 인터뷰를 보면 예수에 대한 직접적인 악의가 없고 단순히 표면적인 인지도 측면을 말한 것으로 보인다. 그러나 기독교적인 입장에서 보면 기분이 나빴을 수 있다.

소문은 전해지면서 앞뒤가 다 잘리고 과장되는 경향이 있어 오해의 불씨가 더 커졌을 것이다. 결국 KKK단은 비틀스를 살해하겠다며 강경한 태도를 취했고 로마교황청도 비틀스에게 항의 성명을 냈다. 존 레논은 다급히 사과 발언을 했지만 이미 엎질러진 물을 주워 담기에는 역부족이었다. 결국 비틀스는 미국에서의 월드 투어와 모든 스케줄을 중단하고 휴식기에 들어가야 했고 본의 아니게 스튜디오에 모여 작업에 몰두하게 된다.

이 발언으로 비틀스는 두 가지의 긍정적인 변화와 부정적인 변화를 맞이한다. 긍정적인 변화는 원래 라이브형 곡 작업을 주로 하던 비틀스가 스튜디오형의 실험적인 사운드를 창조해 [Revolver](1966), [Sgt. Pepper's Lonely Hearts Club Band](1967), [The Beatles](1968, 일명 화이트 앨범), [Abbey Road](1969) 등 명반들을 만들어낸 것이다. 부정적인 변화는 존 레논의 어이없는 죽음이다. 1980년 존 레논을 총으로 살해한 마크 채프먼은 살인 동기로 예수 발언을 언급하며 하나님의 이름으로 대신 처단했다고 밝혔다.

1966년으로부터 42년 후인 2008년, 교황청은 당시 존 레논의 예수 발언을 용서한다고 성명서를 발표한다. 이에 링고 스타는 "그딴 거 필요 없고, 너희들 성직자 성폭행 문제나 신경 쓰라"라고 답변했다.

♬ 그 외 비틀스 과도기 추천곡

<Help!>, <Ticket to Ride>, <Yesterday>, <We Can Work It out>, <Day Tripper> <Drive My Car>, <Norwegian Wood>, <Michelle>, <In My Life> 등

애플은 원래 비틀스 건데? - 비틀스

현대의 '애플'이라는 당연히 아이폰, 아이패드, 에어팟, 에어맥스 등으로 유명한 스티브 잡스(Steve Jobs) '애플'사를 떠올린다. 스티브 잡스가 설립한 애플은 1976년에 시작된 전자제품 회사로 현재 세계에서 가장 큰 기업 중 하나이다. 하지만 지금의 애플이 등장하기 전에도 또 다른 유명한 애플이 있었다. 바로 비틀스의 후기 앨범들을 발표한 1967년에 설립된 비틀스의 음반회사 '애플'이다.

이 두 회사는 약 30년 동안 몇 차례 소송을 벌였다. 첫 시작은 1978년, 비틀스의 애플이 잡스의 애플을 상대로 소송을 제기하면서 시작되었다. 지금은 컴퓨터가 음악을 재생하는 것이 당연하지만 그 당시만 하더라도 컴퓨터와 음반회사는 아예 다른 영역의 사업이었다. 비틀스의 애플은 상표명에 대해 소송을 걸었고, 잡스의 애플에서 8만 달러를 지불하고 서로 컴퓨터와 음반 관련 사업에 진출하지 않기로 합의하면서 일단락되었다.

그러나 기술의 발전으로 컴퓨터로 음악을 재생하는 시대가 오게 되자 잡스의 애플이 아이튠즈로 음악시장에 진입하면서 갈등이 재발했다. 소송에서 자본력이 강한 스티브 잡스의 애플은 엄청난 금액인 5억 달러를 지불하고 모든 상표를 양도받으면서 양사의 오랜 분쟁에 종지부를 찍게 된다. 역시 돈 앞에는 장사가 없는 법, 자존심을 세우기엔 너무 많은 금액이었다.

애플레코드는 비틀스의 매니저였던 브라이언 엡스타인의 사망

이후 음반 유통 외에 영화, 전자, 부동산, 출판, 교육, 뮤지션 발굴 등 다양한 비즈니스와 세금 납부 문제를 해결하기 위해 설립되었다. 엡스타인은 비틀스의 비즈니스뿐만 아니라 갈등이 심했던 비틀스를 중재하고 인간관계를 조율해줄 수 있는 유일한 존재였는데 그런 그가 사망하자 내부의 균열은 심화될 수밖에 없었다.

애플사의 경영 관리인으로 멤버 세 명은 롤링스톤즈와 샘 쿡의 전 매니저였던 앨런 클라인(Allen Klein)을 지지했고, 매카트니는 그의 장인인 리 이스트먼(Lee Eastman)을 추천한다. 합의를 이루지 못해 두 명을 동시에 기용했으나 더 많은 갈등과 분쟁을 초래했고 결국 클라인 단독 경영 체제로 전환되었다. 시간이 흐르며 폴의 부인인 린다 매카트니와 존의 부인인 오노 요코가 비틀스의 활동 공간에 간섭하면서 오해와 불화가 커져 회사 전체가 흔들렸고, 운영 문제, 이익 배당 문제 등으로 큰 손해를 보며 결국 도산한다. 비틀스의 해체 원인에는 여러 이유들이 있지만 그중 큰 역할을 한 것이 애플사와 관련된 갈등이라는 평가가 있다.

비틀스의 공식적인 마지막 공연은 1969년 1월 30일 애플사 빌딩 옥상에서 이루어졌다. 이 공연은 다큐멘터리 촬영을 위해 기획되었지만 점심시간에 서프라이즈로 시작하여 지나가는 행인들에게 놀라움과 큰 감동을 선사했다. 공연이 시작되자 건물 아래에 사람들이 모이기 시작했다. 교통이 혼잡해지고 소음이 심각해져 경찰이 출동하여 제재하면서 공연을 끝내야 했다.

그 외 비틀스 중기 추천곡

<Paperback Writer>, <Yellow Submarine>, <Eleanor Rigby>, <Penny Lane>, <Strawberry Field Forever>, <Hello, Goodbye>, <Hey Jude>, <A Day in the Life>, <Sgt. Peppers's Lonely Hearts Club Band>, <Lucy in the Sky with Diamonds> 등

돌아갈 수 있을까? - 비틀스

1970년 4월 10일, 비틀스는 공식적으로 해체한다. 그러나 약 한 달 후인 1970년 5월 8일, 12집 앨범 [Let It Be]가 발매되면서 비틀스의 여정에 비로소 마지막 종지부를 찍는다.

이 앨범은 멤버들 간의 갈등이 절정에 치닫던 1968년 말, 폴 매카트니가 밴드의 재결속을 위해 자신들의 초창기 시절로 돌아가자는 의미로 'Get Back' 프로젝트를 제안한 것으로 1969년 9월 26일 발매된 11집 [Abbey Road]보다 먼저 녹음되었다.

프로젝트는 앨범 제작 과정을 촬영해 다큐멘터리 영화로 만드는 것이었으며 앞서 언급한 옥상에서의 깜짝 공연도 이 프로젝트의 일환이었다. 그렇게 프로젝트는 시작되었지만 갈등은 여전했고 촬영 내내 의견 차이로 말다툼이 이어졌다. 냉랭한 분위기 속에 각자의 자존심만 세우니 음악적 응집력과 협력은 극도로 떨어졌다. 조지 해리슨은 폴 매카트니의 독재가 심하다며 탈퇴를 선언했다가 설득 끝에 12일 만에 돌아오기도 했다. 또 제작팀과의 갈등과 시스템적인 문제로 피로만 쌓여 서로에게 완전히 지쳐버린다.

우여곡절 끝에 프로젝트는 마무리되었지만 마음이 하나도 맞지 않는 상황에서 억지로 끼워 맞추니 결과물 또한 만족스럽지 못했다. 완성 후 곡 순서와 앨범의 전체적인 분위기 등 후반 작업에서도 갈등이 빚어졌고 영화 제작도 늦어져 [Get Back] 앨범 발매는 취소와 결정을 반복하며 점점 늦춰져 갔다.

멤버들은 겉으로는 서로가 미웠지만 마음속 깊은 곳에는 아직도 서로에 대한 작은 희망이 남아 있었나 보다. ‘Get Back’ 프로젝트 이후 폴은 다시 한 번 멤버들에게 새 앨범인 [Abbey Road] 제작을 제안했고 멤버들은 이를 운명처럼 받아들였다. 프로듀서도 비틀스와 평생 함께 해온 조지 마틴이 맡았다. [Abbey Road]의 제작 분위기는 [Get Back]과 사뭇 달랐다. 직접적으로 말은 없었지만 은연중에 해체를 느끼고 있었기에 차분하고 협력적인 마인드로 엄청난 시너지가 발생되었다.

이 앨범의 A면 6곡 전체와 B면의 2곡(1, 2번째 트랙)까지는 각자의 개성을 담은 솔로 곡들이고, B면의 3번째 트랙부터 마지막까지는 비틀스의 화합의 저력을 담은 메들리 형식의 곡들이 담겨 있다. 솔로 곡들 중엔 조지 해리슨의 실력이 발휘된 <Something>, <Here Comes the Sun>을 비롯하여 <Come Together>, <Oh! Darling> 등이 큰 사랑을 받았다.

B면의 3번 트랙 <You Never Give Me Your Money>와 4번 트랙 <Sun King>은 귀뚜라미 소리(?)로 연결되어 있고, 다시 4번 트랙 <Sun King>부터 5, 6, 7번 트랙까지 네 곡은 'Sun King Medley'라 불린다. 그리고 8번부터 10번까지 <Golden Slumbers>, <Carry That Weight>, <The End>의 세 곡 메들리는 보통 하나로 보는데 여기에는 비틀스의 역사와 심정을 잘 담아냈다. <Golden Slumbers>는 '황금빛 낮잠'이라는 뜻으로 비틀스로서 지내온 꿈같던 행복한 시간을 담았고, <Carry That Weight>에서는 '우리 그 무게를 잘 견뎌왔어요, 박수 쳐주세요', <The End>에서는 '저희 이제 떠납니다, 안녕히 계세요'라는 마지막 인사의 여운을 남겨 청자들에게 아쉬움을 남겼다.

여담이지만 아마 세상에서 가장 유명한 앨범 커버인 [Abbey Road]의 원래 촬영지는 에베레스트였으나 귀찮다(?)는 이유로 스튜디오 앞 동네 횡단보도로 나가서 찍었다고 한다. 이후 비틀스의 상징이 되어버린 이 횡단보도는 영국 2등급 건축물로 지정되기도 한다.

그들의 진짜 마지막 앨범 [Abbey Road]는 [Get Back]보다 먼저 발매되어 최고의 명반이 되었고, [Get Back]은 시간이 흘러 몇 차례의 수정 끝에 본제목이 아닌 [Let It Be]로 발매되었다. '돌아가자'라는 제목에서 '내버려두세요' 혹은 '순리에 맡기세요'라는 앨범명으로 바뀐 것을 보면 이들의 심정이 어떠했는지 짐작이 된다.

그 외 비틀스 후기 추천곡

<Ob-LA-Di, Ob-LA-Da>, <While My Guitar Gently Weep>, <Blackbird>, <I Will>, <Helter Skelter>, <Let It Be>, <Get Back>, <Don't Let Me Down>, <THe Long and Winding Road>, <Across the Universe> 등

최장수 밴드의 꿈의 멜로디 - **롤링스톤즈**

2023년 10월, 롤링스톤즈(The Rolling Stones)의 새 앨범 [Hackney Diamonds]가 발매되었다. 이는 영국에서는 24번째, 미국에서는 26번째 앨범으로 1963년 데뷔 후 60년이 지난 시점에 멤버들의 나이가 80세가 넘었음에도 불구하고 신보를 발매해 그들의 건재함을 증명했다.

현재의 롤링스톤즈는 지구에서 가장 오래된 최장수 현역 밴드이자 영원한 비틀스의 라이벌로 인식되지만 데뷔 초만 해도 큰 임팩트가 있진 않았다. 밴드 창시자인 브라이언 존스(Brian Jones)의 주도권 아래 기존의 블루스 선배들의 곡을 커버하거나 비틀스가 써준 곡으로 근근이 차트 상단에 이름을 올렸을 뿐, 뚜렷한 정체성이 없었다. 브리티시 인베이전을 함께했던 비틀스와 애니멀스 같은 밴드들이 빌보드차트 1위를 점령하는 동안 롤링스톤즈는 다소 주춤하고 있었다.

그러던 1965년, 기타리스트 키스 리처즈(Keith Richards)는 잠을 자다 꿈에서 마성의 리프를 떠올리게 되었고 눈을 뜨자마자 보컬 믹 재거(Mick Jagger)와 함께 바로 작곡을 한다. 이때 탄생한 곡이 <(I Can't Get No) Satisfaction>으로, 발매되자마자 롤링스톤즈 최초로 빌보드차트 1위에 안착한다. 이 곡은 한 번만 들어도 절대 잊을 수 없는 강력한 리프로 록 역사상 명곡을 꼽을 때 반드시 최상위권에 랭크되는 노래이다.

<Satisfaction> 이후 음악의 주도권이 브라이언 존스에서 재거-리처즈 콤비로 넘어가면서 방향성을 틀어 로큰롤 성향의 밴드로 자리매김한다(이후 브라이언 존스는 마약, 불화, 사고 등의 문제로 팀에서 해고되었고 1969년 익사체로 발견된다). 둘은 자작곡의 비중을 점차 늘려갔다. [Aftermath] 앨범부터는 전곡을 자작곡으로 채우며 진정한 전성기를 맞이한다. 이후 수십 년 동안 [Beggars Banquet], [Sticky Fingers], [Exile on Main St.], [Let It Bleed], [Some Girls], [Tattoo You] 등의 명반을 내며 록 계보의 최상위에 위치해 대중음악계에 큼지막한 원형을 제공하게 된다.

롤링스톤즈는 평생 동안 음악 내적 및 음악 외적으로 넓은 범위에서 영향력을 끼쳤다.

60년대부터 블루스 록과 로큰롤을 기반으로 60년대 말에는 사이키델릭, 프로그레시브, 루츠, 컨트리, 삼바, 하드록을 접목했고, 70~80년대에는 디스코와 펑크를 도입하며 뉴웨이브, 가스펠, 레게까지도 섭렵했다. 자신들이 가장 잘하는 원초적인 블루스/로큰롤 사운드에 타 장르를 조금씩 얹으며 조화를 추구했다. 정말 다양한 시도를 한 밴드로 명곡과 명반이 많아 시대별, 장르별로 나누어 들어보시길 추천한다.

90~00년대에 들어서도 롤링스톤즈는 연륜과 바이브로 투어를 돌며 가장 큰 공연 수익을 거두는 밴드로서 저력을 이어갔다. 음악 외적으론 현재의 록 이미지인 거친 반항아, 섹슈얼적인 퇴폐미, 반문화적인 이미지 등 이 모든 걸 시작한 게 롤링스톤즈라고 할 수 있다. 사건, 사고도 많았지만 진정 록의 정신(뿌리)을 잘 유지해 후배들에게 잘 전달하고 파생시켜 또 다른 멘탈리즘을 형성시켰다.

롤링스톤즈는 록의 역사를 실제로 체감한 유일한 산증인이자 세상에서 가장 Rock&Roll(Rock = 음악적 기술 또는 테크닉/ Roll = 정신, 그루브, 소울)을 잘하는 유일한 밴드이자 현재까지 현역으로 활동 중인 '구르는 돌'이다.

추천곡

<(I can't get no)Satisfaction>, <Sympathy for the Devil>, <Gimme Shelter>, <Paint It Black>, <Brown Sugar>, <Honky Tonk Women>, <Jumpin' Jack Flash>, <Miss You>, <Start Me up>, <Angie>, <Ruby Tuesday>, <She's a Rainbow> 등

대중의 록 오페라 - 더후

1969년 5월 23일, 더후(The Who)의 네 번째 정규 앨범 [Tommy]가 발매되었다. 이 앨범은 각 싱글 곡들을 한 곡, 한 곡을 따로 듣는 음악이 아니라 앨범 전체가 하나의 유기체처럼 스토리를 이어나가는 록 오페라 형식으로 구성되어 있다. 최초의 록 오페라 앨범은 아니지만 대중적이고 상업적으로 성공한 최초의 록 오페라 앨범으로 꼽을 수 있다.

기타리스트 피트 타운젠드(Pete Townshend)는 인도의 음악과 사상과 철학에 깊이 빠지게 되어 종교 지도자인 메헤르 바바(Meher Baba)를 만나면서 이 앨범을 구상하게 된다. 실제로 메헤르 바바는 이 앨범의 스토리를 구상하는 데 큰 도움을 주었는데 앨범이 발매되기 4개월 전 세상을 떠나면서 결과물을 보지는 못했다. 세계적으로 명망이 높았던 메헤르 바바의 일생에서 마지막으로 함께한 인물이 더후라는 점 또한 영적, 기념비적으로 큰 의미가 있다.

24곡으로 구성된 이 앨범은 각 곡의 제목이 스토리를 이어나가는 중요한 단어로서 기능한다.

앨범의 스토리는 영국군이었던 워커(Walker)가 2차 대전 중 실종, 사망했다는 소식으로 시작된다. 그 후 미망인이 된 그의 아내는 아들 '토미'를 낳게 되는데 이 토미가 이야기의 주인공이다. 시간이 흘러 토미 역시 자라고 어머니는 새로운 남자와 재혼한다. 그런데 어느 날 죽은 줄 알았던 아버지 워커가 집으로 돌아오게 되고, 아내가 새로운 남자와 함께 있는 것을 목격하게 된다.

실랑이 도중 워커는 아내와 새 아버지에게 살해되는데 토미는 그 장면을 목격한다. 어머니는 큰 충격을 받은 토미에게 "넌 아무것도 보지도 듣지도 못한 거야"라고 세뇌시키고, 결국 토미는 감각이 차단되어 장애인이 되고 만다.

토미는 시각과 청각을 제외한 오감과 상상력에 의지해 환상 속에서 살아가며 내면을 발달시킨다. 부모는 토미가 종교에 대한 신념과 믿음을 가질 수 없다는 것에 좌절하면서도 아들의 치료하기 위해 다방면으로 노력한다. 그 과정에서 돌팔이의사에게 LSD를 처방받아 환각 체험을 하기도 하고 사촌에게 괴롭힘을 당하며 삼촌에게 성추행을 당하는 등 시련을 겪는다. 이런 역경 속에서도 토미는 핀볼에 재능을 보인다. 결국 핀볼 챔피언을 꺾고 '핀볼 위저드'가 되어 대중에게 큰 인기를 얻게 된다.

한 의사는 토미가 육체적 문제가 아니라 정신적으로 갇혀 있기 때문에 그가 보고 있는 거울을 깨라고 처방한다. 이에 어머니가 거울을 깨자 토미는 잃었던 시력과 청력을 회복하여 감각을 되찾는다.

핀볼 위저드가 기적적으로 회복했다는 소식이 퍼지자 많은 추종자들이 토미를 따르게 된다. 자유를 획득한 토미는 이들을 모아 캠프를 열고 종교적인 운동을 시작한다. 그는 추종자들에게 무뚝뚝한 태도로 자신이 겪은 내면의 경험만이 중요하다고 설교를 하지만 추종자들을 받아들이지 못하고 모두 떠나보내고 만다. 토미는 이를 반성하고는 세상에 감사하는 마음을 가지는 동시에 다시 환상 속으로 자신을 가두는 것으로 이야기는 끝난다.

앨범 [Tommy]는 상당히 난해한 스토리다. 그러나 이 거창하고 방대한 내용을 음악적 역량을 발휘해 서사적이며 짜임새 있는 구성을 선보였다. 더후는 사려 깊고 성숙해진 음악에 자신의 사상, 철학, 동경을 이 앨범 속에 가미하여 음악을 뛰어넘어 예술로 다가갔다.

60년대에 발매되었다는 사실이 믿기지 않을 만큼 훌륭했으며 당시 록 음악에 새로운 가능성을 확장시켰다. 훗날 프로그레시브 록에 대대적인 영향을 주어 다음 세대에 나올 명반들에 모티브를 제공하기도 했다.

이후 [Tommy]는 1972년 런던심포니 오케스트라에서 공연화되고 1975년에는 켄 러셀(Ken Russell) 감독에 의해 영화화되었다. 또한 1979년에는 웨스트엔드 극장에서 연극화, 1992년에는 브로드웨이에서 뮤지컬화되며 현재까지도 끊임없이 사랑받고 있다.

그 외 추천곡

<My Generation>, <Baba O'Riley>, <Pinball Wizard>, <Who Are You>, <I'm a Boy>, <I Can See for Miles>, <Won't Get Fooled Again>, <See Me, Feel Me> 등

투숙 금지 - **키스 문**

록 스타들의 기행은 셀 수 없을 정도이고 그 방법도 다양하다. 누가 더 미친놈인지 자웅을 겨루듯 별별 이상한 짓을 다하고 다니는데 그중 최고는 단연 키스 문(Keith Moon)일 것이다. 앨리스 쿠퍼(Alice Cooper)는 한 인터뷰에서 자신과 마릴린 맨슨(Marilyn Manson), 오지 오스본(Ozzy Osbourne)에 대한 기이한 소문 중 30%만 진짜고 70%는 가짜이지만, 키스 문의 소문은 모두 진짜이며 심지어 그것도 전체 중에 10%밖에 알려지지 않았다고 했다. 어느 정도로 기행을 일삼았기에 동종업계에서 미친놈으로 꼽히는 사람마저 저런 소리를 할까?

키스 문은 더후에 가입할 때부터 보통이 아닌 또라이 기질을 보여주었다. 더후 멤버들이 기존의 드러머 더그 샌덤(Doug Sandom)과 함께 연습하고 있을 때 술병을 든 만취한 키스 문이 연습실로 들어왔다. 그러면서 더그 샌덤에게 "내가 너보다 잘 친다"라고 소리치며 드럼에서 비켜보라고 했다. 키스 문은 발광적으로 연주해 드럼을 찢어먹고 페달을 부숴버리며 오바이트까지 하고 말았다. 멤버들은 당장 키스 문을 쫓아냈으나 며칠 동안 광적인 그의 연주가 머릿속에서 떠나지 않았다. 결국 그들은 키스 문을 찾아가 밴드에 가입시켰다.

키스 문은 얼굴에 장난기가 가득했고 사람들을 웃게 하고 관심 받는 것을 좋아했다. 하지만 늘 선을 넘게 행동했다. 투어 때마다 밴드가 묵는 숙소를 키스 문의 주도하에 개박살내는 것으로 유명했다. 합법적으로 구매할 수 있는 폭탄을 잔뜩 사들고 가 변기통에 넣어 터트리거나, 벽과 문을 폭탄으로 박살내 아예 형태를 알아볼 수 없게 만들었다. TV는 그냥 창문 밖으로 던져버리고, 강력 접착제로 와인 잔을 천장에 붙이거나 침대와 이불 사이를 접착제로 범벅을 만들고 방 전체에 거미줄처럼 뿌려놓기도 했다. 한 번은 술과 약에 취해 호텔 수영장에 캐딜록 차를 몰고 와 빠뜨리기도 했다(이 사건은 '오아시스Oasis'의 [Be Here Now] 앨범의 아트워크에 영감을 주었다).

매번 호텔 측에 수만에서 수십만 달러의 손실을 입혔지만 상업적으로 큰 성공을 이룬 더후는 쿨하게 수리비와 많은 팁으로 크게 문제가 되지 않게 만들었다. 하지만 주범인 키스 문은 힐튼호텔과 쉐라톤호텔 등 여러 호텔에서 영구히 숙박 거부를 당해 죽을 때까지 이 호텔들을 이용하지 못했다. 많은 후배 밴드들이 '자랑'스러운 선배를 본받아 호텔 부수기는 유행이 되었다.

1967년에는 공연 중에 키스 문이 드럼 안에 숨겨놓은 화약들이 갑자기 터지는 바람에 바로 앞에 있던 피트 타운젠트의 머리카락이 타버리고 청력에 손상이 생기게 된다. 1973년에는 공연 전에 진정제와 술을 섞어 마시고 공연 중에 기절해버린다. 그 와중에 피트 타운젠트는 관객 중 드럼 칠 수 있는 사람을 무대로 올려 즉석에서 연주를 시켜 공연을 끝마쳤다.

영원한 장난꾸러기일 줄 알았던 키스 문도 사적인 일들로 술과 마약에 의존하게 되고 1978년 알코올 중독 치료제를 과다 복용하여 젊은 나이에 사망하고 만다. 더 이상 장난기 가득한 그의 얼굴은 볼 수 없게 되었다.

로큰롤 서커스단 - 비틀스&롤링스톤즈&더후

1968년 12월, 롤링스톤즈의 주최로 TV 음악방송이자 음반으로 제작된 [The Rolling Stones Rock and Roll Circus]이라는 프로그램이 선보였다. 이 프로그램은 서커스를 컨셉으로 하며 출연자로는 롤링스톤즈, 더후, 제쓰로툴(Jethro Tull), 타지마할(Taj Mahal), 더티맥(The Dirty Mac) 등이 참여했다. 여기서 더티맥은 존 레논이 결성한 단 하루짜리 슈퍼밴드였다, 멤버로는 에릭 클랩튼(Eric Clapton), 키스 리처드, 미치 미첼(Mitch Mitchell, '지미 헨드릭스 익스피리언스The Jimi Hendrix Experience'의 드러머)이 참여했다.

당대 영국의 최고 3대 록밴드들인 비틀스, 롤링스톤즈, 더후가 한 자리에 모인 규모가 큰 공연이었다. 서커스 컨셉답게 대부분의 출연자가 서커스 복장을 입고 공연을 했으며 중간중간에는 실제 서커스단의 공연도 선보였다.

그런데 당대 슈퍼스타들이 출연해 녹화를 진행했지만 롤링스톤즈는 최종 결과물을 보고 방송을 취소하기로 결정했다. 15시간이라는 긴 시간을 촬영하면서 공연자나 관객들의 기력과 텐션이 떨어져 피곤한 모습들이 방송에 나가기에는 부적합하다고 판단했기 때문이다.

그렇게 보류된 촬영물은 1992년 감독 마이클 린지-호그(Michael Lindsay-hogg)에 의해 4년간의 복원 작업을 거쳐 1996년에 세상에 공개되었다. 거의 30년 가까운 시간을 먼지 속에 파묻혀 케케묵고 있다가 빛을 보게 된 것이다. 젊은 시절 그들이 보여준 최고 수준의 라이브 실력과 다채로운 영상들은 현재에도 아주 소중한 자료로 남게 되었다.

여담이지만 제쓰로툴은 활동 기간 동안 41명의 멤버가 거쳐 간 밴드이다. 서커스 촬영 당시 기타리스트는 토니 아이오미(Tony Iommi)로 한 달 정도 몸담았는데 우연찮게 영상에 찍히게 되었다. 그 후 토니 아이오미는 제쓰로툴을 나와 전설적인 밴드인 블랙사바스(Black Sabbath)를 결성하게 되는데….

정신병 유발 - 비치보이스

1960년대 초반 미국에선 해변이 떠오르는 듯한 통통 튀면서 청량한 사운드와 정교한 보컬 하모니의 서프 록 대표 밴드 비치보이스(The Beach Boys)가 큰 사랑을 받고 있었다. 비틀스가 브리티시 인베이전을 통해 미국 전역을 초토화시킬 때도 비치보이스는 미국의 방어선의 한 축을 담당하여 비틀스를 밀어내기 위해 맞서 싸웠다.

당시 비틀스는 전 세계를 무대로 상업적인 성공은 물론 음악적으로도 큰 성장을 이루고 있는 시기였다. 밥 딜런(Bob Dylan)과의 만남을 통해 음악 내면의 깊이의 중요성을 깨닫게 된 비틀스는 라이브용 노래가 아닌 사운드가 풍부하고 완성도 높은 스튜디오형 노래를 만들기 시작했다. 그 결과로 대중음악사 최초의 명반이라고도 칭할 수 있는 [Rubber Soul]이 1965년 발매된다.

[Rubber Soul] 이전까지만 해도 대체로 한두 개의 히트곡과 나

머지 때우기(?) 용의 곡으로 메꾸어져 있었다. 하지만 [Rubber Soul]은 모든 곡의 퀄리티가 높으면서도 균질했고 곡들의 통일성과 연계성이 있어 앨범 전체가 깔끔했다. 이후 음악을 듣는 풍토가 싱글 한 곡만 듣던 것에서 앨범 전체를 감상하는 쪽으로 바뀌게 된 것이다.

비치보이스의 리더이자 맏형인 브라이언 윌슨(Brian Wilson)은 [Rubber Soul] 앨범을 듣고 커다란 충격을 받는다. 자신도 위대한 앨범을 만들어 비틀스를 뛰어넘겠다는 큰 야망을 품고 [Pet Sounds] 앨범 작업에 착수하게 된다. 당시 비치보이스는 세계 투어 일정이 이미 잡혀 있었지만 윌슨은 밴드원들(동생, 친척)에게 양해를 구하고 혼자 남아 앨범 작업에 전념하기로 결정한다. 이에 밴드는 세션 맨을 고용하여 투어를 떠났고 브라이언 윌슨은 집에서 텐트를 치고 음악 작업에 몰두한다.

윌슨은 [Pet Sounds]에서 다양하면서도 획기적인 시도를 많이 한다. 악기부터 록밴드 음악에선 잘 사용하지 않는 오르간, 호른, 플루트, 하프시코드, 테레민과 같은 실험적인 악기를 적극 활용했고, 흔히 사용되는 코드 대신에 복잡하면서도 특이한 새로운 코드를 도입했다. 또한 베이스 반주 악기들의 코드를 서로 다르게 해서 사운드를 더욱 풍성하게 만들었으며, 개 짖는 소리, 말 우는 소리, 호루라기 소리, 기차 소리 등 생활 소음을 적극 활용하여 독특하고 혁신적인 음악을 만들어냈다.

이처럼 겹겹이 쌓아올린 사운드는 60년대에 녹음된 것이 맞나 싶을 정도의 완성도를 보여주었다. 윌슨은 작곡, 작사, 편곡, 프로듀싱, 악기 연주법, 창법 등에서 모든 세세한 부분에 강박적으로 신경을 쓰며 자신의 역량을 최대한 발휘하여 걸작을 만들어냈다.

[Pet Sounds] 앨범 완성 후 투어를 마치고 돌아온 멤버들에게 음악을 들려줬을 때 이전과 너무 달라진 스타일이라 반응이 좋지 않았다. 단순하고 흥겹던 서프 록의 느낌은 사라지고 너무 전위적인 음악이 주를 이루어서 이질감이 느껴졌던 것이다.

멤버들 및 레코드사와의 의견 차이와 갈등 속에서 1966년 [Pet Sounds]가 세상에 나왔다. 전문가들의 평단에선 좋은 평가가 나왔지만 실제로 판매량은 이전과 비교하면 굉장히 낮았다. 그러나 비틀스와 그들의 프로듀서인 조지 마틴(George Martin)은 [Pet Sounds]를 극찬했고, 특히 폴 매카트니는 수록곡인 <God Only Knows>를 자신이 가장 좋아하는 곡으로 여러 차례 꼽기도 했다. 훗날 비틀스의 명반인 [Sgt. Pepper's Lonely Hearts Club Band]는 [Pet Sounds]를 듣고 영감과 자극을 받아 만들어지게 된다.

그 후 비틀스가 1966년 [Revolver]를 발매하면서 윌슨에게 큰 자극을 주었고, 윌슨도 비틀스의 부름에 응답이라도 하듯 또 하나의 명곡인 <Good Vibrations>를 싱글로 내놓았다. 비틀스는 뒤이어 <Strawberry Fields Forever/Penny Lane>을 싱글로 내놓는 등 서로 황금 랠리를 주고받으며 눈부신 성과를 거두었다.

윌슨은 진정으로 비틀스를 뛰어넘고 싶어 모든 힘을 다 끌어모아 새로운 명작을 꿈꾸며 [Smile] 앨범 작업에 착수한다. 윌슨의 완벽주의 성향은 더욱 심해져 수개월에 걸쳐 온종일 음악만 생각하는 강박에 빠져 정신적으로 굉장히 피폐해진다. 이전부터 앓고 있던 환청이 더 심해지고 자신의 음악을 남들이 도청해 훔쳐간다는 망상에 빠지기도 한다. 결국 조울증과 조현병이 심해지지만 이 와중에도 명반을 내야 한다는 집념 하나로 작업을 이어간다.

그러던 중 비틀스의 역대급 명반 [Sgt. Pepper's Lonely Hearts Club Band]라는 슈퍼카운터가 날아오자 윌슨은 그 앨범을 듣고 충격과 공포에 빠져 도저히 비틀스를 이길 수 없음을 받아들이고 앨범 작업을 포기한다. 특히 마지막 트랙인 <A Day in the Life>를 듣고 '넌 우리를 넘어설 수 없어'라고 말하는 것처럼 느꼈다고 한다.

결국 브라이언은 건강상의 이유로 잠정적으로 활동을 중단하고 나머지 멤버들이 남은 [Smile]의 작업물을 토대로 [Smiley Smile]을 1967년에 발매한다. 그러나 이는 결코 브라이언이 원하던 결과물이 아니었다.

그 외 추천곡

<Surfin' U.S.A>, <I Get around>, <Fun, Fun, Fun>, <Kokomo>, <Wouldn't It Be Nice>, <California Dreamin'> 등

40년 만에 완성된 앨범 - 비치보이스

브라이언 윌슨의 정신병은 단순히 비틀스를 이기고자 하는 욕망에서 비롯된 것만은 아니었다. 강박, 집착, 부모와의 저작권 갈등, 멤버 간의 의견 차이, 레코드사와의 법적 갈등, 그리고 마약 중독 등 여러 문제들이 복합적으로 작용하여 결국 버티다 못해 터져버린 것이었다. 이후 윌슨은 아내와 이혼하고 혼자 남아 술과 마약에 빠지게 되었으며 몸무게가 120kg까지 늘어나게 된다. 그러던 중 1976년에 심리치료사 유진 랜디(Eugene Landy) 박사를 만나게 된다.

랜디는 이전에 앨리스 쿠퍼를 비롯하여 많은 스타들을 치료한 경험이 있는 인물이었다. 그는 윌슨의 부와 명성을 노리고 의도적으로 접근해 체중을 감량시켜주고 담당 주치의가 된다. 그 후 '24시간 치료 프로그램'이라는 명목하에 윌슨 곁에 하루 종일 붙어서 모든 행동을 감시한다. 랜디는 1년에 50만 달러의 치료비를 받아가면서 윌슨을 가스라이팅해 나간다. 결국에 유진 랜디는 윌슨의 법정대리인이 되어 윌슨이 사적으로 만나는 모든 사람들을 자신을 통해 만나게 했다. 뿐만 아니라 윌슨의 창작활동에 간섭하여 [15 Big Ones], [M.I.U Album], [LA (Light Album)]에 공동 작곡가로 이름을 올려 이익을 갈취했다.

10년이 넘는 착취 속에 지옥 같은 삶을 살던 윌슨은 1986년 캐딜락 매장에 차를 사러 갔다가 멜린다 레드베터(Melinda Ledbetter)

라는 딜러와 사랑에 빠지게 된다. 멜린다는 윌슨과의 관계가 깊어지면서 유진 랜디의 실체를 의심하기 시작한다. 랜디는 둘 사이를 갈라놓으려 했고, 윌슨이 자신의 환자라서 어쩔 수 없이 모든 것을 통제할 수밖에 없다는 궤변을 늘어놓았다.

멜린다는 이 말도 안 되는 상황을 원상회복시키기 위해 증거물들을 수집하기 시작했고, 랜디가 윌슨을 협박하여 써놓은 유언장을 발견하여 법원에 제출한다. 1992년 모든 사실이 밝혀져 유진 랜디는 자격을 상실하고 접근금지 명령을 받게 되어 윌슨은 비로소 자유의 몸이 된다. 공동 작곡자 명단에서도 랜디의 이름이 빠지고 윌슨의 망상형 정신분열증 진단도 번복된다. 1995년 윌슨과 멜린다는 결혼하였고, 수년간의 극진한 간호로 윌슨의 정신병은 크게 호전된다.

천천히 다시 일어설 수 있었던 윌슨은 1966~67년부터 시작한 [Smile] 앨범 작업을 다시 이어가 먼지 쌓여 있던 곡들은 2004년 윌슨의 솔로 앨범으로 세상에 나와 그래미 최우수 록 퍼포먼스상을 수상한다. 그 후 2011년에는 비치보이스 이름으로 좀 더 다듬어진 [The Smile Sessions]가 발매되어 이 앨범도 역시 그래미 베스트 히스토리컬 앨범상을 수상한다.

살인자의 노래들 - 찰스 맨슨

살인범 찰스 맨슨은 살인자 이전에 비틀스처럼 록 스타가 되고 싶은 꿈이 있었다. 그는 실제로 데모 음반을 제작하여 여러 곳의 레코드사를 찾아다니며 활동한 적이 있었다.

1960년대 말, 미국의 서프 록밴드 비치보이스 멤버들은 길을 가던 중 우연히 한 여성을 히치하이킹하게 된다. 이 여성은 대화 중 자신이 알고 있는 작곡가가 있다며 소개해줬는데, 그게 바로 찰스 맨슨이었다. 비치보이스는 찰스 맨슨으로부터 블루스 스타일의 <Cease to Exist>라는 곡을 받게 되는데 이때 찰스 맨슨은 곡을 절대로 건드리지 말고 그대로 발매해달라고 요구한다. 그렇게 계약은 성사되었는데, 프로듀싱 과정에서 밴드의 이미지와 잘 맞지 않는다고 판단을 해 편곡하고 가사도 바꾸어 <Never Learn Not to Love>라는 곡으로 [20/20] 앨범에 수록된다(1969년). 발매 후 화가 난 찰스 맨슨은 칼을 들고 비치보이스를 찾아가 난동을 부리며 가족을 살해하겠다는 폭언을 하게 되고 이 사건으로 찰스 맨슨은 음반업계에서 작곡가로서 영구 퇴출된다.

그로부터 6개월이 지난 후 세계를 놀라게 한 찰스 맨슨의 사건이 발생한다. 영화감독 로만 폴란스키(Roman Polanski)의 집에 찾아가 부인인 여배우 샤론 테이트(Sharon Tate)를 비롯하여 일가족 6명을 무참히 살해한 사건이다. 후에 밝혀진 바, 원래 맨슨의 살인 목표는 로만 폴란스키 감독이 아니었다. 테리 멜처(Terry Melcher)라는 음반 제작자가 맨슨의 노래를 듣고 소음 공해라고 비판을 해 화가 난 맨슨이 테리 멜처의 집으로 쳐들어갔다. 하지만 테리 멜처는 이미 이사를 갔고, 폴란스키의 가족이 들어와 살고 있었던 것이었다.

그렇게 찰스 맨슨은 무기징역으로 평생 감옥에서 살다가 2017년 죽게 된다. 수감 중이던 맨슨은 1970년 3월에 [Lie: The Love and Terror Cult]라는 앨범을 내는데 앨범의 11번 트랙에는 <Never Learn Not to Love>의 원곡 버전인 <Cease to Exist>가 수록되었다. 이 앨범의 녹음은 살인 사건 1년 전에 이미 완료되어 있었다. 세간의 화제였던 찰스 맨슨의 앨범에 비치보이스의 곡이 들어간 것을 보고 모든 언론사의 스포트라이트는 비치보이스에게 향했다. 비치보이스는 우리는 그런 사람인지 전혀 모른 채 작업을 한 것이며, 최악의 일을 겪은 것이라고 항변하며 진땀을 뺐다.

1993년 11월, 건즈앤로지스의 5번째 스튜디오 앨범인 [The Spaghetti Incident?]를 발매된다. 이 앨범의 12번 트랙에 <I Don't Care about You>라는 곡이 수록되어 있는데, 이 곡 뒷부분(2분 17초부터)에 찰스 맨슨의 [Lie: The Love and Terror Cult] 앨범의 1번 트랙인 <Look at Your Game, Girl>의 커버 버전이 히든 트랙으로 삽입되어 있다.

세계적인 두 밴드가 찰스 맨슨의 노래를 불렀을 정도로 재능이 있었지만 전혀 다른 인생을 살게 된 찰스 맨슨…. 만약 일찌감치 작곡가로서 성공했다면 맨슨에 의해 35명이라는 무고한 희생자가 생겨나지 않았을 거란 생각이 든다.

"이발이라도 하고 가게, 롤링스톤즈" - 로이 뷰캐넌

미국의 한 방송사는 로이 뷰캐넌(Roy Buchanan)을 '세상에서 가장 위대한 무명 기타리스트'로 소개했다. 세계 최고 수준의 감성적 블루스 기타리스트인 로이 뷰캐넌을 설명하기엔 가장 적절한 멘트이다.

그는 어릴 적부터 혼자 있는 것을 좋아했고 고독을 즐겼다. 물론 기타도 혼자 듣고 익히며 연습했다. 로이 뷰캐넌은 19세에 <Suzie? Q>로 유명한 데일호킨스 밴드(Dale Hawkins)로 활동했다. 하지만 그의 성격이 문제였다. 밴드는 다수의 사람과 합을 맞추어 음악을 만들어가는 과정이 필요한데, 로이 뷰캐넌은 그런 과정이 익숙지 않아 받아들일 마음이 없었다. 마음에 들지 않으면 지체 없이 밴드를 탈퇴해버렸다. 이곳저곳 밴드를 옮겨 다니며 활동했지만 그의 성격을 받아줄 밴드는 존재하지 않았다. 그가 받아들일 만한 밴드가 존재하지 않았다는 표현이 더 맞을지도 모르겠다.

세계적으로 실력을 인정받던 로이는 방황과 회의감 속에서 살다 인연을 만나게 되어 결혼하여 워싱턴D.C의 작은 마을에 정착하게 된다. 이 무렵부터 로이는 기타로 더 이상 돈을 벌지 않겠다고 마음먹는다. 그런데 손으로 하는 건 뭐든 잘해서일까? 다른 직업을 찾던 그가 선택한 건 이발사였다. 동네에 이발소를 차려 제2의 인생을 시작한다.

1969년 어느 날 이발소에 누군가 문을 두드리는데, 다름 아닌 당시 비틀스와 함께 최고의 성공궤도를 달리던 롤링스톤즈였다. 기존 기타리스트 브라이언 존슨의 사망으로 그 자리를 메꿔줄 멤버를 찾던 중 정식으로 로이를 영입하기 위해 찾아온 것이다. 하지만 로이의 마음을 돌리는 것은 쉽지 않았다. 밴드 활동을 다시 하면 예전과 같은 일이 반복될 것만 같았고 음악을 하더라도 혼자 하고 싶다는 생각을 갖고 있었다. 그렇게 삼고초려 하러 온 롤링스톤즈를 거절하며 "온김에 머리라도 깎아주겠다. 이발이라도 하고 가라"라는 전설적인 명언을 남긴다. 과연 롤링스톤즈를 거부한 인물이 세상에 또 존재할까? 돈과 명예, 음악적 성공을 모두 얻을 수 있는 기회였지만 로이는 본인의 의지를 선택했다.

아무리 숨어 지내려 해도 세상은 최고의 실력자를 가만히 놔두지 않았다. 2년 후인 1971년, 앞서 이야기한 미국의 공영방송사는 「The Best Unknown Guitarist in the World」라는 다큐멘터리를 제작하여 로이를 출연시켰는데 이 방송이 세계적으로 큰 파장을 일으켰다. 존 레논을 비롯하여 많은 뮤지션들이 로이를 극찬했고 레코드사와도 계약을 맺게 되었다. 1972년에는 대표곡인 <The Messiah Will Come Again>이 수록된 데뷔 앨범을 발매하고 음악 활동을 이어갔다.

로이의 기타 연주를 들어보면 굉장히 섬세하고 미묘하여 마치 사람의 감정을 구슬프게 표현해주는 것 같다. 이런 소리를 낼 수 있는 것은 물론 재능적인 면모도 있지만 삶의 고뇌와 쓸쓸함, 애잔한 깊이를 겪어봐야 낼 수 있는 소리이다. 향후 상업적인 성공을 강요하는 레코드사와 로이 사이에는 불화가 커지게 되고 술과 마약에 빠지면서 삶은 점차 파멸로 향해간다.

1988년, 만취한 로이는 아내를 폭행하고 길거리에서 난동을 부리다 경찰에 연행되어 유치장에 갇히게 된다. '공공장소 주취'라는 죄명으로 잠깐 동안 유치장에 갇혀 있다가 즉결심판 처분을 받으면 되는 경범죄인데, 그 잠깐의 시간 동안 화를 참지 못해 셔츠로 목을 매 생을 마감한다. 그렇게 너무나 허망하게 떠나고 말았다.

인권운동 가수 - **스티비 원더**

스티비 원더(Stevie Wonder)는 1994년 '세계 인권 명예의 전당'에 이름을 올렸다. 전직 대통령들인 린든 존슨(Lyndon Johnson), 지미 카터(Jimmy Carter), 빌 클린턴(Bill Clinton)과 저명한 인권운동가들 사이에서 팝 가수로는 유일하게 헌액되었다(2012년에는 우리나라의 도산 안창호 선생도 헌액되었다).

스티비 원더는 어릴 적부터 시각장애인으로 살아가면서 차별을 받았다. 그는 모진 사회에서 탈피하여 모든 사람들이 평등한 세상이 되기를 바랐다. 어린 나이에 가수로 성공한 직후인 1963년, 우연히 흑인 인권운동가 마틴 루터 킹 목사의 연설을 듣고 충격과 감동에 빠지게 된다. 그 후로 쭉 킹 목사를 존경해오던 스티비는 1966년 시카고 기독교지도자회의에서 킹 목사를 만날 기회가 생긴다. 킹 목사가 먼저 스티비에게 다가와 손을 잡아주며, 노래를 잘 듣고 있다며 좋은 노래로 많은 사람들에게 힘을 주는 가수가 되라며 격려해준다. 어린 나이에 가장 존경하던 사람에게 직접 찬사를 들은 원더의 마음은 어땠을까? 뜨거운 다짐으로 불탔으며 그 만남은 원더 인생의 지표가 되었다. 2년 뒤인 1968년 킹 목사는 암살을 당했고 소속사 때문에 마음대로 조문을 가지 못한 원더는 킹의 뜻을 이어가고 싶다는 의지를 갖게 된다.

1980년대에 들어 킹 목사의 탄생일을 국경일로 지정하자는 캠페인이 일어났고 그 중심에는 스티비 원더가 있었다. 1981년 킹 목사에게 바치는 곡인 <Happy Birthday>가 발표되어 큰 인기를 끌면서 캠페인에 힘을 실어주었다. 결국 1983년 레이건 대통령이 지정일을 공표하였고 1986년부터 처음 시행되었다. 한 인물의 탄생일이 국경일로 지정된 것은 조지 워싱턴 이후 처음이었다. 스티비는 이후에도 킹 목사의 서거일마다 추모 캠페인을 벌이는데 2018년에는 서거 50주년을 맞아 BTS도 함께 캠페인에 동참했다.

스티비 원더는 1972년에 있었던 '워터게이트 사건'(공화당 닉슨[Richard Nixon] 대통령이 재선을 위해 민주당 워터게이트 복합단지에 도청장치를 설치해 FBI에 발각된 사건)과 관련해 <He's Misstra Know-It-All>을 발매해 대통령을 비판한다. 사건이 커진 후 닉슨 대통령이 직접 한 "I'm not a crook"(난 사기꾼이 아니다)는 망언으로 유명한 기자회견 이후에는 <You Haven't Done Nothin> 곡으로 다시 한 번 꼬집는다. 결국 1974년 닉슨 대통령은 사임하였고 유일하게 임기를 채우지 못한 대통령으로 남게 된다. 재미있는 것은 과거 1969년, 스티비 원더는 당시 초임인 닉슨 대통령에게 장애인고용위원회의 공로상을 직접 수상받은 적이 있다는 점이다..

남아프리카공화국에는 1910년대부터 존재해 1948년부터 공식화된 아파르트헤이트라는 정책이 있다. 아파르트헤이트는 극단적인 인종 분리, 차별 정책으로 흑인의 투표권 박탈, 교육 차별, 인종 간 혼인 및 성관계 금지, 버스 좌석이나 계단 이용과 같은 사소한 시설물 사용까지 모든 것들을 분리시킨 것을 합법화시킨 최악의 정책이다.

훗날 남아공의 대통령이 된 넬슨 만델라도 이 정책에 반대하다 무려 27년간 투옥되었다. 70, 80년대 들어 이 정책은 국제사회로부터 비난을 받기 시작했고 스티비 원더는 1985년 <It's Wrong (Apartheid)>을 발매하여 비판했다. 이 때문에 남아공에서 스티비 원더의 노래는 전부 금지곡이 되었으며 영구적으로 입국 금지를 당한다. 1991년 아파르트헤이트는 공식적으로 철폐된다.

이외에도 자메이카 인권운동가인 밥 말리와의 교류하고 많은 반전 음악과 다양한 인권을 위한 음악을 선보였다. 그에게 있어 인권운동은 삶과 음악을 계속할 수 있게 해주는 원동력이자 끝까지 지켜야 할 신념이었다.

그 외 추천곡

<Fingertips>, <Superstition>, <You Are the Sunshine of My Life>, <You Haven't

Done Nothin'>, <I WIsh>, <Sir Duke>, <Ebony and Ivory>, <I Just Called to Say I Love You>, <Part-Time Love>, <That's What Friends Are for> 등

마음의 눈 - 스티비 원더

<Isn't She Lovely>는 스티비 원더가 그의 딸 아이샤 모리스(Aisha Morris)가 태어났을 때 느낀 감정을 담아 만든 곡으로 1976년 발매되었다. 하지만 스티비 원더는 실제로 딸의 모습을 한 번도 본 적이 없다. 그는 미숙아로 태어나 인큐베이터에 있다가 산소 과다 공급으로 시력을 잃은 시각장애인이다. 비록 육안으론 딸을 볼 수는 없지만 마음의 눈으론 딸의 모습을 충분히 볼 수 있어 실존을 초월한 영롱한 마음을 음악으로 표현했다.

노래의 가사는 "Isn't she lovely? Isn't she wonderful? Isn't she precious?"와 같은 질문 형식으로 되어 있다. '내 딸 사랑스럽지 않나요? 멋지지 않나요? 소중하지 않나요?'라는 중의적인 질문을 통해 스티비 원더는 듣는 사람들에게 아버지로서 행복한 팔불출 아빠의 모습을 보여주고 있다. 딸 아이샤 모리스는 커서 가수가 되었고 아버지와 함께 노래를 부르기도 했다.

1999년, 존스홉킨스 대학의 연구진이 시력 회복에 관한 기술을

개발하여 스티비 원더에게 접촉한 적이 있다. 이 기술은 약간의 시세포라도 살아 있어야 적용 가능한 기술이었으나 테스트 결과 스티비 원더의 시세포는 완전히 파괴되어 시술이 불가능하다는 판단이 나왔다.

전기기타를 든 배신자 - **밥 딜런**

1950년대 미국의 전통 포크 음악은 우디 거스리(Woody Guthrie), 피트 시거(Pete Seeger), 그리고 밥 딜런(Bob Dylan)으로 계승되고 있었다. 포크란 순수성에 입각해 어쿠스틱 기타 하나만 둘러메고 당시 사회의 노동, 투쟁, 반전 평화에 대한 소리치는 저항음악이었다. 60년대에 들어서면서 비틀스가 세계를 휩쓸며 음악적 유행이 전기기타와 베이스, 드럼을 기본으로 하는 록의 형태로 바뀌게 된다.

포크 팬들에게 일렉 기타는 포크가 추구하는 순수성을 파괴하는 대중성과 상업성의 표상이었다. 특히 수려하고 문학적인 가사로 많은 팬들의 사랑을 받던 밥 딜런은 포크의 자존심이자 선봉장이었다. 이런 믿음직했던 밥 딜런이 1965년 7월 25일, 뉴포트 포크 페스티벌에서 통기타 대신 전기기타를 들고 나와 팬들을 충격에 빠뜨린다. 포크 추종자들은 그런 모습을 받아들이지 못하고 무대 위로 쓰레기를 던지며 야유를 보냈다. 우리 편이라고 생각했던 밥 딜런의 과감한 배신은 팬들에게 큰 충격으로 다가왔다. 무대 직후, 피트 시거는 "전기톱만 있었다면 당장 밥 딜런의 기타를 잘라버리고 싶었다"고 비난했고, 그다음 해부터 뉴포트 포크 페스티벌에 초청받지 못하게 되었다.

밥 딜런의 이 과감한 배신은 음악사적으로 상당히 큰 역할을 했다. 뉴포트 포크 페스티벌 이전에 밥 딜런은 이미 포크에 강렬한 록 비트를 입힌 포크 록이라는 새로운 장르의 앨범을 발매하며 꿈틀거렸고, 밴드 더버즈(The Byrds)는 밥 딜런의 곡 <Mr. Tambourine Man>을 포크 록 스타일로 리메이크해 빌보드차트와 UK차트에서 1위를 달성했었다. 여성 포크 가수였던 조안 바에즈(Joan Baez)도 음악적 변모에 동참하였으며, 이러한 변모 덕분에 밥 딜런의 전설적인 포크 록 명곡 <Like a Rolling Stone>이 탄생할 수 있었다.

시대는 이미 순수한 포크뿐만 아니라 변형된 포크 록도 받아들이고 있었다. 그 후 포크 록은 수십 년 동안 비틀스, 롤링스톤즈 등 수많은 밴드에게 영향을 끼쳤고 지금은 없어서는 안 될 정도로 가치가 커졌다.

시간이 흘러 2002년, 밥 딜런은 37년 만에 뉴포트에 다시 올라 야유를 받았던 무대에 화려하게 복귀했다.

그 외 추천곡

<Knockin’ on Heaven’s Door>, <Blowin’ In the Wind>, <One More Cup of Coffee>, <Make You Feel My Love>, <Here Comes Santa Claus>, <Spanish Is the Loving Tongue> 등

짝퉁 비틀스 - 몽키즈

브리티시 인베이전으로 인해 미국의 음악산업의 주도권이 사실상 영국으로 넘어갔다. 미국 전역에서 비틀스에 열광하자 방송사 NBC는 그 열풍의 여파를 조금이라도 받기 위해 밴드 관련 시트콤을 제작하기로 한다. 시트콤의 내용은 비틀스를 동경하여 밴드를 시작하는 다소 부족한 밴드의 성장형 코미디 스토리로, 제목은 「몽키즈(The Monkees)」였다. 오디션을 통해 비틀스와 비슷한 나이대와 느낌이 나는 배우들인 미키 돌렌즈(Micky Dolenz), 마이클 네스미스(Michael Nesmith), 피터 토크(Peter Tork), 데이비 존스(Davy Jones)를 캐스팅한다.

음악적인 이야기를 다루는 내용인 만큼 방영과 더불어 실제로 앨범을 제작하여 발매하기로 한다. 앨범의 음악들은 외부 작곡가와 프로듀서들에 의해 만들어졌다. 캐스팅된 배우들 중 일부는 아마추어 음악가들이지만 이들은 철저히 방송국, 기획사 및 외부 전문가들의 니즈에 따라 움직였다. 예를 들어 드럼을 연주할 수 있는 배우가 있는데 드럼을 연주하면 카메라에 잘 보이지 않는다는 이유로 포지션이 바뀌기도 했다.

1966년 발매된 앨범과 방영된 드라마는 대박을 치며 단숨에 빌보드차트 1위를 차지했다. 짝퉁 비틀스가 의외의 성공 날갯짓을 한 것이었다. 시간이 지날수록 몽키즈의 인기는 치솟았지만 기획사는 오로지 비즈니스적인 관점에서 밴드를 운영하려 해 밴드 멤버들과 갈등이 생겨났다. 특히 기타리스트 마이클 네스미스는 자신들의 처우 개선과 음악적 역량을 표현할 수 있도록 기획사에 격렬하게 주장하였고 그 결과 다음 앨범부터 조금씩 자신들의 자작곡을 실을 수 있게 되었다.

주도권을 조금씩 되찾아간 몽키즈는 본인들의 곡으로 빌보드차트 1위에 오르며 실력을 증명했다. <I'm a Believer>, <Daydream Believer>, <Last Train to Clarksville> 등 명곡을 남겼지만 거대 자본으로 만들어진 기획형 아이돌 밴드라는 꼬리표와 밴드 내부의 분열로 문제가 발생했다. 결국 몽키즈는 서서히 무너지면서 결성 5년 만인 1971년에 해체하고 만다.

몽키즈의 시작은 미약했지만 끝은 창대했다. 영국의 음악 폭격에 대항하는 미국의 대항마로서 비치보이스와 슈프림스와 더불어 큰 역할을 한 것은 사실이다. 활동하는 내내 어두운 그림자에 가려져 짝퉁 비틀스, 기획된 밴드라는 조롱을 받았지만 실상 그들은 실력파 밴드였으며 음악사에 굵직한 명곡들을 많이 남겼다.

최초의 기획형 아이돌 밴드로서 최고의 마케팅을 보여준 팀 몽키즈는 후배들에게 큰 영향을 끼쳤다.

성공적인 차별 - **슈프림스**

1959년 디트로이트 빈민가 출신의 친구였던 여고생들은 가수가 되고 싶다는 꿈을 가지고 프라이메츠(The Primettes)라는 팀을 결성해 활동한다. 지역 경연대회에서 우승하며 실력을 인정받은 그들은 현대 흑인음악의 최고 레이블인 모타운(Motown Records)과 계약하는 데 성공한다. 약간의 멤버 교체와 탈퇴가 있었지만 최종적으로 플로렌스 발라드(Florence Ballard), 다이애나 로스(Diana Ross), 메리 윌슨(Mary Wilson) 3명은 그룹명을 슈프림스(The Supremes)로 바꾸고 1961년 데뷔한다. 1963년까지 약 2년간 플로렌스 발라드가 리드 싱어를 맡아 소울풀하면서도 강렬한 보컬 스타일의 곡들을 선보였지만 큰 반응을 얻지는 못했다. 이 기간 동안 슈프림스는 모타운 소속 스타인 마빈 게이와 템테이션스(The Temptations)의 백업 싱어로 활동하며 자신들만의 색채를 찾고 있었다. 그러던 중 1963년 12월에 발매된 싱글 <When the Lovelight Starts Shining through His Eyes>가 빌보드 23위에 오르며 알려지기 시작한다.

모타운 사장 베리 고디(Berry Gordy)는 음악의 주 소비층인 백인들을 겨냥해 플로렌스 발라드의 목소리보다는 좀 더 팝적이고 부드럽게 노래하고 외모도 좀 더 나은 다이애나 로스를 리드 싱어로 배치한다. 그는 노래 파트를 다이애나 로스에게 많이 분배해 나머지 두 명은 뒤에서 받쳐주는 역할로 전락시킨다.

당시 로스는 고디와 연인 관계이기도 했는데 고디의 이러한 편애 판단은 1964년부터 슈프림스의 전성기를 여는 데 일조한다. 다이애나 로스가 팀을 떠난 1970년까지 슈프림스는 무려 12곡의 빌보드 싱글차트 1위를 배출하는 등 국민 가수로 자리매김한다. 두 명은 개인적으로 섭섭할 수 있겠지만 팀 전체로 보면 탁월한 선택이었다.

1960년대는 비틀스를 비롯한 영국 가수들이 강력한 공격을 퍼붓던 시기였다. 미국 음악시장을 거의 뺏기고 있을 때 어찌 보면 미국에서 가장 멸시받던 흑인 여성 세 명이 이를 막아내는 역할을 했다. 1966년 10월 발매한 [The Supremes A' Go-Go]는 당시 비틀스의 최고 명반 중 하나이자 6주간 앨범차트 1위를 점령하고 있던 [Revolver]를 밀어내고 1위에 오르기도 했다.

슈프림스가 대성공을 거두고 있던 1967년, 베리 고디 사장은 그룹명을 'The Supremes with Diana Ross'로 바꿨다가 아예 'Diana

Ross&The Supremes'로 변경한다. 이에 플로렌스 발라드는 처우에 반감을 가지게 되면서 알코올 중독과 우울증을 앓기 시작한다. 급격히 살이 찌고 앨범 녹음에도 참여하지 않으며 공연장에 만취 상태로 오기도 했다. 결국 팀과의 불화로 해고된 발라드는 홀로서기를 시도했지만 실패했고, 모타운을 상대로 소송을 걸었으나 끝내 패소한다. 그녀는 정신적·신체적·경제적으로 모든 것을 잃고 1976년 32세의 젊은 나이에 심장마비로 사망한다.

1970년대 들어서 다이애나 로스는 솔로 활동을 위해 슈프림스를 탈퇴하고 70~80년대 제2의 전성기를 맞았다. 이후 슈프림스는 하향길에 접어들며 1977년 해체되었지만 큰 유산을 남긴 공으로 1988년 여성 그룹 최초로 로큰롤 명예의 전당에 헌액된다.

슈프림스의 이야기는 1981년 브로드웨이에서 「드림걸즈」라는 뮤지컬로 만들어져 토니상 6개 부문을 석권하며 큰 사랑을 받았고, 2006년에는 같은 이름으로 영화화되어 아카데미 2관왕, 골든글로브 3관왕을 수상하는 영광을 누리기도 했다.

그 외 추천곡

<Where DId Our Love Go>, <Baby Love>, <Come See aboutt Me>, <Stop! In the Name of Love>, <Back in My Arms Again>, <I Hear a Symphony>, <You Can't Hurry Love>, <You Keep Me Hangin' on>, <Love is Here and Now You're Gone>, <The Happening>, <Love Child>, <Someday We'll Be Together> 등

히피의 왕 - **도어즈**

1967년 9월 17일, 당시 최고의 인기 프로그램이었던 「에드 설리번 쇼」에 출연한 도어즈(The Doors)는 그들의 곡 <Light My Fire>의 가사 중 "We couldn't get much higher"에서 'higher'를 'better'로 바꿔 불러달라는 PD의 요청을 받는다. 가사의 내용이 마약 복용과 관련되어 민감한 사항이라 방송사 측의 특별한 요청이었다. 보컬 짐 모리슨(Jim Morrison)은 이를 수록하고 무대에 올랐으나 공연 중 오히려 더 큰 샤우팅으로 원 가사를 그대로 불러버린다. 이에 화가 난 진행자 에드 설리번은 악수도 하지 않았고 향후 출연 예정이었던 모든 계획을 무산시킨다.

짐 모리슨의 행동은 단순한 장난이었을까? 짐 모리슨은 당시 팬들 사이에서 '히피의 왕'이라는 별명을 가지고 있었다. 히피 문화는 1960년대 중후반부터 베트남전쟁과 자유민주주의를 표방하지만 다른 실체를 가지고 있던 미국 사회와 미군에 대한 반발심으로 생겨난 문화다. 히피들은 물질보다는 인간성을 중시하고 기존의 사회질서를 탈피하며 원초적인 자유와 평화를 추구했다. 이러한 가치관을 가진 짐 모리슨에게 방송국의 보수적인 요구는 고양이에게 생선을 맡기는 격이었으니 당연히 '왕'은 분노의 포효를 내질렀던 것이다.

짐 모리슨은 어릴 적부터 니체(Friedrich Nietzsche), 랭보(Arthur Rimbaud), 윌리엄 블레이크(William Blake), 올더스 헉슬리(Aldous Huxley)의 사상과 고전 학문을 습득하여 자신만의 세계관을 구축했다. 그는 평소 마약과 극한의 육체적 섹스를 통해 현실의 영혼을 황폐하게 만들어 인간의 감각을 뛰어넘는 미지의 세계에 도달할 수 있다고 믿었다. 이러한 개인적인 가치관은 히피들의 사상과 딱 맞물렸다. 히피들도 과거 미국 원주민들이 전통적으로 행하던 마약 흡입을 통한 정신 해방을 추종하며, 나른하면서도 몽롱하고 취한 상태의 비현실적인 정신세계에 빠져 살길 바랐다. 히피와 마약은 뗄 수 없는 관계였고 거기에 짐 모리슨까지 더해져 삼위일체가 명확히 떨어졌다.

밴드 도어즈의 음악 자체가 이러한 환각적인 상태를 연상케 하는 사이키델릭 사운드를 추구했다. 단순하면서도 무한정 반복되는 키보드 악절과 점층적으로 상승하는 비트감, 우중충한 퇴폐미는 듣는 이로 하여금 저절로 최면에 빠지거나 약에 취한 느낌을 들게 했다. 여기에 시인이라 불릴 만큼 짐 모리슨의 은유적이면서도 도발적인 가사가 더해져 그는 무대 위의 왕으로서 히피들을 이끌어 나가는 역할에 아주 제격이었다.

왕의 군림은 생각보다 오래가지 못했다. <Light My Fire>, <Hello, I Love You>, <Touch Me>, <People Are Strange>, <Riders on the Storm>, <The End> 등 짧은 기간 동안 여러 명곡을 남겼지만 무대 위에서 외설 행위를 하다가 체포되는 등 갖가지 구설수와 건강 악화로 인해 쇠록의 길로 접어들었다. 짐 모리슨은 1971년 7월 3일, 27세의 나이로 자신의 집 욕조에서 마약 과다 복용으로 세상으로 떠나고 만다.

왼손으로 악수합시다 - 지미 헨드릭스

신동이나 천재들은 어릴 적부터 그 면모를 나타내곤 한다. 하지만 그렇지 않은 경우도 있나 보다. 기타의 전설로 꼽히는 지미 헨드릭스(Jimi Hendrix)의 어린 시절은 기타를 쳐다볼 겨를도 없을 만큼 궁핍했다. 발은 점점 커지는데 신발을 살 돈이 없어 작아진 신발을 억지로 신고 다닐 만큼 가난했던 그가 손에 처음 쥔 기타는 쓰레기통에서 주운 원스트링 우쿠렐레였다.

그것만으로도 신이 나고 행복했던 지미는 엘비스 프레슬리의 곡을 비롯한 당대 많은 곡들을 귀로만 듣고 따서 연주하며 놀았다. 그 모습을 본 지미의 아버지는 그가 15살 때 5달러짜리 기타를 사주어 늦은(?) 나이에 비로소 제대로 된 기타를 처음 잡아보았다.

지미는 매일매일 기타에 미쳐 있었다. 잠자는 시간을 빼고는 모든 시간을 기타 연습에 몰두했고 기타를 꼭 껴안고 잠이 들 정도였다. 학창 시절에는 밴드 활동 때문에 출석일수가 모자라 퇴학당했고, 군 복무 시절에는 하루빨리 음악 활동을 하고 싶어 군의관에게 정신병이 있다고 거짓말을 해 실제로 조기 전역에 성공한다. 이때 했던 거짓말이 동성 동료를 사랑하고 잦은 자위행위와 몽정을 한다는 것이었다.

전역 후에는 리틀 리처드(Little Richard)의 밴드와 제임스 브라운(James Brown)의 밴드에서도 세션 맨으로 활동할 만큼 실력은 있었지만 홀로 설 만큼 큰 인기를 얻지는 못했다. 그러다 애니멀스의 베이시스트 채스 챈들러(Chas Chandler)와 인연이 닿아 영국으로 옮기게 된다.

당시 영국에서는 블루스 리바이벌(Blues Revival)이라는 록 음악의 원뿌리인 블루스 재해석이 유행이었다. 화려하게 연주하는 것보다는 눈을 감고 기타 한 음, 한 음에 감성과 영혼을 담아 연주하는 것인데 대표적인 인물로 에릭 클랩튼이 있고 그가 이끄는 밴드 크림(Cream)은 상당히 인기가 좋았다. 많은 사람들이 길거리 벽에 'Clapton is God'라고 쓸 만큼 에릭 클랩튼의 영향력은 대단했다.

채스 챈들러는 크림의 공연장에 지미를 데리고 가서 소개해주었다. 첫 만남에서 지미가 다짜고짜 두 곡 정도 같이 합주하자고 제안하자 에릭 클랩튼은 흔쾌히 허락한다. 속으로는 '별 이상한 놈이 다 있네'라고 생각하면서…. 그러나 에릭은 지미의 뛰어난 연주를 듣고 너무나 큰 충격을 받아 제대로 따라가지 못했다고 한다. 그런데 이 공연장 관객석에서 또 다른 천재 기타리스트인 제프 벡(Jeff

Beck)이 그 상황을 지켜보고 있었다.

지미 헨드릭스는 일렉트릭 기타의 범위를 무한의 영역으로 확장한 인물이다. 이전까지만 해도 기타는 그저 반주 악기로만 인식되었지만 그의 다양한 시도로 일렉트릭 기타는 현대 록 음악에서 중심 역할을 하게 됐다. 잘못 사용하면 소음과 왜곡된 소리로 인식될 수 있는 드라이브, 디스토션, 퍼즈, 페달 등 이펙터들을 음악의 한 부분으로 들릴 수 있도록 독창적으로 잘 사용했고, 브릿지와 암을 활용하여 현의 장력을 바꾸어 기타에 떨리는 효과를 주었다. 또 피드백 주법의 활용, 기타의 볼륨을 이용해 강약을 조절하는 등 현대 시대의 기타와 음향 장비로 낼 수 있는 모든 테크니컬 소리의 시작이 지미 헨드릭스에서 비롯된 것이었다. 무에서 유를 창조하듯 록 기타의 패러다임을 정립했다고 해도 과언이 아니다. 무한한 가능성을 열어놓은 지미 헨드릭스 덕분에 다양한 음악이 발전했으며 미래에 생겨날 음악에도 영향을 끼칠 것이었다.

당시 많은 현역 기타리스트들이 지미의 연주를 듣고 '지금까지 내가 친 건 기타가 아니었다'는 등 좌절감에 빠지기도 했다. 보통 3대 기타리스트로 지미 페이지, 에릭 클랩튼, 제프 벡을 꼽는데, 지미 헨드릭스는 이들과는 붙여놓을 수 없는 어떤 초월적인 존재라는 느낌이다.

지미는 퍼포먼스도 상당히 인상적이었다. 피크나 손가락으로 연주하는 것을 넘어 치아로 물어뜯으며 연주하는가 하면, 1967년 몬

터레이 팝 페스티벌에서는 기타에 기름을 붓고 불을 지르는 퍼포먼스를 선보였다. 1969년에는 우드스탁에 참가해 미국 국가를 연주하다가 기타로 총 소리나 전투기 소리를 내며 당시 베트남전쟁 중이던 미국을 풍자하는 퍼포먼스를 보여주었다. 그러나 안타깝게도 약물을 과다 복용한 후 누운 채로 토를 해 토사물로 인한 질식으로 사망하게 된다. 그해가 1970년, 그의 나이 27세에 불과했다. 공식적으로 4년이라는 짧은 시간 동안 모든 것을 이루고 떠난 진정한 천재였다.

지미가 했던 말 중에 "왼손으로 악수합시다, 그쪽이 내 심장과 더 가까우니까(Shake my left hand man, it's closer to my heart)."라는 말이 있다. 당대의 서구 사회에서는 왼손으로 악수하는 것이 가벼운 금기 사항 중 하나였는데, 지미는 자신이 왼손잡이라는 독특한 정체성을 표현하는 동시에 일반 규범에 도전하는 저항 정신을 나타내는 것이기도 했다.

평소 오른손잡이용 기타를 뒤집어서 사용한 지미를 위해 에릭 클랩튼은 왼손잡이용 기타를 구매해놓았는데, 너무 빨리 세상을 뜨는 바람에 전달해주지 못했다고 한다.

추천곡

<Purple Haze>, <Hey Joe>, <Fire>, <Little Wing>, <Voodoo Child>, <Foxy Lady>, <All along the Waterhouse> 등

가장 못생긴 남학생 - 제니스 조플린

불세출의 여성 로커 제니스 조플린(Janis Joplin), 그녀는 대학 시절에 '캠퍼스 내 가장 못생긴 남학생' 투표에서 1위를 했다는 유명한 이야기가 있다. 그러나 필자의 생각으로는 제니스 조플린은 전혀 못생기지 않고 아주 평범하게 생겼다. 아마도 투표 결과에는 외모뿐만이 아니라 행동과 사상적인 측면이 크게 작용했을 것이다.

1960년대의 보수적인 시대에 보수적인 지역에서 자란 제니스 조플린은 상당히 진보적인 사상을 가지고 살았다. 톡톡 튀는 성격 탓에 어른들에게 늘 혼만 나던 그녀는 자신을 구속시키는 세상의 모든 규범을 탈피하는 세상을 꿈꾸는 반항아였다. 주변 사람들에게는 당연히 다른 종류의 인간으로 느껴졌을 것이니 자연스럽게 집단 따돌림을 당하게 된다. 그러나 이런 따돌림조차 제니스 조플린을 종속시키거나 따라오게 할 수 없었으며 오히려 더욱 반사회적인 성격으로 변해갔고 시간이 흐르면서 인생의 방향 자체가 완전히 틀어져 버렸다.

이러한 성격을 표현할 수 있는 그녀만의 수단은 블루스이자 노래였다. 자신에게 손가락질하던 세상 사람들도 무대 위에서 노래만 하면 박수를 치고 인정해주었으니 그녀에게 있어 무대는 얼마나 환상적이고 행복한 공간이었을까? 당시에는 여성 로커 자체가 거의 없었다. 여성 가수들은 대부분 아름답고 청아한 고음의 목소리로 노래하는 것이 당연하다고 여겨졌던 시절이었다. 이 모든 편견과 틀을 깨부순 것이 제니스 조플린이었다.

그녀의 절규하듯 찢어지는 비명에 가까운 탁음은 뭔가 깊은 울림이 느껴졌으며, 거침없고 광기 어린 무대 퍼포먼스는 혁명 그 자체였다. 백인들이 블루스 음악을 하는 것을 극도로 폄하했던 블루스의 대부 머디 워터스(Muddy Waters)도 제니스 조플린의 노래를 듣고 "그중에 잘하는 여성 로커도 있네?"라며 인정했었다. 특히 1967년 몬트레이 팝 페스티벌과 1969년 우드스탁에서 보여준 그녀의 화려한 라이브는 명공연으로 꼽힌다.

하지만 그녀는 곤경을 치르기 일쑤였다. 늘 술과 마약에 찌들어 있었고 여러 남자들과의 관계, 동성애까지 하며 무절제한 생활을 했다. 오히려 자기 같은 못생긴 여자는 술과 섹스, 마약과 어울린다며 스스로를 비하했는데 이는 콤플렉스와 세상에 대한 본능적인 자기방어 수단이 아니었을까라는 생각이 든다. 결국 1970년 솔로 앨범 발매와 결혼을 앞둔 제니스 조플린은 호텔에서 헤로인 과다 투여로 사망한 채로 발견된다.

유작이 된 [Pearl] 앨범은 발매되자마자 빌보드차트 1위를 차지하며 400만 장의 판매고를 올린다. 27세라는 젊은 나이, 짧은 가수 기간 동안 강한 임팩트를 남기고 떠났다.

추천곡

<Me and Bobby Mcgee>, <Summertime>, <Piece of My Heart>, <Move over>, <Cry Baby>, <Get It While You Can> 등

3J의 죽음과 27클럽

앞서 언급한 세 명(짐 모리슨, 지미 헨드릭스, 제니스 조플린)은 공교롭게 70년대를 맞이하자마자 똑같은 나이인 27세로 요절했다. 셋 다 1960년대 중후반 비슷한 시기에 활동했으며 그 짧은 기간 동안 자신들의 천재적인 재능을 모두 발휘하고 산화해버렸다.

셋 다 이름이 'J'로 시작했고 약물 과다로 사망한 공통점 때문에 음악사에서는 이를 '3J의 죽음'이라고 칭한다. 히피 정신의 선두주자였던 이들의 죽음에는 신화적인 요소가 부여되어 현재까지도 추앙받고 있다.

음악사에는 3J를 포함하여 27세에 일찍이 요절한 뮤지션들이 생각보다 많아서 이를 '27클럽'이라고 부른다.

원조 격으로 알려진 로버트 존슨(Robert Johnson)과 롤링스톤즈의 창립 멤버였던 브라이언 존스(Brian Jones), 비운의 기타리스트 랜디 로즈(Randy Rhoads), 너바나의 커트 코베인(Curt Cobain), 그리고 최근 에이미 와인하우스(Amy Winehouse)까지 많은 천재 뮤지션들이 27의 문턱을 넘지 못했다. 마치 전설처럼 내려온 이러한 미스터리 괴담 때문에 신해철 씨도 젊은 시절 27살에 죽을까 봐 걱정을 많이 했었다고 한다.

27클럽의 탄생에 대한 또 다른 괴담이 존재한다. 원조 격인 로버트 존슨이 주인공인데, 그의 어린 시절에는 동네 한 교차로에 악마가 숨어 살고 있다는 소문이 있었다. 이 교차로에서 자정이 되면 악마와 영혼의 거래를 할 수 있다는 이야기가 있었고 존슨은 자신의 수명을 바꾸는 대신 본인이 원하는 기타 실력을 손에 넣었다고 한다. 이것을 시작으로 27클럽이 만들어졌고 그 지금까지 쭉 이어져오고 있다고….

최고의 콘서트 - 우드스탁 1969

1960년대 미국 사회의 분위기는 혼란 그 자체였다. 외부적으로는 2차 세계대전 이후 두 개의 체제로 나뉜 세계가 서로 팽팽하게 사상적 줄다리기를 하고 있었고, 미국이 직접 참전한 베트남전은 끝날 기미가 보이지 않았으며, 내부적으로는 인종차별 철폐를 주장하던 인사들의 죽음을 비롯한 다양한 문제들로 골머리를 앓고 있었다. 이러한 장기적인 피로감으로 인해 젊은 베이비붐 세대들은 현실에 불안감을 느끼며 반전, 사랑, 평화를 외치는 히피 문화가 번지고 있었다. 이는 반기성적인 문화로 산업시대의 물질적인 성공보다는 생태학적인 의식을 가진 자연으로의 회귀를 꿈꾸는 운동이었다.

1969년 마이클 랭(Michale Lang) 등 젊은 사업가 4명은 히피 젊은이들과 기성세대가 함께 즐길 수 있는 콘서트를 만들기로 마음먹는다. 이들은 뉴욕주 얼스터 카운티에 위치한 작은 마을 '우드스탁'에서 콘서트를 개최하기로 하고 「Woodstock Music&Art Fair」로 명명한다. 그러나 기획 과정에서 마을 주민들과 정부, 지자체의 규제로 인해 우드스탁에서의 개최가 위험에 처하지만 한 농장주가 70km 떨어진 곳에 자신의 땅 70만 평을 제공하여 다행히 개최를 이어갈 수 있었다.

우드스탁 콘서트는 체계적인 경영으로 운영되었다. 신문과 라디오에 광고와 홍보를 하고 뉴욕 곳곳의 레코드 가게와 방송국에서 사전 티켓을 판매했다. 또한 아티스트 섭외를 담당하는 전문가들이 따로 있었다. 이렇게 철저한 분업 체계 덕분에 사전 티켓은 18만 장 이상 판매되며 큰 기대와 호응을 얻는다.

8월 15일부터 17일까지 3일간 개최된 이 콘서트는 추정 50만을 넘는 인원이 모여드는 장관을 보여주었다.

히피 정신으로 '무장한' 다양한 계층들이 모여든 콘서트 현장은 사실상 엉망진창이었다. 티켓을 구매하지 않고 울타리를 부수고 들어오는 사람들이 많아지자 주최 측은 히피 정신을 계승한다는 의미로 무료 콘서트로 쿨하게 전환해버린다. 히피들은 근처에 자동차가 환경을 해친다는 이유로 인근 논밭으로 자동차를 넘겨버려 교통이 엉망이 되기도 한다. 한편 제공받은 토지는 애초에 농장으로 사용되었기 때문에 화장실, 급·배수 시설, 음향 시설 등이 제대로 설치되어 있지 않아 위생적으로 더러웠고 폭우로 인해 물웅덩이들이 고여 있었지만 이들에게는 아무 문제가 되지 않았다.

옷을 벗어젖히고 빗물로 샤워하고 물웅덩이에 빠져 수영을 하고 자유와 반전을 외치는 이들을 막을 수가 없었다. 세상의 모든 규제와 경계가 무너진 이들은 콘서트 기간 동안 음악과 마약, 섹스까지 마음껏 즐겼고 열기가 너무 뜨거워져 최초 3일이었던 행사는 하루 더 연장을 한다. 훗날 한 참여자는 "당시 우리는 인간 이하로 놀았지만 평생 가장 행복한 기억이었다"라고 말할 정도로 임팩트 강한 해방구였다.

17일 공식적인 페스티벌의 마지막 무대에서 지미 헨드릭스가 전설로 남는 장면을 연출한다. 미국 국가를 연주하면서 이펙터를 이용해 굉음과 폭격기 소리를 만들어내 당시 베트남전을 풍자한다. 이 연주는 반전을 외치던 히피들의 마음을 대변해주는 것으로, 관중은 열광했고 잠들어 있던 시대정신을 한 번 더 일깨웠다.

우드스탁 콘서트는 물론 히피 문화에 대한 부정적인 시선과 평가가 존재하지만, 당대에 추구한 저항을 시사하고 평화와 사랑을 중시한 정신적 측면의 상징성과 역사성을 인정받아 아직도 전설적인 콘서트로 회고되고 있다.

알타몬트 공연 - **롤링스톤즈**

사랑과 평화의 상징이었던 우드스탁69 콘서트의 여운은 오랫동안 지속되었다. 이에 롤링스톤즈는 그 여운을 계속 이어가고자 또 다른 무료 콘서트를 주최한다. 악동 롤링스톤즈가 좋은 취지로 개최한 이례적인 콘서트였으며, 3년 만의 미국 무대 복귀로 큰 기대감에 차 있었다. 산타나(Santana), 그레이트풀 데드(Grateful Dead), 제퍼슨 에어플레인(Jefferson Airplane), 크로스비, 스틸스, 내시&영(Crosby, Stills, Nash & Young) 등이 함께 뜻을 모아 참가했다.

하지만 공연 장소부터 여러 차례 바뀌어 결국 이틀 전에 겨우 알타몬트로 결정되었는데 식수, 화장실, 편의 시설 등은 부실하기 짝이 없었다. 게다가 롤링스톤즈는 이날의 공연 보안을 전문 경호 업체가 아닌 미국 최대의 바이커 갱 폭력조직인 헬스엔젤스(Hells Angels)에게 맡긴다. 1969년 12월 6일 공연을 보기 위해 30만 명이 넘는 인원이 운집하였고 무대 앞에는 덩치가 큰 헬스엔젤스의 단원들이 단복을 입고 일렬로 서서 관객들을 통제하고 있었다. 공연 중 술과 마약에 찌든 관객들이 흥분하여 무대로 달려들자 헬스엔젤스들은 닥치는 대로 패버리며 위협적인 모습을 스스럼없이 보여준다. 메인 스테이지였던 롤링스톤즈의 공연 중 총을 소지하고 있던 흑인 청년인 메러디스 헌터(Meredith Hunter)는 여러 차례 무대로 접근을 시도하다 제지를 당한다. 그는 술에 취해 있었고 얻어터진 게 억울한지 갑자기 가지고 있던 총을 꺼내어 다시 무대로 접근한다. 이때 헬스엔젤스의 단원 한 명이 칼을 꺼내 그를 찔러 병원으로 후송되었지만 결국 사망하였고 콘서트는 그렇게 흐지부지 끝나버린다.

메러디스 헌터가 제압되는 장면은 영상으로 찍혀 있어 지금도 쉽게 찾아볼 수 있다. 이 영상으로 헬스엔젤스는 정당방위를 인정받아 무죄를 선고받았다. 만약 전문 경호업체였다면 저렇게 대놓고 찔러 죽이는 최악의 대처가 아닌 다른 방법을 시도했지 않았을까 생각이 든다. 롤링스톤즈도 공연 후 인터뷰에서 헬스엔젤스를 기용한 것은 올바른 생각이 아니었다며 후회하는 발언을 하기도 했다.

알타몬트 공연은 우드스탁69와는 반대로 음악사에서 최악의 공연으로 꼽히게 되었고, 이 사건으로 히피들의 반항과 자유는 더 이상 사회적으로 용인되지 않게 되어 히피 시대의 종언을 맞이하게 된다.

3대 기타리스트가 한 밴드에? - 야드버즈

1970년대 일본의 한 음악 기자가 개인적인 취향에 따라 세계 3대 기타리스트로 지미 페이지, 에릭 클랩튼, 제프 벡을 선정했다. 이게 어떠한 경로로 한국에 들어왔는지는 불분명하지만 이후 우리나라에서는 마치 고유명사처럼 사용되며 고착화되었다. 부정하는 것은 아니지만 이들 외에도 훌륭한 기타리스트들이 많으며 그렇다고 공식화된 것도 아니어서 만약 외국에서 논한다면 "누구 맘대로 3대냐?"라는 소리를 들을 수도 있다. 아무튼 이를 기준으로 보면 셋은 특별한 공통점을 가지고 있다.

이 3명의 기타리스트들은 1963년에 결성된 야드버즈라(The Yardbirds)는 밴드에 한 번씩 몸 담았다. 그 시작은 에릭 클랩튼으로 결성 멤버는 아니었지만 그가 영입된 이후 야드버즈의 음악적 형태가 잡히기 시작했다. 다소 대중적이고 평범했던 음악을 블루스 사운드를 기반으로 하드록적이면서도 사이키델릭한 사운드로 바꾸었다. 약 2년간의 활동을 끝으로 에릭 클랩튼은 존메이올앤더 블루스브레이커스(John Mayall & the Bluesbreakers)로 떠나게 되었고, 그다음 바통을 이어받은 사람이 제프 벡이었다.

제프 벡 시절 야드버즈는 그루브하면서도 전위적인 실험적 사운드로 큰 사랑을 받았다. 제프 벡의 야드버즈 시절을 최고로 꼽는 사람도 다수 존재한다. 그러던 중 베이시스트 폴 샘웰-스미스(Paul Samwell-Smith)가 탈퇴하여 긴급하게 친구인 지미 페이지에게 임시로 베이스를 맡아달라고 요청한다. 당시 지미 페이지는 영국 내에서 발매된 앨범 대부분에 세션 기타리스트로 참여할 정도로 명성이 높았다.

친구의 부탁으로 잠시 동안만 베이스를 맡아주려 한 그는 얼마 지나지 않아 제프 벡과 함께 트윈 기타를 맡게 된다. 두 전설적인 기타리스트는 약 반 년 정도 함께 활동하다 제프 벡과 대부분의 멤버가 탈퇴하면서 야드버즈는 쇠퇴의 길을 걷는다. 야드버즈의 결성 멤버인 크리스 드레야(Chris Dreja)와 지미 페이지만 남게 된 밴드는 두 사람은 마음을 다잡고 새로운 멤버로 보컬 로버트 플랜트, 드럼 존 본햄, 베이스 존 폴 존스를 새 멤버로 영입한다. 이 다섯 명은 '뉴야드버즈'라는 이름으로 활동했으나 크게 이름을 떨치지 못했다. 멤버 모두가 이름을 바꾸기를 원했고 지미 페이지는 불현듯 과거 키스 문과의 농담이 떠올랐다.

키스 문은 지미 페이지에게 "네가 밴드를 만든다면 납(Lead)으로 만든 비행선(Zeppelin)처럼 추락하고 말 거야"라며 저주 농담을 했었다. 페이지는 발음상 Lead를 Led로 고쳐 우리가 아는 Led Zeppelin을 탄생시켰는데, 키스 문의 기대에 부응하지 못하고 최상공까지 비행에 성공하게 된다.

추천곡

<For Your Love>, <Heart Full of Soul>, <Shapes of Things>, <Over under Sideways down> 등

최고의 뮤즈 -

패티 보이드&조지 해리슨&에릭 클랩튼

1964년 비틀스의 첫 영화 「A Hard Day's Night」에 패티 보이드(Pattie Boyd)라는 10대 모델이 단역으로 출연하게 된다. 촬영 중 예쁘장한 외모에 반한 조지 해리슨은 다짜고짜 "결혼해줄래? 아니면 같이 저녁이라도 먹자"라고 구애했다. 하지만 남자 친구가 있던 패티 보이드는 이를 거절한다. 그러나 조지는 포기하지 않았다. 단역 출연자들에게 싸인해줄 때에도 패티 보이드에게만 유일하게 하트를 7개나 그려주는 주책스러우면서도 귀여운 구애를 하는 등 그렇게 몇날며칠을 쫓아다녔다. 시간이 지나 마음을 연 패티는 남자 친구와 결별하고 조지와 교제를 시작했으며 2년 뒤인 1966년에 결혼한다.

당시 조지는 23살의 어린 나이에 바람기도 심했지만 결혼한 것을 보면 패티를 향한 사랑은 진심이었다. 패티는 조지에게 음악적 영감 그 자체였다. 비틀스의 대표곡 <Something>을 비롯하여

<I Need You>, <If I Needed Someone>, <Love You to>, <For You Blue> 등의 러브 송들이 모두 패티 보이드를 생각하며 쓴 노래들이다. 하지만 사람은 쉽게 변하지 않는지 조지는 결혼 후에도 다른 여자들과 바람을 피우며 술과 마약에 찌든 삶을 살아간다. 패티는 몇 번이나 용서해주고 조지가 정신을 차리도록 당시 자신이 믿던 힌두교를 권유한다.

그녀는 명상을 통해 조지가 마약을 끊고 평온한 삶을 살길 바랐다. 조지는 힌두문화에 서서히 빠지게 되었고 패티의 바람대로 마약도 끊게 된다. 하지만 너무 과했던 탓이었을까? 조지는 인도음악에 광적으로 빠져 인도음악의 선구자인 라비 샹카르(Ravi Shankar)와 교류하며 직접 시타르를 배웠고 비틀스의 음악에 직접적으로 시타르(세타르 또는 비나) 악기를 도입한다. 어찌 보면 패티 덕분에 비틀스의 음악이 한층 더 성장할 수 있었던 것이다.

한편 조지와 패티 부부는 종종 동료 뮤지션들을 집으로 초대해 파티를 열었다. 이때 초대된 에릭 클랩튼은 패티 보이드를 보고 반하게 된다. 앞에서 언급한 상황을 옆에서 지켜보던 에릭 클랩튼은 패티 보이드가 힘들어하는 것을 잘 알고 있었다. 클랩튼도 패티를 열렬하고 간절히 사랑해 기타리스트답게 그 마음을 음악으로 표현한다.

1971년 에릭은 최고의 세레나데 곡 중 하나인 <Layla>를 발매한다. <Layla>는 페르시아의 고전 시가인 「레일라와 마즈눈(Layla and Majnun)」에서 모티브를 얻은 곡으로 연인을 버리고 자신에게

오라고 애원하는 내용을 담고 있다. 당시 자신의 처지와 비슷하다고 생각한 에릭은 이 곡을 통해 대놓고 패티에게 구애한 것이다. <Layla>는 극한에 도달하는 사랑이라는 감정을 잘 표현했으며 최고의 리프를 보여준 곡으로 에릭의 인생 걸작 중 하나이다.

이런 상황에서 셋의 마음은 어땠을까? 에릭은 꾸준히 사랑을 갈망했고 패티는 상당히 갈팡질팡했다. 조지가 질투하며 다시 돌아오기를 바라면서도 한편으로는 에릭에게 조금씩 마음의 문이 열리고 있었다. 하지만 조지는 놀라울 만큼 태연했다. 에릭이 조지와 단 둘이 만나 진중하게 네 부인을 사랑하고 있다고 고백하는데 조지는 상관없다는 식으로 반응한다. 오히려 조지는 자신이 지금 링고 스타의 부인인 모린 콕스(Maureen Cox)를 사랑하고 있다고 깜짝 발언까지 해버린다. 이런 말도 안 되는 사건들이 계속 터지며 몇 번의 이별과 재결합, 또 다른 만남 후에 결국 1977년 조지와 패티는 공식적으로 이혼하게 된다.

이혼 후 패티는 에릭과 함께 산다. 에릭은 패티가 늘 사랑스럽게 보였다. 어느 날 파티에 가려고 준비 중인 패티를 보다가 에릭은 어떻게 저렇게 예쁜 여자가 내 사람인지, 그런 내가 얼마나 자랑스러운지 느끼게 된다. 그는 오늘이 아주 멋진 밤이라는 생각에 악상이 떠올라 노래를 만들게 되는데 그렇게 탄생한 곡이 에릭의 또 다른 걸작 <Wonderful Tonight>이다. 1979년 에릭과 패티는 결혼식을 올렸고, 이전의 남편 조지 해리슨이 결혼식에 참석해 축가를 불러준다.

영원히 행복할 것 같던 새로운 결혼 생활도 순탄치 않았다. 에릭 역시 조지와 마찬가지로 술과 마약에 중독되었고 전 세계 곳곳에 여자 친구가 있을 정도로 바람기가 심했다. 결국 패티는 첫 번째 결혼 생활과 비슷한 상황을 겪던 중, 결정적으로 1986년 에릭이 이탈리아 여배우 로리 델 산토(Lory Del Santo)와의 사이에서 아들을 낳자 더 이상 참지 못하고 1989년에 이혼한다. 이때 태어난 아이가 나중에 에릭에게 큰 슬픔을 가져다줄 것이라는 사실도 모른 채….

한 여자의 존재로 인해 역사에 남을 명곡들이 많이 탄생했다는 점에서, 패티 보이드는 대중음악사 최고의 뮤즈임이 틀림없다.

아빠랑 동물원 가자 - **에릭 클랩튼**

1986년 에릭 클랩튼과 이탈리아의 로리 델 산토와 사이에서 아들 코너가 태어난다. 당시 에릭은 음악적으로 긴 슬럼프에 빠져 있던 시기였다. 음악 작업이 막힐 때마다 술과 마약에 손을 댔으며 점점 가정에는 소홀해졌다. 매번 끊겠다는 결심은 실패로 돌아갔고 로리는 더 이상 참지 못하고 코너를 데리고 별거 생활을 시작한다. 사랑하는 아들과 같이 살 수 없다는 충격에 에릭은 자발적으로 중독 치료소에 들어가 치료를 받았고 아들이 기타를 치며 "아빠 같은 가수가 되겠다"며 노래를 부르는 영상을 보며 마음을 굳게 다잡는다.

그러던 1991년 어느 날, 오랜만에 아버지로서의 역할을 다하기 위해 코너와 동물원에 가기로 약속한다. 설레는 마음으로 코너는 아침부터 아파트 베란다에서 아빠가 오기만을 기다린다. 하지만 야속하게도 그날, 코너는 53층에서 실수로 추락해 아버지의 손을 잡아보지도 못한 채 세상을 떠나고 만다. 에릭은 아들에게 잘 해주지 못했다는 죄책감과 자신으로 인해 아들이 죽었다는 생각에 괴로워한다. 가족을 위해 큰 변화를 결심하고 있던 에릭은 현실의 고통을 참지 못해 여차하면 다시 마약에 손을 댈 수도 있는 상황이었다. 하지만 자신이 또다시 충동적으로 마약에 손을 대면 아들과의 약속을 진짜 못 지키는 것이 된다.

코너가 사망하기 직전 종이에 "아빠 사랑해요"라는 짧은 편지를 발견한 에릭은 노래로 답장하기로 마음먹는다. 그는 당시 영화 「Rush」의 OST 작업 중이었는데 아들을 생각하며 <Tears in Heaven>이란 곡을 만든다. 처음에 에릭은 아들만을 위한 노래라 발매하고 싶지 않았지만 감독이 이 곡이 또 다른 누군가에겐 위로와 힘이 될 수 있다며 설득해 사운드트랙에 싣는다. 발매 직후 전 세계인들의 마음을 울린 에릭은 다시 한 번 최고의 가수로 올라서게 되고.

2004년 에릭 클랩튼은 더 이상 <Tears in Heaven>을 부르지 않겠다고 선언한다. 이유는 부를 때마다 아들을 향한 슬픔 감정으로 불렀는데 더 이상 그 감정이 나오지 않는다며 아들을 마음에서 떠나 보내줄 수 있게 됐다는 이유였다. 추모하려고 만든 곡이 외려 아버지와 많은 사람들의 슬픔을 보듬어주기 위한 곡이 되었다. 아들이 에릭에게 남긴 마지막 선물이 아닐까 싶기도 하다.

떠나간 귀여운 연인 - 로이 오비슨

1990년 영화 「귀여운 여인」의 OST로 사용된 로이 오비슨(Roy Orbison)의 <Oh, Pretty Woman>은 영화의 성공과 더불어 큰 사랑을 받았다. 여주인공 줄리아 로버츠(Julia Roberts)가 쇼핑을 끝내고 멋을 부리면서 걸어오는 장면에서 흘러나온 노래는 최고의 명장면으로 꼽힌다.

통통 튀고 발랄하며 누구나 들으면 기분 좋아지는 이 곡에는 반대로 슬픈 사연이 담겨 있다. 로이는 사랑하는 아내 클로뎃 프레디(Claudette Frady)의 외출 준비하는 모습을 보고 영감을 받아 이 곡을 썼다. 곡은 1964년 3주간 빌보드차트 1위에 오르며 로이를 일약 대스타로 만들어주었다. 바빠진 로이는 아내와 함께 지낼 시간이 줄어들고, 사이가 소원해지면서 아내의 외도로 이혼하게 된다. 하지만 얼마 후 두 사람은 서로에 대한 사랑을 다시 확인하고 재결합한다.

부부는 평소 취미로 오토바이를 타는 것을 즐겼다. 그러던 1966년 6월 어느 날, 기분 전환 겸 나들이 드라이빙을 갔다가 불의의 큰 사고가 일어난다. 아내 클로뎃이 앞서서 주행하다 정차하고 있던 픽업트럭을 미처 보지 못하고 그대로 부딪쳐 그 자리에서 즉사한다. 뒤따라오던 로이는 아내의 죽음의 순간을 생생하게 목격하곤 큰 충격에 빠지게 된다. 자신이 사랑하던 '귀여운 여인'이 허망하게 떠나고 만 것이다.

2년 뒤, 아내에 대한 슬픔도 가시기 전에 또 다른 비극이 몰려온다. 로이가 영국 순회공연을 하던 중 미국의 집에서 불이나 두 아들마저 잃고 만다. 가족을 잃은 로이에게 더 이상 활동을 이어가기란 무리였다. 게다가 보험금을 노리고 일부러 살해한 것이 아니냐는 억측까지 제기되기도 했다. 그는 하루하루 술과 담배에 의존하니 급격히 건강이 나빠져 결국 1978년에는 심장 수술까지 받는다.

오랜 시간 동안 점점 쇠퇴 중이었지만 그의 명곡들은 린다 론스태드(Linda Ronstadt), 돈 맥클린(Don McLean), 반헤일런(Van Halen) 등 후배 가수들과 밴드에 의해 리메이크되어 사랑받는다. 그러던 중 1980년 영화 「Roadie」에서 부른 <That Lovin' You Feelin' Again>이 그래미를 수상하고, 1986년 영화 「블루 벨벳」에서 자신의 1963년 곡 <In Dreams>가 사용되면서 조금씩 살아나기 시작한다.

1987년 로이의 부활의 신호탄을 쏠 역사적인 사건이 일어난다. 로이는 조지 해리슨, 제프 린과 식사를 하다가 함께 곡을 써서 앨범을 내자고 마음을 모은다. 셋은 녹음 스튜디오가 필요해 밥 딜런에게 연락을 했더니 밥 딜런도 함께하고 싶어 해 합류하고, 기타가 필요해 톰 페티에게 연락했더니 톰 페티도 함께하고 싶어 해 합류한다. 이 전설적인 다섯 명은 트래블링윌버리스(Traveling Wilburys, 윌버리 집안 이복형제들 컨셉)라는 슈퍼밴드를 결성하고, 1988년 10월 데뷔 앨범을 발매한다. 윌버리 활동 중 로이는 개인 앨범 [Mystery Girl]을 작업 중이었고 1989년 1월에 발매할 예정이었다.

친구들과의 활동은 좋았지만 갑작스런 무리한 활동은 로이의 건강을 악화시켰다. 좋지 않던 심장은 지속적으로 통증을 유발해 결국 1988년 12월 화장실에서 심장마비로 사망한다. 기쁨과 슬픔이 반복된 비운의 가수, 바로 로이 오비슨이다.

앤디 워홀이 음악을? -

밸벳언더그라운드 Feat. 존 파셰

미술, 연기, 연극, 영화, 음악은 각자 고유한 다른 분야일까?

퀸의 프레디 머큐리는 Ealing Art College에서 미술을 전공하였지만 세계 최고의 프론트맨이 되었다. 퀸의 로고를 직접 만들었고 그림에서 영감을 받아서 곡을 쓰기도 했다. 도어즈의 짐 모리슨도 UCLA에서 영화학을 전공하였지만 전설적인 뮤지션이 되었다. 일본에서는 <ito(실)>라는 4분짜리 곡을 모티브로 2시간짜리 영화를 만들기도 했다. 한국에서는 미술 전공자가 가수가 되기도 하고 다시 배우가 되기도 하는 등 다양한 사례가 존재한다.

오감에 의한 표현의 차이일 뿐 근본적으로는 예술이라는 범주 안에서 상호 다양한 작용이 이루어진다고 보는데, 창작이라는 동질적인 개념으로 상통하여 서로의 영역에 큰 영감을 주는 것이다.

상업적인 미술로 큰돈을 벌고 인기를 쟁취한 팝 아트의 대가 앤디 워홀(Andy Warhol)도 단순히 미술만 하는 사람이 아니었다. 그는 미술을 비롯하여 영화, 음악 등 예술의 모든 방면에서 활동한 아티스트다. 영화는 60편이 넘게 만들었는데 흥미와 스토리의 영화라기보다는 기괴하면서도 실험적인 영상들로 인해 큰 주목을 받진 못하였다.

1960년대 앤디 워홀은 맨해튼에서 ‘더 팩토리(The Factory)’라는 사교장 겸 스튜디오를 운영하고 있었다. 더 팩토리는 미술 이외의 다양한 예술가들을 초대하여 정보를 공유하고 협업을 이루기 위한 하나의 광장과 같은 역할을 하려는 곳이었다. 한마디로 다양한 팝아트의 영감을 얻기 위한 특별한 장소였다.

워홀은 인근의 카페에서 우연히 무명 밴드인 벨벳언더그라운드(The Velvet Underground)의 공연을 보게 되었고 그들을 팩토리에 초청한다. 워홀은 벨벳언더그라운드의 매니저와 후원자를 자처했는데 무명이고 가난한 밴드의 입장에서 거대 자본의 유입은 대환영이었다.

하지만 앨범 레코딩 과정은 순탄치만은 않았다. 밴드 내에선 당시 로큰롤이 주특기인 루 리드(Lou Reed)와 아방가르드한 음악에 심취한 존 케일(John Cale)이 있었고, 외부에는 직접적인 음악 프로듀싱은 아니지만 앨범의 컨셉과 아이디어를 반영시키려는 매니저 앤디 워홀이 있었다. 각자의 색과 가치관이 뚜렷한 인물들이 한 배의 키를 동시에 잡고 있었던 것이다.

우여곡절 끝에 앨범이 나왔는데 결과적으로는 3만 장의 판매고밖에 올리지 못하고 실패했다. 수록곡들은 대중성을 갖지 못하고 실험적이면서 전위적인 음악이 주를 이루었다. 단조로운 멜로디에 나지막한 보컬의 목소리는 상당히 추상적이었고 가사도 마약, 매춘, 성소수자에 관한 파격적인 내용이라 라디오나 방송에는 전파될 수 없었다. 이후 앤디 워홀은 더 이상 프로듀싱은 하지 않기로 한다.

밸벳언더그라운드의 음악은 후대에 빛을 발했다. 당시에는 외면받았지만 시간이 흐르면서 후대의 다양한 음악들을 개척했다며 재평가를 받게 된다. U2, 섹스피스톨즈, 소닉유스, 데이비드 보위, R.E.M, 록시뮤직, 토킹헤드, 너바나 등 밸벳언더그라운드의 음악에서 직접적으로 영향을 받았다고 언급한 뮤지션들이 상당히 많다.

70년대의 펑크부터 80년대 헤비메탈, 90년대 그런지 등 안 미친 영역이 없을 정도로 전 시대, 전 방면에 걸쳐 큰 영향을 끼쳤다. 그리고 앤디워홀은 밸벳언더그라운드의 앨범을 통해 본인의 대표작이라고 할 수 있는 바나나아트를 만들게 됨으로써 또 다른 큰 수확을 얻게 되었다.

이 사건 말고도 앤디워홀이 음악사에 획을 한 번 더 긋는 사건이 존재한다.

1971년 발매한 롤링스톤즈의 [Sticky Fingers] 앨범에 앤디 워홀이 사진 작업과 앨범 커버를 맡게 된다. 당시 음악계의 악동 롤링스톤즈와 미술계의 괴짜 앤디 워홀은 서로에게 큰 관심이 있었다. 진짜는 진짜를 알아보는 법이라고, 아마 서로에게 느껴졌던 미묘한 동질감이 끌린 것일지도 모른다.

앤디 워홀은 앨범 커버에 타이트한 청바지를 입은 남성의 중요한 부분을 클로즈업해 디자인했다. 특이한 점은 이 청바지의 지퍼 부분에 실제 금속 지퍼가 달려 있어, 내리면 하얀 팬티가 나오게 디자인되었다는 것이다(앞서 언급된 벨벳언더그라운드의 바나나 앨범도 껍질을 까면 분홍색 바나나가 등장한다). 이것은 당시로서는 충격적이면서도 상당히 재미있는 시도였다.

하지만 당시 제조와 포장 기술이 그다지 좋지 않아 금속 지퍼가 떨어지기도 하고, LP판을 금속에 긁혀 많이 손상되기도 했다. 당시 많은 팬들이 이 앨범의 지퍼를 내리면서 즐거워했을 모습이 상상되는데, 기존의 질서와 규율을 깨는 것을 전문으로 하는 두 천재 업자들의 멋진 콜라보였다.

롤링스톤즈의 대표 로고인 혓바닥 로고도 [Sticky Fingers] 앨범에서 최초로 등장한다. 많은 사람들이 이 로고를 앤디 워홀의 작품으로 오해하는데, 실제로는 영국의 디자이너 존 파셰(John Pasche)의 작품이다. 학생 신분이던 존 파셰는 롤링스톤즈에게 의뢰를 받곤 멤버 믹 재거의 큰 입과 큰 혀를 보고 컨셉을 잡았다.

이 로고는 기업이 아닌 아티스트가 CI(Corporate Identity) 개념을 도입한 최초의 사례로 볼 수 있다. 길을 걷다 보면 혓바닥 모양의 티셔츠를 입은 사람들을 많이 보게 되는데, 이는 롤링스톤즈의 음악을 모르더라도 로고 자체가 얼마나 유명한지를 잘 나타내준다. 이제는 롤링스톤즈를 넘어서 록 음악을 대표하는 상징적인 로고가 되었다.

이 로고로만 롤링스톤즈가 벌어들이는 수익이 엄청나다고 알려졌는데 막상 존 파셰는 이를 헐값에 저작권을 팔았다고 한다.

벨벳언더그라운드 추천곡

<I'm Waiting for the Man>, <Pale Blue Eyes>, <Sweet Jane>, <Sunday Morning>, <What Goes on> 등

톰과 제리 - 사이먼앤가펑클

블루스, 재즈, 포크 등 다양한 음악에 빠져 살던 10세의 어린 폴 사이먼(Paul Simon)은 학예회에서 우연히 아트 가펑클(Art Gafunkel)의 목소리를 듣고 푹 빠지게 된다. 친해지고 싶은 폴은 하기 싫은 연극에 억지로 참여하며 가펑클과 찐친이 된다. 고등학교 시절, 에벌리브라더스(The Everly Brothers)를 존경한 두 사람은 비슷한 스타일의 듀오로 '톰과 제리'를 결성한다.

1957년 발매한 싱글 <Hey, Schoolgirl>은 빌보드차트에서 49위까지 올랐다가 금방 식었고, 학업에 집중하기 위해 그룹은 해체된다. 시간이 흘러 1964년, 다시 뜻을 모은 둘은 톰과 제리가 아닌 자신들의 이름을 따서 사이먼앤가펑클(Simon&Garfunkel)로 데뷔 앨범 [Wednesday Morning, 3 A.M]을 발매한다. 그러나 이번에도 반응은 영 시원치 않았고 둘 다 이 길이 아니다 싶어 다시 해체한다.

그로부터 1년 후 앨범의 6번 트랙 <The Sounds of Silence>가 갑자기 역주행하기 시작한다. 프로듀서인 톰 윌슨(Tom Wilson)은 사이먼과 가펑클조차 모르게 이 곡의 일렉트릭 버전을 편곡하여 재발매했는데 엄청난 후폭풍을 일으켜 빌보드차트 1위를 기록하게 된다. 물 들어올 때 노를 젓기 위해 황급히 다시 모인 '사이먼앤가펑클'은 아예 2집 앨범명을 [Sounds of Silence](1966)로 해서 발매했고 수록곡인 <I Am a Rock>과 <Homeward Bound>가 차트에서 상위권을 차지하게 된다. 그 후 3집 앨범 [Parsley, Sage, Rosemary and Thyme](1966)과 4집 앨범 [Bookends](1968)도 연달아 상업적으로 성공을 거둔다. 하지만 전혀 생각지도 않던 의외의 시련이 다가온다.

1968년에는 영화 「졸업」의 사운드트랙을 맡은 <Mrs. Robinson>이 차트 1위를 기록하며 큰 사랑을 받지만 예기치 않은 사태가 벌어지게 된다. 「졸업」의 영화감독이 가펑클에게 출연을 제안했고 이때부터 가펑클은 점점 음악보다는 영화 쪽에 관심을 기울이기 시작한다. 어린 시절 가펑클의 목소리를 처음 듣고 세상이 멈춘 것 같다고 느낀 사이먼은 가펑클이 배우로 전향한다는 것에 억장이 무너지는 느낌이었고 둘 간의 갈등이 심해져 1970년 마지막 앨범 [Bridge over Troubled Water]를 발표하고 팀을 해체한다.

사이먼앤가펑클은 '천상의 하모니'라는 말을 듣는 듀오였다. 아름다운 멜로디와 감미로운 목소리의 화음, 서정적이고 철학적인 가사는 큰 사랑을 받았다. 어쿠스틱과 일렉트릭의 절제된 섬세한 조화는 시대에 휩쓸리지 않는 그들만의 정체성이었다.

이후 가펑클은 여러 영화에 출연하며 배우의 길을 걷고 또 솔로 앨범도 발매하고 시인으로서도 활동한다. 사이먼 역시 꾸준하게 음악 활동을 해오고 있는데, 1986년에 발표한 아프리카 토속음악과 팝을 결합한 월드뮤직 앨범 [Graceland]로 다시 큰 사랑을 받았다.

현재까지도 두 사람은 무대에서 가끔 듀엣으로 우정을 보여주기도 한다. SG워너비의 SG가 사이먼앤가펑클의 약자이다.

그 외 추천곡

<Bridge over Troubled Water>, <The Boxer>, <El Condor Pasa>, <Scarborough Fair>, <Aprill Come She Will> 등

가장 유명한 애니메이션 노래 - 아치스

1968년부터 1969년까지 미국의 CBS 방송사에서 매주 토요일에 「The Archie Show」라는 만화영화를 방영했다. 아치라는 주인공을 중심으로 한 친구들과의 이야기를 다룬 청춘 로맨스물로 매주 2개의 에피소드와 댄스, 노래, 농담(?) 등을 한 가지씩 선보였다.

노래를 선보일 때는 만화 설정상의 가상 밴드인 아치스(The Archies)가 불렀고 음악 감독이자 프로듀서인 제프 배리(Jeff Barry)와 앤디 킴(Andy Kim)이 곡들을 만들었다. 주 시청자들이 아동과 청소년이므로 이들이 좋아할 만한 음악인 버블검 팝(Bubblegum Pop) 느낌의 몽글몽글하면서 귀엽고 사랑스러운 신나는 노래를 주로 만들었다.

특히 이들이 발표한 곡인 <Sugar, Sugar>는 현실에서 엄청난 큰 인기를 끌었으며 1969년 9월부터 빌보드에서 4주 동안 1위, UK차트에서 8주 동안 1위를 차지했으며 그해 빌보드 연말 차트에서도 1위를 차지한다. 애니메이션 음악이 최초로 1위를 했다는 점에서 대중음악사와 애니메이션사 양쪽에서 큰 의의를 두는 노래이다.

이후 아치스는 만화 이외의 현실 세계로 나와 활동하며 몇 장의 스튜디오 앨범을 더 발매했지만 <Sugar, Sugar>의 아성을 넘진 못했다.

이후 애니메이션 음악이 빌보드 1위를 차지한 것은 24년 뒤인 1992년 알라딘의 OST인 <A Whole New World>이다.

Miscellaneous knowledge about pop songs

1970

00:53 -02:03

1970
Miscellaneous knowledge about pop songs

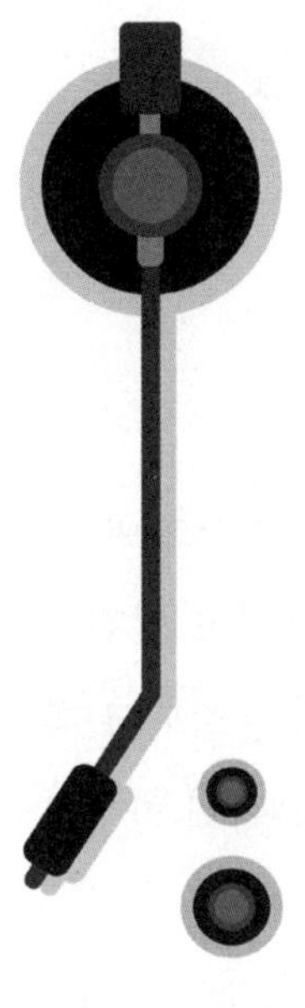

Part 3.

1970년대 음악 장르 및 특징

1970년대는 대중음악의 다양성과 실험성이 극대화된 시기로 여러 장르가 탄생하고 발전했다.
이 시기에는 록 음악이 여러 종류의 하위 장르로 분화되고 디스코와 펑크 같은 새로운 스타일이 등장하면서 대중음악의 판도가 크게 변화했다.

1970년대 음악 장르 및 특징

1970년대는 대중음악의 다양성과 실험성이 극대화된 시기로 여러 장르가 탄생하고 발전했다. 이 시기에는 록 음악이 여러 종류의 하위 장르로 분화되고 디스코와 펑크 같은 새로운 스타일이 등장하면서 대중음악의 판도가 크게 변화했다.

'하드록 & 헤비메탈'은 강렬한 기타 리프, 파워풀한 드럼 비트, 강한 보컬이 특징이다. '하드록'은 블루스에 기반을 두었고 '헤비메탈'은 더 어둡고 무거운 사운드를 지녔다. 비주얼 요소와 무대 퍼포먼스가 강조되었다. 대표적인 아티스트로는 레드제플린, 딥퍼플, 블랙사바스, AC/DC 등이 있다.

'프로그레시브 록'은 복잡한 곡 구조와 긴 연주 시간, 철학적이고 서사적인 가사를 선보였다. 클래식, 재즈, 전자음악 등의 고난도 사운드 요소들을 결합하였으며 대표적인 아티스트로는 핑크플로이드, 예스, 제네시스, 에머슨레이크앤파머 등이 있다.

'펑크 록'은 간결하고 직설적인 사운드와 곡 길이가 짧다는 특징이 있다. DIY 정신과 언더그라운드 문화에 기초한 반항적이고 정치적인 메시지를 담았다. 대표적인 아티스트로는 라몬즈, 섹스피스톨즈, 클래시, 블론디 등이 있다.

'디스코'는 댄스 중심의 리듬과 반복적인 비트, 화려한 의상과 춤, 나이트클럽 문화를 토대로 하였다. 스트링 섹션과 신디사이저를 주로 사용했다. 대표적인 아티스트로는 비시스, 도나 서머, 글로리아 게이너, 칙 등이 있다.

'소프트 록 & 어덜트 컨템포러리'는 부드럽고 멜로디 중심의 사운드와 일상적인 주제와 감정을 다룬 가사가 특징이다. 라디오에 친화적인 곡들로 듣기 편하다. 대표적인 아티스트로는 카펜터즈, 엘튼 존, 빌리 조엘, 제임스 테일러 등이 있다.

'아레나 록'은 대형 공연장에서의 공연을 염두에 둔 음악 스타일로 캐치한 멜로디와 앤썸적인 코러스, 화려한 무대 연출과 조명 등이 특징이다. 대표적인 아티스트로는 퀸, 저니, 레드제플린, 키스 등이 있다.

1970년대는 음악적 혁신과 문화적 변화를 통해 대중음악이 더욱 풍부하고 다양해진 시기였다. 음악적 실험과 장르의 혼합은 이후 음악 발전에 큰 영향을 미쳤으며 현재까지도 많은 아티스트와 팬들에게 영감을 주고 있다.

하드록 금자탑 - **레드제플린**

1969년 12월 27일 비틀스의 마지막 앨범(제작순)인 [Ebbey Road]가 데뷔한 지 1년도 안 된 신인 밴드 레드제플린의 2집 앨범인 [Led Zeppelin II]에 빌보드 앨범차트 1위를 넘겨주었다. 이후 비틀스는 역사 속으로 사라졌지만 그 바통을 레드제플린이 이어받아 1970년대에 들어서 새로운 포문을 열었다.

이들은 이전까지 형성되어온 록의 양식을 다듬어 한층 더 진화시켰다. 기타 솔로와 리프의 개념을 정착시켜 만들어낸 다이나믹하면서도 섬세한 음악, 파워와 스피드가 장착된 특이한 리듬 패턴의 드러밍, 그리고 스멀스멀 몰입도 있게 끌고 가다가 폭발하는 울부짖는 샤우팅은 향후 록의 방향성을 정립하여 제시해주었다. 블루스 록에 기반을 두되 로큰롤, 컨트리, 포크, 펑크, 레게, 사이키델릭, 소울 등 다양한 음악을 접목시켜 음악적·기술적인 발전을 이루어내며 새로운 형식미를 제공하여 미국과 전 세계적으로 큰 사랑을 받았다.

레드제플린은 하드록의 뿌리이자 4명의 멤버가 평생 찬사를 받을 정도로 포지션별로 최고의 업적을 달성했다. 로버트 플랜트(Robert Plant)는 최고의 보컬이란 평을 들으며 현대 프론트맨의 이미지를 만들어냈다. 금발의 롱 헤어와 무대 위 섹시한 무빙과 몸매, 그리고 전성기 시절 끝을 모르고 올라가는 거친 고음과 굵직한 중저음의 감정까지 잘 담아내는 허스키 보이스는 어마어마한 영향을 남겼다. 게다가 역사와 신화에 관심이 많아 한편의 문학작품 같은 작사 능력을 보여주기도 하는 등 록 보컬은 로버트 플랜트 전후로 나뉜다는 말이 있을 정도이다.

지미 페이지는 재즈에서 사용되던 멜로디라고 하기엔 짧고 자주 반복되는 '리프(Riff)'를 본격적으로 도입하여 현재 대부분의 록 음악에 존재한 '기타 솔로' 부분을 명확히 자리매김시켰다. 물론 이전에 시도된 적이 있지만 정립하고 대중화시킨 건 지미 페이지였다. 역대 최고의 위대한 기타 솔로 곡 <Stairway to Heaven>에서 다양한 톤으로 만들어내는 솔로 오케스트레이션적인 사운드 질감의 진가를 확실히 보여준다. 폭발적인 사운드뿐만 아니라 절제되고 우아한 포크 연주도 훌륭하고, 최고에 달하는 프로듀싱 능력은 그를 항상 기타리스트 순위 최상위권에 올려놓게 한다.

존 본햄(John Bonham)은 드럼에서 올타임 넘버원, 드럼의 마스터이다. 현대 드럼 주법의 대부분을 존 본햄이 남겼다고 할 정도로 큰 족적을 남겼다. 천둥 번개가 떨어질 것 같은 파워 드럼부터 미묘하면서도 변곡적인 박자 쪼개기는 기승전결이 뚜렷한 레드제플린의 다이나믹한 분위기를 더욱 고조시켜준다. 또한 4개의 손과 발이 모두 다른 시간대에서 움직이는 듯한 리듬감과 그루브는 음악을 더욱 맛깔나게 해준다. 특히 [Led Zeppelin II]의 수록곡 중 4분짜리 <Moby Dick>을 15분으로 늘려서 한 라이브 버전은 온갖 기교와 완벽한 박자감을 보여주어 최고의 드럼 솔로 곡 중 하나로 꼽힌다. 그러나 1980년 9월 25일 존 본햄은 사망하게 되는데, 기타의 신 지미 헨드릭스의 사망 원인과도 같은 수면 중 구토로 인한 질식이었다.

한편, 다른 멤버들은 전면으로 나갔지만 존 폴 존스의 베이스만은 뒤에서 묵묵히 있었다. 음악적 이해도가 굉장히 높은 그의 실력은 레드제플린의 다양한 음악에 카멜레온처럼 맞아떨어졌고, 개성을 희생한 채 밴드를 위해 사운드를 구축해주었다.

레드제플린은 기라성 같은 블루스 선배들의 곡을 커버하고 재해석하는 것부터 시작해 초기 고전 하드록과 헤비메탈의 청사진을 제공했다. 한편 타 장르 음악과의 실험적인 조화, 싱글 위주가 아닌 앨범 전체의 완성도, 개개인의 능력치들이 모여 만들어낸 시너지, 상업성보다 음악성, 록밴드 이미지의 구축, 집대성한 사운드와 연주력 등등, 뭐하나 빠짐없이 대부분의 영역에서 엄청난 면모를 보여주었다. 이들은 모두가 인정하는 록의 완성이자 금자탑으로 수십 년이 흘러도 회자되는 명성을 누리고 있다.

그 외 추천곡

<Dazed and Confused>, <Black Dog>, <Immigrant Song>, <Kashmir>, <Rock and Roll>, <Since I've Been Loving You>, <Communication Breakdown>, <Babe I'm Gonna Leave You>, <Good Times Bad Times>, <Going to California>, <Whole Lotta Love>, <Ramble on>, <The Rain Song> 등

세상에서 가장 시끄러운 밴드 - 딥퍼플

1975년 딥퍼플(Deep Purple)은 『기네스』에 '세상에서 가장 시끄러운 밴드(The Globe's Loudest Band)'로 등재되었다. 당시 딥퍼플은 Mark2 시절로 상당한 고출력 사운드를 자랑하고 있었다. 물론 시끄러운 것만이 전부는 아니었지만, 음악성 또한 충분히 인정받았기에 기네스 등재는 매우 의미 있고 영광스러운 일이었다.

딥퍼플은 커리어 동안 멤버 교체가 많았는데 이를 크게 4개의 라인업으로 분류해 Mark1, Mark2, Mark3, Mark4로 구분한다. 각 기수마다 추구하는 장르의 방향성이 제각각 달라 같은 밴드라고 믿기 어려울 정도다. 그 결과 딥퍼플의 음악적 스펙트럼이 매우 넓어져 후대 여러 장르에 골고루 영향을 미쳤다.

딥퍼플의 멤버 교체가 잦았던 이유 중 하나는 딥퍼플 자체가 슈퍼밴드로 출발했기 때문이다. 당시 다른 많은 밴드들이 스쿨밴드로 시작해 서서히 성장하면서 올라갔던 반면, 딥퍼플은 애초에 사업가들이 음악 법인회사를 설립하고 당대 최고의 실력자들을 모아서 시작한 밴드였다. 정과 의리, 유대감보다는 철저하게 실력과 향후 미래의 흐름, 이득에 따라 멤버들을 뽑았고 그러다 보니 개인마다 특출 나고 추구하는 음악성이 달라서 불화가 생겨 자연스럽게 교체도 많았다.

인간적인 면에서는 아쉬울 수 있지만 실력 하나만큼은 뛰어나 기수마다 훌륭한 명반과 명곡들을 많이 만들어냈다.

❶ 1기(1968~1970) 라인업은 존 로드(John Lord, 키보드), 리치 블랙모어(Ritchie Blackmore, 기타), 이언 페이스(Ian Paice, 드럼), 로드 에번스(Rod Evans, 보컬), 닉 심퍼(Nick Simper, 베이스)로 구성되었고 [Shades of Deep Purple], [The Book of Taliesyn], [Deep Purple]의 세 장의 앨범을 발매했다.

이 시기의 음악은 클래식을 전공한 존 로드가 주도했는데 신비로운 해먼드 오르간 사운드에 딥퍼플만의 고전 양식미가 물씬 느껴진다. 예술성에 중점을 두어 장엄하면서도 복잡한 연주와 심오한 주제를 표현했으며 블루스, 사이키델릭, 클래식을 접목한 프로그레시브한 아트록을 선보였다. 또한 이 시기에는 비틀스, 조 사우스, 닐 다이아몬드, 도노반 등 기존 뮤지션들의 곡을 딥퍼플만의 색으로 재해석해 큰 사랑을 받았다.

1기 추천곡

<Hush>, <Mandrake Root>, <Kentucky Woman>, <River Deep, Mountain High>, <Lalena> 등

❷ 2기(1970~1973)에서는 리치 블랙모어가 음악적 주도권을 갖게 된다. 그는 레드제플린의 보컬 로버트 플랜트 같은 파워풀한 보컬이 필요하다고 생각하여 매니지먼트와 함께 기존 보컬 로드 에번스를 해고한다. 그 후 슈퍼 보컬 이언 길런(Ian Gillan)을 영입하고 이언 길런이 추천한 베이스 연주와 작곡, 프로듀싱 능력을 갖춘 로저 글로버(Roger Glover)까지 영입한다. 이에 필요성이 떨어진 기존 멤버 닉 심퍼도 해고된다.

리치 블랙모어는 기존 존 로드의 클래식한 사운드를 탈피하고 정통 하드록, 헤비메탈 방향으로 선회한다. 당시 3대 메탈 선구자 밴드 중 딥퍼플을 제외한 레드제플린과 블랙사바스가 치고 나가기 시작했고, 어떻게 보면 가장 먼저 시작한 딥퍼플이 메탈 쪽으로는 뒤늦게 들어온 셈이었다. 그러나 이 시기의 작품들은 록 역사상 빼놓을 수 없는 수많은 명반을 만들어낸다.

항상 최대 출력을 고집하는 리치 블랙모어의 기타와 주고받는 다른 악기들, 가히 악마적인 이언 길런의 초고음 샤우팅, 그리고 딥퍼플만의 비기인 존 로드의 오르간은 귀청이 마비될 듯한 사운드를 찍어댔다. 전설적인 명반 [Deep Purple in Rock], 헤비 록의 교과서라고 불리는 [Machine Head](메탈 헤드라는 용어가 여기서 따왔다는 설이 있음), 최고의 라이브 앨범 [Made in Japan]을 비롯하여 [Fireball], [Who Do We Think We Are] 등 어마어마한 유산을 남겼다.

개인적으로는 황금기 시절인 2기 때의 앨범 전체를 들어보길 추천하며, 들어보면 왜 『기네스』에 등재되었는지 알 수 있을 것이다.

2기 추천곡

<Speed King>, <Child in Time>, <Fireball>, <Smoke on the Water>, <Highway Star>, <Space Truckin'>, <Woman from Tokyo> 등

❸ 3기(1973~1975)에서는 리치 블랙모어와 멤버 간의 갈등으로 인해 보컬 이언 길런과 베이스 로저 글로버가 탈퇴한다. 이에 오디션을 통해 무명의 보컬리스트 데이비드 커버데일(David Coverdale)을, 베이스에는 실력파 글렌 휴즈(Glenn Hughes)를 영입한다. 데이비드 커버데일은 중후하면서도 블루지한 꽉 찬 목소리가 매력적이었고, 글렌 휴즈는 펑키하면서도 소울풀한 베이스 리듬감을 뽐냈다. 게다가 글렌 휴즈는 초고음 보컬 능력도 갖추고 있어 이언 길런의 보컬을 그리워하는 기존 팬들의 니즈도 트윈 보컬 체제로 충족시킬 수 있었다.

새로운 두 개의 무기를 장착한 딥퍼플은 [Burn]을 발매하여 음악적·상업적으로 성공해 2기의 명성을 이어나간다. 이어서 논란의 명반 [Stormbringer]가 발매되는데, 기존 딥퍼플의 색깔을 지우고 새로운 소울과 펑키, 블루스로 꽉 채워 팬들의 반응은 크게 나뉘었다.

딥퍼플은 새로운 젊은 피들의 수혈로 명성을 이어나갈 수 있었지만 점차 음악적 주도권이 이들에게 넘어가기 시작한다. 리치 블랙모어는 이에 불만을 갖게 되는데 기존의 멤버였던 존 로드마저 신입들 편을 들어주어 화가 난 리치 블랙모어는 결국 밴드를 탈퇴하고 만다. 리치 블랙모어는 밴드를 탈퇴한 후 그들의 게스트 밴드였던 ELF를 꼬셔 새로운 밴드 레인보우(Rainbow)를 만드는데, 당시 ELF에서 레인보우로 넘어온 보컬이 로니 제임스 디오(Ronnie James Dio)이다.

남은 존 로드는 기둥이던 리치 블랙모어가 탈퇴하자 밴드를 해체할 생각을 갖는다. 이렇게 3기의 막이 내리게 되었다. 3기도 2기만큼 큰 임팩트를 남겨 그리워하는 팬들이 아직도 많다.

3기 추천곡

<Burn>, <Mistreated>, <Sail away>, <You Fool No One>, <Stormbringer>, <Soldier of Fortune> 등

❹ 4기(1975~1976)에서 딥퍼플의 원로 멤버들은 밴드를 해산시키길 원했지만 젊은 멤버인 데이비드 커버데일과 글렌 휴즈는 밴드를 존속시키고 싶어 했다. 이들은 끈질기게 멤버들을 설득하고 새

로운 기타리스트인 토미 볼린(Tommy Bolin)을 영입한다. 4기의 유일한 앨범인 [Come Taste the Band]를 발매하지만, 퓨전 재즈 록 색채가 너무 강해 큰 성공을 거두지 못했다. 또한 사생활 문제들로 인해 결국 1976년 6월 딥퍼플은 공식적으로 해체한다.

4기 추천곡

<Gettin' Tighter>, <Comin' Home>, <You Keep on Moving>, <Dealer>, <I Need Love> 등

❺ 딥퍼플이 해체된 후 밴드의 분신과 같은 밴드들이 등장한다. 리치 블랙모어는 레인보우를, 데이비드 커버데일은 화이트스네이크(Whitesnake)를 결성하여 각자의 역할을 충분히 해내 록 씬에 큰 영향을 미쳤다.

해체 후 8년이 지난 1984년 딥퍼플은 2기 멤버들로 재결합하여 [Perfect Strangers]를 발매한다. 이들은 2020년대 현재까지도 꾸준히 활동하고 있다. 그런데 재결합 당시에 옛 정이 그리워서가 아니라 각자 200만 달러를 받고 재결합했다는 루머도 있었다….

이후 추천곡

<Perfect Strangers>, <Knocking at Your Back Door>, <Under the Gun>, <Gypsy's Kiss>, <Call of the Wild>, <The Battle Rages on> 등

헤비메탈 창시자 - **블랙사바스**

1960년대 말에서 1970년대로 넘어오면서 하드록에서 헤비메탈이라는 장르가 천천히 잉태되고 있었고, 당시 레드제플린, 딥퍼플, 블랙사바스 이 세 밴드가 크게 삼분하고 있었다. 레드제플린은 블루지한 하드록 쪽에 가까웠고, 딥퍼플은 다양한 시도를 선보이는 프로그레시브 아트록 쪽에 가까웠다. 현대의 헤비메탈과 가장 흡사한 사운드를 들려준 밴드는 단연 블랙사바스(Black Sabbath)였다.

블랙사바스(검은 안식일)라는 이름은 동명의 공포영화에서 따왔으며, 데뷔 앨범명도 [Black Sabbath]로 서양에서 금기시되는 날인 '13일의 금요일'에 맞춰 발매한다. 토니 아이오미의 다운 튜닝된 침울하고 어두운 기타와 육중한 베이스, 긴장감을 고조시키는 드럼 비트, 오지 오스본의 음산하면서도 기괴한 보컬과 광기 어린 퍼포먼스는 상당히 주술적이고 오컬트적이었다.

그런데 이런 어두운 가사와 분위기에 대중은 열광하기 시작했다. 단순히 악마적인 이미지를 부각시켜 상업적으로 눈에 띄기 위한 목적이었지만 이들은 컨셉에 충실했는데, 한편으로는 이 때문에 평생 '사타니즘'이라는 오명을 받으며 활동한다. 데뷔 앨범 이후 [Paranoid], [Master of Reality], [Vol. 4], [Sabbath Bloody Sabbath], [Sabotage] 등 명반들을 선보이며, 헤비하고 어두운 사운드를 근간으로 다양한 시도를 결합해 헤비메탈의 왕좌에 등극한다.

1978년 오지 오스본은 멤버 간의 불화로 블랙사바스를 탈퇴한 후 자신의 밴드를 결성해 록 씬에서 새로운 커리어를 쌓아나간다. 블랙사바스는 대형 보컬리스트 로니 제임스 디오를 영입하여 [Heaven and Hell]과 [Mob Rules] 앨범을 발매해 또 다시 성공을 거두는 듯 보였으나 대중의 반응은 둘로 나뉘었다.

오지와는 180도 다른 테크닉과 성량을 가진 디오의 보컬은 이전의 곡들과 큰 차이가 있었다. 오지 시절에는 모든 악기와 맞아떨어지는 듯한 밸런스가 유지되었으나 디오는 반주 위에 독자적이면서 공격적인 보컬 라인을 형성했다. 오지 시절을 진정한 블랙사바스로 여기는 팬이 있고, 디오 시절의 블랙사바스 앨범들을 최고의 명반으로 꼽는 팬도 있다.

블랙사바스가 전적으로 헤비메탈을 창시했다고 할 수는 없지만, 무거우면서 단순 반복되는 기타 리프와 블루지한 느낌을 걷어내고, 직선적이고 날것의 음악은 헤비메탈의 대중화와 사운드가 가야 할 길을 적극적으로 제시했다고 볼 수 있다.

오지 시절의 추천곡

<Black Sabbath>, <N.I.B>, <War Pigs>, <Paranoid>, <Iron Man>, <Sweet Leaf>, <Children of the Grave>, <Into the Void>, <Changes>, <Sabbath Bloody Sabbath>, <Hole in the Sky>, <She's Gone>

디오 시절의 추천곡

<Heaven and Hell>, <Neon Knights>, <Children of the Sea>, <The Mob Rules>, <Turn up the Night>

손가락 없는 기타리스트 - 토니 아이오미

헤비메탈의 창시자로 불리는 블랙사바스의 리더인 토니 아이오미(Tony Iommi)는 어릴 적 목재 공장에서 일하다가 사고를 당해 오른손의 중지와 약지를 절단했다. 하필이면 본격적으로 음악을 하기로 위해 마음먹고 공장을 그만두기로 한 마지막 날에 사고를 당한다. 그러나 음악이 너무 좋아 기타를 포기할 수 없었던 토니 아이오미는 절단된 부분에 골무를 끼워 연주를 해 나가며 장애를 극복한다.

손가락을 섬세하게 사용할 수 없었기에 화려한 기교나 테크닉을 구사하지 못했지만, 다운 튜닝을 사용하여 더 헤비하면서 장중한 사운드를 만들어냈다. 단순한 코드 진행과 특유의 음침한 분위기의 기타 톤은 블랙사바스의 상징적인 사운드가 되었고, 후대에 헤비메탈의 지침이 될 만큼 막대한 영향력을 끼치게 된다.

러블리한 기괴스러움 - 오지 오스본

70~80년대 록/메탈 씬이 호황을 맞으면서 천하를 호령하는 듯한 무지막지한 보컬들이 다수 등장한다. 사실 오지 오스본은 그 사이에서 보컬 능력이 돋보이는 편은 아니었다. 그의 성량과 발성은 크게 뛰어나지 않았고 다소 쥐어짜내면서 웅얼거리는 듯한 보컬은 답답한 느낌을 주기도 했다. 그러나 그의 사악하고 광기 넘치는 보컬은 헤비메탈 음악에 음산한 분위기를 더해주어 묘하게 맞아떨어졌다. 무대 안과 밖에서 수많은 기행을 저지르며 대중을 사로잡았으며, 현재의 헤비메탈의 창시자로서 군림하고 있다.

그는 마치 한 종교의 교주 같은 카리스마가 있어서 사고를 쳐도 팬들에게 뭔가 밉지 않고 오히려 케어를 받는, 록 씬에서 가장 독특하고 괴상한 캐릭터다. 오지의 독특한 행동에 대한 일화가 많이 있다.

❶ 오지는 CBS 레코드사의 회의에 참석한다. 당시 사탄 숭배자로

오해를 받고 있던 오지는 회의 중에 평화의 상징인 비둘기를 풀어 자신을 어필하려고 했다. 그러나 오지는 술과 마약을 왕창하고 회의실로 들어가 긴장한 나머지(?) 가지고 온 비둘기의 머리를 물어뜯어 회의실 전체를 피범벅이 되도록 뿌려댔다.

❷ 미국의 아이오와주 디모인에서 콘서트 중일 때 한 팬이 무대 위로 박쥐를 던졌고, 오지는 그걸 받아 박쥐의 머리를 물어뜯어버린다. 오지는 가짜 박쥐인 줄 알고 있는 힘껏 뜯었는데 고통스러워 펄럭거리는 것을 보고 뒤늦게 진짜임을 알아차렸다고 한다. 그 후로 주기적으로 병원에 가서 바이러스 검사와 주사를 맞았다고 한다. 2019년 박쥐 사건 37주년을 맞아 목과 몸통이 분리되는 박쥐 장난감을 출시하기도 한다.

❸ 미국 텍사스주의 샌안토니오에는 1836년의 알라모 전투를 기리기 위해 세워진 기념비가 있다. 이 알라모 기념비에는 전투에 참여했던 군인들 이름이 새겨져 있는데 지역 내에서 상당히 신성시하는 유산이다. 오지는 근처를 관광하던 중 오줌이 너무 마려워 그 기념비에 노상방뇨를 한다. 이 때문에 경찰에 붙잡혔고, 텍사스주에서 한동안 공연 금지 처분을 받았다.

❹ 캐나다에서 발생한 살인 사건의 범인이 <Bark at the Moon>을 듣고 살인을 저질렀다고 말했고, 미국의 한 학생은 <Suicide Solution>을 듣고 극단적인 선택을 했다며 그 학생의 부모가 오지를 고소한 일이 있었다.

❺ 미국 MTV에서 오지 오스본의 가족에 대한 다큐멘터리 프로그

램인 「The Osbournes」가 2002년부터 2005년까지 방영되면서 폭발적인 인기를 끌었다. 이에 당시 대통령 조지 부시는 백악관으로 전설적인 뮤지션 자격으로 오지를 만찬에 초청한다. 사회적으로 성공한 명망가나 고위직, 점잖은 인사들이 많이 모인 이런 엄숙한 자리의 분위기도 오지를 막진 못했다. 오지는 술에 만취해 당연히 깽판을 쳤고 대통령마저도 고개를 절레절레 저었다고 한다.

❻ 투어 중 망나니 후배 밴드 머틀리크루와 리조트에서 술을 마시던 중 두 사람은 마약을 하고 싶었지만 수중에 가진 게 없었다. 술에 취한 오지는 빨대 하나를 들고 머틀리크루를 데리고 밖으로 나가 땅바닥의 개미집에 빨대를 꽂더니 코로 개미들을 모조리 흡입한다. 직후 오지는 바닥에 오줌을 질러놓고는 웅크리더니 자신의 소변을 다 핥고 나서 머틀리크루에게도 똑같이 해보라고 한다. 머틀리크루 역시 차세대 또라이들로서 원조 격인 또라이 대선배에게 지기 싫은 마음에 멤버인 니키가 오줌을 누고 따라하려 했다. 그 순간 오지는 니키를 밀치고 니키의 오줌까지 삭삭 다 핥았다. 머틀리크루는 기겁했고, 이 미친 인간은 도저히 이길 수 없다는 것을 깨닫고 존경심(?)을 표한다. 오지는 이로써 감히 자신의 '광인' 영역을 넘보지 말라는 것을 몸소 보여주었다. 훗날 인터뷰에서 오지는 자신은 기억을 못한다며, 머틀리크루가 그렇게 얘기했다면 아마 진짜일 거라고 수긍했다.

❼ 오지는 애처가로 유명했다. 공식 석상에서 부인인 샤론(Sharon Osbourne)에 대한 애정 공세를 보여주었다(샤론은 블랙사바스의 매

니저였지만 오지와 산전수전 오만 가지 일을 겪으면서 자신 말고 다른 사람은 감당할 수 없다는 것을 깨닫고 고백을 받아주었다). 한편 오지는 부인만큼이나 애완견을 애지중지했다. 그가 기르던 강아지가 코요테한테 습격을 당해 죽었을 때 그는 TV를 보고 있어 이 사실을 알지 못했다. 이에 큰 죄책감을 느낀 오지는 보드카 한 박스를 다 마시고 샤론에게 자신과 함께 지옥에 강아지를 데리러 가자며 목을 졸라 죽이려 했다가 경찰에게 붙잡힌다.

❽ 그 외에도 차고에 주차된 차를 길고양이들이 타고 넘어가며 기스를 내자 화가 난 오지는 샷건으로 길고양이를 쏘아 죽이고, 철모를 쓴 채 나체 상태로 술에 취해 질주하고, 경찰이 보고 있는데도 경찰차에 오줌을 갈기고, 목사에게 마약을 권유하기도 했다. 잭 와일드(Zakk Wylde)와 함께 클럽에 달려가 노래를 부르거나, 아무 집에나 들어가서 밤새 같이 노는 등 또라이 같은 일화가 수두룩하다.

오지는 스스로도 자신을 '야생의 광인(Wild Madman)'이라 부르며 메탈의 근본인 날것 자체를 몸소 보여주었다. 스콜피온스(Scorpions)의 기타리스트 마이클 셍커(Michael Schenker)가 오지 오스본 밴드의 기타 오디션에 신청했다가 오지를 보고 자신도 똑같은 망나니가 될까 봐 취소했다는 일화가 있다.

오지는 젊은 시절부터 술과 마약에 찌들어 살아왔지만 일흔 중반을 넘긴 현재까지도 무탈하게 살고 있다. 본인은 한 40세 정도에 요절하지 않을까 싶어 그냥 막 살아왔다고 한다. 너무 멀쩡하게 잘 살아서 2010년 과학자들이 오지의 유전자를 채취해 연구했더니 실제로 술과 마약에 강한 특수한 유전자임을 밝혀냈다. 대신 특이하게도 카페인에 취약해 커피와 초콜릿을 조심해야 한다는 것이다.

부인 샤론이 말하길, 세상이 멸망하더라도 바퀴벌레와 오지 그리고 키스 리차즈(롤링스톤즈의 멤버)만은 살아남을 것이라고 했다.

흑마술사 - 알레이스터 크로울리

<Mr. Crowley> 곡은 블랙사바스에서 탈퇴한 오지 오스본이 전설의 기타리스트 랜디 로즈와 함께 1980년에 발매한 [Blizzard of Ozz]의 수록곡이다. 여기서 크로울리는 오컬트 문화를 정립한 사탄 신봉자인 실존 인물 알레이스터 크로울리(1875~1947)를 지칭한다. 그는 흑마법, 흑마술과 같은 마도서(魔導書)를 편찬하고 악마를 숭배하는 등 엽기적인 기행으로 한때 영국에서 사회질서를 해치는 인물로 유명했다.

블랙사바스도 이전부터 사탄주의자라는 오명 때문에 이 곡도 크로울리를 헌정하는 곡으로 오해하지만 실제로는 그를 비판하는 곡이다. 가사를 보면 "크로울리 씨, 머리가 어떻게 됐는지요? 시체와 대화를 하다니, 당신 인생이 처량해 보이군요" 같은 아주 대놓고 까는 곡이다.

레드제플린의 기타리스트 지미 페이지는 어릴 때부터 초자연적인 현상에 관심이 많았다. 크로울리에게 점점 매료되어 훗날 광적인 추종자를 자처했고, 1970년에는 크로울리가 생전에 살던 저택을 구매하기도 한다. 스코틀랜드의 네스호 인근에 있던 볼스킨 하우스(Boleskine House)라고 불리는 이 대저택은 실제로 흑마법을 연구하고 동물들을 죽여 제물을 받치는 의식을 행하던 기괴스러운 곳이었다.

3집 [Led Zeppelin III]에 크로울리의 잠언을 싣는가 하면 4집 앨범명(일명 Zoso 앨범)에 요상한 기호를 사용한 덕(?)에 초대박을 치기도 한다. 이외에도 존 본햄 사망 당시 급하게 흑마법을 시전했다는 설도 있고, <Stairway to Heaven>을 백워드 매스킹 기법으로 틀면 사탄 숭배의 메시지를 담고 있다고 미국 방송사 CBS가 진지하게 논란을 제기한 일도 있었다. 어쩌면 레드제플린의 음악이 잔잔하고 신비로웠던 것이 크로울리의 영향력이 의식하지 못하는 사이에 스며들어 갔을 수도 있다.

이외에도 크로울리가 록 음악계에 뿌려놓은 악마의 손길은 여러 가지 형태로 나타난다. 비틀스의 8집 앨범인 [Sgt. Pepper's Lonely Hearts Club Band] 커버에는 나름의 기준으로 수십 명의 유명인을 선정해 만들었다. 크로울리는 제일 윗줄 왼쪽에서 두 번째에 당당히 자리하고 있다. 그리고 마이클 잭슨의 8집 [Dangerous]의 커버의 하단부에도 크로울리가 등장한다. 한편 데이비드 보위의 4집 [Hunky Dory]의 6번째 트랙 <Quicksand>에서는 크로울리의 이름과 종교가 직접적이고 긍정적으로 언급된다. 마릴린맨슨의 공연 요소들과 재킷 사진 등 모두가 크로울리의 영향을 받았고 특히 2집 [Antichrist Superstar]는 대놓고 크로울리의 삶에 직접적인 영감을 받아 만들어졌다.

이처럼 록 음악계에서는 진심이든 컨셉이든 크로울리의 사상을 보여준 뮤지션들이 많은데, 특히 강렬하면서 고어(Gore)적인 음악을 하는 메탈 밴드들 사이에서 더더욱 활발히 이루어지고 있다.

최고의 콤비 - 엘튼 존&버니 토핀

블루솔로지(Bluesology)라는 R&B 밴드에서 키보드를 연주하던 엘튼 존(Elton John)은 1967년 6월 *NME* 잡지에서 작곡가와 작사가를 모집한다는 공고를 보고 지원한다. 담당 프로듀서에게 오디션을 보여준 엘튼 존은 자신은 노래와 작사는 잘 못하지만 작곡은 자신 있다고 어필하지만 일단은 보류된다.

이때 같은 공고를 보고 지원한 작사가인 버니 토핀(Bernie Taupin)이 있었다. 프로듀서는 둘을 묶으면 뭔가 나올 것 같다는 생각에 오작교 역할을 한다. 비대면으로 20곡 정도의 작업물을 주고받은 두 사람은 4개월 후인 1967년 11월, DJM 레코드와 정식으로 계약하게 되고 이때 처음으로 만난다.

다른 가수들을 위한 팝적인 곡을 만들라는 요구에 둘은 작업을 위해 함께 살며 곧이어 최고의 비즈니스 파트너이자 진짜 인생 친구가 된다. 버니 토핀이 작사를 하면 엘튼 존이 피아노에 앉아 뚝딱뚝딱 곡을 만들어냈다. 둘 다 케미와 열정, 천재성이 넘쳐 노래 만드는 것을 너무나 즐거워했다. 그들은 서로를 존중했다.

존은 토핀이 적은 가사에 간섭한다거나 의미를 물어보지 않고 있는 그대로의 상태에 곡을 지었다. 마찬가지로 토핀도 존에게 가사를 보여줄 뿐, 이 곡은 어떻게, 저곡은 어떻게 같은 디테일한 요구를 하지 않았다. 서로를 믿었기 때문에 굳이 표현하지 않아도 뜻이 통한 것이었다. 하지만 문제가 있었다. 만들어진 곡을 다른 가수들이 부르려 하지 않아 결국 엘튼 존이 직접 불러야 했다. 존은 앨범을 발매하여 본격적으로 음악 활동을 시작한다.

1969년 정규 데뷔 앨범인 [Empty Sky]를 시작으로 1976년 11번째 정규 앨범 [Blue Moves]까지 10년 동안 두 사람은 쉴새없이 달렸다. 이 기간 동안 존은 음악적으로 영국과 미국은 물론 세계를 지배하여 비틀스 이후 최고의 가수로 평가받는다. 한편 이 시기에 엘튼 존은 자신의 정체성과 주변 사람과의 갈등, 삶에 대한 고민, 압박과 부담감, 마약 문제 등으로 정신적으로 피폐한 삶을 살고 있었고 결국 둘은 잠시 갈라선다. 버니 토핀 없이 12집 앨범 [A Single Man]과 13집 앨범 [Victim of Love]를 발매하지만 그렇게 좋은 평가를 받지 못한다. 서로의 필요성을 느낀 두 사람은 14집 앨범 [21 at 33]부터 다시 협업했고, 2021년에 발매한 35집 앨범 [The Lockdown Sessions]까지 50년이 넘는 세월 동안 함께 불사조처럼 성공의 영광을 누리고 있다.

둘은 존 레논과 폴 매카트니를 뛰어넘는 최고의 듀오로 꼽히는데 평생 단 한 번도 싸운 적이 없다고 인터뷰에서 밝혔다. 엘튼 존은 천성적으로 마음이 여린데 스타가 된 이후 주변의 파렴치한 인간들로 인해 큰 상처를 받아 마약으로 심신을 지켜내고 있었다. 모든 것을 포기하고 싶고 모든 사람들이 떠나갔을 때 유일하게 자신을 친구로서 사랑해준 사람이 바로 버니 토핀이었다고 한다.

엘튼 존은 버니 토핀이 연습장에 쓴 가사를 쭉 찢어서 건네면 그걸 받아 피아노 앞에 앉아 예쁜 옷을 입히는 과정이 가장 행복한 순간이라고 했다. 이 순수하고 깨끗한 과정이 전 세계인의 마음에 투영되어 큰 사랑을 받을 수 있었다.

두 사람의 음악을 이야기한다면 아마도 책 한 권은 더 나올 것이다. 그들의 음악적 스펙트럼이 워낙 넓고 다양해 특정 음악이라고 결론을 내리기가 애매하다. 이전까지는 클래식의 전유물이던 피아노를 팝, 발라드, 록, 컨트리, 디스코, 프로그레시브, 오케스트라, 가스펠, 소프트 록 등을 시대에 맞게 다양한 장르와 결합하여 록 피아노라는 장르를 메인스트림에 올려놓았다. 버니 토핀은 정말로 다양한 영감을 얻어서 수많은 작사를 했지만 엘튼 존과 함께한 대표곡을 몇 개만 살펴보면 <Your Song>에서는 순수한 사랑에 대한 마음을, <Rocket Man>에서는 쓸쓸히 떠나는 외로운 우주 비행사 이야기를, <Crocodile Rock>에서는 초창기 로큰롤에 대한 그리움을, <Candle in the Wind>에서는 마릴린 먼로에 대한 이야기를, <Goodbye Yellow Brick Road>에서는 귀향을 꿈꾸는 이야기

등을 써냈다.

개인적이면서도 투박하고 꾸밈없는 신선한 가사는 엘튼 존이 만든 곡의 전매특허라고 할 수 있는데, 꼭 가사를 함께 음미하면서 듣는 게 좋다.

그 외 추천곡

<Bennie and the Jets>, <Lucy in the Sky with Diamonds>, <Philadelpia Freedom>, <Island Girl>, <Don't Go Breaking My Heart>, <That's What Friends Are for>, <Daniel>, <Don't Let the Sun Go down on Me>, <Something about the Way You Look Tonight>, <I Don't Wanna Go on with You like That>, <Can You Feel the Love Tonight>, <Nikita>, <Honky Cat>, <Sorry Seems to Be the Hardest Word>, <Someone Saved My Life Tonight>, <Litlte Jeannie> 등

왓포드 FC - **엘튼 존**

엘튼 존은 어린 시절부터 살던 지역의 축구팀인 왓포드 FC(Watford FC)의 경기를 보러 다니며 자연스럽게 팬이 된다. 당시 왓포드 FC는 3부 내지 4부 리그에 소속되어 있는 팀이었다.

가수로 성공한 엘튼 존은 커리어 내내 열혈 팬임을 자처했고, 왓포드 FC는 그를 1973년에 부사장, 1974년 이사에 임명한다. 그리고 2년 후인 1976년 엘튼 존은 결국 거금을 들여 왓포드 FC를 인수해 구단주가 되어 팀을 대대적으로 리빌딩한다.

이때부터 왓포드 FC의 성적은 수직 상승하기 시작하며 최전성기를 맞는다. 4부 리그에서 3부 리그로, 3부 리그에서 2부 리그로, 마침내 인수 후 단 6년 만인 1982년에 1부 리그로 승격하게 되었고 첫 시즌인 1982~83시즌 등장하자마자 리그 2위를 차지한다(1위는 리버풀). 다음 해인 1983~84 시즌에는 FA컵 준우승을 차지하는 저력을 보여준다(우승은 에버튼).

약 10년간 구단주로서 팀을 이끌던 엘튼 존은 1987년에 명예 회장직으로 물러난다. 하지만 10년 후인 1997년 엘튼 존은 다시 한 번 왓포드 FC를 인수해 2002년까지 약 5년 동안 팀을 이끌게 된다. 신기하게도 엘튼 존이 떠난 10년 동안 왓포드 FC는 2, 3부 리그를 전전했지만 그가 다시 팀을 맡자 1부 리그로 승격한다.

왓포드 FC에게 엘튼 존은 축복 같은 존재였고 그의 공헌을 기리기 위해 2014년 홈구장의 스탠드 중 하나를 개축하면서 '엘튼존스탠드(The Sir Elton John Stand)'로 명명한다. 같은 해인 2014년, 왓포드 FC에는 또 다른 중요한 일이 생기는데… 바로 박주영 선수가 왓포드 FC로 임대 이적 갔었다.

가장 완벽한 밴드 – 핑크플로이드 Feat. 시드 바렛

핑크플로이드보다 더 인기가 많아 유명하거나 상업적으로 돈을 더 많이 벌었다거나 연주력이 뛰어난 밴드는 있을 수 있겠지만, 음악적으로 더 완벽하게 구사한 밴드를 찾기는 어렵다. 실제로 음악적 대화를 나눠본 사람들 중에 핑크플로이드에 대해 비판적인 의견을 내놓은 사람은 아직까지는 없었다. 그 정도로 많은 청자들에게 음악성과 대중성을 동시에 인정받은 프로그레시브 록의 거장이자 음악의 본좌라 할 수 있다.

프로그레시브 록을 명확히 정의하기란 다소 난해한데 기존의 록 패턴에 고전 클래식이나 재즈 등을 결합하여 '진보적'이고 실험적인 사운드를 만들어내는 음악을 말한다. 특히 핑크플로이드는 이전에는 사용되지 않던 새로운 악기를 도입하거나, 주변의 소리를 음악적인 요소로 집결시켜 복잡하고 기교적인 곡의 전개와 연주를 선보였다. 전주와 간주가 길어지면서 대곡 지향적인 곡이지만 그

안에서도 공백마저 음악적으로 느껴지게 하는 미니멀한 구성도 돋보인다. 또 각 앨범마다 장르의 경계를 허물며 독특한 컨셉과 끊임없이 파고드는 탐구 정신으로 무장된 철학적인 가사는 감탄을 자아내게 한다.

60년대 말, 핑크플로이드의 초기 시절은 프로그레시브 록이 아닌 사이키델릭 록을 연주하는 밴드였다. 이 당시 리더인 시드 바렛(Syd Barrett)이 밴드를 이끌었고 다른 멤버들은 그를 전적으로 믿고 따라갔다. 1967년 데뷔 앨범 [The Piper at the Gates of Dawn]과 1968년 두 번째 앨범 [A Saucerful of Secrets]는 듣기 쉬운 팝 형식에 사이키델릭한 환각적인 사운드를 결합하여 긍정적인 평가를 받았다. 그러나 시드 바렛이 성공에 대한 극심한 강박과 마약 중독으로 인해 정신분열 증상을 겪으며 병적인 행동으로 밴드에 피해를 주게 되고 결국 탈퇴하고 만다. 이후 데이비드 길모어(David Gilmour)가 영입되면서 과도기를 거쳐 70년대 들어와 핑크플로이드가 전성기를 맞이한다.

일명 핑크플로이드 3대 명반이라고 불리는 앨범 중 1973년 작인 8집 [The Dark Side of the Moon]과 1975년 작인 9집 [Wish You Were Here] 등 2개가 이 시기에 멤버 전원의 힘으로 만들어진다. [Wish You Were Here]의 앨범명은 '네가 여기 있었으면 좋았을 텐데'라는 뜻으로 시드 바렛을 기리는 것이었다. 그가 탈퇴한 지 7년이 지난 시점이었지만 모두들 시드를 그리워하고 그의 영향력이 핑크플로이드의 음악에 잔존한다는 것을 보여주었다. 특히 수록곡 <Shine on You Crazy Diamond>는 25분짜리 대곡으로, 첫 번째와 다섯 번째 트랙으로 나뉘어 있는데, 1~5파트가 첫 번째 트랙에, 6~9파트가 다섯 번째 트랙에 수록되었다.

곡명 중 "Crazy Diamond(미친 다이아몬드)"는 시드 바렛을 칭하는 말이고, 곡 제목의 앞 글자를 따면 'SYD'가 되어 시드 바렛을 향한 그리움을 담았다. 여담인데, 앨범 녹음 당시 스튜디오에는 머리와 눈썹을 빡빡 민 배불뚝이 아저씨가 양치를 하며 이리저리 돌아다녔다고 한다. 멤버들은 새로운 엔지니어인가 싶었는데 자세히 보니 망가져버린 시드 바렛이었다. 정신병으로 인해 제대로 된 대화를 할 수 없었다고 한다.

이후 음악적 주도권이 로저 워터스(Roger Waters)에게 넘어가면서 독재 체제의 막이 오른다. 멤버들은 심한 갈등을 겪고 해체까지 생각했다. 이런 와중에도 로저 워터스는 독단적으로 모든 것을 구상하고 계획하여 록 역사상 가장 위대한 록 오페라 앨범 중 하나이자 3대 명반 중 나머지 하나인 1979년 작 11집 [The Wall]을 발매한다. 밴드가 흔들리는 와중에서 혼자 멱살을 잡고 끌어올려 최고의 작품을 탄생케 하는 아이러니가 발생한다.

이 앨범의 스토리는 '핑크'라는 주인공에 의해 진행된다. 핑크는 로저 워터스의 어린 시절 자아와 시드 바렛의 광기 어린 정신세계(또 다시 영향력 행사)가 섞여 있는 캐릭터로 자라면서 마음의 벽들이 만들어지는 과정을 보여준다.

어린 시절 전쟁으로 아버지를 잃어 아버지에 대한 그리움과 전쟁에 대한 분노로 마음의 벽을 쌓고, 강압적인 학교 교육과 어머니의 과잉보호에 의해 또 다른 벽을 쌓는다. 성인이 되어 록 스타로 성공하지만 인간이 아닌 상품처럼 대우받는 현실에 또 벽을 쌓고, 아내의 외도로 인한 충격과 성적 쾌락, 마약에 대한 갈망으로 또 다른 벽을 쌓는다.

이러한 과정은 결국 편집증과 폭력적인 자학으로 변질되고 점점 더 심해져 전체주의적 광기로 변해 군중에게 극단적인 행동하는 모습들을 보여준다. 끊임없는 사회와의 단절을 보여주는 '핑크'는 상상 속에서 재판을 치르게 되고 벽을 파괴하라는 가장 큰 형벌을 받는다. 용기를 내 벽을 파괴한 핑크는 뜻밖에 자신을 찾으면서 자신을 기다려주고 있는 사랑하는 사람들을 만나게 되는 것으로 스토리는 끝난다.

이 앨범은 벽이란 소재의 서사적인 이야기를 통해 인간의 소통 부족과 고립을 지적한다. 더블 앨범으로 A사이드부터 D사이드까지 총 26곡으로 구성된 화려한 앨범으로 음악 역사상 가장 위대한 앨범 중 하나로 손꼽힌다. 15주간 앨범차트 1위를 차지했고 3,000만 장 이상의 판매고를 올렸다. 1982년에는 훗날 밴드에이드와 라이브에이드를 기획한 붐타운렛츠(The Boomtown Rats)의 보컬 밥 겔도프(Bob Geldof)가 주연을 맡아 영화화되었다.

밴드는 역사에 길이 남을 앨범을 여러 번 냈다. 이 과정에서 키보디스트이자 창립 멤버 릭 라이트(Rick Wright)는 로저 워터스에게 추방되고 세션으로 껀바이껀 돈을 받으며 활동한다. 이후 1985년 로저 워터스도 탈퇴하고 멤버들은 서로 법정 공방을 벌이며 돌이킬 수 없을 정도로 사이가 악화된다. 이후 릭 라이트가 재가입하고 데이비드 길모어와 힘을 모아 1994년 [Division Bell]을 발매하여 3대 명반과 더불어 다시 한 번 앨범차트 1위에 오른다.

최대한 핑크플로이드를 쉽고 짧게 말하고 싶었지만 워낙 중요한 앨범과 사건들이 많아 줄이기 힘들었다. 누구든 꼭 반드시 들어봤으면 좋겠다는 생각이다. 핑크플로이드만의 위대한 숭고미를 느껴 온몸에 소름이 돋는 경험을 할 수 있기를.

그 외 추천곡

<Another Brick in the Wall, Part 2>, <Comfortably Numb>, <Dogs>, <Echoes>, <Atom Heart Mother>, <High Hopes>, <Wish You Were Here>, <Welcome to the Machine> 등

빌보드 최장기록 - 핑크플로이드

1973년 6월 핑크플로이드의 8번째 정규 앨범인 [The Dark Side of the Moon]이 발매되었다. 이 앨범은 4,400만 장에 육박하는 판매고를 올려 마이클 잭슨의 [Thriller] 앨범 다음으로 많이 팔린 앨범이자 역대 최고의 프로그레시브 명반으로 꼽힌다. 그러나 이 앨범의 진정한 가치는 차트에서 확인할 수 있다.

발매와 동시에 빌보드 앨범차트 1위에 올랐고 이후 1973년부터 1988년까지 무려 741주(15년) 동안, 그것도 연속으로 빌보드 앨범차트에 랭크되었다. 이는 역사상 유일무이한 기록이다. 현재까지도 차트 재진입을 반복하며 1,000주를 훌쩍 뛰어넘었고 아직도 현재진행형으로 매주마다 기록을 세우고 있다. 이런 말도 안 되는 수치는 핑크플로이드가 얼마나 위대한 밴드인지 증명해준다.

이 앨범은 하나의 컨셉으로 이루어져 있다. 앨범 전체를 들어야만 진정한 예술성과 역량을 모두 느낄 수 있는 작품이다. 총 10곡으로 구성되어 있으며, 첫 번째 트랙인 <Speak to Me>의 인트로에서 심장 박동 소리로 시작해 마지막 트랙 <Eclipse>의 아웃트로에서 다시 심장 박동 소리로 끝나는 순환 구조를 이루고 있다. 전 멤버이자 정신적 지주였던 시드 바렛의 광기에서 영감을 받아 괴로워하는 시대정신적인 고찰들을 담고 있다.

<Time>에서는 허비되는 시간과 염세주의를 다루고, <Money>에서는 물질만능주의와 빈부 격차를, <Us and Them>에서는 소외와 갈등, 폭력, 반전주의를, <Brain Damage>에서는 미치광이의 허무주의 등 현대사회의 어두운 측면을 주목하고 비판을 통해 교훈을 주는 앨범이다.

연주곡들과 여성 솔로 보컬 곡도 배치하여 발란스를 맞추었다.

시계 소리, 지폐 계수기 소리, 웃음소리, 발소리, 전화 소리 등 다양한 효과음도 잘 활용하여 한층 더 깊이 있는 음악을 선사한다.

최전성기 때 만들어진 이 앨범은 멤버 전원의 작곡 능력이 고루 들어가서 음악적 스펙트럼이 다양하다. 작사는 로저 워터스 혼자 다했다. 워낙 함축적이고 중의적이어서 해석도 여러 가지다. 예술성뿐만 아니라 상업성까지 거머쥔 명반이며, 몰입해서 끝까지 듣고 의미를 파악하고 나면 망치로 머리를 한 대 꽝! 맞은 듯한 충격을 받는다. 사운드에 반하고, 구성에 놀라고, 교훈까지 받고 심지어 앨범 아트까지 아름답다. 앨범 아트는 다른 예술 분야에서도 주목을 받을 만큼 유명하다(사실 자세히 보면 무지개인데 남색은 없다).

이 앨범에는 숨은 반전이 있다. 마지막 곡인 <Eclipse>의 노래가 끝나는 마지막 부분에서 한 남자가 "There is no dark side in the moon, really. Matter of fact, It's all dark"(달의 어두운 면이란 건 없어, 실제론. 사실, 전체가 어둡지)라고 말하며 앨범 전체의 주제를 흔들어놓는다. 사실 달은 항성이 아니기 때문에 빛을 낼 수 없고 태양에 의해 인간들의 눈에 밝은 부분만 보일 뿐이다. 인간의 가치, 편견, 시선에 따라 다르게 보일 뿐 모두 똑같으며 인생도 마찬가지라는 메시지를 전달하고 싶었던 게 아닐까.

다양한 페르소나 - 데이비드 보위

데이비드 보위(David Bowie)는 평생 동안 하나의 장르론 정의가 불가능할 정도로 거침없는 변화를 보여주었다. 그는 자신의 머릿속에 있는 모든 것을 예술로 표현하기 위해 끊임없이 노력했다.

1969년에 대중의 첫 관심을 받은 곡인 <Space Oddity>와 해당 앨범에서는 포크를 기반으로 프로그레시브, 사이키델릭적인 요소를 보여주었고, 다음 해인 1970년에는 [The Man Who Sold the World] 앨범을 발매하면서 장발의 머리와 롱스커트를 입고 마치 여성처럼 누워 있는 모습을 선보여 큰 논란과 비난을 불러일으켰으며 음악적으론 하드록 사운드로 선회했다. 1971년에 나온 히트곡 <Life on Mars?>이 수록된 앨범 [Hunky Dory]에선 피아노가 주도하는 멜로딕한 팝과 아트적인 사운드를 보여주었다.

이처럼 데뷔 초 3년이라는 짧은 기간 동안에도 여러 차례 변화의 모습으로 실험정신과 당혹스러움을 동시에 선보였다. 당시 보위의 주 관심사는 상상력을 자극할 수 있는 우주론적인 음악과 가사, 시대를 초월할 글램적인 비주얼 쇼크였다. 보위는 결국 자신의 생각을 대통합하여 음악사 최고의 컨셉인 '지기 스타더스트(Ziggy Stardust)'라는 페르소나를 창조해 대중 앞에 돌아온다.

1972년 [The Rise and Fall of Ziggy Stardust and the Spiders from Mars](화성에서온 지기 스타더스트와 거미들의 흥망성쇠) 앨범을 발매하면서 자신과 그의 밴드가 화성에서 온 외계인이라고 주장한다. SF 공상과학적인 컨셉의 앨범 내용은 지구를 사랑하던 우주 록 스타 지기 스타더스트가 지구가 5년 후 멸망한다는 것을 알고 화성에서 날아와 구하는 일대기를 다룬다. 열렬한 공연과 메시지를 통해 지구인의 지지를 얻지만 결국 자만심에 빠져 몰락해 죽게 되는 내용이다.

주황색 머리카락에 화려하면서도 기괴스러운 분장, 통굽을 신고 컬러풀하면서도 딱 달라붙는 의상을 입고 충격적인 비주얼로 무대 위에서 선정적이고 전위적으로 노래하는 모습은 또다시 엄청난 논란을 불러일으켰다. 지기 스타더스트는 남성도 여성도 아닌 양성애자라는 외계인 컨셉으로 당대의 탄압받는 성문화를 꼬집는 한편 음악의 인위성, 록 스타들의 행보, 정치 문제, 마약 문제 등 사회 전반의 행태를 노래해 상업적으로 큰 성공을 거두었다. 한편의 영화 같은 이 기묘한 활동은 향후 글램 록에 지대한 영향을 주었고 기존의 틀을 완전히 박살냈다는 평가를 받고 있다.

보위는 지기 스타더스트의 성공에 안주하지 않았다. 오히려 자신의 페르소나에 갇힐까 봐 두려웠기 때문에 바로 다음 해인 1973년 지기 스타더스트의 사망 선고와 밴드의 해체를 선언한다. 그리고 미국 투어를 다니던 중 얻은 영감으로 만들어진 곡들로 채운 앨범 [Aladdin Sane]을 발매하고 보위의 두 번째 페르소나인 '알라딘 세인'을 탄생시킨다. 붉은 머리와 얼굴에 큰 번개 모양의 분장은 보위의 상징인데 수많은 오마주를 낳기도 한다. 후배 레이디 가가(Lady Gaga)는 이 모양을 왼쪽 옆구리에 아예 문신으로 새기기도 했다. 음악적으로는 전작에 비해 블루스, 하드록 사운드로 미국적인 색채가 돋보이는 사운드를 선보여 큰 성공을 거둔다.

1974년 [Diamond Dogs] 앨범과 함께 보위의 세 번째 페르소나인 '할로윈 잭(Halloween Jack)'이 등장한다. 당시 보위는 조지 오웰의 소설인 『1984』를 각색하여 뮤지컬로 만들려 했으나 판권 문제로 엎어지고 비슷한 테마의 디스토피아적인 앨범을 만들었던 것이다. 할로윈 잭은 종말론적인 세상의 피폐한 도시 속에서 활약하는 쿨한 해적 캐릭터라는 설정이었다. 한쪽 눈을 안대로 가려 세상의 음울함을 연주한 앨범은 평론가들 사이에서 극단적으로 갈리기도 한다.

1976년 [Station to Station] 앨범에는 네 번째이자 마지막 페르소나인 '씬 화이트 듀크(The Thin White Duke)'가 등장한다. 씬 화이트 듀크는 말끔한 양복을 입고 단정한 금발 머리를 한 공작으로, 보위가 주연을 맡은 영화 「지구에 떨어진 사나이(The Man Who

Fell to Earth)」의 캐릭터와도 공유한 페르소나였다. 마약에 빠져 있는 당시 보위의 퇴폐성과 섹시함이 잘 드러나지만, 당연히 마약의 문제성 논란이 있었다. 음악적으로는 전작 [Young Americans]에서의 흑인 소울 음악과 보위가 새롭게 관심을 갖게 된 독일의 전자음악, 크라우트 록의 리듬을 절묘하게 섞어 과도기적인 사운드를 제시했다.

여담이지만 보위의 가족력에는 조현병이 있었다. 특히 음악적 선배이자 존경하던 사촌형이 조현병 환자였는데 이는 페르소나를 만드는 데 큰 영향을 주기도 했다.

한편 보위는 4명의 페르소나를 통해 음악에서의 컨셉이 얼마나 중요한지 후대에 지대한 영향을 남겼다. 이후에는 모든 페르소나를 버리고 본래의 데이비드 보위로 돌아가 독일의 전자음악을 기반으로 일명 '베를린 3부작'이라고 불리는 음악을 선보인다. 이렇게 보위는 변화를 추구하며 끊임없이 음악계에 새로운 흐름을 만들어냈다.

그 외 추천곡

<The Man Who Sold the World>, <Changes>, <Life on Mars?>, <Starman>, <Rebel Rebel>, <Young Americans>, <Fame>, <Fashion>, <Let's Dance> 등

장벽을 무너뜨린 영웅 - 데이비드 보위

데이비드 보위는 다양한 페르소나로 큰 인기를 끌었지만, 그 과정에서 자신 본연의 모습을 잃어간다는 느낌을 받았다. 게다가 미국에서의 생활은 마약에 찌들어 있었고 더 이상 이렇게 살아서는 안 되겠다고 깨달은 그는 모든 것을 버리고 치료를 위해 유럽으로 돌아간다. 치료와 더불어 그는 1977년부터 1979년까지 일명 '베를린 3부작'인 [Low], [Heroes], [Lodger] 앨범을 발매하며 다시 한 번 전성기를 맞이한다.

베를린 3부작은 앨범마다 약간의 차이는 있지만, 당시 독일에서 유행한 크라우트 록의 영향을 받아 만든 작품들이다. 앰비언트를 중심으로 다양한 전자음악 소리와 주변 음성을 잘 혼합시켜 만든 음악이 굉장히 실험적이면서 아방가르드하다. 그중 [Heroes] 앨범과 동명인 타이틀곡 <Heroes>는 당시 분단된 서독과 동독의 냉전체제에서 몰래 베를린장벽을 넘어와 키스를 나누는 사랑하는 연인의 모습을 보고 영감을 받아 만들었다.

베를린에 거주하던 보위는 이전에도 장벽으로 인해 고통받는 이들과 다양한 사건, 사고를 보고 들으면서 안타까워하고 있었다. 우연하게 본 키스하는 커플의 장면을 연결시켜 동·서독 상황의 비극과 그 서사성을 토대로 해서 보위가 하고 싶은 이야기를 만들었고, 보위 커리어 중 가장 큰 사랑을 받는 곡이 되었다.

발매 10년 후인 1987년 6월 초, 보위는 베를린장벽 바로 옆에 있는 서베를린 국회의사당 앞 광장에서 콘서트를 진행한다. 공연이 무르익으면서 큰 스피커에서 나오는 노래 소리는 동독까지 울려 퍼졌다. 특히 <Heroes>를 공연될 때 장벽 위와 그 뒤편에서 수천 명의 동독 청년들이 함께 노래를 따라 부르는 감동적인 장면이 탄생했다. 지난 수십 년간 체제와 장벽 때문에 사랑하는 사람들을 만날 수 없고, 어찌 보면 정말 쉬운 일인 좋아하는 가수의 음악을 편히 들을 수도 없는 현실에서 그동안 쌓여온 답답함과 자유에 대한 갈망을 청년들은 이 노래를 합창함으로써 토해냈다. 보위는 인터뷰에서 가장 감동받은 공연이자 두 번 다시는 볼 수 없는 장면이라고 말하기도 했다.

그러나 감동도 잠시, 동독 경찰들이 청년들에게 물대포를 쏘며 진압하기 시작했고, 200여 명의 동독 청년들이 체포된다. 이 사건을 시발로 동독 내에서 폭력 시위와 반정부 시위가 이어지면서 사태는 점점 심각해진다. 소식을 들은 당시 미국의 레이건 대통령은 공연이 끝난 일주일 후 서독을 방문하여 소련의 고르바초프에게 장벽을 허물자는 발언을 한다. 이후 서독과 동독은 긴밀한 대화를 통해 관계를 개선하고 2년 후인 1989년 11월 9일 결국 베를린장벽은 붕괴된다.

데이비드 보위가 직접적으로 장벽을 무너뜨린 건 아니지만 그는 사람들의 마음에 불을 지피는 스타팅 포인트 역할을 한 셈이다. 2016년 데이비드 보위가 사망하자 독일 외무부는 트위터를 통해

"굿바이, 데이비드 보위, 당신은 우리의 영웅(Heroes)입니다. 장벽을 허무는 데 도움을 주셔서 감사합니다"라며 애도를 표했다.

아버지, 대체 나를 왜… - **마빈 게이**

2020년, 미국의 음악 잡지 『롤링스톤』이 약 8년 만에 개정된 역사상 가장 위대한 앨범 500장을 새롭게 공개했다. 항상 1위였던 비틀스의 [Sgt. Pepper's Lonely Hearts Club Band]를 밀어내고 당당히 1위에 오른 앨범은 마빈 게이(Marvin Gaye)의 [What's Going on]이었다.

이 앨범은 1971년에 발매된 것으로 마빈 게이가 음악적으로 최고의 기량을 펼친 명반이다. 베트남전쟁을 비롯해 사회 전반의 폭력과 빈부 격차, 마약 문제, 환경문제 등을 다루는 메시지를 담고 있으며 소울, 재즈, 가스펠, 오케스트라적인 사운드를 고루 갖춘 컨셉 앨범이다.

마빈 게이는 대중음악사에서 가장 비극적인 죽음을 맞이한 인물 중 하나이다. 그는 어린 시절 폭력적인 아버지로 인해 상당히 힘들게 자랐다. 외부에서는 건실한 목사로 활동했지만 집에만 들어오면 폭군으로 변해 부인과 자식들을 사정없이 때렸다. 특히 마빈 게이는 장남이라는 이유로 더 큰 폭력을 감수해야만 했다.

게다가 아버지는 여장을 즐기는 크로스 드레서로서 성소수자였으며, 어린 자식들 앞에서 여성의 속옷과 원피스, 하이힐을 즐겨 신으며 아이들의 성 정체성에 큰 악영향을 끼쳤다. 마빈 게이가 본명인 Gay에 'e'를 붙여 'Gaye'로 활동한 이유이기도 하다.

마빈 게이는 가수로 성공하면 아버지와 절연하려고 했지만 착한 성품과 단지 아버지라는 이유 하나로 모든 것을 용서하고 잘 지냈다. 하지만 이 용서는 훗날 큰 부메랑으로 돌아온다.

1984년 4월 1일 아버지와 어머니는 말다툼을 벌였고, 아버지가 갑자기 폭력을 행사하자 마빈 게이는 이를 말리기 위해 아버지를 밀쳤다. 이에 화가 머리끝까지 난 아버지는 권총을 꺼내 아들을 향해 방아쇠를 당겼다. 마빈 게이는 그 자리에서 피를 철철 흘리며 허망하게 죽음을 맞이했고 그렇게 '소울의 왕자'는 만우절에 거짓말처럼 떠나버렸다. 아이러니하게도 그 총은 마빈 게이가 아버지에게 몸을 보호하라며 크리스마스에 선물로 준 것이었다.

추천곡

<I Heard It through the Grapevine>, <Let's Get It on>, <Got to Give It up>, <What's Going on>, <Sexual Healing>, <Too Busy Thinking about My Baby>, <That's the Way Love is>, <I'll Be Doggone> <I Want You> 등

"둘 다 올라와 악수합시다" - 밥 말리

1970년대 전 세계는 냉전주의가 팽배했으며 '우리 편이 아니라면 적'이라는 이분법적인 사상 체계가 지배하고 있었다. 이런 시기에 작은 섬나라 자메이카 출신의 밥 말리(Bob Marley)는 세계적인 톱스타로 저항, 평등, 인권 같은 사회·정치적인 메시지를 담은 노래를 부르며 주목을 받았다. 당시 자메이카는 마이클 맨리(Michael Manley)가 이끄는 사회민주주의 인민민족당(인민당)과 에드워드 시가(Edward Seega)가 이끄는 보수주의 자메이카 노동당(노동당)이 서로의 이념 아래 팽팽하게 싸우고 있었다.

양당은 각각 갱단을 배후에 두고 실제로 서로를 총으로 쏴 죽이는 정치깡패들이었다. 인기가 하늘을 찌르고 대부분의 국민들이 좋아하던 밥 말리는 양 정당의 입장에서는 선전용으로 제격이었고 서로 자신의 정당을 도와달라며 꼬드긴다. 밥 말리는 자메이카를 사랑했다. 자신의 국가가 좌우 둘로 나뉘어 싸우고 대립하는 모습을 원치 않았으며 직접 정치적 중립의 길에 서서 양 정당을 화합시키고 싶어 했다.

밥 말리는 자국민에게 선물이라며 철저하게 중립적이고 평화와 단결을 목표하는 스마일 콘서트를 1973년 12월 5일에 개최한다고 발표한다. 그러나 며칠 뒤 마이클 맨리는 갑자기 12월 15일을 새 총선 날짜로 결정하고 밥 말리의 콘서트를 인민당을 지지하는 콘서트로 이용하려고 했다. 이에 노동당은 분노하며 밥 말리에게 당장 콘서트를 취소하지 않으면 죽여 버리겠다는 살해 협박을 하는 위협적인 상황에 이른다.

12월 3일 새벽, 7명의 괴한이 밥 말리의 집을 급습, 총격을 가했다. 밥 말리와 아내 리타 말리, 매니저 돈 테일러와 동료 루이스 그리피스 등 4명이 총에 맞았지만 다행히 사망자는 없었다. 이 사건 당시 밥 말리는 인민당으로부터 24시간 경호를 받고 있었는데 이상하게도 그날, 그 시간에 경호원들이 사라졌다가 총격 사건이 끝나고 나서야 황급히 돌아왔다. 인민당은 노동당이 저지른 일이라고 발표했고 노동당은 인민당이 자작극을 벌인 것이라고 항변했다.

12월 5일 스마일 콘서트 당일, 밥 말리는 무대에 올랐다가 총에 맞아 죽는 것이 아닐까라는 두려움에 무대에 오르지 못하고 먼발치에서 지켜보았다. 공연이 예정된 시간보다 훨씬 늦어지고 10만 명에 가까운 인파들이 기다리고 있는 것을 지켜보던 말리는 죽는 한이 있더라도 평화의 메시지를 남겨야겠다는 마음을 먹는다. 부상을 당한 채 무대로 올라간 밥 말리를 보고 관객들은 미친 듯이 소리를 지르고 환호하며 뜨거운 열기로 그를 반겨주었다. 올라가자마자 밥 말리는 이 무대는 정치와는 전혀 상관이 없다고 호소하며 한 시간 넘게 평화를 위한 공연을 펼쳤다.

그 후 밥 말리는 위험이 있는 자메이카를 떠나 영국에 터를 잡아 음악 활동을 이어가고 세계적으로 더 큰 명성을 얻게 된다.

자메이카의 양 정당 간 갈등은 더욱 심해져 더 폭력적으로 변해갔다. 이에 인민당의 마이클 맨리는 폭력 없는 사회를 만들겠다며 갱생 센터를 만들고 폭력단들을 깡그리 다 잡아넣는다. 양쪽 정당의 배후인 갱단 보스 버키 마셜(Bucky Marshall, 인민당)과 클라우디 마솝(Claudie Massop, 노동당)도 갱생 센터에 수감되었다. 둘은 정치에 이용당한 것을 깨닫고 서로 휴전을 선언한다.

둘은 출소 후 더 이상 정치에 이용되지 않을 것이며 서로 우리끼리 필요가 없다는 밥 말리의 생각과 일맥상통하게 된다. 버키와 클라우디는 말리의 필요성을 절실히 느끼고 런던으로 날아가 밥 말리에게 평화를 위한 콘서트인 「원 러브 피스 콘서트」를 개최하자고 제안한다. 밥 말리는 아직도 자신을 죽이려는 세력이 많은 곳에 돌아가길 꺼려했지만 어린 시절부터 친구였던 클라우디를 믿고 길을 나선다. 두 갱단에서는 밥의 안전을 위해 전력을 다했고 자메이카의 전 국민이 밥 말리의 귀향을 환영했다.

1978년 4월 22일 「원 러브 피스 콘서트」의 무대가 시작된다. 밥 말리는 먼저 두 갱단의 두목 버키와 클라우디를 무대 위로 올려 수많은 관중 앞에서 포옹시킨다. 관중들은 서로 쳐다보기만 해도 싸우던 두 세력의 화해 장면을 보며 비폭력의 시대가 올 것을 기대하고 큰 환호를 쏟아낸다. 밥 말리는 다음으로 마이클 맨리와 에드워드 시가를 무대 위로 불러들여 국민이 원하는 것을 보여 달라며 악수를 요청한다. 그들은 민망해하며 '이게 맞는 건가?'라는 몸짓으로 머쓱하게 웃으며 악수를 하는 장면을 만든다. 관중들도 인민당, 노동당 구분 없이 모두 섞여 콘서트를 즐겼고 유혈사태가 없는 평화가 쭉 유지되길 기원했다.

하지만「원 러브 피스 콘서트」이후에도 자메이카에서는 폭력이 난무했다. 두 갱단의 보스 클라우디와 버키도 살해당하고 만다. 1980년 에드워드 시가가 총리로 당선되었다. 폭력만으로 정치를 지배할 수 있다는 사고방식이 자메이카 전역에 끝없이 뻗어나갔다.

밥 말리는 자신이 원하던 세상을 보지 못하고 1981년 5월 11일 세상을 떠나고 말았다.

추천곡

<No Woman No Cry>, <Turn Your Lights down Low>, <Get up, Stand Up>, <I Shot the Sheriff>, <Stir It up>, <One Love>, <Sun Is Shining>, <Is This Love> 등

전 세대, 전 장르 통합 - 비지스

비지스(Beegees)는 베리 깁(Barry Gibb), 로빈 깁(Robin Gibb), 모리스 깁(Maurice Gibb) 등 영국 출신 호주 이민자인 세 형제로 이루어진 밴드이다. 10대 때부터 호주에서 음악 활동을 시작했지만 당시 전 세계를 휩쓸던 비틀스 때문에 주목받지 못하였다. 비틀스의 파괴력이 너무 강해 많은 가수들이 앨범 발표를 미루던 시절이었다.

비틀스를 보고 영감을 받은 비지스는 영국으로 돌아가기로 결심한다. 우연히도 비지스의 재능을 알아본 사람은 비틀스의 매니저 브라이언 엡스타인이 운영하는 NEMS에서 일하던 로버트 스티그우드(Robert Stigwood)였다.

비지스의 음악을 좀 더 풍성하고 다채롭게 다듬어주면 성공할 수 있다고 확신을 한 로버트는 전폭적인 지원에 나섰다. 3집 앨범이자 영국에 첫 신호탄을 쏜 1967년작 [Beegee's 1st]을 시작으로 몇 개월 간격으로 4집 [Horizontal](1968), 5집 [Idea](1968), 6집 [Odessa](1969)를 연이어 발매한다. 공장 수준으로 곡을 찍어냈지만 대충 만들지는 않았다. 오케스트라적 사운드, 사이키델릭, R&B, 소울, 소프트, 바로크 스타일 등등 다양한 초기의 멜랑꼴리한 히트곡들이 이때 쏟아졌다. <Holiday>, <Words>, <Massachusetts>, <I Started a Joke> 등이 차트 상단에 올라가며 뜨거운 호응을 얻었다.

잘 순항하던 비지스는 첫째 배리 깁이 만든 곡과 둘째 로빈 깁의 만든 곡 중 어느 것을 싱글로 할지에 대한 갈등이 발생한다. 이때 밴드 내에서 배리의 영향력이 상당히 강해져 로빈이 은연중 질투를 느끼고 있었다. 그런 와중에 매니저 스티그우드마저 배리의 곡을 선택해 로빈은 자신이 차별받는다고 느끼게 된다. 로빈은 홧김에 밴드를 탈퇴하고 남은 둘이서 비지스를 이끌어간다.

비지스는 <Don't Forget to Remember> 같은 곡으로 두 명이서 계속해서 인기를 끌어갔고, 로빈도 혼자서 나름의 성과를 거두었다. 하지만 혼자만의 성공을 경험했지만 로빈은 어떤 공허함과 외로움을 느끼게 되며 형제와 함께 있을 때 본인의 가치와 성취를 있음을 깨닫는다. 결국 로빈은 비지스로 돌아갔다. 심하게 싸운 후였기 때문에 형제 사이의 우애는 더욱 끈끈해지고 이해심도 커졌다. 더 똘똘 뭉친 비지스는 재출격을 시도하는데 이번에는 시대적인 음악의 흐름 변화가 비지스의 앞을 가로막았다.

사람들은 더 이상 무겁고 철학적인 주제의 음악보다는 그저 춤

출 수 있는 신나면서 단순한 음악을 원했다. 이에 비지스도 흐름에 몸을 싣기로 하고 기존의 음악에서 탈피한, 통통 튀는 펑키한 리듬의 디스코 사운드를 선보인다. 이 큰 변화에 기존 팬들은 '이게 우리가 알고 있던 비지스가 맞냐?'며 실망과 혼란스런 반응을 보이고 떠나갔다. 하지만 비지스는 자신감으로 가득 차 있었다.

1975년 발표한 앨범명이 [Main Course]인 것을 보면, 지금부터 시작할 음악이 비지스의 진정한 메인 코스라는 뜻이었다. 기존 팬들을 모두 잃을 수 있는 큰 도박을 시도한 비지스의 결과는 대성공이었다. 수록곡인 <Jive Talkin'>이 빌보드차트 1위를 차지하며 사람들은 비지스풍 디스코에 열광하기 시작한다. 또한 이 앨범부터 비지스의 상징적인 팔세토(가성) 창법을 들을 수 있다.

비지스가 재기에 성공하고 활발히 활동할 때 매니저 로버트 스티그우드는 음악산업 외에 영상으로도 사업을 확장하기 시작한다. 1977년 자신의 새로운 영화 「토요일 밤의 열기」 제작 중 사운드트랙 결정 문제로 난항을 겪고 있을 때 비지스에게 전화를 걸어 황급히 곡 작업을 부탁한다. 곡 대장장이인 비지스는 영화의 내용조차 모르는 상태에서도 한 주 만에 디스코 사운드의 곡들을 작업하여 건네준다.

1977년 12월 12일 영화가 개봉되고 영화와 함께 발매된 OST 앨범은 음악 역사에 길이 남을 명반이 된다. 열흘 만에 수록곡인 <How Deep Is Your Love>, <Stayin' Alive>, <Night Fever> 등의 곡들이 돌아가며 24주 동안 1위 자리를 차지하고 현재까지

3,500만 장 이상을 판매고를 올렸다.

비지스는 당시 다른 가수들에게도 상당히 곡을 많이 써주었는데 대부분이 차트 상위권에 안착한다. 세 형제 외에 넷째인 앤디 깁(Andy Gibb)도 이때 형들의 도움을 받아 솔로 가수로 성공한다. 과장을 좀 보태서 이 무렵 한 해 동안 길거리에서 나오는 모든 음악이 비지스 것이었다.

하지만 최고 절정의 순간은 오래가지 못했다. 1980년대 들어와 디스코 열풍이 급속도로 식으면서 비지스는 개인 활동과 타 가수의 작곡 등 백업으로 활동한다.

1987년 6년 만에 정규 앨범 [E.S.P]를 발표한 비지스는 오랜만에 차트 1위를 차지하게 되는데 막내인 앤디 깁까지 합류해 4인조 체계로 활동한다. 하지만 제대로 된 활동을 하기도 전에 앤디가 1988년 심근염으로 사망한다.

1990년대에도 여전히 히트곡을 내며 잔잔하게 활동하다 1997년에는 로큰롤 명예의 전당에 헌액되고 맴버 전원이 비틀스처럼 영국 왕실로부터 훈장을 받았다. 2003년, 셋째인 모리스가 수술 중 심장마비로 사망하면서 비지스는 공식적으로 해체되고 이후 2012년 둘째 로빈도 간암으로 사망한다. 현재는 세 명의 동생을 차례대로 떠나보낸 첫째 배리만 활동하고 있는데, 2021년 발표한 앨범이 UK차트에서 1위를 하는 관록을 보여주었다.

비지스는 누군가에게는 추억의 팝 발라드 그룹으로 기억되고 다른 누군가에겐 신나는 디스코 그룹으로 기억된다. 그처럼 시대의 흐름에 맞춰 완벽하게 음악적 변화를 줄 수 있는 카멜레온 같은 그룹이었다.

과연 1960년대부터 2020년대에 이르기까지 전 시대를 관통시키며 사랑을 받을 수 있는 가수가 앞으로 존재할 수 있을까?

그 외 추천곡

<How Can You Mend a Broken Heart>, <You Should Be Dancing>, <Too Much Heaven>, <Tragedy>, <Love You Inside out> 등

노래가 왜 이래? - 퀸

1975년 퀸의 네 번째 앨범 [A Night at the Opera] 발매를 앞두고 밴드 멤버들과 EMI 레코드사 임원들이 한자리에 모여 수록곡들을 들어보는 자리가 마련되었다. 이때 처음으로 <Bohemian Rhapsody>를 들은 임원들과 음악 및 음향 전문가들은 서로 눈치만 볼 뿐 명확한 답을 내놓지 못했다.

곡이 좋기는 하지만 약간 복잡한 느낌과 6분에 달하는 긴 길이 때문에 타이틀곡이나 싱글로 적합한지 망설여졌다. 이러한 대서사곡은 2집 [Queen II]에서도 이미 시도했으나 실패한 경험이 있고 오히려 직전 히트작인 <Killer Queen>처럼 듣기 쉽고 단순한 음악을 내놓기를 원했다.

프레디 머큐리는 EMI 임원들에게 2년 전에 발매된 핑크플로이드의 [The Dark Side of the Moon]에도 6분이 넘는 곡이 세 곡이나 있다며 항의했다. 그는 이 곡이 반드시 성공할 것이라고 자신감을 내비쳤고, 곡을 올리지 않으면 앨범을 발매하지 않겠다고 강경하게 나온다.

<Bohemian Rhapsody>는 듣는 사람마다 다르게 느낄 수 있는데, 한 곡에서 3~6개의 파트로 나눌 수 있는 독특한 배열과 구조를 가지고 있다. 아카펠라—피아노—기타 솔로—오페라—하드록(메탈)—피아노의 파트로 구성되어 있으며, 각 파트마다 깊고 다채로운 음악적 요소와 장르의 변화가 구간마다 변화무쌍함을 잘 보여준다. 정신없이 변하는 곡의 구조 속에서 감정과 분위기는 천천히 시작해 정점에서 최고조에 달했다가 다시 차분하게 돌아오는 놀라움을 전달하고, 오버 더빙된 심포닉한 보컬의 하모니도 곡의 몰입도에 큰 도움을 준다. 가사는 표면적으로는 죽음을 맞이한 사형수에 대한 이야기이지만, 특이하고 애매모호한 단어들을 사용해 개인의 고뇌와 자아의 탐색 같은 다양한 해석이 가능하다.

프레디 머큐리는 가사의 의미를 묻는 질문에 “정답은 없다. 그냥 즐겨라”라며 끝까지 본 의미를 숨겼다. 이전까지 팝 음악시장에서 볼 수 없었던 모든 공식을 파괴한 이 실험적이고 도전적인 곡은 발매 직후 UK차트에서 9주 연속 1위(20년 만에 달성)라는 놀라운 기록을 세우며, 퀸만의 음악적 색채를 전 세계에 각인시키고 월드클래스 밴드의 반열에 올려놓았다. 퀸은 커리어 동안 억대에 달하는 판매고와 많은 히트곡을 내며 상업적·대중적으로 큰 사랑을 받았다.

하지만 대중의 평과 달리 비평단에서는 퀸은 큰 환영을 받지 못하는 밴드이다. 이전의 밴드들은 자신만의 장르를 우직하게 파고 들어 음악성과 족적을 남겨 후대에 전하였지만 퀸은 다양한 장르를 시도하다 보니 독자적인 장르가 없어 직접적인 영향을 주지 못했기 때문이다.

한 앨범에 모든 장르가 다 들어 있는 '백화점식 앨범'이라고 비판받기도 했고, 과거의 명반 집계 발표 때마다 퀸의 앨범은 대부분 낮은 순위에 랭크되어 저자 개인적으로는 마음이 아프기도 했다.

그러나 최근에는 퀸의 음악이 재평가되어 인정받기 시작했다. 사람마다 평가 기준이 다르겠지만 누군가는 이렇게 말했다지 않나. '많이 파는 게 장땡'이라고….

그 외 추천곡

<You're My Best Friend>, <Somebody to Love>, <We Are the Champions>, <Bicycle Race>, <Don't Stop Me Now>, <Another One Bites the Dust>, <Under Pressure>, <Radio Ga Ga>, <I Want to Break Free>, <One Vision>, <A Kind of Magic>, <I Want It All>, <Innuendo>, <We Will Rock You>, <Seven Seas of Rhye>, <Flash>, <Now I'm Here>, <Save Me>, <Hammer to Fall>, <The Invisible Man>, <Play the Game>, <Too Much Love Will Kill You>, <The Show Must Go on>, <Good Old-Fashioned Love Boy>, <You Don't Fool Me>, <There Must Be More to Life than This> 등

시신은 어디로? - 프레디 머큐리

1991년 11월 24일 프레디 머큐리가 에이즈 합병증 폐렴으로 사망한다. 그가 항간에 떠돌던 에이즈 감염설을 공식적으로 인정한 지 24시간도 되지 않은 시간에 세상을 떠나고 만 것이다.

머큐리의 시신은 생전 그의 소망대로 화장되었고 팬들 사이에서는 그의 유골이 어디에 안치될지 화젯거리였다. 평소 그가 살던 런던 켄싱턴의 저택, 그가 사랑한 스위스의 작은 도시 몽트뢰, 그리고 태어나고 자란 탄자니아의 잔지바르가 유골을 둘 만한 곳으로 추측되었다. 그러나 이후 20년이 넘도록 전 세계 팬들 중 누구도 그의 시신을 찾아내지 못했다.

2013년 팬들과 언론에 의해 머큐리의 유골이 런던의 켄살그린이라는 공동묘지에서 발견되었다고 보도된다. 은밀하게 숨겨진 곳이 아니라 많은 사람들이 묻혀 있는 공동묘지에 머큐리도 함께 묻혀 있었던 것이다. 묘비에는 그의 본명인 파로크 불사라(Farrokh Bulsara)가 적혀 있었고, 출생일과 사망일이 동일하게 기재되어 있었다(프레디 머큐리는 자신의 출신을 숨기기 위해 개명을 해 철저히 숨겼었다). 그 아래에는 프랑스어로 "내 모든 사랑이 항상 당신 곁에 있어요. M"라는 글귀가 새겨져 있었는데, 여기서 M은 머큐리의 인생의 동반자였던 메리 오스틴(Mary Austin)을 지칭하는 것으로 추정된다.

이 소식에 많은 추모 인파가 찾아왔고 조용했던 공동묘지는 한 동안 시끌벅적해졌다. 메리 오스틴은 인터뷰에서, 머큐리의 사망 후 유골을 2년 동안 자신의 침실에 가지고 있다가 잠잠해진 틈을 타 머큐리가 원했던 장소로 유골을 옮겼다고 밝혔다. 생전에 머큐리는 오스틴에게 자신이 묻히길 원하는 장소를 알려주었고, 더 이상 사람들에게 알려지지 않고 조용히 평화롭게 잠들고 싶다고 했다고 한다. 마지막 유언을 프랑스어로 남긴 것도 같은 이유였다.

그런데 얼마 지나지 않아 유골은 다시 사라진다. 프레디의 무덤은 자신뿐만 아니라 가족의 유골까지 함께 안치되어 있던 가족무덤이었는데, 여러 방송국들에서 취재와 팬들의 방문으로 인해 손상될 우려 때문에 유족은 회의를 거쳐 다른 곳으로 이장하기로 결정한다.

한때 머큐리의 동성 남자 친구인 짐 허튼(Jim Hutton)에게 머큐리를 빼앗긴 전력이 있는 메리 오스틴이 질투심에 독단적으로 유골을 몰래 빼돌렸다는 소문이 있었지만, 실제로는 가족의 동의하에 옮긴 것이었다.

뮤지션들의 도시 - **몽트뢰**

최고의 리프 명곡인 딥퍼플의 <Smoke on the Water>는 몽트뢰에서 탄생한다.

1971년, 딥퍼플은 새로운 앨범 작업을 위해 몽트뢰에 머물고 있었다. 인근의 한 공연장에서 프랭크 자파(Frank Zappa)가 공연을 하고 있었는데 한 극성팬이 공연 중에 조명탄을 천정에 쏴서 공연장 전체가 불타게 된다. 맞은편 호텔에 있던 리치 블랙모어는 물위로 연기가 흘러가는 것을 보고 순간적으로 머릿속에 리프가 떠오르자 그 자리에서 휴지 조각을 꺼내어 메모하고 차후 작곡을 하여 명곡 <Smoke on the Water>가 태어나게 된다.

프레디 머큐리와 퀸은 1978년, 앨범 작업 녹음 겸 재즈 페스티벌 참가를 위해 몽트뢰를 처음 방문한다. 프레디는 아름다운 경관과 따뜻한 기후, 평화로운 분위기에 반하게 된다. 결국 레만호 인근에 스튜디오까지 구매해 죽을 때까지 대부분의 앨범 작업을 이곳에서 한다. 프레디는 몽트뢰를 제2의 고향이라고 부를 만큼 사랑했다. 사후에 프레디의 유골이 사라진 적이 있는데 그 유골이 몽트뢰에 있다는 소문까지 돌게 된다. 실제로 몽트뢰에 가면 프레디 머큐리의 동상이 세워져 있어 이제는 팬들이 프레디의 흔적을 찾아보기 위해 방문하는 명소가 되었다.

몽트뢰에선 1967년부터 세계에서 두 번째이자 유럽에선 가장 큰 규모의 재즈 페스티벌인 몽트뢰 재즈 페스티벌(Festival de Jazz Montreux)이 매년 7월에 개최된다. 역사적으로 찰스 로이드(Charles Lloyd), 마일즈 데이비스(Miles Davis), 키스 자렛(Keith Jarrett), 잭 드자넷(Jack Dejohnette), 빌 에반스(Bill Evans) 같은 재즈 아티스들만이 참여하는 순수 재즈 페스티벌이었지만 1970년대 들어서면서 범위를 넓혔다.

이후에는 척 베리, B. B. 킹, 레이 찰스, 제임스 브라운, 레드제플린, 핑크플로이드, 딥퍼플, 프랭크 자파, 게리 무어, 마빈 게이, 스티비 레이 본, 에릭 클랩튼, 퀸, 토토 등 수많은 대중 뮤지션들도 참여했다.

이름을 다 통일시킨다 - 라몬즈

뉴욕시 맨해튼에 위치한 술집 CBGB는 아메리칸 펑크록의 발상지이다. 'Country/Bluegrass/Blues'의 이니셜을 조합해 만든 이 작은 바에서는 벨벳언더그라운드, 텔레비전, 라몬즈, 패티 스미스, 블론디, 토킹헤즈 등 수많은 밴드가 모여 신선하면서 저항성을 키운 음악을 마음껏 선보였다. 그 중 라몬즈는 독특하게도 멤버들의 이름을 모두 통일시킨 걸로 유명했다.

1974년 결성 당시 비틀스를 존경하던 멤버들은 폴 매카트니가 실버 비틀스(The Silver Beetles) 시절 장난삼아 사용한 '폴 라몬(Pual Ramon)'이라는 필명에 착안해 원년 멤버 4명의 이름을 모두 조이 라몬(Joey Ramone), 조니 라몬(Johnny Ramone), 디디 라몬(Dee Dee Ramone), 토미 라몬(Tommy Ramone)이라는 예명을 사용했고 밴드명도 라몬즈(Ramones)로 지었다. 이 전통은 차후 바뀐 멤버들인 마키 라몬(Marky Ramone), 리치 라몬(Richie Ramone), C. J. 라몬(C.J. Ramone)까지 쭉 유지되었다.

이름뿐만 아니라 공연 복장도 장발에 가죽 재킷과 청바지로 통일했다. CBGB클럽에서 실력을 쌓은 라몬즈는 1976년에 1집 [Ramones]를 발매한다. 이 앨범은 6천 달러라는 저렴한 예산으로 제작되었고, 녹음 시간은 불과 일주일밖에 걸리지 않은 날것 자체의 앨범이었다. 14곡이 포함되어 있었지만 단 한 곡도 3분이 넘지 않아 전체 러닝타임이 30분이 되지 않았다.

3코드의 단순한 진행, 스트레이트한 업템포 돌격 사운드, 그리고 심오함이 결여된 단순하고 실없는 가사는 라몬즈가 추구한 간결함의 미학을 잘 드러냈다. 후에 나온 앨범들도 대체로 비슷한 양상을 보여주었다. 당시 많은 밴드들이 연구적이고 실험적인 자신들만의 음악적 세계관을 보여주는 데 비해, 라몬즈는 로큰롤의 원시적인 순수성을 되찾으려는 무정형 펑크의 선구자, 개척자 역할을 톡톡히 했다.

라몬즈의 음악적 특징은 후대 펑크의 방향을 제시해주는 중요한 시사이자 주안점이 되었고, 실제로 많은 밴드들에 음악적 영향을 주었다. 활동 당시 라몬즈는 상업적으로 큰 성공을 거두진 못했다. 펑크의 정신적인 측면이 강조된 섹스피스톨즈가 워낙 큰 영향력을 보인 탓에 라몬즈는 살짝 뒤늦게 재평가 받기 시작해 훗날 가장 위대한 펑크 밴드로 선정되기도 한다.

롭좀비를 필두로 메탈리카, U2, 키스, 마릴린맨슨, 레드핫칠리페퍼스, 그린데이 등 많은 후배 밴드들이 헌정 앨범을 발매해주었다. 2002년에는 로큰롤 명예의 전당에 헌액되어 그들의 공로가 공식적으로 인정받았다.

추천곡

<Blitzkrieg Bop>, <I Wanna Be Sedated>, <Sheena Is a Punk Rocker>, <Beat on the Brat> 등

여왕님 할 말 있어요 - 섹스피스톨즈

런던에서 기괴하고 특이한 옷을 판매하던 말콤 맥라렌(Malcolm McLaren)은 1974년에 미국에서 건너온 펑크 록밴드 뉴욕돌스(New York Dolls)의 의상 겸 매니저를 맡는 경험을 한다. 펑크 록은 1970년대 권위적이고 억압적인 시대에 노동자 청년 계층을 중심으로 차별을 탈피하기 위해 행해진 펑크 문화의 일부로 정신, 음악, 패션도 함께 성장해왔다.

음악적으로 숙련된 가수나 연주자가 아니더라도 누구나 즐거움을 줄 수 있는 DIY 형식을 취하며 쉬운 3코드로 단순한 진행을 기초로 한다. 형식미를 파괴하고 실력보다는 펑크라는 정신적인 측면을 더 중시하는 음악이다. 심지어 노래를 못하거나 악기를 전혀 다뤄본 적 없는 멤버를 뽑는 밴드들도 있어서 실력 없는 자들의 아류 음악이라는 평가를 받기도 했다. 찡 박힌 가죽 옷, 짧게 쳐올린 염색한 머리, 찢어진 지저분한 옷이 펑크 패션의 기본이며 대체로 모든 분야에서 기존의 질서에 반항적인 면모를 보여준 게 펑크이다.

음악 비즈니스에 눈을 뜬 말콤 맥라렌은 자신의 옷가게의 알바생이었던 조니 로턴(Johnny Rotten), 글렌 매틀록(Glen Matlock), 스티브 존스(Steve Jones), 폴 쿡(Paul Cook)을 꼬셔 펑크 록밴드인 섹스피스톨즈(Sex Pistols)를 결성하고 매니저로 활동한다. 실력이 엄청 뛰어나진 않았지만 기존의 타 밴드에선 볼 수 없던 엉망진창 또라이들이 막 질러대는 보컬과 생소한 음악에 관중은 환호했고, 이 관중에게 시비를 걸며 욕을 박아버리는 섹스피스톨즈의 기가 막힌 행보로 폭발적인 인기를 얻는다.

EMI레코드와 계약을 한 섹스피스톨즈는 1976년 11월 26일에 발매한 첫 싱글 <Anarchy in the U.K>가 영국 전체에 큰 반향을 일으켰다. 제목부터 '무정부인 영국'으로 당시의 정부의 무능력함과 억압, 종교 문제, 군사 문제, 언론 문제 등을 직설적이고 신랄하게 비판한 곡으로 영국 전체를 들끓게 만들었다. 12월에는 빌 그런디(Bill Grundy)가 진행하는 「투데이」(Thames Television)에 출연하여 화끈한 욕설로 TV 역사상 최악의 해프닝을 만들어냈다. 신문과 잡지는 섹스피스톨즈의 이야기로 도배되었고 공연 대부분이 취소되었다. 정부의 압박을 받은 레코드사 EMI는 섹스피스톨즈와의 계약을 해지했으나 펑크 정신으로 무장된 섹스피스톨즈는 끄떡도 없었다.

타 레코드사와 계약해 <God Save the Queen>을 엘리자베스

여왕 즉위 25주년 기념일에 맞춰 발매한다. 표지에는 여왕의 얼굴을 쓰고 가사도 노골적으로 비아냥거렸다.

셱스피스톨즈의 음악은 기본적으로 금지곡으로 지정되고 BBC에선 순위를 조작하는 등 정부는 불 끄기에 급급했지만 인기는 죽 올라갔다. 정부와 극우 집단이 섹스피스톨즈를 가만히 놔둘 리가 없었다. 맥라렌과 밴드가 템스강에서 '퀸 엘리자베스'라는 요트를 타고 가다 국회의사당을 지나가며 앞서 언급한 두 곡을 부르는 퍼포먼스를 선보이려다 경찰에 연행돼 곤욕을 치렀다. 정부의 한 보수당원은 "인간의 반대말은 섹스피스톨즈다"라고까지 했다. 멤버 모두가 한 차례 이상씩 지하철과 건물 주차장 등에서 집단 폭행을 당했으며 보컬 조니 로턴은 칼에 찔리기도 했다.

유일무이한 정규 앨범인 펑크 걸작 [Never Mind the Bollocks, Here's the Sex Pistols](1977)를 발매하고 본격적인 투어 중 비자 문제, 멤버들 간의 불화로 인한 탈퇴 선언, 매니저와의 불화 등 여러 악재들에 의한 복합적인 요인 때문에 2년이라는 짧은 기간에 밴드는 해체를 선언한다.

섹스피스톨즈는 '펑크 정신과 펑크 무브먼트의 시초'로서 큰 상징성과 파급성을 지녀 후대에 음악과 애티튜드에 영향을 끼쳤다. 1996년 원년 멤버로 재결합을 알린 섹스피스톨즈는 재결성의 이유를 돈이라고 밝혔고, 2006년 로큰롤 명예의 전당에서 헌액이 결정되었지만 자필 거부서를 보냈다.

그 전문의 시작은 "로큰롤 명예의 전당 따위는 섹스피스톨즈가 싸놓은 오줌 자국에 불과하다.…"로 시작해 욕을 한가득 적어 펑크가 무엇인지 또 한 번 보여주었다. 전설이 되길 거부하는 진정한 전설이라고 해야 할까?

죽인 기억이 없어요 - **시드 비셔스&낸시 스펑겐**

<Anarchy in the U.K>, <God Save the Queen>을 만든 사실상 섹스피스톨즈의 음악성의 핵심 전력이던 글렌 매틀록이 갑작스럽게 밴드를 탈퇴한다.

다른 멤버들과는 달리 온순한 성격인 글렌 매틀록은 평소에도 성격과 가치관이 맞지 않아 자주 다투었다. 매니저 말콤 맥라렌은 새로운 멤버를 찾던 와중에 보컬 조니 로턴의 친구이자 섹스피스톨즈의 극성팬인 시드 비셔스(Sid Vicious)의 '똘기'를 보고 자신이 찾던 인물임을 단번에 캐치하고 영입한다.

시드 비셔스는 원년 멤버들보다 훨씬 더 펑크에 적합한 인물이었다. 당연히 베이스를 칠 줄도 몰랐고 가르치려 해도 습득할 생각도 없어서 녹음은 다른 사람이 대신하고, 무대 위에서도 연주하는 척만 하고 뒤에서 따로 연주를 해줄 정도였다('모터헤드Motörhead'의 전설의 베이시스트 레미 킬미스터Lemmy Kilmister에게 과외까지 받았는데 두 손, 두 발 다 들었다고 한다. "음악가로서 가망이 없는 인간"이라는 평만 남긴 채…).

하지만 잘생긴 외모와 괴랄한 기행으로 단시간에 수많은 팬들을 확보한다. 그는 섹스피스톨즈에 대해 악담을 쓴 음악 저널리스트를 기타로 패버리고, 관객에게 유리잔을 던져 눈을 상하게 하고, 공연 중에 침과 토사물을 뱉고, 자신의 몸에 글자를 새기는 자해를 하는 등 퍼포먼스로 기존 멤버보다 더욱 '섹스피스톨즈스러운' 중심인물로 자리 잡았다. 숨만 쉬어도 사람들의 이목과 관심을 받아 돈벌이에 최적화된 시드를 보며 말콤 맥라렌은 아주 만족했다고 한다.

시드는 어릴 때부터 마약 중독자였는데 마약의 종류, 투여량, 투여 방법을 알려준 사람이 바로 히피족 출신의 친모였다

활동 중 시드는 낸시 스펑겐(Nancy Spungen)이라는 한 여자를 만나게 된다. 낸시도 어릴 때부터 마약 중독자였으며 하루하루를 살아가는 그루피였다. 시드는 낸시와 함께 마약을 하며 대화를 나누다 그녀의 솔직하고 거친 성격에 반하게 된다. 둘은 급속도로 사랑에 빠지게 되고 함께 있는 시간이 점점 늘어나 서로가 인생의 전부가 되어버린다.

이들의 사랑은 순수하고 건전하지 못했다. 하루 종일 약에 취해 섹스만 하거나, 시드가 낸시의 코뼈를 박살내거나 18층에서 창문 밖으로 매달아두는 등 폭력을 행사했다. 하지만 둘은 뗄 수 없는 환상의 듀오였다. 둘의 사랑은 내면과 외면을 모두 파괴시키고 주

변 환경까지 파괴시켰다.

시드는 점점 밴드에 신경도 쓰지 않았으니 멤버들과의 불화가 생길 수밖에 없었다. 미국 투어 준비 중에도 낸시를 동행하느냐 마느냐로 크게 싸우게 되고 미국 투어 중 다른 이유와 함께 결국 밴드를 해체시키고 만다. 시드는 가수로 홀로서기를 하고 낸시는 매니저를 자처해 이곳저곳 무대를 알아보지만 음악성이 전혀 없어 당연히 실패한다. 섹스피스톨즈 때 번 돈으로 둘은 뉴욕의 첼시 호텔에 머물며 매일 헤로인을 복용하는 삶을 살았는데 1978년 10월 11일 비극적인 일이 발생하고 만다.

시드가 아침에 눈을 떴을 때 낸시는 배에 칼이 꽂힌 채 과다 출혈로 죽어 있었다. 시드는 바로 경찰에 신고하였다. 그런 후 용의자로 체포되었는데 전날 약에 취해 기억이 하나도 없었지만 자신이 죽였다고 생각했다. 현재까지도 이 사건에 대한 몇 가지 설과 정황이 있다.

❶ 첫 번째는 진짜 약에 취해 시드가 낸시를 죽인 것.

❷두 번째는 전날 시드가 약에 취해 잠들었고 약이 부족한 낸시가 마약상 A, B 두 명을 연달아 불러 구매하려다가 이 과정에서 살해당한 것(A의 진술은 낸시를 만났지만 적절한 약을 구하지 못해 혼만 나고 쫓겨났다는 것이고, B의 진술은 오긴 왔지만 문이 잠겨 있어 만나지도 못하고 돌아갔다는 것). → 방 안에 있던 현금다발도 사라짐.

❸세 번째는 평소 둘은 함께 죽기로 약속한 사이인데, 약해 취해

시드가 죽은 줄 알고 낸시 스스로 목숨을 끊은 것.

그 후 시드는 감옥에서 수차례 자살 시도를 하다가 실패했고 55일 동안 수감된 후 1979년 2월 1일 보석금을 내고 석방된다. 놀랍게도 석방 당일 시드의 어머니는 축하 파티를 열어주기 위해 마약 성분이 강한 최고급 마약을 종류별로 구비하여 아들에게 선물했고, 그날 밤 시드는 헤로인 과다 복용으로 사망한다. 석방된 지 24시간도 안 된 상태였다. 과연 수년간 약을 복용한 시드가 자신에게 알맞은 투여량을 몰라서 과다 투여한 것일까?

사망 후 시드의 재킷에는 낸시를 향한 편지와 함께 낸시 옆에 묻어달라는 유서가 발견되었다. 시드는 살아 있는 동안 "나는 원하는 방식대로 맘대로 살다가 25세에 죽을 것이다"라고 말했는데 결국 그 말을 지키게 되었다.

여담이지만 지드래곤의 등에 있는 문신 중 "Too fast to live, too young to die(살아가기엔 너무 타락해버렸고, 죽기엔 너무 어리다)."문구는 시드 비셔스의 명언이다. 일본 만화 나나(NANA)의 캐릭터 혼죠렌은 시드 비셔스를 모티브로 만든 캐릭터이다.

야! 금발머리! - **블론디**

여성 보컬 데비 해리(Debbie Harry)는 남자 친구인 기타리스트 크리스 스테인(Chris Stein)과 함께 밴드 'The Angel and the Snake'로 활동 중이었다. 어느 날 멤버들과 차를 타고 가다 잠시 휴게소에 들러 쉬고 있는데 한 트럭 기사가 금발인 데비 해리에게 "Blondie!"라고 외치며 야유를 보냈다. 멤버들은 이걸 계기로 밴드 이름을 'Blondie'로 바꾸게 된다.

CBGB 클럽을 중심으로 펑크 밴드로 활발하게 활동하던 블론디는 1976년 레코드사와 계약을 맺고 동명의 1집 앨범 [Blondie]를 발매한다. 수록곡인 <X-Offender>가 호주의 음악방송인 카운트다운(Countdown)에서 실수로(?) 방송되는 바람에 호주에서 의외의 큰 사랑을 받게 되었고 유럽에서도 약간의 반응이 있었다. 2집 [Plastic Letters]를 발매한 후에는 영국을 비롯한 여러 유럽 차트를 점령하는 데 성공했지만 자신들의 본토인 미국에서는 여전히 반응이 미지근했다.

휴식기를 가지며 블론디는 음악적으로 큰 선회를 하게 된다. 당시 세계적으로 디스코 열풍이 일고 있었는데 펑크의 본거지였던 CBGB클럽 출신 블론디의 음악과는 정반대의 장르였다. 펑크 팬들 입장에서는 적군과 마찬가지였던 디스코 열풍을 블론디는 과감히 차용해버린다.

1978년에 발매한 3집 [Parallel Lines]의 수록곡 <Heart of Glass>는 자신들을 쳐다보지도 않던 미국은 물론, 영국과 유럽 차트 정상에 오른다. 펑크를 기반으로 디스코를 덧입혀 통통 튀는 독특한 리듬감과 데비 해리의 퇴폐미 있는 오묘한 보컬은 전 세계를 휩쓸게 된다. 신디사이저를 이용한 이러한 선구적인 댄서블 뉴웨이브 사운드는 굉장히 신선했으며 많은 록밴드들이 디스코를 수용하는 계기가 되었다.

최전성기를 맞이한 블론디의 고공행진은 계속되었다. 1980년, 조르조 모로더(Giorgio Moroder)와 함께한 영화 「아메리칸 지골로(American Gigolo)」의 사운드트랙 <Call Me>가 6주간 빌보드차트 1위를 차지했을 뿐만 아니라, 1980년 연말 차트에서도 당당히 1위를 기록한다.

힙합을 도입한 최초의 빌보드 1위 랩 곡인 <Rapture>와 레게 리듬을 도입한 빌보드 1위 곡 <The Tide Is High>까지 블론디는 다양한 시도를 선보인다. 하지만 홍일점 데비 해리는 당대 최고의 섹스심벌 아이콘이 되어 다른 활동으로 바빠지게 되었고, 멤버들 간의 불화로 인한 소송과 크리스 스테인의 질병으로 인해 1982년 밴드는 해체된다. 상업적으로 성공한 지 4년 만에 많은 것들을 이루었지만 결국 와해되었다.

17년 후인 1999년, 멤버들은 다시 뭉쳐 [No Exit] 앨범을 발매하고 다시 한 번 차트 상위권에 오르는 저력을 보여주었다. 이 앨범에는 배우 김아중이 영화에서 부른 <Maria>(영화「미녀는 괴로워」 OST)가 수록되어 있다.

달러박스 - **아바**

1977년, 스웨덴의 대표이자 경제의 큰 역할을 하던 볼보(Volvo)의 매출이 2등으로 밀려난다. 볼보를 밀어내고 1위를 차지한 장본인은 다름 아닌 가수 ABBA였다. 누구나 한 번쯤 들어본 이 두 부부(두 커플)로 이루어진 그룹이 얼마나 위대하길래 한 나라의 가장 큰 기업의 매출보다 더 큰 수익을 가져왔을까?

아바라는 이름은 각 멤버의 이름 앞 글자(Agnetha Fältskog, Björn Ulvaeus, Benny Andersson, Anni-Frid Lyngstad)를 따서 만들었다. 이들은 원래 각자 따로 활동하던 유명한 가수들이었다. 동종업계에서 활동하던 그들은 자연스럽게 사랑이 싹트게 되고 음악적으로 합심을 하여 팝시장 공략에 나선다.

비에른-아그네사 커플과 베니-프리드 커플은 1972년 유로비전에 참가하면서 본격적으로 팝시장 공략을 시작한다. 유로비전 송 콘테스트는 1956년부터 시작한 유럽에서 가장 큰 국가 간 대항전으로 한 국가에서 한 가수만 참가할 수 있는, 본선 진출조차 쉽지 않은 대회이다.

1973년 <Ring Ring>이라는 곡으로 참가해 국가 예선에서 3위에 머무르며 고배를 마시지만 다음 해인 1974년 <Waterloo>라는 곡으로 스웨덴의 대표가 되는 데 성공한다. <Waterloo>는 나폴레옹이 패망한 유명한 전투 워털루전투를 빗대 쓴 가사로, 당신에게 항복할 만큼 사랑한다고 표현하는 노래이다. 재치 있는 가사와 신나는 분위기의 곡은 본선에서 우승을 차지하며 ABBA라는 이름을 세상에 알린다. 이때 영국 대표로 참가한 가수는 올리비아 뉴튼존이다. 이때부터 스웨덴의 유로비전 질주는 시작되어 현재(2024년 기준) 최다 우승국이다.

정규 앨범 1~3집([Ring Ring], [Waterloo], [ABBA])를 발매하면서 <Ring Ring>, <Waterloo>, <Hasta Mañana>, <Honey Honey>, <So Long>, <Mamma Mia>, <SOS>, <I Do, I Do, I Do, I Do, I Do> 등이 히트하면서 아바가 추구하는 팝적인 정체성을 확립해 나갔다.

이들의 음악은 유럽 전역부터 아시아권을 필두로 오세아니아까지 사랑받았지만 이상하게도 미국의 문은 쉽게 열리지 않았다. 아바에게 있어 미국은 뚫어야 할 큰 철문이었다. 수십 번을 갈아엎으며 미국인과 세계인들의 취향을 맞추기 위해 노력한 결과, 1976년 대망의 명반 [Arrival]이 발매되고 수록곡인 <Dancing Queen>이 결국 빌보드차트 1위에 안착하여 선풍적인 인기를 끈다.

군히기에 나선 ABBA는 <Money, Money, Money>, <Knowing Me, Knowing You>, <The Name of the Game>, <Take a Chance on Me>, <Chiquitita>, <Voulez-Vous> 등 들으면 누구나 좋아하는 히트곡을 쏟아낸다.

아바의 음악은 0세부터 100세까지 남녀노소 누구나 선호하는 공통분모 취향의 음악을 만들어냈다. 자극적이면서 호불호가 갈리는 음악이 아니라 편안함을 주는 마법 같은 멜로디 라인은 이지 리스닝 팝의 선두주자가 되었다. 이들 이후로 앨범 작업을 하며 전 세계 투어를 다니고, 광고 촬영을 하고, 쇼 프로그램에 나가며 인터뷰를 하고, 영화를 촬영하는 등 매일매일 휴식 없는 바쁜 일상을 보낸다.

당시 비에른과 아그네사 부부 사이에는 두 명의 자녀가 있었는데, 엄마인 아그네사는 자식들과 함께 시간을 보내지 못해 항상 미안함을 느끼고 있었다. 오랜만에 만난 자녀들이 엄마를 못 알아보는 상황을 겪은 그녀는 세계적인 가수로서의 삶과 부모로서의 삶 사이에서 갈등과 고뇌에 허덕이게 된다.

모든 것을 함께한 탓일까, 아니면 너무 힘차게 달려왔던 탓일까? 아그네사는 비에른이 가정에 충실하지 못한 것에 대한 불만도 있었고 서로 지치기도 했다. 결국 엄마로서의 삶을 선택하고 1979년 이혼을 발표한다. 그리고 불과 얼마 후 베니와 프리드 부부도 이혼한다. 하지만 이 네 명은 계속 아바라는 비즈니스 관계를 유지하며 활동을 이어 나가기로 한다.

아바의 후반기 대표곡인 <Winner Takes It All>(승자가 모든 걸 차지한다)은 이들이 이혼 과정에서 겪은 감정을 진솔하게 표현해 많은 이들에게 공감을 얻으며 사랑을 받는다. 하지만 강한 정서적 유대관계로 시작해 서로 인간적으로 너무 잘 알던 그들은 돌이킬 수 없는 순간이 왔음을 느끼고 결국 1982년 활동을 중단하고 만다.

아바의 음악은 50년이 지난 현재까지도 모든 시대를 관통하며 큰 사랑을 받고 있다. 물론 그들의 재능으로 만들어낸 노래 자체가 좋은 것도 있지만 이들이 보여준 약 10년간의 커리어는 우리의 인생과 비슷한 점이 많다. 사랑이 시작되고 노력해 성공을 이루어내고 시간이 흘러 지치고 이별하고 애환으로 떠나보내는, 마치 한 인간의 삶을 투영하듯 가감 없이 보여주었다.

아바의 노래는 경쾌하고 신나는 음악 속에 어렴풋이 느껴지는 슬픔이 담겨져 있다. 현재까지도 뮤지컬로 만들어지고 연극화되어 소비되고 있는 것은 아바가 얼마나 큰 존재였는지를 증명해준다. 아바는 미국과 영국이 아닌 비영어권 국가 가수들 중 최초로, 최고의 성공을 거둔 달러박스 그룹으로, 이후 변방(?)의 많은 나라들에게 자신감을 불어넣어주었다. 2001년에는 재결합과 투어의 조건으로 10억 달러(한화 1조 3천억)의 제안도 받았지만 마음에서 우러나오지 않는 억지스러움은 싫다며 거절했다. 하지만 20년 뒤인 2021년, 아바타 프로젝트 공연을 기획 중 서로 이야기하다 보니 다시 하고 싶다는 마음이 들어 장작 40년 만에 [Voyage] 앨범으로 돌아오기도 했다.

아바는 굉장히 색채가 화려하면서 특이한 의상을 입고 무대를 장식했다. 물론 눈에 띄고 각인되고 싶다는 전략도 있지만, 한 가지 더 흥미로운 점은 당시 스웨덴의 세금 정책이었다. 당시 조항에는 세금을 공제받기 위해선 실생활에서 도저히 입고 다닐 수 없을 정도의 공연성이 있는 의상을 입어야 해서 자의반타의반으로 선택했다고 한다.

거식증 - 카펜터즈

이지 리스닝 팝의 대표 그룹인 카펜터즈(The Carpenters)는 1970년대 초부터 미국과 유럽을 비롯하여 아시아에서도 큰 사랑을 받았다. 예일대에서 피아노를 전공한 오빠 리처드 카펜터(Richard Carpenter)와 천상의 목소리를 가진 카렌 카펜터(Karen Carpenter)로 이루어진 친남매 듀오로, 리처드의 작곡 및 편곡 능력과 카렌의 풍부한 중저음 보이스는 카펜터즈의 전매특허였다.

당대에는 듣기 쉽고 단순하면서 편안한 음악만 추구한다는 이유로 많은 록 록밴드들에게 질타를 받기도 했다. 카펜터즈의 음악을 듣는다고 '노땅'이라는 프레임을 덮어씌우기도 했지만 그룹의 차트 장악력은 어마어마했다. 그런 카펜터즈도 처음부터 순탄치는 않았다.

듀오 이전에는 밴드 형태로 시작하여 수많은 오디션에서 수상했지만, 계약한 레이블이 자금 부족으로 앨범을 발매하지 못한 채 파산해버리고 또 다른 레이블에서는 상업성이 떨어진다는 이유로 발매를 거부당하기도 했다.

우여곡절 끝에 A&M 레이블에서 리메이크해 발표한 비틀스의 곡 <Ticket to Ride>이 차트 54위에 오르며 조금씩 이름을 알린다. 이때까지만 해도 카렌은 드럼을 연주하며 노래를 불렀는데 사실 카렌은 역대 최고의 여성 드러머 중 한 명이기도 하다. 뛰어난 보컬 실력에 포커스가 맞춰져 드럼 실력이 크게 빛을 보지 못했을 뿐이다.

카펜터즈는 다음 앨범 수록곡인 <(They Long to Be) Close to You>(1970)가 빌보드 정상을 차지하면서 본격적으로 승승장구한다. 이후 <Top of the World>, <Please Mr. Postman>, <We've Only Just Begun>, <Rainy Days and Mondays>, <Superstar>, <Hurting Each Other>, <Yesterday Once More> 등 발매한 대부분의 곡들이 차트 1위 내지 2위를 차지했으며, 항상 상위권에 머물렀다.

전 세계적으로 유명해진 카펜터즈는 미국과 유럽을 비롯하여 아시아인 일본에서도 콘서트를 개최해 전 좌석을 매진시키는 파급력을 보여주었다.

카렌은 평소 사람들의 시선에 신경을 많이 쓰는 타입이었다. 자신이 늘 뚱뚱하다고 생각했으며 평생 다이어트를 해야 한다는 강박이 심하게 있었다. 점점 인기가 많아지면서 바쁜 스케줄 때문에 패스트푸드로 끼니를 때우는 불규칙한 생활이 이어진다. 사실상 정상 체중이었지만 카렌은 자신의 모습을 보고 충격을 받아 곧바로 식단을 관리하고 운동을 시작하는데, 카렌의 기대와 달리 운동으로 인해 근육이 붙어 덩치가 커진 것처럼 느껴졌다.

이상적인 가냘픈 몸매를 원했던 카렌은 음식을 먹지 않는 극단적인 절식 다이어트를 시작한다. 하필 70년대 중반부터 디스코 열풍이 불면서 카펜터즈의 인기가 조금씩 떨어지기 시작했는데 카렌은 그 이유가 자신이 뚱뚱하기 때문이라고 생각했다.

카렌은 계속해서 음식을 거부했으며 자신을 지적하지 않은 오빠를 원망하기도 했으며 어쩔 수 없이 음식을 먹었을 때는 곧바로 토를 하거나 설사약을 계속 복용한다. 결국 35kg까지 줄어든 카렌은 정신착란 증세까지 보이며 활동이 불가능한 상황에 처하게 된다.

소속사도 심각성을 인지하고 앨범 발매와 투어를 연기하는 등 휴식기를 가진다. 수많은 방법을 통해 거식증을 치료하려 노력하지만 체중이 어느 정도 회복되면 다시 강박 증세로 거식증이 재발하곤 했다.

수년간의 고민 끝에 카펜터즈 가족은 카렌이 결혼해 사랑하는 아이를 낳으면 어느 정도 집착에서 벗어날 수 있을 것이라고 판단한다. 카렌도 아이를 갖길 원해 남자 친구였던 토머스 배리스(Thomas Burris)와 1980년 결혼한다. 그러나 결혼식 전날 토머스 배리스가 정관 수술을 받았다는 사실을 알게 되어 파혼하려 했지만 가족은 결혼식을 하루 앞둔 상황에서 일단 결혼하고 차후에 해결하자고 설득했다.

배리스는 카렌의 돈을 보고 결혼한 것이었고, 결혼 기간 2년 동안 카렌은 극도의 스트레스를 받으며 병은 더욱 악화되었다. 결국 1983년, 부모님 집에서 회복 중이던 카렌은 급성심부전증으로 쓰러져 급히 병원으로 옮겨졌지만 끝끝내 돌아오지 못했다.

노동자의 대변자 - 브루스 스프링스틴

1970년대 미국의 노동자 계층들의 사회 분위기는 처참했다. 세계 최강국의 일원이라는 자부심과 충성심을 가지고 노력했지만 현실은 변하지 않았다. 국가는 아메리칸 드림이라는 희망적인 구호로 현혹시킬 뿐 정작 서민과 노동자들을 위한 정책과 대우는 존재하지 않았다. 자유민주주의를 표방하며 개인마다 열심히만 하면 남부럽지 않은 삶을 살 수 있다는 허상을 보여줄 뿐 변할 수 없는 사회구조 안에서 사람들은 그저 부품으로 전락해 아등바등 살아가기 바빴다. 또한 베트남전의 패배로 인한 좌절감과 상실감, 패배감이 팽배한 비관주의적인 분위기가 맴돌았다.

이런 와중에 미디어에서는 대중가수들의 화려한 삶과 모습을 내보내니 사람들이 느끼는 현실과의 괴리감은 더욱 커져갔다. 가수들이 신나게 노래 부르고 춤추는 곳은 서민과 노동자들과는 엮일 수 없는 머나먼 곳처럼 느껴졌다.

1975년 8월 25일, 노동자들의 애환과 분노를 대변할 블루칼라의 목소리 '더 보스(The Boss)' 브루스 스프링스틴(Bruce Springsteen)이 <Born to Run>이라는 곡을 들고 등장한다. 스프링스틴은 이 곡을 통해 미국 사회의 현실을 과감하게 꼬집었다. 고속도로를 달리는 자동차를 비유한 가사는 현실을 투영하며 어디든 헤쳐 나갈 수 있는 희망을 전했다. 파워풀한 로큰롤 사운드, 거친 듯한 순수한 색소폰, 그리고 토해내듯 열창하는 스프링스틴의 모습은 답답하게 맺혀 있던 응어리를 시원하게 풀어주었다. 이 곡은 노동자들의 찬가로 자리 잡았고, 자의식을 일깨운 새로운 록의 센세이션으로 떠올랐다.

스프링스틴은 단순히 리스너들의 귀만 사로잡은 것이 아니었다. 두 달 후인 1975년 10월 27일, 미국의 양대 시사주간지 『TIME』과 『NewsWeek』는 동시에 브루스 스프링스틴을 표지모델로 선보인다. 이는 신출내기 가수가 두 곳의 저명한 잡지 표지에 동시에 등장하는 역사적인 사건으로 미국 사회 전체가 브루스 스프링스틴을 주목하고 있음을 보여주는 증거였다.

이후 1978년의 [Darkness on the Edge of Town], 1980년의 [The River], 1984년의 [Born in the U.S.A] 등 수많은 걸작을 선보였다. 특히 [Born in the U.S.A]는 1985년 가장 많이 팔린 앨범으로 선정되었다. 스프링스틴은 폭발적인 거친 음색으로 울부짖기도 하고 때로는 잔잔하게 다독여주는 듯한 위로해주는 음악은 많은 이들의 공감을 얻었다. 커리어 내내 사회적문제(노동문제, 전쟁문제, 빈곤 문제, 인류애 문제 등)에 투쟁하는 노래를 불러 대중들에게 희망을 꿈꿀 수 있도록 인도해주고, 다양한 소재와 디테일한 가사는 현실을 섬세하게 반영했다.

스프링스틴은 무대에서도 화려한 의상보다는 투박한 청바지와 흰 티셔츠를 고수함으로써 진정성을 보여주어 미국을 대표하는 로큰롤러이자 문화적 아이콘이 되었다. 팬들은 그에게 'The Boss'라는 별칭을 붙여주며 추앙했다. 브루스 스프링스틴의 마음속에는 늘 한 문장이 존재해 있다고 한다.

"모두가 이기지 않으면 아무도 이기지 못한다."

그 외 추천곡

<Born in the U.S.A.>, <Dancing in the Dark>, <Hungry Heart>, <Cover Me>, <Streets of Philadelphia>, <I'm on Fire>, <Glory Days>, <War> 등

미국의 자존심, 그리고 대전광역시 - **이글스**

"어느덧 대전 하이웨이~"

에서 알 수 있듯이 한국 지방 투어 중 대전을 방문해 만들었다는 (거짓말^^) 노래 <Hotel California>(1976)는 한국을 비롯해 전 세계적으로 사랑받은 이글스(Eagles)의 히트곡이다.

이글스는 미국의 전통음악인 컨트리에 록 사운드를 결합한, 소프트하면서도 포크적인 컨트리 록을 연주하는 밴드로 음악적 뿌리 자체가 미국이 근간인 밴드이다.

비틀스 이후 1970년대에 들어서면서 대중음악은 하드록, 프로그레시브 록, 글램 록, 사이키델릭, 펑크 등 수많은 장르가 태동하는 시기였다. 복잡하고 실험적인 음악들이 판을 쳐 대중들의 머리를 아프게 하던 와중에 이글스의 음악은 그야말로 편안함을 선사했다. 잔잔하면서도 탄탄한 구성력, 전통적이고 친숙한 향수를 불러

일으키는 슬로우한 사운드는 특히 자국인 미국에서 큰 사랑을 받았다.

1972년에 발매된 동명의 데뷔 앨범 [Eagles]는 컨트리 록을 정형화한 앨범으로 수록곡들이 빌보드 상위권에 안착하며 순조로운 비행을 시작했다. 이후 1973년 발매된 서부 무법자 컨셉의 2집 앨범 [Desperado], 1974년에 발매된 3집 앨범 [On the Border]에서는 최초의 빌보드 1위곡 <Best of My Love>를 선사했다.

1975년에는 이글스를 국제적인 슈퍼스타로 만들어준 4집 앨범 [One of These Nights]까지 연달아 성공시키며 그들의 명성을 확고히 했다. 전 세계 글로벌 앨범 판매량 순위는 마이클 잭슨의 [Thriller]가 6,600여만 장의 판매고를 올려 독보적인 1위를 차지하지만 미국 내 판매량만 비교하면 이글스의 1976년 2월 발매된 컴필레이션 앨범 [Their Greatest Hits (1971~1975)]가 3,800여만 장의 판매고로 당당히 1위를 차지한다([Thriller]는 미국 내에서 3,300여만 장으로 판매 2위). 더욱 놀라운 점은 이 컴필레이션 앨범에 최고 히트곡 <Hotel California>가 수록되지 않고 1~4집의 곡들만 수록되어 있다는 것이다. 5집 앨범 [Hotel California]는 같은 해인 1976년 12월에 발매되었으며 미국 내에서 2,600만 장 이상의 판매고를 올려 3위에 랭크되어 있다.

이렇게 1위와 3위를 동시에 차지할 정도로 미국 내에서 이글스의 인기와 위엄은 엄청났으며 수많은 중장년층 미국인이 가장 좋아하는 가수로 꼽히기도 한다. 이름마저도 미국의 상징이랄 수 있는 독수리인 이글스는 현재까지도 미국인들이 특히 자랑스럽게 여기고 있는 대표 밴드이다.

그 외 추천곡

<Best of My Love>, <One of These Nights>, <Lyin' Eyes>, <New Kid In Town>, <Heartache Tonight>, <The Long Run>, <Take It to the Limit>, <I Can't Tell You Why>

돈이나 벌련다 - 키스

미국 록밴드 키스(KISS)는 콥스페인팅으로 가장 유명한 밴드이다. 콥스페인팅(Corpse Painting)이란 검은색과 흰색을 이용해 시체처럼 분장하는 것으로, 현재 록씬에서는 특히 많은 블랙메탈 밴드들이 즐겨한다.

블랙메탈은 멜로디와 테크닉보다는 고막이 터질 듯한 기타와 드럼, 울부짖는 보컬이 특징인 상당히 극단적인 장르이다. 이들은 사타니즘이나 오컬트적인 요소가 많은 어두운 면을 주로 다루며 이에 걸맞게 공포스러운 콥스페인팅을 활용한다. 사실 키스는 콥스페인팅의 원조 격이며 이에 지대한 영향을 미쳤지만 블랙메탈에 비해 상당히 온순하고 말랑말랑(?)한 하드록 음악을 연주한다.

키스는 데뷔 초기 음악적으로 큰 주목을 받지 못했다. 당시 다른 밴드들은 프로그레시브나 사이키델릭을 논하며 마치 우주를 관통하는 듯한 깊이 있는(?) 음악을 선보였지만 키스는 단순하고 원초적인 음악에 집중했다. 정교하고 화려한 솔로 연주보다는 자신들이 잘 할 수 있는 비주얼과 무대에서의 쇼맨십에 더 집중했다. 단순한 콥스페인팅 분장이 아닌, 각자의 페르소나를 입혀 스토리를 만들어냈다.

밴드의 결성 멤버인 진 시몬스(Gene Simmons)는 DEMON이라는 지옥에서 온 악마의 설정으로 불을 뿜을 수 있고, 또 폴 스탠리(Paul Stanley)는 STAR CHILD라는 우주에서 온 사랑의 전사로 사람의 마음을 읽을 수 있으며 광선을 쏠 수도 있다. 이외에도 멤버 교체가 약간 있었지만 각각 스페이스맨, 캣맨, 여우, 이집트 전사 등 재미있는 컨셉들을 선보였다.

키스가 다음으로 신경 쓴 것은 무대에서의 움직임과 제스처였다. 군무 같은 헤드뱅잉과 스위밍 동작을 딱딱 맞춰 어떻게 하면 관객들에게 존재감 있게 다가갈 수 있을까를 고민했다. 진 시몬스는 데몬 컨셉에 맞게 불 마술을 배워 무대에서 선보였고 폭죽 등을 이용한 다양한 쇼와 볼거리를 제공했다.

초창기 앨범들이 눈에 띄는 최정상을 찍지는 못했지만 라이브 공연이 입소문을 타며 천천히 물이 끓듯 인지도를 얻어갔다. 공연 실황 사운드를 담은 [Alive!](1975) 앨범이 대박을 터지면서 키스는 제대로 된 명성을 얻기 시작했고 이후 나온 앨범들은 꾸준히 밀리언셀러가 되어 미국을 대표하는 밴드 중 하나가 되었다.

키스는 음악적으로는 한 우물을 파기보단 시대에 유행하는 음악들을 차용했다. 디스코가 유행할 때는 과감히 차용하여 대표곡인

<I Was Made for Loving You> 같은 곡이 나올 수 있었고, 그런지가 유행할 때는 그런지 스타일의 음악을 선보였으며, 오케스트라와의 협연 앨범도 발매했다.

키스는 1983년부터 1985년까지 자신들의 트레이드마크였던 분장을 지우고 언마스킹(Unmasking)인 맨 얼굴로 활동해 또다시 충격을 주었다. 본인들은 변혁을 꿈꾸는 새로운 도전이라고 했지만 평론가들은 키스가 줏대도 없고 그저 눈에 띄기 위해 뭐든지 하는 상업적인 밴드라고 비판한다.

그런데 키스는 애초부터 상업적인 밴드가 맞으며 머천다이즈의 제왕이라고 불릴 만큼 자신들을 잘 상품화시켰다. 밴드의 음악은 몰라도 길거리에서 키스 티셔츠를 입고 다니는 사람을 본 적이 분명히 있을 것이다. 진 시몬스는 인터뷰에서 직접 "너희는 예술을 해라. 우리는 돈이나 긁어모을 테니…."라며 논란에 맞서기도 했다.

키스는 결코 음악성이 없는 밴드가 아니다. 간결한 곡 구성과 듣기 쉬운, 팝적이면서도 흥겨운 음악은 대중을 사로잡아 모두가 함께 따라 부를 수 있는 히트곡을 많이 남겼다. 단순한 컨셉만으로는 결코 1억 장이 넘는 판매고와 50년의 세월을 감당해내진 못했을 것이다.

레이지어게인스트더머신(Rage Against the Machine)의 기타리스트 톰 모렐로(Tom Morello)는 키스를 평론가의 밴드가 아니라 대중의 밴드라는 말을 남겼다. 키스는 진정한 아메리칸 하드록의 대표 주자라 해도 무방할 것이다.

그 외 추천곡

<Detroit Rock City>, <Lick It up>, <Rock and Roll All Nite>, <Beth>, <Crazy Crazy Night>, <Strutter>, <God Gave Rock 'N' Roll to You Ⅱ>, <God of Thunder>, <Love Gun>, <C'mon and Love Me>, <Cold Gin>, <Deuce> 등

록의 상징, 손가락 제스처

lml, 검지와 약지를 펴고 나머지 손가락을 구부린 손 모양, 록 음악의 상징적인 제스처로 콘서트에 모든 관객들이 이 손 모양을 하고 있는 것을 볼 수 있다. 정확한 명칭은 'Sign of the horns'로 이 손 모양의 역사에 대해선 많은 설이 있다. 가장 유력한 설은 로니 제임스 디오가 최초로 사용하고 대중화 시켰다는 게 정설이다.

로니 제임스 디오는 오지 오스본이 탈퇴하게 된 블랙사바스라는 거대한 함선의 보컬리스트로 영입된다. 오지의 영향력이 너무 컸던 탓에 디오는 자신만의 특별한 퍼포먼스가 필요했고 어릴 적 할머니에게 배운 손 모양을 무대에서 지속적으로 선보인다.

록/메탈이 악마나 사탄을 숭배하는 오컬트적인 컨셉의 편견 때문에 손 모양이 악마의 뿔을 상징하는 게 아니냐는 오해를 받곤 했지만 이와는 반대로 이는 손가락으로 악마의 눈을 찔러 죽이는 의

미의 '착한' 동작이다. 향후 록/메탈을 넘어 음악계 전체에서 모두가 사용해도 되는 공공재(?)로 자리 잡게 된다.

2017년, 미국의 록밴드 키스의 진 시몬즈가 갑자기 이 손 모양에 대한 상표권을 출원한다. 음악계는 발칵 뒤집혔고 특정한 한 인물이 권리를 갖는다는 것에 큰 반발이 일어났다. 진 시몬즈는 본인이 디오보다 먼저 사용했으며 디오가 사용했던 것과는 약간 다른 모양이라고 우겨댔다. 이유는 알 수 없지만 진 시몬즈는 열흘 만에 상표권을 취소하여 해프닝으로 끝나버린다. 아마도 엄청난 욕을 먹고 그만둔 것으로 보인다.

단일 밴드 최악의 사고 - 레너드스키너드

레너드스키너드(Lynyrd Skynyrd)는 올맨브라더스밴드(The Allman Brothers Band)와 함께 서던 록의 양대 산맥으로 거론되는 밴드이다. 서던 록이란 블루스 록, 컨트리 록, 재즈, R&B 등의 요소를 잘 버무려 미국 남부의 정서를 짙게 담은 장르로, 슬로우한 긴 기타 솔로와 부기 리듬이 특징이다.

밴드는 결성 당시 가장 싫어하던 학교 체육선생님의 이름 레너드 스키너(Leonard Skinner)를 변형시켜 밴드 이름을 지었다. 이들은 <Free Bird>, <Sweet Home Alabama>, <Simple Man>, <Tuesday's Gone> 등 많은 히트곡을 남겼는데 나는 개인적으로 이들의 음악을 '골동품'같다고 표현하곤 한다. 그 정도로 진귀하면서 고풍스러운 멋이 느껴지고, 록이라는 장르가 스피드와 고음 없이도 파워풀할 수 있음을 보여주기 때문이다.

전성기이던 1977년 10월 20일, 멤버들은 스케줄 때문에 경비행기를 타고 이동 중이었다. 이날 비행기는 목적지에 도착하기 직전에 연료가 모두 떨어지고 만다. 조종사는 인근의 공터 같은 안전지대를 찾아 비상착륙하려 했지만 결국 발견하지 못하고 미시시피의 늪 한가운데 추락한다.

이 사고로 보컬 로니 반 젠트(Ronnie Van Zant), 기타 스티브 게인즈(Steve Gaines), 백 보컬 케시 게인즈(Cassie Gaines), 로드 매니저 딘 킬패트릭(Dean Kilpatrick)과 두 명의 조종사가 사망하고, 수십 명의 부상자가 속출했다.

대중음악사에서 랜디 로즈(Randy Rhoads), 존 덴버(John Denver), 알리야(Aaliyah), 글렌 밀러(Glenn Miller) 등 1명씩 사망한 경비행기 사고는 가끔 있었지만, 이렇게 한 밴드 전체가 사고 난 것은 레너드스키너드가 유일하다. 1959년 버디 홀리(Buddy Holly), 리치 발렌스(Ritchie Valens), 빅 바퍼(Big Bopper)가 한 비행기를 탔다가 사고로 인해 동시에 사망한 사건도 있었지만 이들은 한 팀은 아니었다.

밴드는 해체되었고, 남은 멤버들끼리 새 밴드를 만들어 활동하다 10년 후인 1987년, 로니의 동생 조니 반 젠트(Johnny Van Zant)를 영입, 재결성하여 활동을 이어나간다.

우리 동네 욕하지 마! - 닐 영&레너드스키너드

닐 영(Neil Young)은 미국 남부의 앨라배마 한 술집에서 술에 취한 손님들로부터 머리가 길다는 이유로 욕설을 듣고 분개한다. 그는 남부 지역민의 고리타분하고 뒤떨어진 사고방식은 과거부터 이어온 전통이라고 생각했다.

당시 세 번째 앨범인 [After the Gold Rush]을 작업 중이었고 사건에서 영감을 받아 남부 지역 전체를 까버리는 곡 <Southern Man>을 수록해 1970년 발매한다. 과거 남부 지역에서 행해졌던 흑인 노예제도의 부당 착취, 인종차별, 폭력과 KKK단(Ku Klux Klan)이 벌였던 백인 우월주의 행보를 역사적으로 건드린 것이다(KKK단은 1866년 첫 창설을 포함하여 크게 3번 창설되었는데 모두 남부 지역에서 시작되었다).

분이 덜 풀린(?) 닐 영은 2년 뒤인 1972년, 네 번째 앨범 [Harvest]에서 또다시 남부 지역의 인종차별 문제를 비판한 곡인 <Alabama>를 발표한다. 두 번씩이나 때린 곳을 또 때리는 근성을 보여준다.

당시 (앨라배마는 아니지만) 남부를 대표하던 밴드인 레너드스키너드는 닐 영의 연속적인 비판이 너무하다는 생각이 들었다. 남부 사람 전부를 인종차별주의자인 것처럼 낙인을 찍으려는 닐 영에 항변하는 노래 <Sweet Home Alabama>를 만들어 1974년 [Seceond Helping] 앨범에 수록했다.

이곡의 가사에는 "늙은이 닐 영 씨가 앨라배마에 대해 쏘아붙이는 노래를 부르는 걸 들었지, 하지만 기억해 닐 영, 남부 사람들은 네가 필요하지 않아"라는 아주 직접적으로 이름을 언급하는 이례적인 가사를 담았다. 이 곡 자체적으로 또 다른 논란이 있긴 하지만 큰 사랑을 받으며 빌보드 싱글차트 8위까지 올라간다. 한때 앨라배마주의 공식 곡으로 쓰인 적도 있으며 현재까지도 꾸준히 사랑받고 있는 레너드스키너드의 대표곡이다.

이렇게 디스 곡을 주고받은 두 가수는 의외로 성숙하고 신사적인 반응을 보였다.

레너드스키너드는 어릴 적부터 닐 영의 음악을 듣고 자랐다며 존경심을 표했다. 닐 영은 훗날 자서전에서 자신이 쓴 곡들이 사려 깊지 못했고 충분히 그런 대우를 받아야 된다며 자책 아닌 자책을 했다. 한편 히트곡이 된 <Sweet Home Alabama>에 자신의 이름이 등장해 영광이라고 말했다. 서로의 티셔츠를 입고 서로의 곡을 연주해주며 오히려 더 가까워져 음악적으로 교류하였다.

우리 아빠였으면 좋겠다 -

스티븐 타일러&리브 타일러

록 스타의 삶에는 항상 '그루피(Groupie)'라는 문화가 존재한다. 그루피란 록 스타들을 쫓아다니며 직접적인 성관계까지 가지는 열성적인 사생(私生) 팬을 일컫는다. 몇몇 밴드는 콘서트 후 잠자리를 가질 여자들의 명단까지 만들어 준비한다는 설도 있다.

『플레이보이』 모델인 베베 뷰엘(Bebe Buell)은 여러 록 스타들과의 염문을 뿌리던 유명한 그루피였다. 그녀는 관계를 맺은 로커들 중에서 토드 런그렌(Todd Rundgren)과 공식적인 커플이 되지만 계속해서 분방한 생활을 이어나갔다. 그러던 중 에어로스미스(Aerosmith)의 보컬인 스티븐 타일러(Steven Tyler)와 잠자리를 갖고 임신을 하게 된다.

베베 뷰엘은 스티븐 타일러가 마약에 빠져 살고 아이를 낳아도 제대로 된 양육을 하지 않을 것 같다고 판단하여 그나마 정상인 토드 런그렌에게 돌아가 솔직하게 사실을 말하고 자신의 아이를 키워달라고 한다.

토드 런그렌은 이를 받아들이고 아이는 리브 런그렌(Liv Rundgren)이란 이름으로 자라게 된다. 리브도 자라면서 부모님의 직장 동료(?)들인 록 스타 아저씨들과도 자연스럽게 알고 지낸다. 리브가 열 살쯤 되던 해, 스티븐 타일러 아저씨에게 묘한 끌림을 느끼게 되고 스티븐 타일러도 오묘한 감정으로 동료의 딸을 예뻐해주었다.

둘은 자주 만나 밥도 같이 먹고 만날 때마다 인형도 선물해주었다. 서로 단순한 감정을 뛰어넘어 유전자가 끌어주는 신비로운 이끌림을 느꼈던 것이었을까? 리브는 계속해서 아저씨의 극성팬을 자처했는데, 자신과 너무 닮은 하관을 보며 의구심이 들었다고 한다. 그러던 중 아저씨의 딸인 미아 타일러(Mia Tyler)를 만나게 되는데 자신과 너무 닮은 외모에 놀라움을 금치 못하고 한편으로는 확신이 들었다.

리브는 엄마에게 진실을 물었고 베베 뷰엘은 울면서 모든 사실을 털어놓았다. 그때까지만 해도 스티븐 타일러도 이 사실을 몰랐다. 출생의 비밀에 대한 사실이 밝혀지면서 엮여 있던 모두들은 더 끈끈한 관계를 가지게 된다. 토드, 베베, 스티븐, 리브까지 모두 서로의 관계를 인정하고 응원해주었고 리브는 이름에 타일러를 추가하여 리브 런그렌 타일러(Liv Rundgren Tyler)라는 새로운 이름을 가지게 된다.

리브는 배우를 꿈꿨는데 진짜 아버지의 도움으로 1993년 에어로스미스의 곡 <Crazy>의 뮤직비디오에 출연하며 이름을 알리기 시작한다. 1998년에는 아버지와 딸이 함께 멋진 합작을 보여준다. 리브는 영화 「아마겟돈」의 여주인공인 그레이스 스템퍼 역을 맡아 큰 성공을 거두었고, 스티븐 타일러가 부른 「아마겟돈」의 OST <I Don't Want to Miss a Thing>은 에어로스미스 역사상 유일한 빌보드 싱글차트 1위를 하게 된다.

그 외 추천곡

<Dream on>, <Walk This Way>, <Jaded>, <Angel>, <Sweet Emotion>, <Cryin'>, <Amazing>, <Love in an Elevator>, <Janie's Got a Gun>, <What It Takes>, <Pink>, <Livin' on the Edge> 등

타깃 조절 실패 - 빌리지피플

미국의 음악 프로듀서 자크 모랄리(Jacques Morali)는 세상에 커밍아웃하여 당당하게 살아가는 게이들이 점점 늘어나는 것을 보고 크게 놀란다. 더 나아가 여기에 커밍아웃하지 않고 평생 숨어서 살아가는 게이들의 숫자까지 포함한다면 셀 수 없을 만큼 어마어마한 수라는 걸 깨닫는다. 이에 자크 모랄리는 문득 게이들을 타깃으로 하는 그룹을 만들어 틈새시장을 공략하겠다는 기발한 생각을 하게 된다.

그는 리더 빅터 윌리스(Victor Willis)를 포함해 건장한 흑인과 백인 청년 6명을 영입해 각자 미국 사회를 대표할 수 있는 캐릭터들을 하나씩 코스튬한다. 경찰, 카우보이, 폭주족, 원주민, 건설 노동자, 군인이라는 여섯 가지 컨셉으로 주로 게이들이 좋아할 만한 남성성이 넘쳐나는 힘센 캐릭터들을 입혀 '빌리지피플(The Village People)'이라는 그룹으로 데뷔시킨다.

1977년에 발표한 <San Francisco>로 순조롭게 출발한 빌리지피플은 1978년부터 히트곡을 쏟아낸다. <Macho Man>, <Y.M.C.A.>, <In the Navy>, <Go West>, <Can't Stop the Music> 등 단 2년이라는 짧은 기간에 나온 곡들이 엄청난 판매량을 기록하며 게이들을 뛰어넘어 전 세계 모두에게 큰 사랑을 받았다. 빌리지피플의 노래들은 가사를 잘 음미해보면 대부분 중의적인 의미를 지니고 있다.

<San Francisco>라는 도시는 사실 LGBT를 대표하는 도시이고, 헬스클럽에서 운동하여 남성미 넘치는 (게이들이 원하는) 머슬맨이 되자는 내용의 <Macho Man>, 개신교 청년 모임인 <Y.M.C.A.>에 와서 같이 놀자는 내용, 해군에 입대해 망망대해와 남자들밖에 없는 함정에서 만나자는 <In the Navy>, 서부의 도시 샌프란시스코로 가자는 비슷한 맥락의 <Go West>까지.

작사와 편곡을 담당한 리더 빅터 윌리스와 자크 모랄리는 표면적으로는 그런 의도가 없다고 했지만 너무 티가 많이 나 사실상 이를 공공연하게 인정하는 분위기였다. 실제로 YMCA는 빌리지피플을 신성모독 및 명예훼손죄로 고소했다가 훗날 YMCA의 인지도가 세상 모든 사람이 알 정도로 유명해지자 오히려 빌리지피플에게 감사의 뜻을 표했다. 어쩌면 상당히 불편할 컨셉이었음에도 게이들뿐만 아니라 전 세계를 휘어잡을 수 있었던 이유는 바로 음악이었다.

기존의 단순한 리듬으로 진행되던 디스코와 달리 빌리지피플은 흑인들의 소울과 R&B를 접목시켜 한층 부드럽고 세련된 사운드를 선보였다. 쉬우면서도 신나는 멜로디와 단순한 가사는 듣는 사람으로 하여금 흥얼거리게 만들었고, 대부분의 곡들은 떼창하기에 적합한 형태였다.

수십 년이 지난 지금도 이들의 음악은 전 세계에서 울려 퍼지고 있으며 특히 <Go West>는 1993년 펫샵보이즈(Pet Shop Boys)에 의해 리메이크되어 한 번 더 빛을 발했다.

퀸의 프레디 머큐리도 1979~1980년경 머리를 짧게 자르고 콧수염을 기르기 시작했는데 이는 당시 게이들 사이에서 유행하던 스타일로 빌리지피플의 이미지를 차용했다는 설도 있다.

빌리 조엘(Billy Joel)은 4살 때부터 정규 음악교육을 받은 인재로 인생 전부를 음악에 쏟기를 희망했다. 학교가 시간을 많이 잡아먹는다는 이유로 자퇴하고 어린 나이부터 피아노 연주자로 활동했다. 어릴 적 철없는 친구들이 피아노를 한다는 이유만으로 그를 괴롭혔는데 빌리 조엘은 피아노에 대한 열정을 지키기 위해 외면적으로 강해져야 한다고 생각해 복싱을 배웠고 아마추어 복서로도 활동했다.

성인이 된 후 여러 그룹을 옮겨 다녀보았지만 상업적으로 크게 성공하지 못했다. 우연히 패밀리프로덕션스(Family Productions) 레코드라는 회사에서 계약 제의가 왔고 빨리 성공하고 싶었던 빌리 조엘은 내용을 제대로 확인도 하지 않은 채 계약을 했다. 이 계약은 정규 앨범 10장 발표와 모든 출판 권한, 인세까지 갈취당하는 악조건이었다. 세상 물정에 크게 관심이 없었던 빌리 조엘은 일생

일대의 큰 실수를 저지른 것이다.

1971년, 데뷔 앨범인 [Cold Spring Harbor] 앨범이 나왔지만 믹싱이 잘못되어 곡의 속도가 너무 빨리 녹음된 엉망진창 앨범이었다. 재녹음할 돈이 없어 그냥 발매했고 홍보도 이루어지지 않아 당연히 망하게 된다. 무언가 잘못되었음을 깨닫게 된 빌리 조엘의 선택은 단 하나뿐이었다. 바로 도망과 잠수….

빌리 조엘은 동쪽 끝 뉴욕에서 서쪽 끝 로스앤젤레스로 거처를 옮겨 조용히 숨어버린다. 이때의 빌리 조엘은 시간이 흘러 레코드사에서 포기하게 만들어 계약을 해지해주길 바랐다고 한다. 생계를 유지하기 위해 빌리 조엘은 LA 코리아타운의 작은 바인 Executive Room에서 빌 마틴(Bill Martin)이라는 가명으로 일을 시작한다. 이때 피아노를 연주하면서 겪은 일들을 스토리텔링 형식의 <Piano Man>이라는 곡으로 탄생시켰고, 이 곡은 빌리 조엘의 첫 번째 히트곡이자 지금까지도 그를 상징하는 별명으로 불리고 있다.

<Piano Man> 노래 속에는 다양한 인물들이 등장하는데 모두 빌리 조엘이 실제로 만난 인물들이다. 이야기를 이끌어 나가는 화자는 빌리 조엘 본인이며, 웨이트리스 역으로 나오는 인물은 당시 여자 친구이자 첫 번째 아내가 된 엘리자베스 웨버(Elizabeth Weber)이다. 빌에게 다양한 곡을 신청하는 노신사, 영화배우를 꿈꾸는 바텐더 존, 소설가를 꿈꾸는 부동산 중개업자 폴, 제대를 꿈꾸는 해군 데이비 등이 등장한다.

이들은 각자의 삶에서 현재의 상황을 벗어나길 갈망하지만 결코 쉽지 않음을 보여준다. 자신들의 꿈을 희망하지만 녹록지 않은 현실의 슬픔을 재즈풍의 피아노와 하모니카의 선율로 공감성이 느껴지도록 표현했다. 이후 빌리 조엘은 라디오 공연이 큰 인기를 끌며 대형 레코드사인 컬럼비아 레코드와 계약을 맺었다. 불리한 계약을 했던 이전 소속사와는 판매 수익의 일부를 보전해주는 조건으로 계약을 완화시켰다.

1977년 발매된 5집 [The Stranger]을 계기로 빌리 조엘은 세계적으로 성공을 거두었고 미국을 대표하는 뮤지션으로 자리매김하였다. 이후 발매된 모든 앨범이 밀리언셀러가 되었고 현재까지 통합 1억 5천만 장의 판매량을 기록 중이다. <Just the Way You Are>, <Honesty>, <Vienna>, <New York State of Mind>, <Uptown Girl>, <The Stranger>, <My Life>, <The River of Dreams> 등 수많은 곡들이 사랑받았다.

빌리 조엘은 피아노, 키보드, 기타, 하모니카 등 다양한 악기를 연주했으며, 풍부한 피아노 선율을 기반으로 고전 클래식부터 팝 발라드, 재즈, 로큰롤까지 다양한 장르에서 두루 작곡한 만능 엔터테이너였다.

이런 빌리조 엘은 1993년 12집 앨범인 [River of Dreams]를 끝으로 더 이상 팝 앨범을 만들지 않겠다고 선언하였고 30년이 지난 지금도 지켜오고 있다. 만족스러운 음악을 만들고 싶었지만 더 이상 불가능하다고 생각했다. 상업적인 음악 비즈니스에 환멸을 느꼈다고 한다.

아쉽게도 더 이상의 신곡 앨범을 들을 수 없지만, 선의의 라이벌이자 친구인 로켓맨 엘튼 존과의 수십 년간「Face to Face 콘서트」를 비롯하여 꾸준히 공연 위주의 활동을 이어가고 있다.

실제로 빌리 조엘은 수만 명의 스타디움 콘서트보다 관객들과 옹기종기 모여 대화하고 소통하며 연주하는 것을 좋아한다. 아마도 가장 순수했던 초창기 '피아노 맨' 시절의 영향으로 지금까지도 그 소중함을 간직하고 싶어서가 아닐까 싶다.

가수해볼래? 좀 유명하긴 한데... - 보니엠

2004년 독일의 작곡가 프랭크 파리안(Frank Farian)은 기자회견에서 충격적인 이야기를 털어놓는다. 그가 1970년대에 프로듀싱한 그룹 보니엠(Boney M)이 실제로는 모두 가짜였다는 사실을 공개한다.

보니엠은 <Sunny>(영화「써니」 주제곡), <Daddy Cool>(Dj D.O.C의 Run to You 무허가 샘플링곡),<Happy Song>(N.R.G의 Hit Song 샘플링곡>, <Bahama Mama>(무한도전 하나마나송), <Baby Do You Wanna Bump>, <Rivers of Babylon>, <Rasputin> 등의 굵직한 히트곡을 발표하며 70~80년대 유럽 음악시장을 휩쓸던 그룹이다.

1974년 요리사로 일하던 프랭크 파리안은 취미로 작곡을 하던 초보 작곡가였다. 그는 본인이 추구하는 음악 스타일은 당시 유행하던 서정적인 음악들과는 달라 앨범을 내더라도 크게 반응을 얻지 못하리라고 생각했다. 하지만 모든 작곡가들이 세상에 자신의 곡을 발매하고픈 꿈을 가지듯 프랭크 파리안도 마찬가지였다. 망하더라도 한 번 도전해보자고 마음먹은 파리안은 녹음실로 찾아가 <Baby Do You Wanna Bump>라는 곡을 본인과 무명 가수들을 고용하여 데모 버전을 녹음한다.

그 후 음반사를 찾아가 파리안은 곡을 Bonny M이라는 서인도제도 출신의 흑인 가수 그룹들이 직접 불렀다고 장황하게 거짓말을 한다('보니엠'이라는 이름도 파리안이 평소에 즐겨 보던 드라마의 이름을 대충 따와 만든 것이다). 당시 파리안은 이러한 거짓말이 향후 어떠한 결과를 가져올지 상상조차 못했을 것이다.

그렇게 발매된 보니엠의 곡은 파리안의 예상과는 달리 엄청난 히트를 치게 된다. 사람들은 특유의 레게 리듬에 유로디스코를 결합시킨 새로운 형태의 댄스음악에 열광하게 되었고 언론사와 방송국에서 인터뷰와 출연 요청이 물밀듯이 들어오게 된다. 이때 파리안은 사실대로 말할지 고민하다가 또 거짓말을 더하기로 한다. 바로 존재하지도 않는 보니엠의 실체를 만들기로 마음먹은 것이다.

파리안은 자메이카 및 서인도제도 출신의 리즈 미첼(Liz Mitchell), 마르샤 바렛(Marcia Barrett), 마지 윌리엄스(Maizie Williams), 바비 패럴(Bobby Farrell)을 멤버로 영입하여 황급히 출격시킨다. 충분한 연습 시간을 갖지 못한 멤버들은 등 떠밀리듯 방송에 출연해 안무도 하나 맞추지 못한 채 막춤을 선보이게 된다. 하지만 대중은 저렇게 자유분방한 춤은 처음 본다며 진정한 음악이라고 더 큰 찬사를 보낸다. 특히 유일한 남자 멤버 바비 패럴의

춤사위가 큰 사랑을 받았다.

2집부터 보니엠은 본인들의 목소리로 녹음하여 진짜 가수로 변신을 꾀했다. 그 후 약 10년간 6천만 장의 판매량을 기록하며 굼베이댄스밴드(Goombay Dance Band), 칭기즈칸(Dschinghis Khan) 같은 후배 가수들에게 큰 영향을 끼쳤다.

작은 거짓말로 시작돼 점점 일이 커져 진실이 밝혀지기까지 30년이라는 시간이 걸렸지만, 결론적으로 많은 이들의 귀와 눈을 즐겁게 해주었기 때문에 음악의 본질을 충족시키긴 했다.

가장 어이없는 죽음 - 시카고

미국의 대표적인 밴드 시카고(Chicago)는 재즈 록, 프로그레시브 록에서부터 다양한 소프트 록을 아우르며 활동하는 슈퍼밴드이다. 활동 중 부드러운 선율의 팝 요소가 짙은 음악으로 노선을 변경한 바 있고 총 1억 장이 넘는 앨범 판매고를 기록하였으며 1967년 결성 이후 한 번도 해체 없이 현재까지 활동을 이어오고 있다.

밴드 시카고는 한국에서도 감수성 짙은 파워 발라드곡들로 큰 사랑을 받았다. 대표곡으로 <Hard to Say I'm Sorry>, <If You Leave Me Now>, <Look away>, <You're the Inspiration>, <Will You Still Love Me?>, <I Don't Wanna Live without Your Love>, <Hard Habit to Break>, <25 or 6 to 4>, <Saturday in the Park> 등이 있다.

밴드에는 테리 카스(Terry Kath)라는 기타리스트가 있었다. 테리 카스는 밴드 결성 당시부터 함께한 원년 멤버로, 초기 록 사운드에 큰 비중을 차지하고 작곡을 주로 담당했다. 그는 오토바이와 총기 수집 및 사격을 취미로 즐겼고 평소 멤버들에게 자신의 오토바이와 권총을 자랑하는 것을 좋아했다.

1978년 1월 23일, 밴드의 기술 프로듀서의 집에서 파티가 열렸는데 그날도 어김없이 테리 카스는 홈 파티에 권총들을 가지고 왔다. 술에 취한 테리 카스가 가지고 온 총들을 꺼내자 동료들은 관심을 보였다.

기분이 좋아진 테리 카스는 한 자루씩 총에 대해 설명하고는 총구를 자신의 머리에 겨누고 방아쇠를 당기며 자랑한다. 모두 총알이 없어 안전하다고 믿어 의심치 않았지만 테리 카스가 9mm 리볼버 권총을 머리에 가져다대는 순간 비극이 일어나고 만다. 그 총에는 총알이 장전되어 있었고 총성과 함께 온 집 안은 피투성이가 되고 만다. 그렇게 어이없는 사고로 밴드는 커다란 날개를 잃고 말았다. 테리 카스의 이 죽음으로 밴드는 해체를 고려할 정도로 고민에 빠졌지만 결국 음악 활동을 이어가기로 한다.

테리 카스는 연주 실력에 비해 빛을 보지 못한 케이스였다. 전설적인 기타리스트 지미 헨드릭스는 테리 카스를 자신보다 훌륭한 기타리스트라고 칭찬할 정도로 그는 엄청난 실력을 가지고 있었다. 그의 죽음은 팝 음악사에서 가장 어이없는 죽음으로 손꼽힌다.

Miscellaneous knowledge about pop songs

1980

00:53 -02:03

1980
Miscellaneous knowledge about pop songs

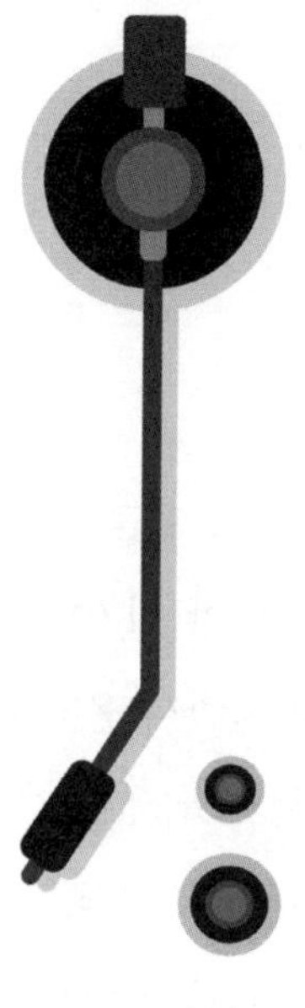

Part 4.

1980년대 음악 장르 및 특징

1980년대의 대중음악은 새로운 기술의 도입과 다양한 장르의 발전으로 크게 변화한 시기였다. 신디사이저와 드럼머신 등의 전자악기가 널리 퍼지면서 음악 제작방식과 사운드에 혁신이 일어났다. 또한 뮤직비디오와 MTV의 등장으로 비주얼 요소가 음악산업에서 큰 역할을 하게 되었다.

1980년대 음악 장르 및 특징

1980년대의 대중음악은 새로운 기술의 도입과 다양한 장르의 발전으로 크게 변화한 시기였다. 신디사이저와 드럼머신 등의 전자악기가 널리 퍼지면서 음악 제작방식과 사운드에 혁신이 일어났다. 또한 뮤직비디오와 MTV의 등장으로 비주얼 요소가 음악산업에서 큰 역할을 하게 되었다.

신디사이저와 드럼머신을 중심으로 한 밝고 경쾌한 멜로디와 반복적인 리듬이 중시되는 '신스 팝' 장르가 유행했다. 음악과 더불어 패션과 비주얼 요소가 강조되었으며 대표적인 아티스트로는 유리드믹스, 듀란듀란, 휴먼리그, 디페쉬모드 등이 있다.

펑크 록에서 파생되고 신스 팝과 유사한 '뉴웨이브'는 실험적이고 혁신적인 사운드를 중시했다. 비주얼 아트와 패션과의 결합을 보여주었으며 대표적인 아티스트로는 토킹헤즈, 블론디, 엘비스 코스텔로, 티어스포피어스 등이 있다.

'헤비메탈&스래쉬메탈&글램메탈'은 기존의 강한 사운드를 가져가면서 화려한 외모와 무대 퍼포먼스를 발전시켰다. 빨라진 템포와 에너지 넘치는 사운드로 대표적인 아티스트는 메탈리카, 아이언메이든, 본조비, 머틀리크루 등이 있다.

'팝'은 MTV의 힘을 등에 업고 더 많은 대중에게 어필할 수 있는 멜로디 중심의 음악이 되었다. 댄스 비트와 매력적인 코러스 등 다양한 형태로 사랑받았으며 대표적인 아티스트로는 마이클 잭슨, 마돈나, 프린스, 휘트니 휴스턴 등이 있다.

DJ, 랩, 브레이크댄스, 그래피티의 4대 요소가 포함된 '힙합&랩' 음악과 문화가 태어났다. 힙합은 강한 비트와 리듬, 리드미컬한 랩핑에 사회적·정치적 메시지를 담았으며 대표적인 아티스트로는 런-D.M.C, 퍼블릭에너미, N.W.A, LL 쿨 제이 등이 있다.

메인스트림 록과 달리 실험적이고 독립적인 사운드를 추구한 '얼터너티브 록'이 태동했으며, 인디 레이블을 중심으로 활동했다. 다양한 음악 스타일이 혼합되어 있었고 대표적인 아티스트로는 R.E.M., 더스미스, 소닉유스, 더큐어 등이 있다

펑크는 '하드코어 펑크'로 강화되어 더 빠르고 강렬한 사운드로 짧

은 곡 길이에 격렬한 에너지를 담았으며, DIY 정신과 반체제적인 감성을 보여주었다. 대표적인 아티스트로는 블랙플래그, 미서피츠, 데드케네디즈, 마이너스렛 등이 있다.

'하우스&테크노' 음악은 전자 댄스음악의 초기 형태로 반복적인 비트와 베이스 라인이 눈에 띄었다. 클럽과 레이브 문화에서 큰 인기를 끌었으며 대표적인 아티스트로는 프랭키 너클스, 후안 앳킨스, 데릭 메이 등이 있다.

'컨트리'는 여전히 인기를 이어갔으며, 라디오와 TV를 통해 대중화되었다. 대표적인 아티스트로는 돌리 파튼, 윌리 넬슨, 가스 브룩스, 리바 매킨타이어 등이 있다.

1980년대는 이러한 장르들이 각기 독특한 스타일과 문화를 형성하며 대중음악의 다양성을 더욱 풍부하게 만들었다. 이 시기의 음악적 실험과 기술적 혁신은 이후 음악 발전에 큰 영향을 미쳤다.

마지막 사진 - **존 레논**

1980년 12월 8일 오후 5시, 존 레논과 오노 요코는 녹음을 하러 집을 나섰다. 이들이 살던 다코타 빌딩 앞(현 센트럴파크 내의 존 레논 추모 공간 바로 앞 건물)은 항상 많은 팬과 취재진이 붐비는 곳이었다.

그날도 나오자마자 한 남자가 존 레논에게 사인을 요청해 흔쾌히 사인을 해주었고 이 모습은 한 기자의 사진에 찍힌다. 이후 부부는 녹음실로 가서 약 5시간에 걸쳐 녹음을 마치고, 밤 11시쯤 집으로 돌아가려 한다. 집으로 들어가려는 찰나, 한 남자가 존 레논을 부르자 뒤돌아보는 순간 가지고 있던 총으로 존 레논을 쏴버린다. 가슴과 어깨에 4발의 총상을 입은 존 레논은 곧바로 병원으로 이송되었으나 도착할 때쯤 이미 과다출혈로 사망했다.

범인은 도망가지 않고 묵묵히 책을 읽으며 경찰에게 곧바로 붙잡혔으며 그의 신상은 곧바로 세상에 알려진다. 그는 당시 25살의 마크 데이비드 채프먼(Mark David Chapman)으로 공개된 사진은 놀랍게도 존 레논에게 사인을 받는 모습이었다. 그렇다, 그는 당일 오후 5시에 존 레논에게 사인을 요청했던 사람이었고, 불과 여섯 시간 뒤에 자신의 스타를 죽인 것이다.

마크 채프먼은 어릴 적부터 비틀스의 노래를 듣고 자란 광팬이었는데 심한 정신병을 앓고 있었다. 그는 스스로를 존 레논이라고 생각하여 겉치장도 비슷하게 꾸몄으며 사인할 때도 자신의 이름 대신 존 레논이라고 썼다. 존 레논이 연상의 일본인 오노 요코와 결혼하자, 본인도 똑같이 연상의 일본인과 결혼했다. 그는 항상 혼연일체가 되길 바랐으며, 훗날 옥중 인터뷰에서 "가짜 존 레논을 죽였을 뿐"이라고 말하기도 했다. 살해 동기도 정신병으로 인해 매번 다르게 말하곤 한다. 유명한 존 레논을 죽여서 악명을 얻고 싶었다고도 했으며, 종교에 미친듯이 빠졌었는데 비틀스가 "예수보다 위대하다"는 논란으로 분노가 차올랐으며, 그를 살해하라는 신의 계시도 받았다고 한다. 채프먼에 의하면 존 레논이 <Imagine>이라는 곡으로 천국과 종교를 부정했으며, 무소유를 말하면서 호화로운 집에 사는 위선자라고 했다.

자살 시도 이력도 있는 망상에 빠진 정신병자 채프먼은 결국 종신형을 선고받아 현재까지도 40년 넘게 수감 중이다. 2000년 이후로 2년마다 12번의 가석방 신청을 냈지만, 가족과 수많은 사람들에게 상처를 줬다는 이유로 모두 거부되었다. 만약 석방되더라도 존 레논의 팬들에 의해 보복범죄를 당할 확률이 높으며, 현재 감옥

내에서도 죄수들 사이에서 보복을 당할까 봐 독방을 사용하고 있다.

여담이지만, 마크 채프먼은 경찰에게 체포된 직후 취재진을 향해 자신이 읽고 있던 책 『호밀밭의 파수꾼』을 읽으라고 소리쳐 화제가 되었다. 수감 중일 때는 저자인 제롬 데이비드 샐린저(Jerome David Salinger)에게 영감을 줘서 고맙다는 편지까지 썼다. 놀랍게도 마크 채프먼뿐만 아니라 과거 존 F. 케네디 대통령을 암살했던 리 하비 오즈월드(Lee Harvey Oswald)와 레이건 대통령을 피습했던 존 힝클리(John Hinckley), 배우 레베카 쉐퍼를 살해한 로버트 존 바르도(Robert John Bardo)까지 이 책이 범죄 현장이나 집에서 발견되었다. 모두 이 책을 심취해서 읽을 만큼 좋아했으며, 한 전문가는 『호밀밭의 파수꾼』이 사회에 대한 저항심을 불러일으킬 수 있는 내용이라는 의견을 내놓기도 했다.

어둠에서 돌아온 밴드 - **AC/DC**

<T.N.T>, <Dirty Deeds Done Dirt Cheap>, <Let There Be Rock>, <Highway to Hell> 등으로 이미 세계적인 밴드로 상승궤도를 달리고 있던 밴드 AC/DC.

1980년 어느 날, 보컬 본 스콧(Bon Scott)은 술에 만취해 차에서 의자를 젖혀 자던 중에 구토를 하다가 토사물이 역류해 기도가 막혀 질식사(일명 볼케이노)하고 만다(지미 헨드릭스, 존 본햄도 동일한 사유).

끈적한 보이스에 스크래치를 가미한 블루지한 보이스가 일품이던 본 스콧의 사망으로 모두가 이제 AC/DC는 끝났다고 했으며, 밴드 내부에서도 해체를 생각할 만큼 받아들이기 힘든 상황이었다. 고민에 빠져 있던 멤버들은 생전 본 스콧이 했던 말을 떠올린다. 그는 뉴캐슬 지역에 조디(Geordie)라는 밴드의 보컬을 맡고 있는 브라이언 존슨(Brian Johnson)이 본인과 흡사한 음색을 가지고 있다며 백업 보컬리스트로 영입하고 싶다고 했었다. 우여곡절 끝에 브라이언 존슨을 영입하고 힘든 상황을 무릅쓰고 제작된 전설의 앨범인 [Back in Black]이 1980년에 발매된다.

'어둠에서 돌아왔다'라는 이름에서 알 수 있듯이 최악의 상황에서 화려하게 돌아오겠다는 결연한 의지를 보여주는 앨범인 동시에 본 스콧의 추모 앨범이었다. 블루스를 기반으로 둔 8비트 로큰롤 사운드에 귀에 착착 감기는 기타 리프, 본 스콧을 뛰어넘는 비음이 섞인 날카롭고 스트레이트한 초고음의 보컬은 아직도 이 밴드가 죽지 않았음을 보여주었다. <Hells Bells>, <Shoot to Thrill>, <Back in Black>, <You Shook Me All Night Long>, <Rock and Roll Ain't Noise Pollution> 등 수록곡 대부분이 히트를 쳐 3,600만 장이라는 판매고를 올림으로써 역사상 7번째로 많이 팔리는 대성공을 거둔다.

세상 모두가 AC/DC는 이제 밴드로서 수명을 다했다고 포기하라 했지만 그들은 위기를 기회 삼아 걸작 중에 걸작을 만들어내는 저력을 보여주었다.

눈이 얼마나 예쁘길래 - **킴 칸스**

"She's got Bette Davis eyes."
그녀는 베티 데이비스의 눈을 가졌어.

킴 칸스(Kim Carnes)의 <Bette Davis Eyes>라는 곡이 1981년 5월 빌보드차트 1위에 안착한다. 가사와 제목에서부터 베티 데이비스(Betty Davis)라는 사람을 치켜세우는 이 곡은 이후 무려 9주 동안이나 빌보드 정상을 차지한다. 도대체 베티 데이비스가 누구길래 킴 칸스는 그토록 그녀를 칭송했을까?

베티 데이비스는 1930년대부터 활동하던 미국을 대표하는 미녀 배우로, 보석같이 큰 눈과 매혹적인 눈빛을 가졌다. 그녀의 눈은 아름다움과 동시에 강인함을 담고 있었으며, 배역도 여성성이 넘치는 역할보다는 차가움과 도도함을 강조한 역할을 주로 하여 큰 인기를 끌었다. 특히 1936년 소속사와의 분쟁에서는 낮은 보수와 여성 배우들의 대우에 대한 소송을 제기하면서 실제와 배역이 동일시되는 이미지가 각인되면서 상징적인 인물로 자리매김했다.

이 노래에는 베티 데이비스 외에도 금발로 유명했던 진 할로(Jean Harlow) 배우와 신비스러운 이미지의 그레타 가르보(Greta Garbo) 배우도 함께 언급되면서 한 인물이 아닌 당대 팜므파탈 매력을 뽐내던 배우들의 기세를 담고 있다. 이 노래가 히트할 당시 베티의 나이는 이미 70대로, 대중들에게 잊혀가던 자신을 다시 상기시켜준 데 대해 고맙다는 편지를 보냈으며 특히 손주가 자신을 보는 눈빛이 달라졌다며 좋아했다고 한다.

이 노래는 원래 재키 데샤논(Jackie Deshannon)이 1974년에 R&B와 재즈풍의 곡으로 발표했으나 큰 주목을 받지 못했다. 킴 칸스가 신스적인 요소가 가득한 청량한 사운드에 자신의 특기인 허스키 보이스를 잘 어울리도록 리메이크해 특유의 분위기를 살려 큰 인기를 끌었다. 또한 비트에 맞게 뺨을 때리는 뮤직비디오도 재미있는 한 요소이다.

이 곡은 1982년 그래미에서 올해의 노래상이라는 영광스러운 자리에 선정되었고, 베티는 고마움에 화환을 보냈다고 한다.

가장 긴 노래 제목 - **Stars On 45**

네덜란드의 한 음반사 사장이었던 빌럼 판 쿠텐(Willem Van Kooten)은 레코드샵을 방문했다가 요상한 노래를 듣게 된다. 비틀스, 버글스, 아치스, 매드니스 등의 예전 히트곡들과 당대 유행하던 디스코 음악을 엮은 메들리 곡이었다. 쿠텐은 곡 사이에 쇼킹블루(Shocking Blue)의 <Venus>가 나오는 걸 듣고 깜짝 놀란다. 이 곡은 당시 자신의 회사가 저작권을 소유하고 있었고 사용허가를 이런 음반 따위에 한 적도 없었기 때문에 크게 당황한 것이다.

이러한 해적판이 시중에 버젓이 판매되고 있는 것을 보고 분노하지만 동시에 새로운 영감을 얻게 된다. 바로 자신의 회사가 직접 정식 메들리 곡을 발매하여 부틀렉 판들을 모조리 박살 내는 것이었다.

쿠텐은 제작자들과 보컬들을 영입하여 Stars on 45라는 프로젝트팀을 결성하고 동명의 곡 <Stars on 45>를 만든다. 이 곡은 비틀스 곡 8곡과 다른 12곡의 히트곡을 포함한 총 20곡의 러닝타임은 11분 30초짜리로 1981년 1월 싱글로 발매된다. 발매 후 유럽 쪽에서 인기를 끌었지만 라디오 DJ들은 노래가 너무 긴 탓에 인기가 많았던 비틀스 곡 부분만 잘라서 송출한다.

이에 쿠텐은 곡의 길이를 확 줄여서 인트로 / 쇼킹블루 - <Venus> / 아치스 – <Sugar, Sugar> / 비틀스 8곡 / 아웃트로 구성해서 4분대로 맞추어 재발매한다. 재발매된 곡은 전 세계적으로 큰 인기를 끌었고 결국 1981년 6월에는 빌보드차트에서 1위까지 올라간다.

미국에 발매될 당시에는 <Stars on 45>라는 제목으로는 불가능했다. 메들리에 들어간 모든 노래를 제목에 표기한다는 규정 때문이었다. 그래서 빌보드차트에 올라간 공식 제목은 <Medley: Intro 'Venus' / Sugar, Sugar / No Reply / I'll Be Back / Drive My Car / Do You Want to Know a Secret / We Can Work It out / I Should Have Known Better / Nowhere Man / You're Going to Lose That Girl / Stars on 45>였다, 이로써 공식적으로 가장 긴 노래 제목이 되었다(이 노래 때문에 연속 1위를 하던 킴 칸스는 한 주 밀려났다가 다음 주 다시 복귀해 연속 기록 달성을 놓치게 된다).

특이한 기획으로 성공을 맛본 '스타스 온 45'는 그 후에도 비틀스, 아바, 롤링스톤즈, 스티비 원더, 슈프림스 등 레전드들의 메들리를 꾸준히 발매했다.

같은 해, 같은 제목의 곡이 1위? –
돌리 파튼&시나 이스턴

미국 컨트리음악 대모인 돌리 파튼(Dolly Parton)의 곡 <9 to 5>가 1981년 2월 21일 빌보드차트 1위에 오른다. <9 to 5>는 근로시간인 오전 9시부터 오후 5시까지를 의미하며 매일 8시간씩 일해도 제대로 된 보상을 받지 못하는 직장인들의 애환을 담은 노래다.

가사를 보면 아침에 침대에서 굴러떨어져 깨어나 휘청거리며 커피를 마신 후 스트레칭과 샤워를 해 정신을 깨고 힘겹게 출근하는 모습이 그려진다. 회사에서 열심히 일하지만 이 나쁜놈(?)들은 승진도 시켜주지 않고 혼내고 이용만 한다는 웃기면서도 씁쓸한 내용으로 직장인들에게 큰 공감을 받았다. 컨트리 기반에 흥겹고 유쾌한 팝 사운드를 담은 이 노래는 대표적인 노동요로 자리매김하게 된다. 원래 이 곡은 돌리 파튼의 영화 데뷔작이기도 한 동명의 코미디 영화인 「9 to 5」의 주제곡이었다. 이 영화는 노동자의 권리,

남녀 차별, 여성 인권 등을 꼬집어준 영화는 OST와 더불어 히트를 치며 10배의 박스오피스 수입을 올렸고 TV시리즈와 뮤지컬로 제작되기도 한다. 돌리 파튼은 이 덕에 그래미 2부문에서 수상하였으며 아카데미상 후보에도 오르게 된다.

비슷한 시기에 영국의 가수 시나 이스턴(Sheena Easton)은 빌보드차트 1위에 있는 돌리 파튼의 곡을 보고 뜨끔해 한다. 자신도 이미 영국에서 <9 to 5>라는 제목으로 곡을 발매했고 미국에 출시를 준비 중이었기 때문이다. 그녀는 결국 혼동을 막기 위해 노래 제목을 <Morning Train(Nine to Five)>로 발매한다. 이 곡도 1981년 5월 2일 자로 빌보드차트 1위에 올라가며 두 가수가 같은 제목의 곡으로 같은 해에 차트 정상을 달성하는 진귀하면서 유일무이한 장면을 만들어냈다. 이 곡의 시작 가사는 돌리 파튼의 <9 to 5>와 비슷하게 침대에서 일어나 기지개를 켜는 것부터 시작하지만 180도 반대의 내용을 담고 있다. 하루를 시작하면서 아침 기차를 타고 출근해 9시부터 5시까지 일하는 남편을 기다리는 부인으로서의 삶을 이야기한다. 그가 밤에 돌아오면 같이 식당에 가서 밥을 먹거나 영화를 보거나 춤을 추거나 할 수 있는 바람들을 풋풋하면서 사랑스럽게 표현했다.

이 곡으로 시나 이스턴도 그래미에서 최우수 신인상을 수상하게 된다. 같은 시기, 같은 노래 제목으로 활동했지만 돌리 파튼은 스스로 일하는 신여성을 대변했고 시나 이스턴은 전통적인 여성상을 강조한 재미있는 일화를 남겼다.

위대한 바통 터치 - 저니

저니(Journey)의 시작은 라틴/블루스 록의 대가 밴드 산타나에서 탈퇴한 닐 숀(Neal Schon)과 그렉 롤리(Gregg Rolie)로부터 비롯되었다. 이들이 추구한 초기 앨범들은 대중성보다는 재지/블루지한 연주 록을 바탕으로 한 프로그레시브 록 성향이 두드러졌다.

1975년 데뷔 후 2년 동안 발매한 3개의 정규 앨범은 마니아틱한 사운드로 가득해 대중의 눈에 크게 띄지는 못했다. 그러던 중 1977년에 새로운 보컬 스티브 페리(Steve Perry)가 합류한 4집 [Infinity] 앨범부터 저니의 음악적 방향성은 확연히 바뀐다.

스티브 페리는 고음의 록 보컬이면서도 음색 자체에 호소력이 있어 절절한 감성까지 느낄 수 있었고 보컬 파트가 살면서 생동감 있는 화합이 이루어졌다. 대중이 좋아할 수 있는 파퓰러한 요소와 점진적인 스토리가 있는 음악의 흐름, 키보드의 산뜻한 멜로디, 그리고 블루지하면서도 정교한 연주력을 보여주는 기타까지 모두 완벽한 조화를 이루었다.

스티브 페리가 들어오면서 모든 것이 맞아떨어진 저니는 새로운 세상의 문을 열었다. 연이어 발매한 5집 [Evolution]과 6집 [Departure]가 좋은 성과를 거두었으며, 특히 1981년에 발매된 7집 [Escape] 앨범에 수록된 <Don't Stop Believin'>, <Open Arms>, <Who's Crying Now>와 1983년에 발매된 8집 [Frontiers] 앨범에 수록된 <Separate Ways (Worlds Apart)>, <Faithfully> 등으로 최전성기를 맞는다. 이 시기의 저니는 단순히 인기 많은 밴드를 넘어 수만 명의 스타디움 관중석을 항상 가득 채워 매진시키는, 미국을 대표하는 밴드로까지 자리매김한다. 크나큰 성공을 이루었지만 시간이 흐르면서 솔로 활동, 음악적 이견, 건강상의 이유 등으로 인해 밴드가 제대로 굴러가지 않게 된다.

억지로 합을 맞춰 발매한 앨범들도 이전만큼 상업적으로 성공하지 못했고 밴드의 얼굴이 된 스티브 페리의 탈퇴와 다른 멤버들의 교체가 이어졌다. 결국 해체를 선언했다가 다시 재결합을 반복하였으며, 10년 만에 스티브 페리가 복귀했지만 재탈퇴했고 그 이후 새로운 보컬이 그 자리를 채웠으나 짙게 남아 있는 페리의 족적 때문에 팬들에게 인정받지 못했다. 어찌어찌 살아남았지만 저니는 과거의 영광을 찾아볼 수 없는 잃어버린 20년의 위기를 겪었다.

2007년, 다시 보컬이 공석이 되어 닐 숀은 혹시나 하는 마음에 유튜브에서 저니의 트리뷰트 밴드 동영상을 찾아보고 있었다. 그러던 중 주(The Zoo)라는 필리핀 밴드의 영상을 본 닐 숀은 스티브 페리와 너무나도 유사한 보컬에 반하여 즉시 연락을 취한다. 아넬 피네다(Arenl Pineda)라는 인물로, 필리핀 내에서 많은 크고 작은 콘테스트에서 우승도 하고 앨범도 발매한 가수였지만 먹고살기엔 그다지 녹록지 않았다. 노숙 생활을 하면서 안 해본 일이 없었다. 그중 노래라는 것은 그저 살아가기 위한 밥벌이 수단 중 가장 잘하는 것일 뿐이었다.

저니의 연락이 처음엔 당연히 장난인 줄 알았다가 몇 차례 연락을 받고 오디션을 보기 위해 미국행 비행기에 몸을 싣는다. 여담으로 전해오는 이야기인데, 미국 입국 심사대에서 저니의 보컬 오디션을 보러 왔다고 하니 믿지 못하는 심사원 때문에 그 자리에서 노래까지 불렀다고 한다. 그렇게 입국 심사 1차 오디션(?)을 통과한 아넬은 저니 멤버들 앞에서 지금까지 갈고닦은 실력을 선보였고 드디어 정식 멤버로 영입된다.

당시 새 보컬 발표는 큰 화제가 되었다. 서양의 대형 밴드가 동양의 작은 나라에서 온 보컬을 영입한 사례를 찾아볼 수 없었으므로 작은 체구의 아넬 피네다가 콧대 높은 골수팬들의 마음을 돌릴 수 있을지에 대한 의구심이 넘쳐흘렀다. 필리핀 팬들의 국민적인 응원을 받은 아넬은 2008년 2월 칠레의 페스티벌에서 데뷔 무대를 가졌고 모두의 고개를 끄덕이게 만들었다. 스티브 페리와 매우 유사하면서도 자신의 고단했던 삶을 투영한 듯한 아넬의 보컬은 또 다른 인정과 박수를 받기에 충분했다. 스티브 페리가 들고 있던 영광의 바통을 아넬 피네다가 이어받은 저니는 아시아라는 새로운 시장에서 활개를 치면서 현재 2차 전성기를 누리고 있다.

빌보드 1위! 송대관! - J. 가일스밴드

1982년 2월 6일 J. 가일스밴드(The J. Geils Band)의 곡 <Centerfold>가 빌보드 싱글차트에서 6주간 1위를 차지한다. 당시 우리나라에서는 라디오를 통해 수많은 팝송이 소개되었는데 <Centerfold> 역시 자연스럽게 흘러들어왔다.

빌보드 1위 곡이라는 기대를 품은 청취자들은 노래를 듣자마자 깜짝 놀란다. 송대관 씨가 1975년에 발표한 <해뜰날>과 너무나 유사했기 때문이다. 이게 우연으로 가능한가 싶을 정도로 도입부부터 비슷한 두 곡은 많은 사람들이 J. 가일스밴드가 우리의 트로트를 표절했다고 주장한다. 오죽했으면 『경향신문』에서 기사로 다룰 만큼 화젯거리였다.

송대관 씨와 당시 발매사인 오아시스레코드사는 직접 연락을 취해보았지만 답장이 오지 않아 유야무야되고 만다. 훗날 송대관 씨는 저작권에 대한 개념도 없고 어떻게 처리해야 될지 몰라서 그냥 넘겼다고 한다.

항간의 소문에 따르면 곡의 키보디스트이자 작곡가인 세스 저스트먼(Seth Justman)이 과거 주한미군으로 한국에서 근무하면서 표절했다는 설이 있지만 단순한 루머인 것 같다.

이제 주인공 하자 - **토토**

세션 뮤지션은 특정 밴드에 소속되지 않고 공연이나 녹음 시 일시적으로 고용되어 도와주는 역할을 한다. 훌륭한 세션이란 제작자의 의도를 정확히 파악하여 그들이 원하는 소리를 내주며 니즈를 충족시킬 줄 알아야 한다. 이들은 수많은 아티스트들과의 협업을 통해 실력을 인정받을 수 있지만 대중적인 명성과 인기를 얻는 것은 어렵다. 모든 세션들은 백업으로서 묵묵히 자신의 역할을 성실히 수행하지만 마음 한구석에 언제나 자신만의 음악으로 세상에 이름을 떨치고 싶은 욕망을 품고 있을 것이다.

1970년대 미국 음악시장에서 스튜디오 세션으로 입지를 다진 제프 포카로(Jeff Porcaro)와 데이비드 페이치(David Paich)는 비슷한 처지의 음악인들을 모으기 시작한다. 그렇게 둘을 주축으로 모인 초일류 세션 6인, 스티브 루카서(Steve Lukather), 데이비드 헝

게이트(David Hungate), 스티브 포카로(Steve Porcaro), 바비 킴벌(Bobby Kimball))은 의기투합하여 그룹 토토(Toto)를 결성한다. 밴드명 Toto는 오즈의 마법사에서 등장하는 강아지의 이름에서 따왔지만, 라틴어로 Totus Toti라는 '전체의'라는 뜻으로 어찌 보면 이들과 딱 맞아떨어지는 이름이었다. 세션으로서 장르를 가리지 않고 다져온 실력은 이들이 음악을 총체적으로 다룰 수 있다는 포부를 담기에 충분했다.

1979년, 동명의 데뷔 앨범 [Toto]를 발매하여 <Hold the Line>, <I'll Supply the Love>, <Georgy Porgy> 등의 히트곡을 통해 상업적으로 성공하며 공룡 신인의 면모를 뽐냈다. 2집 [Hydra]와 3집 [Turn Back]도 나름 비평적으로 좋은 성과를 거두었지만 토토의 포텐이 제대로 터져버린 것은 1982년 발표한 4집 앨범 [Toto IV]이다.

이 앨범은 심혈을 기울여 제작했기 때문에 타 앨범보다 훨씬 긴 시간이 걸려 모두가 지쳤다고 한다. 하지만 그 노력을 보상 받듯 4집 앨범은 음악사에 한 획을 그을 정도의 걸작으로 탄생한다. 이 앨범은 상업성, 대중성, 음악성을 모두 잡은 수록곡 <Africa>는 빌보드차트 1위, <Rosanna>는 빌보드차트 2위, <I Won't Hold You Back>은 빌보드차트 10위에 올랐으며 그래미에서는 올해의 앨범상과 올해의 레코드상을 비롯하여 7개 부문에서 수상해 1982년을 토토의 해로 만들어버린다.

수록곡 <Africa>를 만든 제프 포카로와 데이비드 페이치는 아프리카에 대한 다큐멘터리를 보고 영감을 받아 이 곡을 만들었다. 월드 뮤직 곡답게 아프리카의 토속적인 분위기를 내기 위해 전통악기인 콩가와 마림바 등을 사용했으며 원시적인 리듬감은 마치 초원 한가운데 서 있는 듯한 느낌을 준다. <Rosanna>는 당시 스티브 포카로의 연인이었던 배우 로잔나 아퀘트(Rosanna Arquette)에서 따왔지만 실제 내용은 작곡가 데이비드 페이치의 학창 시절 첫사랑에 대한 사랑, 그리움, 후회에 관한 것으로 시기적인 간판만 빌려온 것이다.

토토는 세션으로는 성공할 수 없다는 편견을 완전히 부숴버렸다. 모든 테크닉을 알고 있듯이 때로는 부드럽고 때로는 강한 자유자재로운 흐름 속에 힘 분배가 굉장히 잘 된 느낌이다. 토토의 음악을 들으면 하나의 장르로 정의하기 어렵지만 마치 아주 정갈하고 깔끔한 고급 요리를 맛본 느낌이 든다.

토토는 자신들의 음악 활동을 하면서도 여전히 다른 아티스트들의 세션도 꾸준히 해주었다. 핑크플로이드의 [The Wall], 마이클 잭슨의 [Thriller], [Dangerous], 마돈나의 [Like a Prayer], 브루스 스프링스틴의 [Human Touch] 등과 같은 굵직한 앨범에 참여했으며, 특히 스티브 루카서는 공식적인 세션 앨범만 1,500장 이상이다.

호랑이의 눈 - 서바이버

무명이었던 미국의 영화배우 실베스터 스탤론(Sylvester Stallone)은 무하마드 알리(Muhammad Ali)와 척 웨프너(Chuck Wepner)의 경기(알리의 압승을 예상했지만 의외로 척 웨프너가 끝까지 잘 버티며 싸운 근성을 보여준 스토리, 물론 승리는 알리)에서 영감을 받아 「록키(Rocky)」라는 복싱 영화의 시나리오를 만든다.

스텔론이 각본과 주연을 맡은 록키는 1976년 개봉해 큰 인기를 끌어 아카데미 작품상, 감독상, 편집상을 수상하며 실베스터 스텔론을 단번에 대스타로 만들었다. 그 후 본격적으로 감독 자리까지 꿰찬 스텔론은 1979년 「록키2」를 개봉해 전작에 7배에 달하는 큰 수익을 벌어들인다.

근데 왜 음악책에서 뜬금없이 영화 이야기를 쓰느냐며 갸웃거릴 분들이 계실 것이다,

스텔론은 1982년 「록키3」를 제작하는 과정에서 큰 고민에 빠진다. 1, 2에서 사운드트랙으로 사용된 빌 콘티(Bill Conti)의 곡 <Gonna Fly Now>, <Going the Distance>, <The Final Bell> 등 록키 영화의 상징적인 음악이 존재했지만 7년이 흘러 이미 사람들의 귀에 익숙해져 버렸고 새로운 관객을 유입하기 위해선 새로운 음악이 필요하다고 느꼈다.

스탤론은 기존의 히트곡인 퀸의 <Another One Bites the Dust>를 사용하고 싶었지만, 퀸 측에서 사용을 거부하여 난항을 겪고 있었다. 그때 레코드사를 운영하던 스탤론의 한 친구가 자신의 레이블 소속 밴드인 서바이버(Survivor)를 추천한다. 당시 서바이버는 <Poor Man's Son>이라는 곡으로 빌보드 40위에 진입하며 인기를 얻기 시작한 밴드였다.

스탤론은 그들의 음악을 듣고 마음에 들어 직접 이 영화에 어울리는 곡을 부탁한다. 서바이버는 「록키3」 영화를 미리 보면서 영화에 딱 맞는 파워풀하면서도 긴장감이 흐르는 진행과 격정적인 드럼 비트에 화려한 리프, 영화 대사에서 따온 제목 <Eye of the Tiger>와 도전 의식을 불러일으키는 가사까지, 훌륭한 곡을 만들어낸다. 스탤론은 이 곡을 처음 듣고 크게 기뻐하며 엄청난 성공을 할 것이라고 예언했다고 한다.

영화는 1982년 5월 31일 개봉하여 큰 흥행을 거두었고 <Eye of the Tiger>는 빌보드 상위권을 점령하다가 마침내 1982년 7월 24일 1위에 올라 그 후 6주 동안 그 자리를 지켰다. 더불어 15주간 빌보드 탑10에 머무르는 대기록을 세우며 서바이버는 일약 세계적인 스타덤에 오른다. <Eye of the Tiger>는 그해 연말 차트 2위에 올랐으며, 현재까지도 수많은 스포츠 광고 배경음악에 많이 쓰이는 최고의 걸작으로 평가받고 있다.

서바이버는 「록키4」에서도 <Burning Heart>를 불러 다시 한 번 빌보드 2위까지 오르는 성공을 거둔다.

보노가 세상을 구할 수 있을까? - U2

2002년 3월 4일, 미국의 주간지 『타임』지는 "CAN BONO SAVE THE WORLD?(보노가 세상을 구할 수 있을까?)"라는 제목의 표지를 걸었다. 대체 보노(BONO)가 어떤 사람이길래 세상을 구하냐 마냐를 논하게 되었을까?

보노는 정치적·사회적·종교적 등 다양한 분야에서 활동하는 세계적인 뮤지션이자 사회운동가이다.

먼저 아일랜드 출신 밴드 U2의 보컬로서 음악적으로도 상당히 큰 성공을 거두었다. U2는 80년대 초반부터 [War](1983), [The Unforgettable Fire](1984), [The Joshua Tree](1987), [Achtung Baby](1991) 등 수많은 명반을 남겼으며, 전 세계적으로 2억 장이 넘는 판매고를 올렸다. 듣기 편안하면서도 정체성 있는 실험적인 사운드로 큰 사랑을 받아 무려 46회의 그래미 후보 지명 중 22회의 수상을 기록해 단일 밴드로는 최다 수상을 기록하고 있다(2006년에는 5관왕에 오르기도 했다). 2005년에 로큰롤 명예의 전당에 헌액되었으며, 단일 투어로 720만 명의 관객을 동원하는 기록을 세우기도 했다.

이런 대기록의 밴드 U2의 곡들은 대부분 단순한 사랑과 이별 이야기보단 범지구적인 메시지를 담고 있다. 런던의 피의 일요일 사건에 관한 곡 <Sunday Bloody Sunday>, 폴란드의 민주화 운동에 관한 곡 <New Year's Day>, 독일의 통일에 관한 곡 <One>, 차별 없는 세상을 위한 곡 <Where the Streets Have No Name>, 마틴 루터 킹 목사에 관한 곡 <Pride (In the Name of Love)> 등 사회운동가로서 내고 싶은 목소리를 음악으로 잘 승화시켰으며 "음악이 세상을 바꾼다"고 입버릇처럼 말하던 보노의 굳건한 의지를 보여주었다.

보노는 음악 활동에만 그치지 않고 직접 발로 뛰며 세상을 구하는 일에 앞장섰다. 그는 젊은 시절부터 아프리카에서 장기간 자원봉사를 다니며 최빈국들의 건강과 위생, 에이즈 문제의 심각성을 깨닫고 직접 행동에 나선다. 1999년부터 여러 단체와 함께 많은 캠페인을 시작했다. 대표적인 캠페인으로「PRODUCT RED」가 있다. 이는 제품을 구입하면 수익의 일부가 에이즈 환자에게 기부되는 프로젝트이다. 애플, 아메리칸 익스프레스, 갭, 컨버스, 조르지오 아르마니, 모토로라, 몽블랑, 캐논, 나이키, 스타벅스, 코카콜라, 아마존 등 수많은 세계적인 기업들이 참여하고 있는데, 이들의 참여를 끌어내기 위해 보노의 역할이 매우 중요했다. 특히 스티브 잡스를 직접 찾아가 기나긴 설득 끝에 시큰둥했던 잡스의 마음을 돌리는 데 성공했고 현재 RED 캠페인의 기부액 중 절반 이상이 애플에서 나오고 있다.

보노는 실제로 어마어마한 외교관이자 담판가였다. 2006년, 미국의 조지 부시 대통령을 만나 개발도상국의 재정 지원 및 구호금으로 50억 달러라는 큰 금액을 원조받는 데 성공했다. 훗날 부시는 보노의 설득이 없었더라면 법안에 서명하러 의회에 나오지 않았을 것이라고 말했다. 보노는 또한 EDUN이라는 패션 브랜드를 설립하여 아프리카 현지의 노동력을 토대로 유기농 및 업사이클 패브릭을 이용한 제품을 생산, 단순한 기부금 형식이 아닌 지속 가능한 생산성을 마련해주었고, LVMH 그룹에 지분을 매각해 루이뷔통 그룹의 일부가 되기도 했다. 또한 빌게이츠재단과 다른 비영리 단체들과 함께 ONE이라는 단체를 설립해 현재까지도 다양하게 활동 영역을 넓히고 이다.

아일랜드 총리의 부름을 받아 실업비상대책위원회에 참석하고, 교황을 비롯해 각국 정상들과 만나며 긍정적인 영향을 행사한 보노는 2007년 영국 왕실로부터 훈장을 수여받았다. 초창기에는 "가수가 무슨 자격으로 정치와 사회를 논하느냐!"는 비난을 받았지만 그의 진실성 있는 꾸준한 활동 덕분에 2003년, 2005년, 2006년에는 노벨 평화상 후보에 오르기도 했고 2005년 『타임』지 선정 올해의 인물에 빌 게이츠 부부와 함께 선정되기도 했다.

이제 보노는 모든 사람들이 인정하는 진정한 사회운동가가 되었다. 2019년 12월 내한 공연을 한 U2는 분단국의 슬픔을 잘 알기에 대한민국에서 <One>을 꼭 부르고 싶다고 했으며 문재인 대통령의 영부인 김정숙 여사가 공연을 직관하기도 했다. 공연 다음 날, 보노는 청와대에서 문재인 대통령을 직접 접견하여 한반도의 평화 프로세스에 대해 이야기를 나누었다. 보노는 대통령에게 국제개발원조에 대한 관심과 노력을 기울여준 것에 대해 감사를 표했으며, 문 대통령은 대한민국이 국제사회의 도움을 받아 오늘날의 발전을 이루었다며 그 도움을 잊지 않고 되돌려주기 위해 노력하겠다고 공감했다.

그 외 추천곡

<With or withoutt You>, <Beautiful Day>, <Bad>, <I Still Haven't Found What I'm Looking for>, <Walk on>, <Vertigo>, <Elevation>, <Sweetest Thing> 등

호주의 비공식 국가 - 멘앳워크

호주 출신의 가수로 알려진 AC/DC, 비지스, 올리비아 뉴튼존, 에어서플라이 등은 대부분이 영국의 이민자 출신들이다. 그러나 멘앳워크(Men at Work)만은 멤버 대부분 순수 호주인들이고 가장 호주다운 노래를 불렀다는 평을 듣는다. 그중 호주 비공식 국가로 불릴 만큼 큰 사랑을 받은 곡은 <Down Under>다.

1982년 10월 빌보드차트 1위를 차지한 <Who Can It Be Now> 이후 후속 싱글로 나온 <Down Under>는 1983년 1월부터 4주간 빌보드차트 1위에 오른다. 'Down Under'라는 말 자체도 호주를 뜻하는 구어식 표현이고, 호주식 발음과 함께 가사와 뮤직비디오에는 호주의 문화가 잔뜩 담겨 있다.

이 곡은 주인공인 남자가 브뤼셀, 뭄바이 같은 도시들을 여행하며 자신의 나라인 호주에 대해 대화를 나누는 형식으로 진행된다.

남자가 자신이 호주에서 왔다고 밝히자 외국인들은 환영하며 좋아해 준다는 스토리로 자국민들에게 제대로 국뽕(애국심)을 차게 해 주었다.

사실 'Down Under'란 말은 미국이나 선진국에서 호주를 얕잡아보는, 아랫동네라는 의미이며 좋은 뜻으로 사용하진 않았었다. 가사를 자세히 보면 은근히 호주를 까는 셀프 비판적인 내용이 많다. 작사를 한 보컬인 콜린 헤이(Colin Hay)는 이 곡이 1970년대 경제 성장과 고속 산업화로 아름다웠던 호주의 자연경관이 파괴되고 높은 빌딩들로만 가득 차 있는 현실을 비판하고 풍자하기 위해 썼다. 정신을 차려 전통을 지키자고 비꼰 노래인데 신비로운 피리 소리와 함께 신나고 경쾌한 리듬 때문에 찬가로 받아들여지게 된 것이다.

인종차별적인 언행도 타인이 하면 나쁜 놈이 되고 죄가 되지만 본인이 하면 유머로 받아들여지는 경우가 있다. 어쩌면 호주인들은 약점을 드러내면서 자신의 문화를 알릴 수 있었고, 그 감성이 전 세계에 제대로 한 방 먹여주었기 때문에 이 노래 자체가 그들에게는 자긍심이 됐을 것이다.

<Down Under>는 '아랫동네' 호주를 음악적으로 무시할 수 없다는 일격과 함께 호주인의 가슴을 시원하게 뚫어준 곡이다.

세계 최고의 앨범 - **마이클 잭슨**

잭슨5(The Jackson 5) 이후, 마이클 잭슨(Michael Jackson)은 홀로서기를 시작하여 퀸시 존스(Quincy Jones)를 만나 1979년 [Off the Wall] 앨범을 발매한다. 디스코에 소울, R&B, 펑크가 가미된 이 앨범은 각종 싱글차트 1위를 차지하며 2,000만 장이 넘는 판매고를 올리며 흑인 솔로 아티스트로서 최초의 큰 성공을 거둔다.

하지만 당시 음악시장에는 여전히 흑인에 대한 차별이 남아 있었다. 큰 성공을 거두었음에도 불구하고 그래미 어워드에서는 단 한 개의 부문만 수상하였고, 음악 잡지 『롤링스톤』지는 마이클 잭슨이 흑인이라 표지로 사용하면 잘 판매되지 않는다는 이유로 사용 요청을 거부했다. 이에 마이클 잭슨은 자신의 진정한 음악성으로 인종차별을 무너뜨리겠다고 다짐하고 역대 최고의 앨범을 만들어내겠다며 절치부심한다.

그렇게 3년 후인 1982년 [Thriller]가 세상에 나온다. 완벽주의자였던 마이클 잭슨은 전 곡을 최고의 퀄리티로 만들기 위해 모든 것을 쏟아부었다. 진정으로 흑백의 경계를 파괴하고자 했던 잭슨은 기존의 R&B, 펑크, 디스코, 소울 같은 전통 흑인음악에 백인 전유물이었던 록/헤비메탈 비트와의 결합(반헤일런과 함께한 <Beat It>), 팝 발라드(폴 매카트니와 함께한 <The Girl Is Mine)> 등을 선보이며 음악적 스펙트럼을 넓혔다.

[Thriller] 앨범은 전 세계를 휩쓸었다. 총 9곡 중 7곡이 싱글 컷 되어 빌보드차트 10위권 안에 들었고, 그중 <Billie Jean>과 <Beat It>은 1위를 차지한다. 무려 37주 동안 빌보드 앨범차트 1위를 지켰으며, 단일 앨범 역사상 가장 많이 팔린 앨범으로 6,600만 장 이상의 판매고를 올린다. 이 앨범은 진정으로 마이클 잭슨을 팝의 황제로 만들어준 역대 최고의 걸작이다.

이 앨범에서 <Billie Jean>, <Beat It>, <Thriller> 세 곡의 뮤직비디오가 제작되는데 특히 13분이 넘는 <Thriller>의 뮤직비디오는 듣는 음악에서 보는 음악으로 가는 시대의 중추적 역할을 했다.

<Thriller>는 단순한 뮤직비디오가 아니라 하나의 단편 영화처럼 제작되었다. 막대한 예산을 들여 스토리와 연출을 짰고, 화려한 특수효과와 카메오들의 실감 나는 분장 및 단체 퍼포먼스 등은 뮤직비디오가 더 이상 옵션이 아니라 필수적인 요소임을 인식시켜 뮤직비디오 산업 자체를 완전히 뒤엎었다.

1983년 모타운 창립 25주년 콘서트에서 마이클 잭슨은 <Billie

Jean>을 부르며 최초로 자신의 상징적인 댄스인 문워크(Moon Walk)를 선보인다. 앞으로 가는 것처럼 보이지만 실제로는 뒤로 가는 이 댄스는 달에서 걷는 것 같다고 해서 이런 이름이 붙여졌다. 이전에도 탭댄스와 팝핑 장르에서 비슷한 기술인 '글라이딩(Gliding)'이 있었지만 잭슨은 이를 좀 더 부드럽게 다듬어 자신만의 댄스로 대중에게 선보였다. 이 댄스에 미국을 넘어 전 세계가 열광했고 대중음악계에 큰 충격을 준 퍼포먼스였다. 오죽했으면 시각장애인 가수 스티비 원더조차도 만일 눈을 뜨게 되면 가장 보고 싶은 첫 번째가 딸의 얼굴이고 두 번째가 문워크라고 했을까?

앨범 자체의 음악성, 흑백의 경계를 허문 시도, 혁신적인 뮤직비디오, 춤과 퍼포먼스 그리고 마이클 잭슨만의 자선 활동 및 정장, 중절모, 장갑 같은 패션의 상징성 등 그가 보여준 유산과 영향력은 대중음악의 한 획을 넘어 하나의 문화 현상이 되었다.

그동안 한이 맺혔던 그래미에서는 12개 부문에 노미네이트되었으며 그중 8개 부문에서 수상하여 역대 최다 수상을 기록한다. 이는 어쩌면 브리티시 인베이전 이후 영국에 빼앗긴 음악시장의 주도권을 마이클 잭슨이 다시 되찾아왔다고 해도 과언이 아니다.

그 외 추천곡

<Ben>, <Don't Stop 'Til You Get Enough>, <Rock with You>, <Say Say Say>, <I Just Can't Stop Loving You>, <Bad>, <The Way You Make Me Feel>, <Man in

the Mirror>, <Dirty Diana>, <Black or White>, <You Are Not Alone>, <The Girl Is Mine>, <Smooth Criminal>, <Heal the World>, <Dangerous>, <Love Never Felt So Good>

흑인에서 백인으로? - 마이클 잭슨

세계적인 스타가 된 마이클 잭슨은 서서히 외모가 변하기 시작한다. 코가 오뚝해지고 얼굴 윤곽이 각이 지며 특히 피부색이 하얗게 변한다. 어린 시절부터 가수 활동을 해온 터라 과거와 비교해보면 확연히 달라진 것이 사실이다. 이에 평생 마이클 잭슨을 괴롭히던 황색 언론들은 이번에도 놓치지 않고 그를 잡아먹으려 한다. 이들은 마이클 잭슨이 성형 중독에 걸렸고 스스로가 흑인인 것을 싫어하며 백인이 되기 위해 피부 박피술을 받았으며 평소에도 표백 약품을 사용한다는 루머를 퍼뜨린다.

소문이 점차 커지자 마음에 큰 상처를 받은 마이클 잭슨은 1993년 「오프라 윈프리 쇼(Oprah Winfrey Show)」에 나와 직접 하소연을 한다. 그는 자신이 흑인이며 흑인으로서의 자부심과 긍지를 가지고 있으니 이상한 말을 믿지 말아 달라고 호소한다. 실제로 마이클 잭슨에게 흑인이라는 사실은 음악 활동에서 큰 성장통이었다. 그는 전미흑인지위향상협회(NAACP)에서 수상하는 올해의 엔터테이너상을 받기도 했었다.

그는 유전적으로 백반증이 있어 피부가 점점 하얘지고 있다고 설명했다. 얼굴이 점점 변색되어 듬성듬성 반점처럼 보이기 때문에 이를 균일하게 맞추기 위해 하얗게 화장한 것이라고 해명한다. 실제로 파파라치들에 의해 찍힌 사진을 보면, 얼굴뿐만 아니라 팔이나 흉부 쪽 피부가 반점처럼 얼룩져 있는 사진이 많이 있다. 그가 평소 양산을 쓰고 다닌 이유도 햇빛을 받으면 멜라닌 세포가 파괴되어 백반증이 더 심해지기 때문이었다. 게다가 1984년에는 펩시 광고 촬영 중 머리카락에 불이 붙어 두피에 큰 화상을 입고 피부 이식을 받게 된다.

백반증은 피부에 큰 자극이 오면 급속도로 악화되는데 이 화상으로 인해 백반증이 더욱 심해졌다고 한다. 생전에는 사적인 이유로 의료 기록을 밝히는 것을 거부했지만 2009년 사후 부검에서 백반증의 진실이 밝혀졌다.

코는 영화 「The Wiz」(1979) 촬영 중 낙상 사고로 첫 수술을 하게 되었고 이후 호흡 문제로 인해 몇 차례 더 받았다. 턱 홈 수술은 미용 목적 때문에 했다고 인정했으며 사후에 눈썹도 문신이라는 사실이 밝혀졌는데 아마도 피부뿐만 아니라 털도 하얗게 변했기 때문에 문신을 한 것으로 보인다.

성추행 파문 - 마이클 잭슨

마이클 잭슨은 평생 크게 2차례의 성 추문 논란이 있었다. 첫 번째는 1992년 어느 날, 마이클 잭슨이 타고 있던 자동차가 고장이 나 길가에 발목이 잡히는 상황이 생긴다. 근처 카센터 겸 렌트카 업체의 사장은 마이클 잭슨에게 무료로 차를 빌려주는 대신 자신의 의붓아들에게 전화 한 통만 해달라고 부탁한다. 평소 아이들을 좋아하던 마이클 잭슨은 흔쾌히 받아들였고 이후 아들인 조던 챈들러(Jordan Chandler)와 자주 연락을 주고받게 되었다. 더 나아가 네버랜드로 초대하여 가족 전체와도 친하게 지낸다.

그러던 중 이혼한 조던의 아버지 에반 챈들러(Evan Chandler)가 전 아내와 아들이 마이클 잭슨과 친해졌다는 소식을 듣고 의도적으로 마이클 잭슨에게 접근한다. 에반은 이혼 후 아들과 평소 가깝게 지내는 사이는 아니었다.

1993년 8월, 에반은 갑자기 마이클 잭슨에게 자신의 아들을 성추행했다며 은밀하게 합의금을 요구했고 마이클 잭슨은 이를 거부하고 공갈 혐의로 고소한다. 이에 치과 의사였던 에반은 아들에게 마취 효과가 있는 약물을 투여하여 정신을 혼미하게 만들어 억지로 부적절한 관계가 있었다고 주장하게 만든다. 이후 에반은 즉시 정신과 의사를 찾아가 공식적으로 기록을 작성하고 아동복지국에 신고한다.

슈퍼스타에 대한 신고를 받은 경찰은 즉시 대대적인 수사를 시작했고 언론에서도 난리가 났다. 담당 검사인 톰 스네던(Tom Sneddon)은 네버랜드와 마이클 잭슨의 행적이 있을 만한 모든 곳들을 압수수색했지만 증거를 찾지 못했고, 마이클 잭슨과 가깝게 지내던 어린이 30여 명과 주변인 200명을 심문했지만 모두 마이클 잭슨은 그런 적이 없다고 진술한다. 마이클 잭슨은 수사 과정에서 조던의 진술에 의한 신체 비교를 위해 검사, 의사, 변호사 등 많은 사람들이 보는 앞에서 알몸 수색을 당하는 참담한 수모를 겪는다.

거짓 소문은 전 세계로 퍼져나가고 잭슨은 자신의 억울함을 담은 성명을 발표했지만 논란은 걷잡을 수 없이 커져갔다. 그리고 당시 'Dangerous World Tour' 중이었는데, 투자업체들은 마이클 잭슨의 이미지의 훼손으로 인해 자신들에게 손해를 끼칠까 봐 마이클 잭슨에게 그냥 일정 금액 합의해서 조용히 넘어가자고 권유한다. 이 제안에 등 떠밀려 마이클 잭슨은 "어떠한 잘못된 행위도 하지 않음"을 확실히 하는 문서를 작성하고 합의에 이른다. 하지만 대중들에겐 잘못을 인정하여 합의했다고 와전된다. 심지어 잭슨과 평소 사이가 좋지 않던 친누나 라토야 잭슨(La Toya Jackson)마저 마이클 잭슨을 비난하며 부채질했다.

결국 투어까지 중단하고 극심한 스트레스와 황색 언론이 만들어낸 이미지에 잭슨은 고통을 이기지 못하고 결국 칩거하게 된다. 수사는 1년 이상 소요되었으나 증거 불충분으로 불기소 처분을 받으며 일단락된다. 하지만 한 번 구겨진 종이는 아무리 펴도 원래대로 돌아오지 않듯이 마이클 잭슨에게겐 영원한 큰 상처로 남게 되었다.

2009년 마이클 잭슨 사망 후 조던 챈들러는 인터뷰를 통해 모든 일이 아버지가 꾸민 일이었다는 사실을 밝혔다. 에반 챈들러는 합의금으로 사업 및 병원을 개업했다가 결국 파산했고 2009년 권총 자살로 생을 마감한다.

두 번째는 2000년, 10세의 말기암 환자 개빈 아르비조(Gavin Arvizo)가 한 방송에서 자신의 우상인 마이클 잭슨을 만나는 것이 소원이라고 한다. 소식을 들은 마이클 잭슨은 즉시 개빈의 치료비를 전액 지원하고 네버랜드로 그의 가족을 모두 초대하여 친밀한 관계를 형성한다. 주변에서는 이전의 사건으로 인해 더 이상 아이들을 위한 선행을 하지 말라는 조언이 있었지만 잭슨은 현실보단 마음이 가는 대로 하고 싶고 아이들은 어떠한 잘못이 없다며 꾸준히 이어나간다.

그러던 중 2002년, 영국 언론인 마틴 바셔(Martin Bashir)의 「Living with Michael Jackson」이라는 다큐멘터리 프로그램이 네버랜드에서 촬영된다. 잭슨은 마틴 바셔를 믿고 네버랜드 안에서의 진실된 이야기를 세상에 전해 과거의 오해를 풀 수도 있을 것 같아 촬영을 허락한다. 촬영은 약 8개월 동안 진행되었고 이 기간 동안 방문한 개빈은 자연스럽게 인터뷰에 응해 출연한다.

2003년 2월 3일에 영국에서 공개된 다큐멘터리는 놀랍게도 예상과는 정반대의 장면만 악의적으로 편집하여 방영되었다. 프로그램은 마이클 잭슨을 아동 성범죄자의 프레임을 씌우기 위해 말도 안

되는 짜깁기를 해 다시 한 번 큰 논란을 불러일으킨다.

방송에선 잭슨이 “침대를 공유하는 것은 사랑을 나누는 행동입니다“라고 오해의 소지가 큰 말을 그대로 송출했는데, 실제 의미는 ‘누구든 내 침대를 원하면 내가 바닥에 자더라도 비켜줄 수 있다. 친구들(아이들)을 위해서 내 사적인 영역까지 충분히 내줄 수 있다’라는 것이었다. 그러나 발언의 앞뒤를 다 자른 악마의 편집본이 그대로 방영된다.

게다가 마틴 바셔가 마이클 잭슨에게 동성애자냐고 물을 때 “카메라를 끄면 이야기해 주겠다”라며 손을 잡는 장면까지 붙여넣어 마치 게이인 것처럼 내보낸다. 실제 카메라가 꺼진 후 잭슨은 자신은 이성애자이며 나를 좋아해주는 팬들 중에 동성애자들이 있고 그들을 존중하기 때문에 함부로 말하지 않는다고 했다. 손을 잡는 건 마틴 바셔가 유도한 것이며 이 방송으로 인해 잭슨이 특히 개빈을 성추행한 것처럼 꾸며져 세상은 또다시 난리가 난다.

그런데 이전까지 잘 지내던 개빈의 가족이 프로그램 방영 이후 갑자기 실제로 성추행을 당했다고 잭슨을 고소한다. 곧바로 다시 잭슨에 대한 체포영장이 발부되고 네버랜드가 다시 압수수색당한다. 체포 과정에서 경찰은 잭슨의 팔을 꺾어 탈골시키고 위생적으로 더러운 화장실에 가두고 한 시간 넘게 아동 성범죄자라며 조롱까지 한다.

잭슨은 과거 알몸 수사에 이어 큰 수치스러움을 또 겪게 되는데, 놀랍게도 사건의 담당 검사는 10년 전 챈들러 사건을 맡았던, 마이클 잭슨을 못 잡아먹어 안달이 난 톰 스네던이었다.

이 사건은 '침대'라는 매개물을 중심으로 대대적인 수사가 이루어졌다. 경찰은 엄청난 비용을 써가며 들여 잭슨의 주변인부터 그가 다녀간 모든 곳을 수사했지만 혐의가 입증될 만한 증거를 찾지 못했다. 특히 침대에서 개빈의 DNA가 검출되지 않았고 가족의 진술도 오락가락하여 신뢰성을 잃었다.

2년간 수사를 하고 총 14가지 혐의로 재판을 받았지만 마이클 잭슨은 배심원 전원 만장일치로 최종 무죄 판결을 받았다. 이후 마이클은 자신을 고소한 아르비조에게 한마디 해달라는 기자의 요청에 "네버랜드에서 함께 보냈던 좋은 추억들이 아픈 추억으로 바뀌지 않길 바란다"며 소년을 용서하는 발언을 해 사람들의 귀감이 되기도 했다.

형의 권리 다 살게요 - 마이클 잭슨

1980년대 초, 팝 시장의 두 거물인 폴 매카트니와 마이클 잭슨은 함께 작업하며 돈독한 우정을 이어갔다. 마이클 잭슨의 [Thriller] 앨범에 수록된 <The Girl Is Mine>과 폴 매카트니의 [Pipes of Peace] 앨범에 수록된 <Say Say Say>는 두 사람이 함께 작업해서 성공시킨 대표적인 공동 작업물이다.

어느 날 두 사람이 식사 중에 저작권에 대한 이야기를 나눈다. 폴 매카트니는 자신의 소유하고 있는 음악 저작권 목록을 보여주며 매년 발생하는 수익과 향후 큰돈을 벌 수 있는 방법 중 하나가 저작권이라고 설명해준다. 그러면서 정작 자신이 속했던 비틀스의 저작권은 하나도 가지고 있지 않다며 씁쓸함을 표한다. 이를 듣고 있던 잭슨은 번뜩 "제가 언젠가 비틀스의 저작권을 모두 사겠어요!"라고 말했고 폴 매카트니는 웃으며 상황을 넘긴다.

관심이 생긴 잭슨은 이후 과거의 히트곡들의 판권을 사들이기 시작했고 저작권에 대한 전문 지식을 쌓아나간다. 비틀스가 활동하던 1960년대 초, 매니저 브라이언 엡스타인은 비틀스의 저작권을 소유하는 회사인 'Northern Songs'를 설립했다. 당시 20대 초반의 아무것도 모르던 비틀스는 저작권을 모두 회사에 넘기겠다는 사인을 하고 만다.

브라이언 엡스타인이 1967년에 사망한 후 'ATV Music'이라는 회사가 Northern Songs를 인수한다. ATV Music은 이후 성장하여 비틀스의 곡 250곡을 포함해 전 세계 4,000여 곡의 저작권을 보유한 대형 회사로 발돋움한다.

1980년대 초, ATV의 대표는 회사를 시장에 매물로 내놓으면서 폴 매카트니에게 4,000만 달러에 살 수 있는 우선 구매권을 준다. 그러나 폴 매카트니는 자신이 만든 곡을 비싼 가격에 다시 사야 한다는 게 억울했다. 또한 그는 존 레논의 저작권이 필요 없었기 때문에 오노 요코에게 각각 1,000만 달러씩 내서 2,000만 달러에 나눠 갖길 희망했지만 거래는 성사될 수 없었다. 구매 포기 이후 다른 대형 음반사들, 부동산 회사, 금융 회사 등이 득달같이 달려든다.

소식을 들은 마이클 잭슨도 경쟁에 참여한다. 잭슨은 어릴 적부터 비틀스의 광팬이었고 향후 가치를 고려해 무슨 일이 있더라도 구매하길 희망했다. [Thriller]로 전성기를 보내고 있던 잭슨은 전력투구 끝에 결국 4,750만 달러에 ATV Music을 인수하여 비틀스의 저작권을 모두 가지게 되었다. 폴 매카트니는 마이클 잭슨에게 전화를 걸어 서운함(?)을 표했는데 돌아온 대답은 "폴, 이건 단지 비즈니스예요"였다.

폴 매카트니는 이후 인터뷰에서 이 사건으로 둘 사이가 멀어졌다고 밝혔다. 마이클 잭슨이 소유한 저작권은 이후 소니뮤직과의 지분 변동이 있었지만 수십 년 동안 상상을 초월하는 수입을 안겨주었다. 심지어 사후 잭슨은 가장 수입이 많은 유명인(가수 한정 아님) 1위로 꼽히기도 했다.

더러워서 이름 안 쓴다 - **프린스**

1980년대 마이클 잭슨의 라이벌로 평가받던 프린스(Prince)는 1993년 돌연 앞으로 프린스라는 이름을 쓰지 않겠다고 선언한다. 1994년에 발매된 앨범 [Come]의 표지에는 'Prince 1958~1993'라고 표기하며 "여러분이 알고 있는 프린스는 죽었다"고 발표한다. <When Dove Cry>, <Let's Go Crazy>, <Kiss>, <Batdace>, <Cream>, <Purple Rain>, <Raspberry Beret>, <U Go the Look> 등 화려한 질주를 하던 프린스가 갑자기 은퇴라도 하는가 싶었지만 그 이유는 소속사인 워너브라더스와의 불화 때문이었다.

프린스는 7살 때부터 작곡을 시작했으며 1978년 데뷔 이후 매년 1, 2장의 정규 앨범을 발매할 만큼 엄청난 창작 재능과 실력, 부지런함을 겸비한 천재 중의 천재였다. 1,000곡이 넘는 미발표 곡이 쌓여 있다는 소문이 돌았고 팬들 사이에선 이를 "The Vault"라 불렸다.

프린스는 자신의 모든 곡을 발표해 사람들에게 들려주기를 원했지만 소속사는 현실적으로 수많은 곡을 발표하는 것은 무리라며 판매와 희소성을 고려해 2년에 한 번씩 발매하자고 제안한다. 화가 난 프린스는 "내 노래를 왜 내 마음대로 발표하지 못하냐?"고 억울해하며 소속사에 계약된 '프린스'라는 이름을 쓰지 않겠다고 통보한다.

이후 자신이 설립한 NPG 레이블을 통해 '프린스'라는 이름 대신 남성과 여성의 성 기호를 조합한 심벌을 사용해 앨범을 발매한다. 사람들은 그를 부를 적절한 이름이 없어 '러브 심벌'이나 TAFKAP(The Artist Formerly Known as Prince, 프린스라고 불리던 아티스트)라고 부르기 시작한다. 프린스는 대형 소속사에서 뮤지션이 그저 노예에 불과하다는 의미를 비꼬기 위해 오른쪽 뺨에 'SLAVE'라는 문신을 새겨버린다. 이후 7년간의 법적 분쟁을 해결한 후 2000년에 다시 프린스로 돌아와 꾸준히 음악 활동을 이어나갔다.

프린스는 생애 동안 다양한 음악 장르를 시도한 실험적인 아티스트였다. 그루브한 R&B와 록 사운드에 펑키한 리듬감을 토대로 신디사이저와 드럼 비트가 큰 비중을 차지하는 '미네아폴리스 사운드(Minneapolis Sound)'를 정립시켰다. 또한 그는 기타리스트로서도 엄청난 명성을 가지고 있었고 30여 가지의 악기를 연주할 수 있어 대부분의 실험적인 사운드를 직접 연주했다.

외설적으로 보일 수 있는 섹슈얼한 앨범 컨셉으로 많은 논란과 질타를 받았지만 음악사에서는 모두의 인정을 받는 진정한 혁명가였다.

충격의 누드집 - **마돈나**

1984년 제1회 MTV 비디오 뮤직 어워드 시상식에서 마돈나는 발매 직전의 곡인 <Like a Virgin>을 부른다. '처녀처럼'이라는 섹슈얼한 노래 제목과 가사, 가슴이 깊게 파인 드레스에 "BOY TOY"라고 적힌 벨트를 찬 마돈나는 무대 위에서 이리저리 굴러다니며 팬티까지 노출하는 충격적인 퍼포먼스를 선보인다. 현장에 있던 사람들은 놀란 나머지 아무런 반응을 하지 못하다가 무대가 끝나자 약속이라도 한 듯 모두 박수를 쳤다.

충격 그 자체였다. 당시 보수적이었던 미국 방송에서 그 누구도 시도할 수 없었던 것을 데뷔한 지 얼마 되지도 않은 앳된 여자 가수가 정면으로 도전한 것이다. 다음 날부터 마돈나가 미쳤다면서 퇴출시켜야 한다는 반응과 진정한 영웅이라는 입장으로 나뉘었다. 두 가지 의견 사이에서 한 가지 공통점은 어딜 가나, 누구든, 모두가 마돈나 이야기를 한다는 것이었다. 마돈나는 엄청난 슈퍼스타가 되었다.

이후 발매된 2집 [Like a Virgin]은 단번에 여성 아티스트 최초로 2천만 장이 판매된 앨범이 되었고, 마돈나는 1984년 빌보드 연말 결산 아티스트 1위로 선정된다. 특히 젊은 여성 추종자들이 엄청나게 많이 생기면서 마돈나의 애티튜드와 패션을 따라하는 당당한 여성상이 유행하게 된다.

마돈나가 가장 잘하는 것은 바로 자신의 의도대로 대중의 관심을 끄는 것이었다. 전략적으로 논란과 가십 거리를 만들어 대중의 스포트라이트를 받으며 자신의 상품성을 화려하게 피력하기 시작한다. <Material Girl>에서는 물질적인 돈만 원하는 여성을 논했고, <Papa Don't Preach>에서는 10대 미혼모의 낙태에 대한 것을 다뤘으며, <Like a Prayer>에서는 신성모독 논란을 일으켰다. 특히 <Like a Prayer>의 뮤직비디오는 흑인 예수와의 성관계를 묘사하는 장면과 십자가를 불태우는 장면으로 인해 살해 협박을 받고 이로 인해 많은 협업 계약이 해지되기도 한다.

등장할 때마다 끊이질 않는 가십과 논란 속에도 앨범 판매량은 1,000만 장, 2,000만 장씩 우습게 팔려나간다. 1992년 정규 5집 앨범 [Erotica]의 발매와 함께 마돈나는 자신의 누드집인 『SEX』를 동시에 발매한다. 누드집의 내용은 육체의 각선미를 뽐내는 아름답고 예술적인 사진이 아닌 수위가 상당히 높은 사진들이었다. 동성 간의 성교, 집단 난교, SM 성향이 가득 찬 매우 하드하면서 고

어적인 내용들이었다. 이런 변태적인 사진집이 전 세계적으로 불티나게 팔려나가 불과 사흘 만에 150만 부를 팔아버린다. 원래는 더 추가로 찍을 수 있었는데 마돈나는 대중의 애간장을 태우듯 의도적으로 절판을 시켜버린다.

이 사진집은 마돈나의 논란 역사에서 가장 큰 사건이었다. 세계 각국에서는 사진집을 수입·판매 금지 품목으로 지정했고 종교계에서는 수많은 보이콧 언급을 쏟아냈으며 방송 및 언론계에서는 마돈나를 미친 듯이 쪼아대기 시작했다. 이에 마돈나는 자신은 "사람들의 편견의 속박에서 풀어주기 위해 발매했다"며 당당함을 내비쳤으나 사람들은 마돈나가 선을 심하게 넘었다고 생각했는지 이 사건 이후 음반 판매량은 떨어지는 추세를 보였고, 마돈나 스스로도 섹슈얼한 이미지보다는 음악성에 더 신경을 많이 쓰며 현재까지 활동을 이어나가고 있다.

마돈나는 앞서 언급한 수많은 논란들로 인해 저평가받는 가수 중 한 명이지만, 수억 장에 달하는 판매고와 각종 수상 기록, 타이틀은 그의 가치를 증명해주고 있다. 또한 40년이 넘는 세월 동안 젊은 대세 후배 가수들과 어깨를 나란히 할 저력을 꾸준히 보여주고 있을 뿐 아니라 평단에서도 호평을 받는 앨범들이 수두룩하다.

음악뿐만 아니라 패션계에서도 "마돈나 워너비(Madonna Wannabe)"라는 용어가 있을 만큼 큰 영향력을 끼치고 있으며 여러 명품 브랜드의 뮤즈로 활동하고 있다. 영화배우로서도 다양한 작품에 출연했으며 「에비타(Evita)」 작품으로 골든글로브 여우주연상을 수상했다.

여성 및 성 소수자를 위한 사회적 메시지를 보내는 등 사회 운동을 열심히 하는, 팝의 여왕을 뛰어넘는 문화의 아이콘이다.

그 외 추천곡

<Crazy for You>, <Into the Groove>, <Live to Tell>, <True Blue>, <Open Your Heart>, <La Isla Bonita>, <Express Yourself>, <Who's That Girl>, <Cherish>, <Vogue>, <Justify My Love>, <Erotica>, <I'll Remember>, <Take a Bow>, <Frozen>, <Music>, <4 Minutes> 등

여성 찬가 - 신디 로퍼

1983년 신디 로퍼(Cyndi Lauper)의 데뷔 앨범 [She's So Unusual]은 발매 직후 빌보드차트 Top 5에 4곡(<Girls Just Want to Have Fun>, <Time After Time>, <She Bop>, <All Through the Night>)을 올리며 큰 성공을 거두었다. '그녀는 정말 특이하다'라는 이 앨범명은 앙칼진 목소리, 독특하고 발랄한 패션, 무대 위에서의 통통 튀는 모습, 거친 언행의 악동 이미지의 신디 로퍼를 정의하기에 아주 적절했다.

어릴 적 부모님의 재혼으로 계부와 함께 살게 된 신디 로퍼는 계부에게 폭력과 성추행을 당해 어린 나이에 큰 상처를 받았다. 고등학교를 자퇴하며 일찍이 사회의 불평등한 차별 대우를 경험하였고, 사랑하는 이의 아이를 가졌다가 낙태 수술까지 하는 일을 겪기도 했다. 이러한 경험들로 인해 신디 로퍼는 여성 인권에 대한 깊은 관심을 갖게 되었고, 이 모든 경험을 음악적 자양분으로 삼아

[She's So Unusual]에 마음껏 쏟아부었다.

<Girls Just Want to Have Fun>은 1979년에 나온 로버트 아자르(Robert Hazard)의 곡을 리메이크한 것이다. 원곡 '여자들은 그냥 재미있게 놀고 싶어 해'는 남성의 입장에서 쓰여진 것으로 여자들은 (나를 만나서) 놀고 싶어 해, 라는 뉘앙스의 곡이었다.

바람둥이 남자의 시선으로 여성을 단순히 즐거움의 도구로 보는 듯한 우월주의 곡을 신디 로퍼는 약간의 가사 수정을 통해 뜻을 180도 달라지게 비틀어 편곡했다. '(남자와 동일하게) 여자들도 놀고 싶어'라는 의미로 바뀐 이 곡은 자유를 원하는 당당한 여성들의 외침으로 불과 4년 전에 나온 원곡을 제대로 꼬집어버렸다.

여담인데, 왁스의 노래 <오빠>를 리메이크로 유명한 <She Bop>은 자위행위에 관한 이야기로, 직설적이고 외설적이긴 하지만 당대 남자들만 할 수 있었던 야한 이야기를 여성도 당당히 할 수 있다는 것을 보여주었다. 또 <Money Changes Everything>은 사랑보다 돈이 더 중요하다고 말하며, 여성으로서 주체적인 가치관과 사상을 남성에게 보여주는 곡이다.

신디 로퍼는 뉴웨이브/팝 록 스타일의 음악으로 그 시대의 억압받는 여성들을 대변하여 남녀노소 모두에게 큰 사랑을 받았다. 실제로 여성의 지위와 인권을 향상시킨 인물로 수차례 꼽히기도 했다.

이후 커리어 동안 신디 로퍼는 성소수자의 이야기를 다룬 뮤지컬 「킹키 부츠(Kinky Boots)」의 사운드트랙을 맡기도 하고 성소수자들을 위한 재단을 설립하는 등, 여성뿐만 아니라 모든 사람을 위한 인권운동을 펼치고 있다.

MTV 개국과 두 번의 아이러니

1981년 8월 1일, 대중음악의 역사를 통째로 바꿔버린 괴물이 등장한다. 바로 미국의 음악 전문 방송인 MTV가 개국한 것이다. 아폴로 11호의 발사 영상과 함께 신호탄을 쏜 MTV의 첫 번째 방송 뮤직비디오는 아이러니하게도 버글스(The Buggles)의 <Video Killed the Radio Star>였다. 이 곡은 현대 기술의 발전으로 많이 바뀌어버린 그리운 향수들을 라디오에 비유한 곡이다. "비디오가 라디오 스타를 죽였다."

누가 봐도 여기서 비디오는 MTV를 의미하는데, 왜 그들은 자조적인 셀프디스를 하듯 이 곡을 역사적인 첫 번째 영상으로 틀었을까? 여기에는 MTV의 센스와 배포가 숨어 있었다. 자신들이 앞으로 음악산업을 주도하겠다는 괴물의 포효를 담은 것이다. MTV는 등장부터 어마어마한 위력을 발산했다. 불과 몇 년 만에 기존의 음악시장을 허물어뜨려 버리고 새로운 패러다임을 제시했다.

가수라면 가창력, 연주력, 창작 능력 등이 가장 중요시되었지만 이제는 그뿐만 아니라 비주얼적인 면과 스타성, 연출력 등 보이는 면이 각광받기 시작했다. 듣는 음악에서 보는 음악으로 바뀌어버린 것이다. 이러한 변화에 따라 잘생기고 예쁘며 화려한 패션과 메이크업을 한 새로운 형태의 가수들이 대거 등장한다. 듀란듀란, 컬처클럽, 유리스믹스, 휴먼리그, 웸, 아하(A-ha), 가자구구 등이 대표적이며, 모든 뮤지션들이 필수적으로 컬러풀하고 자극적이며 스토리까지 담긴 뮤직비디오를 선보였다. 뉴웨이브/신스 팝이 유행하면서 신비로운 음악과 이미지가 더해져 세계적으로 큰 사랑을 받았다.

날이 갈수록 뮤직비디오의 퀄리티와 기술적인 면이 발전하게 된다. 마이클 잭슨은 할리우드 감독 존 랜디스(John Landis)와 함께 단편 영화라고 해도 손색이 없는 전설의 <Thriller>를 발표해 세상을 놀라게 했다. 이런 행태를 못마땅해 하는 뮤지션도 있었다.

1985년, 밴드 다이어스트레이츠(Dire Straits)는 음악성도 없으면서 단지 시각성만으로 인기를 얻는 가수들을 싫어했고 그들에게 <Money for Nothing>이라는 곡으로 일침을 가한다. 스팅과 함께 작업한 곡으로 대놓고 MTV와 당대 스타들을 강하고 직설적으로 비판한다.

"MTV에 나와 기타 치고 있는 저 호모와 게이들을 봐.", "저런 애들이 백만장자에 개인 비행기까지 있다.", "침팬지가 소음을 낸다.", "나도 악기나 배워둘걸."…

이렇듯 엄청난 수위의 가사로 이 세태에 경각심을 일깨워주었다. 이 곡은 1985년 라이브 에이드 공연을 통해 큰 주목을 받고 빌보드차트 1위까지 달성하게 되는데 여기서 한 가지 아이러니가 발생한다.

MTV는 자신들을 신랄하게 비판한 다이어 스트레이츠에게 연락을 취해 <Money for Nothing>의 뮤직비디오를 제작하자고 제안한다. 곡의 도입부에 후렴구인 "I want my MTV"가 반복적으로 나오는데, MTV는 이를 역으로 활용하고 싶었던 것이다. 얼마나 큰돈을 준진 모르겠지만 그렇게 MTV의 주도하에 제작자 스티브 배런(Steve Barron, 후에 A-ha의 <Take on Me> 제작자)과 함께 최초의 컴퓨터 애니메이션 뮤직비디오를 선보여 세상에 시각적인 신선함을 제공했다.

뮤직비디오는 크게 성공하여 다음 해인 MTV 뮤직 어워드에서 올해의 비디오상을 수상하기도 한다.

MTV 최종 승자 - **듀란듀란**

1980년대 초반, 영국과 유럽에서는 신디사이저를 전면에 내세운 뉴웨이브와 신스 팝 음악이 유행하면서 듀란듀란, 컬처클럽, 웸, A-ha 같은 밴드들이 큰 인기를 끌었다. 이들의 인기는 유럽을 넘어 미국까지 도달했는데, 그 모습이 마치 1960년대 비틀스를 필두로 한 브리티시 인베이전을 연상케 하여 제2의 브리티시 인베이전으로 불렸다(1970년대 레드제플린, 딥퍼플, 블랙사바스 등을 2차 침공으로 보는 사람들도 있고 1990년대를 침공을 2차로 보는 사람도 있다).

그 선봉장에는 단연 듀란듀란이 있었다. 네 명이었던 비틀스의 별명인 The Fab Four를 이어받아 다섯 명인 듀란듀란은 The Fab Five라고 불렸다. 이들은 데뷔 초 잘생긴 외모, 독특한 패션과 더불어 자극적이면서 신선한 컬러풀한 뮤직비디오로 주목받았다. 당시 개국한 지 얼마 되지 않은 MTV는 뮤직비디오가 필요했고, 듀란듀란은 이에 안성맞춤이었다. 특히 상당히 선정적이었던 <Girls on Film>은 영국의 BBC에서 방송 금지를 당했지만, 미국의 MTV에서는 미친 듯이 하루종일 틀어주었다. MTV는 시청률을 얻었고 듀란듀란은 많은 방송 노출로 미국 진출에 성공했으므로 서로 윈윈한 셈이었다. 그 외에도 <Rio>, <Careless Memories>, <Hungry like the Wolf>, <Save a Prayer> 같은 뮤직비디오가 인기를 끌어, 결국 1984년 그래미에서 최우수 비디오 앨범상을 수상한다.

비비드한 색채감과 이국적인 풍취, 짜임새 있는 스토리는 한 편의 단편 영화를 떠올리게 했다. 듀란듀란의 성공에 MTV는 거의 혈맹 관계나 다름없었다. 이로 인해 듀란듀란은 잘생긴 비디오형 가수로 음악성이 낮다는 편견이 생긴 탓에 진중한 음악을 하는 밴드들에게 손가락질을 받기도 했지만 그들만의 음악적 스타일은 분명 존재했다. 윤곽이 뚜렷한 멜로디 라인에 펑키한 리듬, 신디사이저의 적절한 펀치력, 댄서블한 비음 섞인 매력적인 보컬은 대중의 취향을 저격했다. 영국의 다이애나 왕세자비도 가장 좋아하는 밴드로 듀란듀란을 언급할 정도였다.

후기로 갈수록 듀란듀란은 더 폭넓은 장르를 추구하며 다양한 시도를 했으며 2021년 정규 15집을 발표하면서 아직도 왕성하게 활동 중이다. 물론 중간중간 밴드가 두 개의 프로젝트 그룹으로 나뉘고, 멤버들의 탈퇴로 인해 3인조가 됐다가 다시 복귀해 완전체로 활동하는 등 굴곡은 있었지만 절대 단순히 잘생긴 외모만으로 40

년이 넘는 시간을 버텨온 건 아니다.

여담으로, 듀란듀란의 <Sin of the City>라는 곡을 들어보면 도입부에 뜬금없이 한국어로 "아니, 차 하나도 못 만드는 주제에…" 라는 말이 나온다. 이는 한국인 열성팬들이 듀란듀란을 보기 위해 영국까지 날아가 스튜디오 앞에서 떠들며 기다리다가, 멤버 중 한 명이 그들의 대화를 듣고 즉흥적으로 섭외해 녹음한 것이라고 한다.

그 외 추천곡

<The Reflex>, <The Wild Boys> ,<Is There Something I Should Know?>, <Come Undone> 등

표절은 우리가 제일 잘 해 - **컬처클럽**

1983년, <Karma Chameleon>으로 빌보드 싱글차트 1위를 차지하고 이듬해 그래미 최우수 신인상을 수상한 컬처클럽(Culture Club)의 등장은 당시 음악계에 큰 충격을 주었다.

MTV가 세상을 지배하면서 잘생기고 예쁜 가수들이 주목받았지만 그래도 각자의 성별에 맞게(?) 활동했다. 하지만 컬처클럽의 보컬 보이 조지(Boy George)는 예쁜 패션과 짙은 화장을 한 여장남자로 등장해 비주얼 쇼크를 주었다. 여자보다 더 아름다운 보이 조지는 남성들의 호기심을 자극했는데 스스로 여장남자라는 것이 단순한 컨셉이 아니라 자신의 진정한 정체성이라고 밝혀 더 큰 충격을 주었다. 뉴웨이브를 기반으로 미국의 팝과 컨트리의 요소들과 레게와 소울 같은 흑인음악 요소들까지 섞어 만든 컬처클럽의 곡들은 항상 표절 논란에 휘말리곤 했다. 『타임』지는 이들의 음악을

"모든 팝 음악을 집어넣은 포켓"이라고 긍정적으로 포장해주었지만 보이 조지는 논란들에 정면으로 도전한다. "표절은 내가 가장 좋아하는 어휘 중 하나이다. 컬처클럽은 현대 음악에 있어서 표절의 가장 진지한 형태이다. 우리는 누구보다 표절을 잘 한다"라고 논란을 인정(?)하며 『타임』의 실드를 걷어차 버린다. 당시 저작권 문제로 아티스트들 간의 갈등이 예민했던 시기에 이 어처구니없는 발언은 또 다른 엄청난 논란을 일으켰다. 제임스 테일러(James Taylor)는 <Karma Chameleon>이 자신의 곡 <Handy Man>을 표절했다며 고소한다. 개인적으론 멜로디 부분에서는 전혀 비슷하지 않지만 가사 중 "comma, comma, comma~"라는 똑같이 반복되는 부분 때문에 고소를 제기한 것으로 보인다. 이 외에도 보이 조지는 자신의 곡 중 일부가 다른 가수의 곡을 가져와 쓴 것임을 인정하며 컬처클럽의 음악을 '모방 소울(Imitation Soul)'이라고 칭했다. 스스로 표절을 잘 한다라고 한 컬처클럽의 표현이 참 재밌는 것 같다. 그들의 음악을 듣다 보면 "어? 어디서 들어본 것 같은데? 음…모르겠고, 아무튼 좋다!"라는 생각이 들 정도로 레퍼런스와 표절 사이의 줄타기는 누구보다 잘 했던 것 같다.

그 외 추천곡

<Do You Really Want to Hurt Me>, <Time>, <I'll Tumble 4 Ya>, <Church of the Poison Mind> 등

칠전팔기, 최고의 뮤직비디오 - 아하

폴 왁타 사보이(Paul Waaktaar-Savoy)는 학창 시절 자신만의 감각으로 기가 막힌 리프를 만들어낸다. 브리저스(Bridges)라는 밴드에 소속되어 있던 그는 그 리프와 멜로디를 활용해 1981년 <The Juicy Fruit Song>이라는 곡을 발표하지만 빛을 보지 못하고 묻히고 만다.

밴드는 자연스럽게 해체되고 멤버였던 망네 푸루홀멘(Magne Furuholmen)과 새로운 팀을 꾸리려던 차에 우연히 보컬 모튼 하켓(Morten Harket)을 만나 A-ha를 결성한다. 모튼 하켓의 잘생긴 외모와 부드러운 보컬 스타일은 그들이 추구하는 음악에 딱 맞았고, 모튼 하켓은 <The Juicy Fruit Song>의 리프를 듣고 성공을 확신해 합류한다.

셋은 데모 테이프를 만들기 시작했고 <The Juicy Fruit Song>은 다듬어져 도입부에 신디사이저가 추가된 <Take on Me>라는 제목으로 바뀐다. 여러 곳에 데모 테이프를 돌리던 A-ha는 대형 음반사인 워너브라더스와 계약하게 되는데 음반사 역시 <Take on Me>가 무조건 성공할 곡이라고 판단했다. 1984년 <Take on Me>가 세상에 나왔지만 끈적끈적한 뉴웨이브 스타일과 밋밋한 느낌 때문에 노르웨이를 제외한 다른 나라에서는 처참히 실패하고 만다. 두 번의 참패를 맛본 멤버들은 이 곡이 대중들 귀에 맞지 않다고 생각해 상실감에 빠졌지만 워너사는 이들의 가능성을 꿰뚫어보고 대대적인 개조에 들어간다.

곡의 템포를 더 빠르고 박진감 있게 편곡하고 무거운 느낌을 싹 걷어낸다. 신디사이저 음을 잘 들리게 하여 통통 튀면서도 대중적인 신스 팝 형태로 대대적인 수술을 단행한다. 또 MTV 시대에 걸맞게 뮤직비디오에도 큰 투자와 공을 들인다. 마이클 잭슨의 <Billie Jean>, 다이어스트레이츠의 <Money for Nothing> 등 뮤직비디오계의 미다스의 손이라고 불리는 스티븐 배런을 영입하여 최고의 결과물을 만들어냈다.

<Take on Me>의 뮤직비디오는 사람의 움직임을 촬영한 후 한 프레임씩 그림을 그리는 '로토스코핑(Rotoscoping)' 기법을 활용해 신선함을 보여주었다. 볼펜으로 그린 4,000여 장의 스케치가 실사 영상과 합쳐져 센세이셔널한 영상미를 만들어냈고, 내용 면에서도 3분이라는 짧은 시간에 한 편의 영화 같은 스토리로 감동을 선사했다.

수년간 칠전팔기의 기세로 다듬어져 새옷을 입은 <Take on

Me>는 1985년 정규 앨범 [Hunting High and Low]에 수록되어 발매되자 눈부신 성공을 거둔다. 빌보드 Hot 100 1위를 비롯하여 세계 각국 차트 정상을 모조리 차지한다. 다음 해인 1986년 A-ha는 그래미 어워드에서 Best New Artist를 수상하고, 혁명적인 뮤직비디오는 MTV 뮤직 어워드에서 8개 부문에 노미네이트되며 6개 부문에서 수상한다.

워낙 중독성 있고 기억에 쏙쏙 박히는 곡이라 한 번 들으면 잊을 수 없어 수십 년이 지난 지금까지도 커버, 리메이크, 샘플링, 패러디되고 있다. 또한 뮤직비디오로 재미를 본 A-ha는 이후 나온 곡들도 많은 신경을 써 굵직굵직한, 공들인 영상들을 많이 배출했다. 특히 <The Sun Always Shines on TV>의 뮤직비디오는 <Take on Me>와 이어져 반전을 선사하기도 한다. A-ha는 500여만 인구의 작은 나라 노르웨이 국민의 자긍심이 되었고 2012년 국위 선양의 공로를 인정받아 국왕에게 1급 기사 작위 훈장을 수여받았다.

그 외 추천곡

<Manhattan Skyline>, <Summer Moved on>, <The Living Daylights>, <I've Been Losing You> 등

최초의 1위와 질투 - 콰이어트라이엇

콰이어트라이엇(Quiet Riot)의 3집 앨범 [Metal Health]가 1983년 11월 26일자로 헤비메탈 장르 최초로 빌보드 앨범차트 1위에 오른다(여기에 대해선 장르의 경계성 때문에 이견이 많지만 제한적으로 피력해본다).

우선 콰이어트라이엇은 요절한 전설의 기타리스트 랜디 로즈가 만든 밴드다. 기타 실력으로 유명한 랜디 로즈 덕분에 차세대 유망주 밴드로 많은 기대와 관심을 받았지만 크게 부응하진 못했다.

1977년과 1978년에 각각 발매한 정규 1집과 2집은 일본에서만 발매돼 대중의 평가조차 제대로 받지 못했다. 음악적으로도 성공을 맛보지 못하고 밴드 내에서는 불화가 계속 일어나 몸과 마음이 지쳐 있던 랜디 로즈에게 뜻밖의 소식이 찾아온다. 바로 블랙사바스를 떠나 새로운 밴드를 준비 중이던 '큰형님' 오지 오스본에게 간택당한 것이다.

랜디 로즈가 오지 오스본 밴드에 합류하며 콰이어트라이엇은 해체는 당연한 것처럼 보였다. 하지만 보컬 케빈 듀브로우(Kevin Dubrow)가 자신이 밴드를 이끌어보겠다고 한다. 랜디 로즈 역시 자신의 친정 밴드가 명맥을 이어나가길 바랐기에 새로운 멤버들로 새로운 앨범을 준비한다. 안타깝게도 랜디 로즈는 1982년 3월 19일 경비행기 추락 사고로 세상을 떠나게 되어 훗날 친정 밴드의 영광을 보진 못하였다.

콰이어트라이엇은 3집 앨범 [Metal Health]를 제작하는 과정에서 음반사가 기존의 곡들을 커버해서 트랙으로 실으라는 압박을 가해온다. 자작곡들로만 이루어진 1집과 2집이 망해 불안했던 음반사는 상업적 안전 때문에 익숙한 곡을 넣길 바랐다. 멤버들은 거부반응을 보였지만 어렵게 계약한 앨범 발매라 어쩔 수 없이 1973년 영국 록밴드 슬레이드(Slade)의 곡 <Cum on Feel the Noize>(당시 UK 1위, 빌보드 98위)를 수록해 넣었다. 원곡의 신나는 멜로디를 그대로 살리면서 좀 더 메탈적인 요소를 첨가해 콰이어트라이엇만의 스타일로 재녹음한다.

밴드의 불만이 담긴 앨범은 1983년 발매되는데 뜻밖의 반응이 나오게 된다. <Cum on Feel the Noize>는 싱글차트 5위에 오르고, 앨범은 헤비메탈 역사상 최초로 빌보드 앨범차트 1위에 안착한 것이다. 불만을 품었던 게 머쓱해질 정도의 기념비적인 앨범이 탄생하게 된 것이다. 이 앨범을 기점으로 콰이어트라이엇은 본격적인 출발을 하게 되었고, 슬레이드도 뒤늦게 미국에서 재주목을 받아 윈윈 게임이 되었다.

한 번은 콰이어트라이엇이 영국 투어 때 슬레이드에게 감사함을 표하려고 공연장에 초청했지만 슬레이드의 멤버는 단 한 명도 참석하지 않고 그냥 무시해버린다. 자신들의 곡으로 성공한 후배 밴드가 부럽고 배도 아파 질투해서였다고 한다. 하지만 아이러니하게도 콰이어트라이엇의 4집 앨범 [Condition Critical]에선 자신들의 72년도 곡 <Mama Were All Crazee Now>을 한 번 더 커버하는 것을 허락한다. 로열티의 맛이 상당히 달달했던 것일까?

자선 프로젝트 - **Band Aid**

아일랜드 밴드 붐타운렛츠(The Boomtown Rats)의 리더인 밥 겔도프(Bob Geldof)는 BBC에서 방영된 에티오피아 난민에 관한 다큐멘터리를 보고 충격을 받는다. 그는 난민들을 어떻게 돕고자 할지 고민하다가 자선 앨범을 만들어 수익금을 기부해야겠다고 생각한다.

동료 밴드 울트라복스(Ultra Vox)의 밋지 유어(Midge Ure)와 함께 <Do They Know It's Christmas?>라는 곡('아프리카 난민들도 우리처럼 크리스마스의 기쁨을 느끼게 해주자'라는 의미의 곡)을 만들고 동료 뮤지션들에게 자신의 뜻과 기획 의도를 전달한다. U2, 컬처 클럽, 듀란듀란, 왬!, 바나나라마, 필 콜린스, 스팅, 데이비드 보위, 폴 매카트니 등 당대 영국의 최고 뮤지션들 30여 명이 대거 참여 의사를 밝히며 프로젝트가 빠르게 진행된다.

이 프로젝트의 그룹명은 'Band Aid'로 반창고를 뜻하며, 상처를 처매주겠다는 의미를 담고 있었다.

이 곡은 1984년 12월 3일 크리스마스 시즌에 발매되어 곧바로 영국을 비롯한 대부분의 유럽 차트에선 1위, 빌보드에는 13위까지 올라가 열풍을 이끌었다. 수백만 장이 팔렸으며(현재는 1,170만 장 추산), 1년 만에 기대 모금을 훨씬 뛰어넘는 800만 파운드를 모금하는 데 성공한다.

<Do They Know It's Christmas?>는 여러 뮤지션이 참여하는 최초의 옴니버스식으로 제작된, 기념비적인 앨범이다. 또한 1회성으로 끝나지 않고 1989년 Band Aid II(에티오피아 기근 구호금 마련) 2004년 Band Aid 20(수단 내전 피해 기금 마련)과 2014년 Band Aid 30(에볼라 퇴치 기금 마련) 등 현재진행형으로 계속 이어지고 있다.

자선 프로젝트 - **U.S.A. for Africa**

영국의 밴드 에이드 활동으로 미국의 팝 가수들은 큰 자극을 받게 된다. 음악시장에서의 라이벌인 영국이 이렇게 큰 사회적 영향력을 발휘한다면 미국도 질 수 없었다. 더군다나 자선 활동이라는 좋은 목적에 미국의 팝 스타들은 두 달 만에 발 빠르게 움직인다.

퀸시 존스가 프로듀서를 맡고 마이클 잭슨과 라이오넬 리치가 공동 작곡을 담당해 훗날 전설의 <We Are the World>를 탄생시킨다. 미국의 프로젝트의 이름은 '아프리카를 위한 미국', U.S.A. for Africa로 정해진다. 이미 프로젝트의 기획이 소문이 나 있었고 미국의 대형 뮤지션들은 사전에 대거 참여 의사를 밝힌 상태였다. 너무 많은 인원이 참여를 원하여 한정된 인원수 때문에 오디션까지 봤다는 후문도 있다.

결국 라이오넬 리치, 마이클 잭슨, 밥 딜런, 스티비 원더, 레이 찰스, 브루스 스프링스틴, 다이애나 로스, 빌리 조엘, 티나 터너, 스티브 페리, 케니 로저스, 킴 칸스, 윌리 넬슨, 알 자로, 신디 로퍼 등 당대 내로라하는 40여 명의 아티스트들이 결정되었다. 하지만 이 많은 슈퍼스타들을 같은 날, 같은 장소에 모으는 일은 쉽지 않은 일이었다. 마침 1985년 1월 16일에 대부분의 뮤지션들이 참여하는 AMA(American Music Awards) 시상식이 있었고 시상식이 끝난 직후 모두 스튜디오로 모여 녹음을 하기로 한다.

시상식 직후, 모두가 피곤하고 지친 상태로 녹음실에 왔지만 분위기는 힘차고 따뜻했다. 개인적으로 보면 서로가 경쟁 상대이기도 했지만 그 순간만큼은 함께 나아가는 함선의 일원이었다. 모두가 한 마음을 담아 전무후무한 녹음을 했고 그 결과물은 1985년 3월 7일 발매되어 세상을 또 한 번 뒤흔든다.

빌보드를 비롯하여 전 세계 음악 차트 1위를 석권하고 2,000만 장이 넘는 판매고를 올려 1980년대 가장 많이 팔린 싱글로 등극한다. 선발 주자인 <Do They Know It's Christmas?>보다 훨씬 많은 판매고를 올려 더 많은 기부도 할 수 있게 되었고 미국으로서는 은근히 자존심도 지킬 수 있었다. 물론 음반 판매량과 기부금이 중요하다. 하지만 그보다 두 곡은 서로에게 선한 영향력을 끼쳐 시너지 효과를 일으켰다. Band Aid가 없었으면 U.S.A for Africa도 존재할 수 없었을 테니, 결론적으로 기부에 대한 대중의 인식을 크게 끌어올리는 계기가 되었다.

자선 프로젝트 - Hear'n Aid

록/메탈 뮤지션들도 디오(Dio) 밴드의 멤버들인 로니 제임스 디오(Ronnie James Dio), 지미 베인(Jimmy Bain), 비비안 캠벨(Vivian Campbell)을 주축으로 프로젝트 Hear'n Aid를 결성해 <Stars>라는 곡을 만들어 연달아 기부에 동참한다.

주다스프리스트, 아이언메이든, 콰이어트라이엇, 도켄, 모틀리크루, 트위스티드시스터, 퀸스라이크, 블루오이스터컬트, Y&T, W.A.S.P 등 당대 유명한 40여 명의 록 뮤지션들이 참여한다.

보컬들이 한 소절씩 돌아가면서 독창, 합창하는 방식은 똑같지만, 록밴드답게 무려 6번의 기타 솔로가 포함되어 있어 서로의 실력을 배틀처럼 주고받는 부분이 상당히 인상적이다.

아티스트들의 음반사와의 계약 문제로 다른 자선 프로젝트들보다 1년 정도 늦은 1986년 5월 26일에 발매한다. 기부 성과도 있었고 록 씬의 부정적인 이미지를 쇄신할 수 있는 계기가 되었다.

자선 프로젝트 - Live Aid

자선 앨범 <Do They Know It's Christmas?>와 <We Are the World>가 큰 성공을 거두었지만 밥 겔도프는 기부금이 충분하지 않다고 생각했다. 음반 판매 수익 말고 다른 큰 한 방이 필요하다고 느낀 그는 방송과 전화 기부를 할 수 있는 초대형 라이브 콘서트를 계획한다.

1985년 6월 10일, 밥 겔도프는 기자회견장에서 영국 런던의 웸블리 스타디움과 미국 필라델피아의 J.F.K 스타디움에서 동시에 자선기금 마련 콘서트인 라이브 에이드를 개최한다고 발표하고 60여 명의 라인업을 공개한다. 전 세계 팬들은 어마어마한 출연진에 놀라움을 감추지 못했다. 티켓은 불과 몇 시간 만에 매진될 만큼 팬들은 기대감에 가득 차 있었다.

한 달 뒤인 1985년 7월 13일, 역사에 길이 남을 전설의 공연이 시작되었다.

웸블리 스타디움에서 최고의 공연은 Queen이었다. 당시 해체설 논란이 있던 퀸은 관중을 압도하는 카리스마와 퍼포먼스로 다시

한 번 최전성기 시절의 무대를 보여주어 "퀸이 쇼를 훔쳐갔다"는 평가를 받았다.

U2도 그들의 존재감을 대중에게 확실히 각인시켰다. 원래는 <Sunday Bloody Sunday>, <Bad>, <Pride> 세 곡을 연주할 예정이었지만, 두 번째 곡 <Bad>를 부르던 중 보컬 보노가 갑자기 스태프에게 관객 쪽을 가리키며 손짓을 하며 무언가 말을 한다. 하지만 아무도 이해하지 못하자 결국 직접 관객 쪽으로 내려가서 여성 한 명을 울타리 안쪽으로 넘겨 함께 춤을 춘다. 그로 한정된 시간에 정해진 3곡을 다 부르지 못하고 2곡만 부르고 무대를 마치게 된다. 훗날 그 여성의 인터뷰에 의하면 객석에서 사람들에게 밀려 끼어 있어 매우 힘든 상황이었는데 이를 본 보노가 자신의 생명을 구해주었다고 밝혔다. 이 장면은 전 세계에 방송되어 큰 관심을 받았다.

그 외에도 데이비드 보위, 스팅, 엘튼 존, 더후, 왬!, 다이어스트레이츠 등이 훌륭한 공연을 보여주었다.

밥 겔도프는 기획 단계에서부터 비틀스의 멤버가 공연에 꼭 참여해주길 바랐고 오랜 설득 끝에 폴 매카트니가 동의해 마지막을 장식했다. 무대의 마지막은 출연자 전원이 올라와 <Do They Know It's Christmas?>를 합창을 하며 웸블리 공연은 마무리되었다.

J.F.K 스타디움에서는 비치보이스, 밥 딜런, 에릭 클랩튼, 주다스프리스트, 빌리 조엘, 폴 사이먼, 닐 영 등이 멋진 무대를 선보였다.

롤링스톤즈의 믹 재거는 티나 터너와 공연 중 티나 터너의 치마를 벗기는(?) 퍼포먼스를 보여주었고, 교통사고로 하반신 마비가 된 테디 펜더그라스도 사고 이후 처음으로 무대에 올랐다. 듀란듀란은 원년 멤버로서 마지막 공연을 하였으며, 오지 오스본과 블랙사바스도 잠시 재결합(?)하여 공연을 했다. 해체한 레드제플린도 다시 모여 무대를 선보였고, 사망한 존 본햄의 자리에는 필 콜린스가 대신했다(필 콜린스는 유일하게 웸블리와 J.F.K 두 곳에서 공연을 해 기네스북에 오르기도 했다. 런던에서 스팅과의 공연을 마치고 콩코드를 타고 필라델피아로 날아와 레드제플린의 드럼 세션과 에릭 클랩튼과 공연했다).

한 가지 재미있는 해프닝으론 공연 당일 인근의 병원에서 한 환자의 수술이 잡혀 있었는데 이 환자는 평생 동안 이런 공연은 다시 볼 수 없다는 생각으로 무단으로 병원을 이탈하여 공연을 보러 왔다고 한다. 병원 관계자들은 수소문을 통해 환자가 공연을 보러 갔다고 듣게 되어 공연 관계자에게 환자를 찾아달라고 요청했고 이로 인해 장내 방송을 통해 환자를 찾아 무사히(?) 다시 병원으로 이송시킬 수 있었다.

J.F.K 스타디움에서도 피날레는 모든 뮤지션이 올라와 <We Are the World>를 부르며 공연을 마무리했다.

Live Aid는 당시 역대 가장 큰 규모의 위성 중계방송으로 약 150여 국에 전파되었으며 20억 명이라는 인구가 시청했다. 전 세계에서 1억 5,000만 파운드라는 금액이 모여 기부할 수 있게 되었고 공연 기획자인 밥 겔도프는 영국에서 훈장을 받고 이후 노벨 평화상에 노미네이트되기도 했다.

팝 스타들은 한 무대에서 각자 뜨거운 열정으로 감동을 전해주었다. 이는 모두가 쉽게 따라할 수 있는 음악으로 이루어진 최고의 선물이었다.

신은 게이? - 주다스프리스트

기타의 신동&천재, 팝의 황제, 로큰롤의 제왕, 음악의 아버지&어머니 등 영향력 있는 가수들은 명예로운 별명을 하나씩 가지고 있다. 그중에서도 단연 최고봉은 인간의 영역을 뛰어넘은 신, 바로 메탈 갓(Metal God) 주다스프리스트(Judas Priest)이다. 주다스프리스트가 얼마나 대단하길래 자타공인 모두가 인정하는 신의 위치까지 올라갈 수 있었을까?

1980년대에 들어 NWOBHM(New Wave of British Heavy Metal)의 선두주자였던 주다스프리스트는 이전의 하드록과는 다른 헤비메탈의 초석을 다지며 명맥을 이어온 '큰형님'이다. 하드록의 블루지한 느낌을 걷어낸, 클린하면서도 직선적인 금속성의 사운드를 통해 '이게 진정한 헤비메탈이구나!'라는 것을 세상에 알려주었다. 중심을 잡아주는 베이스 라인에 무지막지한 파괴력을 가진 드럼, 이전까지만 해도 볼 수 없었던 두 마리 맹수 같은 트윈 기타 체제는 리스너들의 가슴을 웅장하게 만들었다.

트윈 기타 체제는 보통 이끌어주는 리드 기타와 받쳐주는 리듬 기타로 나누어져 있는데, 주다스프리스트의 K.K. 다우닝(K.K. Downing)과 글렌 팁튼(Glenn Tipton)은 어떤 곡에서든 엄청난 연주 실력의 솔로 파트를 주고받아 마치 평원의 표범과 재규어를 연상케 했다. <Metal God>(1980)이라는 곡으로 스스로를 신이라 칭했지만 이에 불만을 표하거나 인정하지 않는 사람들은 없었다. 모두가 고개를 끄덕이며 '주다스프리스트 정도면 메탈 갓으로 인정해줘야지'라는 분위기였다.

1980년대 이후 [British Steel](1980), [Screaming for Vengeance](1982), [Defenders of the Faith](1984), [Painkiller](1990) 같은 명반을 발매하며 당시 마니아적인 헤비메탈 장르를 빌보드 상위권에 안착시키며 메인스트림에서 자웅을 겨루기도 했다. 특히 보컬 롭 핼포드(Rob Halford)는 목에 쇳날을 장착한 듯한 칼날 같은 샤우팅을 갖춘 역대 최고의 보컬 중 하나로 꼽힌다. 찢어질 듯한 고음은 수많은 추종자를 만들어냈으며 이는 주다스프리스트에게 없어서는 안 될 상징적인 존재였다. 핼포드는 목소리를 위해 술, 담배, 마약, 커피를 일절 하지 않고 공연 전날에는 컨디션을 위해 9시에 잠자리에 들 정도로 철저하게 관리를 했다.

주다스프리스트는 록 음악의 시각화에도 앞장섰다. 대중들이 기억하는 록의 이미지인 '장발머리, 가죽 재킷, 쇠사슬, 채찍(?)' 등의 시작점이 바로 주다스프리스트였다. 하물며 무대에 등장할 때 할

리데이비슨까지 타고 나와 남성성의 끝판왕을 보여주곤 했다. 때려 부수고, 치고 달리는 사운드에 초고음 샤우팅, 멋진 의상까지 더해져 진정한 마초이자 불꽃남자들이란 이미지를 만들어냈다.

<Painkiller>로 제2의 전성기를 맞고 있던 1992년, 보컬 롭 핼포드가 갑자기 탈퇴를 선언한다. 공식적인 탈퇴 이유는 밴드 활동에서 제한적인 업무 때문이라고 했지만 뭔가 찝찝한 면이 있었다. 그리고 1998년 그는 인터뷰를 통해 자신이 게이임을 커밍아웃한다. 이는 록 씬에 큰 충격을 주었다. 일부 극성팬들은 남성성의 상징이자 자신들의 영웅이 동성애자(그것도 여자 역)라는 것을 믿을 수 없었다. 팬들 사이에서는 당시 탈퇴의 이유가 내부적으로 게이인 것이 드러난 것 때문이라는 소문이 돌기도 했다.

어찌되었건 핼포드는 용기를 내어 자신의 본모습을 보여주었다. 그리고 그가 게이라는 사실이 음악적인 변화에 영향을 주지 않았다. 그는 현재도 공식 석상에 올라가 마이크를 잡을 때 먼저 '게이가이'임을 밝히고 시작한다. 충성 팬들은 떠나지 않았고 오히려 응원의 메시지를 보내고 핼포드도 이에 대해 늘 감사함을 표한다.

그 외 추천곡

<Breaking the Law>, <The Sentinel>, <Electric Eye>, <Living after Midnight>, <Hell Patrol>, <You've Got Another Thing Comin'>, <Turbo Lover>, <Ram It

down>, <Night Crawler>, <Hell Bent for Leather>, <Screaming for Vengeance>, <Jawbreaker>, <A Touch of Evil>, <Victim of Changes>, <Freewheel Burning>, <Love Bites>, <United>, <Before the Dawn>, <Reddemer of Souls> 등

법정에서 노래한 로커 - 주다스프리스트

1985년 12월 23일, 네바다주의 리노에서 두 소년 레이먼드 벨냅(Raymond Belknap)과 제임스 밴스(James Vance)는 술을 잔뜩 마시고 마리화나를 피우며 6시간 동안 주다스프리스트의 노래를 듣고 있었다. 그러다 갑자기 둘은 교회로 뛰어가 십자가 앞에서 가지고 있던 엽총의 총구를 입에 물고 방아쇠를 당겨버린다. 벨냅은 그 자리에서 즉사했고, 밴스는 안면의 반 이상이 날아간 채로 겨우 숨만 붙어 있었다.

이 사건으로 미국 전체가 난리 났고 담당 수사관들은 그들의 자살 원인을 찾기 시작한다. 주변 인물들에 대한 조사와 정황상의 이유를 아무리 파악해도 그들의 죽음에 대한 명확한 이유를 찾을 수 없었다. 결국 밴스가 회복하기를 기다렸다가 당사자에게 직접 물어보았다. 밴스는 뜻밖의 말을 꺼냈다.

당시 주다스프리스트의 1978년 작 [Stained Class]의 <Better

by You, Better than Me>를 역재생해 듣고 있었는데 노래에서 갑자기 "Do it!, Do it!"이라는 '죽어!'라는 명령을 들었고 갑자기 둘 다 미쳐서 무의식적으로 뛰어가 자살을 시도했다고 진술한다.

우발적 사고로 종결하려던 수사는 새로운 국면을 맞았고 모든 스포트라이트는 주다스프리스트에게 비추어졌다. 밴스는 이후 3년 뒤인 1988년, 수술 부위의 합병증으로 결국 세상을 떠나고 만다.

1990년, 유족들은 밴드가 음악에 일부러 잠재적인 메시지를 담아놓았고 서브리미널 효과(Subliminal Effect)에 의해 자살을 강요당했다고 주장하며 주다스프리스트를 고소한다. 이는 음악계와 법조계를 비롯해 전국적으로 큰 이슈가 되어 집중적인 관심을 받았다. 당시 주다스프리스트는 미국에서 앨범 준비와 투어 등으로 성공적인 시간을 보내고 있을 때였다. 그러나 이 사건으로 모든 것이 중지되고 6주 동안 매일, 하루 종일 리노의 법원에 들락날락해야 했다. 사람들의 이목을 피하기 위해 외곽의 한 숙박시설에 모두 함께 숨어 지냈으며, 멤버들은 자신들이 사랑하는 미국에서 터무니없는 이유로 소송을 당해 큰 회의감에 빠졌다고 한다.

밴드는 법정에서 "왜 우리 음악을 사랑해주는 팬들에게 자살하라는 명령을 내리겠느냐, 차라리 우리 음반을 더 사 주세요"라고 하지 않겠냐며 반박했다. 롭 핼포드는 판사들 앞에서 해당 곡을 무반주로 부르는 치욕(?)을 당하기도 한다. 결론적으로 판사는 "Do it"이라는 구절처럼 들리는 부분은 핼포드의 숨소리와 기타 이펙트의 소음이 어우러져 생긴 우연이라는 판결을 내리고 주다스프리스트의 손을 들어주었다.

승소는 했지만 이 사건은 음악적으로나 상업적으로 큰 피해를 입혔다. 한편 멤버들에게 가장 강렬한 기억으로 남아 있는 사건이면서 평생 안고 살아갈 문제라고 훗날 언급하기도 한다.

주다스가 되고 싶었던 청년들 - 주다스프리스트

1990년대 들어 주다스프리스트에겐 다사다난한 일이 많이 일어난다. 앞에서 언급한 미국의 10대 청소년 두 명이 주다스의 음악을 듣고 자살했다며 그들의 부모가 고소를 한 것이다. 무혐의로 승소는 했지만 이로 인해 [Painkiller] 앨범의 발매가 늦춰졌다. 그리고 발매 후 얼마 지나지 않은 1992년에는 보컬인 롭 핼포드가 밴드를 탈퇴한다. 핼포드는 그루브 메탈밴드 파이트(Fight)를 결성하여 주다스의 드럼 스콧 트래비스(Scott Travis)까지 꼬셔 데리고 갔다.

멤버들의 이탈로 밴드는 와해가 될 위기 상황에 직면한다. 해체까지 생각했던 주다스프리스트는 마음을 다잡고 새로운 보컬을 영입하기 위해 오디션을 연다. 초대형 밴드의 오디션은 세간의 화제가 되었고 모든 록 보컬에게는 꿈의 기회였다.

롭 핼포드의 후임 보컬로 최종 세 명이 올랐다. 당시 감마레이

(Gamma Ray)의 보컬이자 현 프라이멀피어(Primal Fear)의 보컬 랄프 쉬퍼스(Ralf Scheepers), 현 로얄헌트(Royal Hunt)의 보컬 D. C. 쿠퍼(D. C. Cooper), 그리고 미국 오하이오 출신의 보컬 티모시 오웬스(Timothy S. Owens)였다.

이 세 명은 모두 주다스프리스트의 극성팬이고 핼포드의 영향을 받아 창법도 상당히 유사했다. 팬들은 평소 주다스를 찬양하고 실력도 뛰어나며 어느 정도 인지도도 있던 랄프 쉬퍼스가 후임이 될 줄 알았다. 그러나 주다스의 선택은 오웬스였다.

팬들은 무명인 미국 출신의 신출내기가 잘할 수 있을지 의구심이 들었지만 원년 멤버들은 지구를 탈탈 털어서 찾은 보컬이라고 설명했다. 글렌 팁튼은 오웬스 가입 당시 [Sad Wings of Destiny](1976)의 수록곡인 <The Ripper>에서 따와 이름을 선물해 이후 팀 리퍼 오웬스(Tim 'Ripper' Owens)로 활동한다. 오웬스는 자신의 목소리로 충분하며 핼포드의 뒤를 이을 적임자라고 생각했다.

1997년, 7년 만에 내놓은 신보 [Jugulator]로 새 출발을 알렸다. 반응은 갈렸다. 핼포드의 존재감과 상징성이 너무 컸기에 골수팬들은 리퍼 오웬스를 인정하지 않았다. 공연장에 가면 '핼포드 돌아오라'는 팻말이 항상 들려 있었다. 이후 2001년 [Demolition] 앨범을 한 장 더 발매하고 2003년에 롭 핼포드가 돌아오면서 리퍼 오웬스는 팀을 떠난다. 쫓겨난 게 아니라 존경하는 인물이 당연히 원래 자리로 돌아오는 게 맞다고 생각해 좋은 감정으로 팀을 떠났다.

7, 8년 동안 주다스프리스트로 활약하며 상심과 고뇌를 했을 리

퍼 오웬스를 보면 개인적으로 과소평가되었다는 생각이 든다. 그리고 언젠가 반드시 재평가를 받아야 된다. 2022년에 로큰롤 명예의 전당에 주다스가 헌액되었을 때 리퍼 오웬스도 함께 됐다면 더 좋았을 텐데…. 아쉽다는 생각이 들었다.

내 우상이 내 걸 표절해? –
주다스프리스트&신해철

2001년에 발매된 주다스프리스트의 앨범 [Demolition]의 13번째 트랙에 <Metal Messiah>라는 곡이 있다. 이 곡은 1999년에 신해철 씨의 프로젝트 밴드 모노크롬(Monocrom)이 발매한 곡인 <Machine Messiah>와 비슷한 정도라 아니라 완전 똑같다. 어떻게 세계적인 밴드에 이런 일이 일어났을까?

신해철 씨는 과거 영국 유학시절 기타리스트 겸 프로듀서인 크리스 샹그리디(Chris Tsangarides)와 작업하며 <Machine Messiah> 곡이 포함된 앨범인 [Homemade Cookies & 99 Crom Live]을 발매했다. 크리스 샹그리드는 넥스트(N.EX.T) 시절부터 함께 작업해오던 음악 동료였다. 2001년 샹그리디가 주다스프리스트의 프로듀싱을 맡으면서 이런 '불미스러운' 일이 발생하고 만 것이다.

보통 표절이라면 어느 정도의 멜로디만 비슷하게 만들어 쓰지만 <Metal Messiah>는 누가 들어도 <Machine Messiah>의 음원을 그대로 사용하였다. 심지어 [Homemade Cookies & 99 Crom Live] 히든 트랙인 <Demo.69>라는 곡도 뒤이어 잘라 붙였다. 정확히 <Metal Messiah>라는 곡에는 신해철 씨의 두 개의 창작물이 들어간 셈이다. 이 사건에 대한 명확한 해답은 아직까지 없으며 여러 가지 썰들이 제시되고 있다.

샹그리드가 공동 창작물로 생각하여 쓴 것이라는 추측, 실수로 썼다는 추측도 있다. 정확히 알 수 없지만 확실한 건 신해철 씨가 발매 당시 공각기동대에서 영감을 얻었다고 표기까지 해놓았다는 것이다. 베테랑 프로듀서가 곡의 주인을 과연 분간하지 못했을까? 신해철 씨는 웬만하면 그냥 넘어가자는 반응을 보였는데 이것도 놀라웠다. 평소 존경해오던 밴드와 엮인 일이라 그랬던 걸까? 아니면 크리스 샹그리디와의 의리 때문에 그랬던 걸까? 이유는 확실히 모르겠으나 신해철은 우스갯소리로 "표절 저작권은 묵히면 묵힐수록 돈이 늘어나기 때문에 나중에 돈이 궁할 때 한방에 터트리겠다"라며 농담으로 응수했다.

비행기 모는 로커 - **아이언메이든**

NWOBHM의 또 다른 대표 밴드인 아이언메이든(Iron Madien)은 동료 밴드인 주다스프리스트와 함께 한 시대를 이끌었으며, 비슷한 면도 많지만 명확히 '다름'을 느끼게 해주는 밴드다.

주다스프리스트가 스트레이트하면서 원초적이고 공격적인 메탈을 보여줬다면, 아이언메이든은 멜로디컬하면서 변화무쌍한 메탈을 선보였다. 변화가 심한 기타 리프와 에픽한 요소가 다분해 프로그레시브한 면도 있으며 각 악기들이 조화롭게 잘 연결되어 있다. 재미있는 공통점은 각 밴드의 보컬인 롭 핼포드와 브루스 디킨슨(Bruce Dickinson)은 원년 창단 멤버는 아니지만 상징적인 존재가 되었고, 둘 다 잠시 밴드를 떠난 뒤에 화려하게 복귀했다는 점이다.

브루스 디킨슨이 들어온 3집 [The Number of the Beast]를 시

작으로 4집 [Piece of Mind], 5집 [Powerslave], 7집 [Seventh Son of a Seventh Son], 9집 [Fear of the Dark] 등 많은 명반이 발매되며 세계적으로 1억 장이 넘는 판매고를 올렸다. 물론 전 보컬 폴 디아노(Paul Di'Anno) 시절의 1, 2집도 차트적으로 성공했지만 현재의 아이언메이든 사운드를 정립시킨 것은 디킨슨의 가입 이후이다. 말발굽 리듬의 베이스, 난타적인 드럼, 다이나믹하게 주고받는 트윈 기타(향후 트리플 기타), 이리저리 날아다니며 미친 듯한 고음을 뽑아대는 보컬…. 이들의 화려하고 광적인 라이브 무대는 가히 열광적이다.

무대에서는 끊임없이 질주하지만 음악적 작곡/작사에 있어서는 굉장히 섬세한 부분이 많다. 대부분의 작곡/작사는 베이시스트인 스티브 해리스(Steve Harris)가 하는데 특히 작사의 경우 브루스 디킨슨이 큰 조력자 역할을 한다. 둘 다 독서가 취미이며 고전문학, 역사, 신화, 성경, 영화 등에 관심이 많다.

브루스 디킨슨은 대학 시절에 아예 전공이 역사학과 인문학이었을 정도로 학식이 풍부하다. 이 찰떡궁합 조합은 많은 대화를 통해 서로 영감을 주고받으며 '심오한' 작사를 한다. 요한계시록, 그리스 신화의 이카로스 이야기, 이집트 신화, 각종 전쟁, 신대륙 정복, 단두대에서 기다리는 사형수, 초능력, 예언자, 판타지, 선과 악, 영화 등 다양한 스토리를 소재로 한 가사들로 한 곡, 한 곡 찾아듣는 재미도 쏠쏠하다.

이런 인문학적 내용을 바탕으로 기승전결이 뚜렷한 대서사곡들이 많은 사랑을 받았다. 브루스 디킨슨은 이외에도 특이한 이력을 많이 가지고 있는 팔방미인이다. 세상에서 가장 노래를 잘하는 한 사람이라는 타이틀에 만족하지 않고 소설을 비롯해 다양한 글을 쓰며 창작 활동을 이어나가고 있다. 배우로서도 활동을 하고, 펜싱도 잘 해 선수로도 활약하고 펜싱용품 회사까지 차렸다. 영국의 한 맥주 회사와 협업하여 아이언메이든 이름을 따 'Trooper'이라는 맥주를 론칭하고 전 세계적으로 수출도 성공하였다.

가장 놀라운 일은 비행기를 조종할 수 있는 파일럿이라는 것이다. 1990년대에 취미로 플로리다에서 비행기 조종술을 배워서 정식적으로 면허를 취득하여 밴드 활동이 없을 때는 영국의 항공사에서 기장으로 보잉사의 비행기들을 운행하였고, 직접 항공 정비와 서비스 회사를 설립해 운영하고 있다. 덕분에 아이언메이든은 자신들만의 전용기를 타고 전 세계를 누비며 공연을 하고 있다. 2011년 내한 공연 당시에도 직접 비행기를 조종하고 인천 공항으로 입국해 팬들을 놀라게 했다.

추천곡

<The Number of the Beast>, <Run to the Hills>, <Hallowed Be Thy Name>, <The Trooper>, <Aces High>, <2 Minutes to Midnight>, <Poweslave>, <Seventh Son of a Seventh Son>, <Fear of the Dark> 등

팔 없는 드러머 - **데프레파드**

데프레파드(Def Leppard)는 헤비메탈에 팝적인 요소를 절묘하게 조화시켜 듣기 편하면서도 헤비한 신선한 사운드로 80년대의 NWOBHM(New Wave of British Heavy Metal)을 이끌던 실력파 밴드이다. <Photograph>, <Stagefright>, <Rock of Ages>, <Foolin'> 같은 수록곡이 담긴 3집 [Pyromania](1983)은 1,000만 장 이상의 판매고를 올리며 빌보드 앨범차트 2위에 올랐다(당시 1위는 마이클 잭슨의 [Thriller]). 이 앨범은 최초의 글램 메탈 앨범이라는 타이틀과 함께 큰 사랑을 받았으며 데프레파드는 세계적인 밴드로 이름을 떨치기 사작한다.

활발하게 활동 중이던 1984년 12월 31일, 드러머 릭 앨런(Rick Allen)은 여자 친구와 함께 차를 타고 이동 중이었다. 당시 20살의 혈기왕성했던 릭은 주행 중 옆 차가 속도를 내어 자신을 추월하자 자극을 받아 엄청난 속도로 재추월한다. 옆 차는 다시 릭 앨런을 비웃듯 급발진하여 추월했고, 이러한 과정이 수차례 반복되었다. 결국 릭 앨런은 갑자기 나온 급커브에서 속도를 줄이지 못하고 차는 중심을 잃고 뒤집히면서 도로 밖으로 구른다. 이때 릭 앨런은 문밖으로 튕겨져 나갔는데 하필 왼팔이 차에 끼어 있어 그대로 떨어져 나간다. 순간 의식이 남아 있던 그는 자신의 떨어진 팔을 직접 목격했다고 한다. 병원으로 이송된 후 며칠 동안 팔을 봉합하기 위해 노력했지만 염증이 너무 심하게 생겨 결국 절단할 수밖에 없었다.

드럼이 자신의 전부였던 릭 앨런은 인생이 끝났다고 생각하며 엄청난 좌절과 절망에 빠졌다. 대중과 언론은 당연히 팔을 잃은 드러머를 교체할 것이라고 예상했다. 팔이 없는 드러머를 과연 상상이나 했을까? 하지만 피보다 진한 형제애가 있던 데프레파드의 반응은 확실히 달랐다. "당신 가족이 팔을 잃으면 내쫓겠느냐?"라고 반문하며 교체설을 일축시킨다. 이후 왼팔이 없어도 연주할 수 있도록 특수 제작된 드럼을 세팅하고, 앨범 발매도 미루며 라이브 연주가 가능할 때까지 기다려준다. 릭 앨런도 밴드를 위해 하루 종일 틀어박혀 드럼 연습을 했다.

1987년 8월, 장장 4년 6개월 만에 정규 4집 [Hysteria]가 세상에 나오게 된다. 이전까지 1, 2년 주기로 나온 앨범들을 비해 2배 이상의 텀을 두고 발매된 것으로 이후 이들의 최고의 명반이란 평가를 듣는다. 아울러 릭 앨런도 화려하게 무대에 재기할 수 있었고. 수록된 총 12곡 중 7곡이 싱글 컷되었다. <Love Bites>가 싱글차트 1

위, <Pour Some Sugar on Me>가 2위, <Armageddon It>가 3위를 비롯하여 대부분이 상위권에 올랐으며 앨범은 데프레파드 최초로 빌보드 앨범차트 1위에 오른다. 멤버들의 우정이 빚난 한 편의 영화 같은 스토리가 기적을 만들어낸 것이다.

데프레파드는 헤비메탈 밴드이지만 대중 친화적인 사운드로 큰 인기와 상업적인 성공을 거둔 밴드이다. 팝적인 멜로디 라인에 관객 모두가 함께 따라 부를 수 있는 데프레파드의 음악은 팝이 전성기이던 시절, 록밴드가 팝 가수들과 메인스트림에서 자웅을 겨루던 몇 안 되는 사례였다.

헤비메탈로 댄스를 - **반헤일런**

헤비메탈의 무거운 사운드로 춤을 춘다는 것은 상상만 해도 이상하고 어울리지 않으며, 팬들 입장에서는 뭔가 자존심 상하는 일이다. 과거 김경호 씨가 핑클의 <Now>를 리메이크하여 춤을 추며 노래하는 것을 보고 박완규 씨가 화를 냈다는 일화가 있다. 하지만 이전에 반헤일런(Van Halen)이 미국 전역을 넘어 전 세계를 들썩이게 만든 일이 있다.

반헤일런은 등장부터 충격을 선사한 밴드였다. 1978년 데뷔 앨범 [Van Halen]의 곡들 중 특히 <Eruption>에서 신기에 가까운 플레이를 보여주어 당시 많은 기타리스트들에게 좌절감을 안겼다. 엄청난 속주와 화려한 양손 태핑이라는 새로운 주법을 선보여 큰 센세이션을 일으켰던 것이다. 이들은 새로운 주법의 패러다임을 제시해 이후 기술적으로 한걸음 더 나아갈 수 있게 되었다.

원래 이 곡은 녹음 전에 손 풀기용으로 하던 것이었는데, 이를 지켜보던 프로듀서가 녹음을 제안한 것이다. 지미 헨드릭스 이후 최고의 테크니션이라는 평가를 받은 에디 반 헤일런은 불과 21세의 나이로 단숨에 왕좌의 자리에 오르게 된다. 이후 나온 앨범들은 정통적인 헤비메탈 사운드를 들려주며 모두 플래티넘 이상의 판매고를 기록하며 성공을 이어나간다. 그러나 이런 시간 속에서 밴드 내부에서는 고민과 갈등이 존재했다. 에디는 록 음악사에 길이 남을 심오한 명곡을 만들기를 희망했지만, 보컬리스트 데이비드 리 로스(David Lee Roth)는 대중 친화적인 팝 사운드를 원했다. 결국 밴드는 당시 유행하던 신스 팝의 주 악기인 신디사이저를 적극 도입하기로 한다. 에디도 어릴 적 클래식 피아노로 음악을 시작했기 때문에 이는 그의 취향과도 맞아 떨어졌다.

1984년 정규 6집 앨범인 [1984]가 발매되었고 싱글곡 <Jump>는 발매하자마자 빌보드차트에서 5주 연속 1위라는 대기록을 세운다. 인트로부터 시작되는 신디사이저의 도입부는 신나는 리듬감으로 큰 사랑을 받았다.

무지막지한 기타 실력으로 주목받던 반헤일런이 과감히 기타를 뒤로 빼고 건반을 전면에 내세운 것부터가 큰 충격이었다. 밝고 긍정적인 사운드는 듣는 이로 하여금 몸이 자동으로 들썩이게 만들었고, 데이비드 리 로스가 무대 위를 붕붕 날아다니며 "점프!"를 외치며 떼창을 유도하는 퍼포먼스는 모든 사람들을 흥겹게 만들었다.

가사는, 투신자살을 하려는 사람을 보고 뒤에서 누군가가 "뛰어내려!"라고 외치는 뉴스의 장면을 보고 영감을 받아서 썼다는데,

실제로는 현실에 주저앉지 말고 힘내서 뛰라는, 오히려 위로하는 반대의 내용이다. 이 곡은 아직도 축제나 광고 등에 자주 쓰일 만큼 친숙하면서도 미국을 대표하는 상징적인 곡 중 하나이다.

그 외 추천곡

<Panama>, <Why Can't This Be Love>, <Dreams>, <Can't Stop Lovin' You>, <Runnin' with the Devil>, <You Really Got Me> 등

라스트 크리스마스 - 왬!

왬!(Wham!)은 학교 동창이었던 조지 마이클(George Michael)과 앤드루 리즐리(Andrew Ridgeley)가 1982년부터 활동한 영국의 남성 듀오로, 5년이란 짧은 활동 기간 동안 팝 시장의 대표가 될 만큼 큰 임팩트를 남겼다. Wham! 이란 단어의 뜻이 무언가 터질 때 쾅! 하는 소리로, 그들 또한 이름처럼 팝 시장을 쾅! 터트리는 데에 성공했다.

특히 1984년에 발매한 색소폰의 끈적끈적한 도입부가 유명한, TV에서 한 번쯤은 들어본 곡 <Careless Whisper>가 히트하면서 전 세계적으로 이름을 알렸다. 이 곡은 빌보드차트와 UK차트에서 1위는 물론, 1985년 빌보드 연말 차트에서도 영광스러운 1위를 차지했다. 뿐만 아니라 <Careless Whisper>가 수록된 앨범 [Make It Big]에서의 다른 곡들인 <Wake Me up before You Go-Go>와 <Everything She Wants>도 빌보드차트에서 1위를 차지하여, 한 앨범에서 3곡이나 1위를 배출하는 놀라운 성과를 보여주었다.

1984년, 이들의 또 다른 히트곡이자 겨울이면 전 세계적으로 울려 퍼지는 곡인 <Last Christmas>가 발매되었다. 이 곡은 산타의 종소리를 떠올리게 하는, 설렘이 가득한 풍부한 사운드를 들려주지만 의외로 무거운 가사를 담고 있다.

지난해 크리스마스에 사랑하는 사람에게 정성과 마음을 다한 주인공 남자가 퇴짜를 당한 뒤, 올해 크리스마스에는 다른 사람과 사랑을 나누고 있었다. 하지만 우연히 마주친 퇴짜를 놓은 여자를 보며 다시는 바보가 되지 않겠다고 다짐하건만 자신도 모르게 흔들리는 과정을 노래한다. 사랑 앞에 선 남자의 미묘한 심정을 들려주는 곡으로, 가사와 배경을 알고 들으면 또 다른 외로움과 그리움을 느낄 수 있다.

당시는 중국이 서서히 문화적으로 개방하는 시절이었는데 서양 가수로는 최초로 왬!이 간택(?)을 받아 10일 동안 중국 공연을 하기도 했다. 그만큼 당시 왬!의 영향력은 세계적이었으며, <Freedom>이란 곡의 뮤직비디오에 중국에서의 공연과 여행이 잘 담겨져 있다.

사실 왬!은 조지 마이클이 작사, 작곡, 편곡, 프로듀싱, 악기 녹음까지 혼자서 모든 것을 다루는 음악적으로 편중된 그룹이었다. 음악적 이견이 맞지 않던 둘은 1986년부터 각자의 길을 걷기로 한다.

어덜트 팝으로 이미지 변신을 한 조지 마이클은 1988년 발매한 앨범 [Faith]에서 <Faith>, <Father Figure>, <One More Try>,

<Monkey> 등 4곡을 1위에 올리며 곧바로 제2의 전성기를 맞이한다. 특히 <Faith>는 1988년 연말 차트에서 또 다시 1위를 차지하여 두 곡이나 연말 차트 1위를 보유하는 아티스트가 된다.

크리스마스만 되면 돌아오던 캐럴의 장인 조지 마이클은 2016년 12월 25일 심부전으로 사망한다. 자신의 노래처럼 자신의 마지막 날에 'Last Christmas'를 맞이하며 가사처럼 세상을 떠났다.

특이한 데뷔로 정상까지 - **R.E.M.**

1980년대 미국 음악시장은 전성기를 맞이하며 거대 자본의 유입으로 돈에 의한 트레이닝 및 데뷔, 프로듀싱, 홍보 등 '머니 파워'로 모든 것이 가능했던 시기였다. 그러나 당시 힙했던 젊은 20대 대학생들은 주류 음악을 거부하고 자신들만의 음악 씬을 형성하고 있었다.

각 대학마다 방송국이 있어 그들만이 선호하는 비주류 음악을 틀어주었는데, 이러한 음악을 통틀어 얼터너티브 록의 초기 형태 중 하나인 '컬리지 록(College Rock)'이라고 불렀다. 그 컬리지 록의 대표주자가 조지아 대학 출신 밴드 R.E.M.이었다.

R.E.M.은 조지아주를 중심으로 조금씩 인기를 얻으며 활동 반경을 넓혀 나름의 탄탄한 마니아층을 형성하는 데 성공한다. 1983년, R.E.M.은 데뷔 앨범 [Murmur]를 발매하는데 데뷔 앨범이라 하기엔 믿을 수 없을 정도의 완성도를 보여주며 전국적으로 큰

성공을 거둔다. 미국의 음악 잡지 『롤링스톤』은 이 앨범을 1983년 올해의 앨범으로 선정한다. 당시 경쟁 후보로는 음악 역사상 최고의 앨범으로 꼽히는 마이클 잭슨의 [Thriller]와 폴리스의 [Synchronicity], U2의 [War] 같은, 이름만 들어도 무시무시한 앨범들이었다. 마이클 잭슨의 선정이 유력했지만 R.E.M.은 저력을 발휘하며 대반전을 이루어낸다.

R.E.M.의 음악은 쟁글 팝에 기초를 두고 포크, 컨트리, 펑크, 그런지까지 다양한 장르를 결합시킨 음악을 선보였으며 특히 기타 피터 벅(Peter Buck)의 아름다운 아르페지오 주법은 자유분방하면서도 내면에 섬세함이 꽉 차 있다. 복잡하지 않고 단조로우면서 편안한 선율은 우울하면서도 밝은 감정이 느껴지며 R.E.M.만의 독창적인 양식미가 잘 나타난다.

그 후 1991년에 <Losing My Religion>, <Shiny Happy People> 등이 포함된 [Out of Time] 앨범으로 큰 사랑을 받아 그래미 4관왕을 거머쥐었고 1992년에 발매한 <Everybody Hurts>가 포함된 [Automatic for the People] 앨범도 크게 성공한다.

2007년에는 명예의 전당 헌액 조건이 충족되자마자 즉시 헌액되었으며, 얼터너티브 씬의 대들보로 시작하여 미국 팝 씬 전체의 선두주자가 되었다. '시작은 미약했지만 끝은 창대하리라'는 표현이 가장 어울리는 밴드이다.

싸울수록 좋아지는 성적 - 폴리스

폴리스(The Police) 전설적인 팝 가수 스팅(Sting)이 잠시 거쳐 간 밴드로만 기억하는 사람들이 가끔 있지만 실제로는 단순히 거쳐 간 게 아니라 영국식 뉴웨이브 장르의 새로운 지평을 연, 음악사에 큰 족적을 남긴 밴드이다.

첫 시작은 전직 교사였던 무명의 베이시스트 스팅과 어느 정도 기반을 다져놓은 드러머 스튜어트 코플랜드(Stewart Copeland), 그리고 기타리스트 앤디 서머스(Andy Summers)였다. 특히 앤디 서머스는 브리티시 인베이전의 주역인 애니멀스(The Animals)의 멤버이기도 했다. 이들은 5장의 정규 앨범을 발매한 짧은 5년 동안 다양한 음악적 변화를 겪었고 큰 내부 균열도 있었다. 1집 [Outlandos d'Amour](1978)와 2집 [Reggatta de Blanc](1979)에서는 펑크록을 토대로 레게와 재즈를 가미한 그루브한 곡들을 선보여 큰 사랑을 받았으며 앨범차트 1위까지 오르는 순조로움을 보여줬다.

음악적 자질이 뛰어났던 스팅이 많은 작곡과 작사를 담당하면서 점점 음악적 주도권을 가져가고 있었다. 폴리스는 기타, 베이스, 드럼이라는 록 음악의 필수적인 최소한의 인원으로 음악적 기초공사만 만들어낼 수 있는 포지션이었다. 이에 스팅은 더 다양한 악기를 도입하여 음악적 스펙트럼을 확장하고자 했고, 3집 [Zenyatta Mondatta](1980)와 4집 [Ghost in the Machine](1981)에서는 신디사이저, 피아노, 신스 등 다양한 악기를 도입해 사운드의 공간감이 형성된 신박한 뉴웨이브적 음악을 만들어낸다.

앨범차트 1위를 기록할 만큼 성공을 거두지만 이 과정에서 스팅은 약간 독재적인 성향을 보인다. 그는 멤버들의 의견을 무시하고 자신의 입맛대로 디테일한 음악을 만들었으며 세세한 주법까지 잔소리하며 간섭하기 시작한다. 다른 멤버들도 나름 뼈대 굵고 관록 있는 실력자들인데 이런 작은 부분까지 터치하냐는 불만을 토로한다. 게다가 스팅은 메인 악기들을 다른 고용된 세션 멤버들의 연주를 뒷받침해주는 역할로 돌려버리기까지 한다. 결국 멤버들 간의 주먹다짐까지 오가며 갈등은 절정에 달한다.

그러나 아이러니하게도 나오는 앨범마다 평단의 호평과 대중들의 사랑을 더 크게 받는다. 결국 5집 [Synchronicity](1983)는 싸울까 봐 매니저의 중재하에 각자 따로 녹음한 후 덧입혀서 완성한다. 놀랍게도 이 앨범은 폴리스의 역사를 넘어 음악사에서 명반의 반열에 올라섰다. 수록곡 <Every Breath You Take>는 당시 빌보드

차트에서 최장 기간인 8주 연속 1위를 기록하고 그해 그래미 시상식에서 올해의 레코드상을 수상한다. 이어 6집 앨범을 준비하던 중 스튜어트 코플랜드가 낙마 사고를 당해 작업이 중단되었고 다들 자신들의 미래가 보였기 때문에 공식적인 해체 선언 없이 조용히 해산한다.

폴리스는 대중이 좋아할 만한 팝 음악을 만들어낼 줄 아는 팀이었다. 스팅의 독단적인 성향이 있었지만, 두 멤버가 없었다면 폴리스만의 독특한 사운드는 나올 수 없었을 것이다. 부드러운 멜로디와 아름다운 가사, 훌륭한 기타 리프, 은은한 허스키 보컬로 유명한 <Every Breath You Take>는 전 세계적으로 큰 사랑을 받은 러브 송이었다. '당신의 숨결, 행동, 약속, 걸음걸이까지도 지켜본다'는 이 사랑스러운 곡은 결혼식 축가로도 많이 쓰였다. 그런데 인터뷰에서 스팅은 이 곡이 집착과 광기, 스토킹에 관한 이야기라고 밝혀 반전 충격을 던져주기도 했다.

그 외 추천곡

<Message in a Bottle>, <Don't Stand So Close to Me>, <King of Pain>, <Roxanne>, <Every Little Thing She Does Is Magic>, <De Do Do Do, De Da Da Da> 등

신성한 착한 메탈 – 스트라이퍼

지금까지의 록/메탈 음악의 행적을 살펴보면 결코 투명하거나 건전하다고 말할 수 없다. 태동 당시에는 기성세대에 대한 저항과 자유라는 이념으로 만들어진 순수한 음악이었지만 성장 과정에서는 꾸준한 크고 작은 말썽들로 더러워(?)졌다.

무대 위에서 경박하게 다리를 흔들거나, 욕설을 하고 악기들을 때려 부수고, 관중을 폭행하고, 술과 마약으로 인해 요절하고, 섹스와 방탕한 생활로 구설수에 오르고, 뮤지션들이 경찰에 붙잡혀가는 모습도 자주 뉴스에 등장하고, 가사에는 술과 담배와 나쁜 짓을 하자고 선동하고, 앨범 커버에는 야한 사진이나 잔인한 사진이 버젓이 박혀 있고, 오컬트적인 컨셉의 악마 숭배 사상을 보여주는 등 다양한 방법으로 이슈를 생산(?)해냈다.

이렇게 이런 이유로 록/메탈은 '나쁜 음악'으로 대중들의 머릿속에 각인되었다. 특히 종교계와 학부모 단체들은 록/메탈 음악이 청소년에게 악영향을 미친다는 이유로 항상 반대 입장을 내세웠다.

이런 와중에 기존의 메탈 이미지와는 정반대 컨셉을 가진 밴드가 등장한다. 바로 CCM(Contemporary Christian Music) 메탈 밴드인 스트라이퍼(Stryper)이다. 이들은 '착한 록 음악'을 표방하고 록 음악을 통해 복음을 전달하겠다는 취지로 악마 숭배주의 컨셉과 정면승부를 펼치고자 했다. 앨범에는 성경의 구절을 적어놓았으며 콘서트를 하면 성경책도 나누어주고 공연 중에 관객들과 함께 하나님의 말씀에 경청하고 기도하는 등 악마주의 이미지 탈피를 위해 노력했다.

스트라이퍼의 멤버들은 실제로 독실한 기독교 신자들이었다. 기독교계에서는 스트라이퍼를 전폭적으로 지지해주어 다양한 기독교 행사에 그들을 초청해 쉽게 인지도를 쌓게 된다. 데뷔 앨범부터, 보컬 마이클 스위트(Michael Sweet)의 초고음으로 한국에서도 큰 사랑을 받았던 3집 [To Hell with the Devil], 4집 [In God We Trust]까지 대부분의 앨범들이 골드 혹은 플래티넘 레코드 이상의 인증을 획득한다.

1990년 5집 앨범 [Against the Law] 이후 스트라이퍼는 크리스천 메탈 밴드의 이미지를 탈피하고 일반(?) 밴드로 돌아간다. 이로 인해 신의 가호(?)가 빠지게 되었는지 상업적으로 실패하고 서서히 몰락해 1993년 해체한다. 스트라이퍼는 1989년 메탈 밴드로는 최초로 내한 공연한 밴드인데 아마도 이때에도 클린한 이미지와 선한 영향력 덕분에 가능했을 것으로 생각된다.

추천곡

<In God We Trust>, <To Hell with the Devil>, <Honestly>, <Calling on You>, <The Way> 등

10대들의 대변자 - 오자키 유타카

포지션의 <I Love You>의 원작자로 유명한 오자키 유타카는 부드러운 노래와는 달리 부드럽지 못한 삶을 살았다. 오자키는 학창 시절 성적이 좋아 명문 고등학교에 입학했지만, 두발 규정에 대한 반항과 흡연으로 인한 정학, 패싸움에 연루되는 등 사고를 쳐 자퇴하게 된다. 이러한 경험들로 오자키는 고뇌에 빠지게 되었고 자신의 심정을 노래로 만들어 부르는 가수가 되기로 결심한다.

오자키는 첫 등장부터 기류가 남달랐다. '록 음악 + 잘생긴 외모 + 중2병 가사 + 반항적인 이미지'로 1983년 데뷔하자마자 한방에 스타덤에 오른다. 당시 억압받고 있던 10대들은 오자키의 '사회에 반항하라'라는 메시지에 열광하며 그의 극성팬을 자처한다. 그의 영향으로 학생들 사이에서 흡연, 오토바이 폭주, 폭력 문제가 사회 이곳저곳에서 발생한다. '10대들의 대변자'라는 별명에 걸맞게 그는 10대들에게 신격에 가까운 존재가 되어갔고 무조건적인 추종자들이 갈수록 늘어났다.

일반 가수와는 다르게 오자키는 존재 자체가 하나의 사회현상이 되어가고 있었다. 본인이 원하는 음악을 할 수 있던 오자키는 순항할 것이라고 생각했지만 오자키가 인기를 끌자 소속사는 그를 이용해 돈 벌 궁리만 하고 있어 갈등을 빚게 된다.

우선 오자키는 음악적 성장을 위해 기존의 10대 이미지를 바꾸고 싶어 했지만 소속사는 이미 굳어져 버린 상품화된 이미지를 고수하려고 한다. 또한 소속사는 다른 사업에 오자키를 이용해 무리하게 투자하였고 이러한 과정으로 갈등을 더 크게 고조된다. 정신적으로 피폐해진 오자키는 마약에 중독되어 컨디션 악화로 투어를 전면 취소하는 상황까지 놓이게 된다. 결국 마약 복용 혐의로 구속된 오자키는 출소 후 자살 소동을 벌이는 등 시간이 흐를수록 점점 무너져갔다. 이후 소속사와 관계를 정리하고 개인 사무실을 설립하지만 이번엔 경영 관리의 미숙함으로 투자자들과 또 다른 마찰을 겪게 된다.

개인적으로도 시게미라는 여성과의 짧은 결혼 생활과 이혼 소송 중 폭력 사건, 유명 여배우와의 불륜 스캔들 등 여러 문제들을 겪었다. 이런저런 풍파를 겪던 중 1992년 4월 25일 아침 6시경, 오자키는 자신의 집 500미터 근방에서 나체로 쓰러진 채 발견된다. 온몸에 멍과 상처가 가득했고 아무리 봐도 누군가에게 구타당한 모습이었다. 황급히 병원으로 이송되어 치료를 받았지만 결국 사망한다(향년 26세).

공식적인 사망 원인은 폐수종(폐부종)이었지만 오자키의 죽음에 대해서는 아직까지도 논란이 많다. 당시 오자키는 주변 사람들과의 관계가 좋지 않아 야쿠자에게 살해당했다는 의혹이 제기되었으나 경찰은 부검 결과 폐에 다량의 각성제가 검출되었고 폭행의 흔적이 아니라 마약 중독자들에겐 혼자 넘어지거나 다치는 건 흔히 나타나는 사고사라며 종결지었다.

오자키의 음악은 그의 내면 상황을 성찰하여 진실되게 표현함으로써 대중에게 큰 감동을 주었으며, 시간이 많이 흐른 지금도 여전히 회자될 만큼 후대 음악계에 큰 영향을 끼쳤다. 하지만 사회적인 문제로 인해 부정적인 면이 많았던 것도 사실이다. 훌륭하면서도 한편으론 굉장히 안타까운 뮤지션이다.

그 외 추천곡

<Oh My Little Girl>, <졸업>, <15세의 밤>, <Forget-me-not> 등

동양에서 떨어진 천둥 - 라우드니스

일본의 대표적인 헤비메탈 밴드 라우드니스(LOUDNESS)는 1984년 국제무대 데뷔작인 [Disillusion]을 통해 이름을 알리기 시작한다. 이듬해인 1985년, 오지 오스본의 앨범을 프로듀싱했던 맥스 노먼(Max Norman)과 함께 작업한 [Thunder in the East]를 발표하며 빌보드 앨범차트 74위에 오르는 쾌거를 이룬다.

이 앨범에는 <Crazy Nights>, <Like Hell>, <Heavy Chains> 등의 곡이 포함되어 있으며 변방인 동양에서 서양 음악시장에 천둥 번개 한 방을 떨어뜨린 셈이다. 현재는 한국을 비롯한 많은 아시아 가수들이 빌보드차트에 오르기도 하지만 당시에는 큰 충격이었다. 특히 록/메탈 장르는 백인만의 장르라는 인식이 강했는데 동양인도 헤비메탈을 하는구나, 라는 인식을 퍼트려주었다.

다음 해인 1986년 맥스 노먼과 다시 한 번 손을 잡고 [Lightning

Strikes]를 발매한다. 이 앨범은 전작보다 10계단이나 더 오른 빌보드차트 64위에 안착하며 연타석 안타를 날린다. 앨범에는 <Let It Go>, <Ashes in the Sky>, <1000 Eyes> 등의 곡이 포함되어 있었고, 전작들보다 오리엔탈 감성, 일명 특유의 일본 뽕끼가 걷혀 있어 월드 와이드적인 전성기를 누리게 된다.

라우드니스의 음악은 간결성과 세련미를 두루 갖추고 있었고 화성학적인 곡의 완성도도 훌륭했다. 빠르고 화려한 기타 태핑과 리프의 구성, 절묘한 박자감과 안정적인 보컬까지 테크닉 자체의 결이 타 밴드와는 완전히 달랐다. 당시 한국에서도 라우드니스의 인기는 좋아 청계천에서 빽판으로 어마어마하게 팔렸고 많은 메탈 키즈들의 필수 카피 곡들이 되었다.

여담으로, '부활'의 1986년 데뷔 앨범 [Rock Will Never Die] 뒷면에는 추천사가 적혀 있었는데, 한 고등학생이 "부활만이 라우드니스를 지옥으로 보낼 수 있는 밴드"라고 적어놓기도 했다. 그만큼 라우드니스는 한국 록밴드들에게도 반드시 뛰어넘어야 할 산이자 본받아야 할 롤 모델이었다.

라우드니스는 아시아에서 기념비적인 밴드로서 부럽고 살짝 시샘도 나지만 당연히 인정할 수밖에 없는, '오묘한' 감정을 불러일으키는 밴드이다.

다리 안 부러지게 조심해 - 런던보이즈

1980년대 중후반, 전 세계적으로 유로 디스코 광풍이 불면서 수많은 유로비트 댄스 팀이 등장한다. 그중 단연 최고는 에뎀 에프라임(Edem Ephraim)과 데니스 풀러(Dennis Fuller)의 런던보이즈(London Boys)였다. 둘은 어릴 적부터 춤으로 선의의 경쟁자인 동시에 가장 친한 친구였다. 둘 다 다부진 몸매와 큰 키, 긴 팔다리를 이용하여 시원시원하게 춤을 췄으며 이미 그쪽 바닥에선 알아주는 듀오였다.

원래는 롤러스케이트를 타면서 춤을 추는 댄스 팀이었지만 롤러스케이트의 유행이 지나면서 방황하게 된다. 그러던 중 세 번째 런던보이라고 불리는 프로듀서 랄프-레네 마우에(Ralf-René Maué)를 만나 런던보이즈라는 이름으로 데뷔한다. 파워풀한 움직임, 화려한 색채의 의상, 엉덩이를 들썩이게 하는 신나는 음악까지 더해지면서 그들은 곧 댄스음악의 선구자로 우뚝 선다. <London

Night>, <Harlem Desire>, <Requiem>, <I'm Gonna Give My Heart> 등 히트곡을 발표하며, 짧은 기간 동안 500만 장 이상의 음반을 판매하며 상업적으로 성공한다.

1990년대에 들어서면서 디스코의 열풍이 시들해지기 시작하자 런던보이즈는 이전만큼의 인기를 끌지 못한다. 평소 다양한 스포츠를 즐기던 런던보이즈는 겨울만 되면 스키를 타러 다녔다. 프로듀서는 혹시라도 댄스가수인 런던보이즈의 다리라도 부러질까 봐 겨울이 올 때마다 노심초사했다. 그러나 실제로 그 걱정보다 훨씬 큰 비극과 절망이 찾아오고 만다.

1996년 1월 21일, 멤버들은 각자의 가족을 데리고 스위스로 스키 여행을 떠나게 되는데, 여행 중 반대편에서 온 음주 운전 차량과 정면충돌하여 멤버들과 가족들이 모두 즉사하는 참사가 발생한다. 화려했던 영광은 비극으로 마무리되었고, 런던보이즈는 댄스 음악을 사랑하는 사람들의 마음속에 남게 되었다.

음악하는 악마들 - 머틀리크루

머틀리크루(Mötley Crüe)는 1981년에 데뷔했으며 음악사에서 가장 많은 사건과 사고를 일으킨 밴드 중 하나이다.

글램 메탈의 대표 밴드로 엄청난 인지도와 악명을 동시에 가진 이들은 보수 단체들로부터 항상 가장 싫어하는 밴드로 꼽히는데, 향락주의와 쾌락주의의 끝판왕으로 꼴리는 대로 사는 날것 그대로의 밴드이다. 좋게 말해 악동이라 불리지만 실제로는 범죄자들이었고, 도덕적인 인간으로 살지 않는 모습을 몸소 실천해 수많은 이들의 대리만족(?)을 시켜주었다. 무대에서 관객들과 맞짱은 기본이고 허구한 날 체포되어 구설수에 오르곤 했다. 공연 후에는 술과 마약에 찌들어 그루피들과 놀아나고 잠들었다가 다시 일어나 공연하는 무한 반복의 삶을 살았다.

이들의 삶은 술, 마약, 섹스란 세 단어로 요약할 수 있다.

니키 식스(Nikki Sixx, 베이스)

어릴 적부터 불우한 환경 속에 범죄에 쉽게 노출되며 자랐다. 다른 뮤지션들의 인생 이야기를 보면 보통 첫 기타는 어릴 적 부모님에게 선물받는 등 포근한 스토리가 있지만 니키 식스의 첫 기타는 훔친 것이었다. 그는 멤버들 중에서 마약을 가장 심하게 했으며, 스스로도 대부분의 마약을 다 해봐서 자신의 몸이 '인체 화학 실험실'이라고 말했다. 아지트에서 헤로인을 하다가 과다 복용으로 쓰러져 앰뷸런스를 타고 가던 중 심정지가 와 사망 선고를 받는다. 다행히 함께 탄 간호사가 머틀리크루의 광팬이라 절대 죽으면 안 된다며 아드레날린 주사를 심장에 두 번 꽂아 그를 부활시켰다. 이때 아지트에서 911에 신고한 사람은 놀랍게도 건즈앤로지스의 슬래시와 더프 맥케이건이다. 이 임사 체험을 겪고 나온 곡이 <Kickstart My Heart>이다.

빈스 닐(Vince Neil, 보컬)

시리얼에 우유 대신 '잭 다니엘'을 부어 먹을 정도로 술에 미친 인간이었다. 어느 날, 파티에서 술을 왕창 마신 후 떨어진 술을 사러 가기 위해 차를 모는데, 친하게 지내던 하노이 록스(Hanoi Rocks)의 드러머 래즐(Razzle)을 태우고 미친 듯이 질주하다 반대편에서 오는 차와 충돌하는 대형 사고를 낸다. 래즐은 그 자리에서 즉사해 전 세계적으로 큰 논란이 되었다. 래즐의 사망으로 하노이 록스는 해체하게 되었는데 머틀리크루는 이 사건을 밴드 홍보용으로 사용하는 몹쓸 짓을 저지른다. 빈스는 또 건즈앤로지스의 액슬로즈와의 다툼으로 유명한데 후술하겠다.

토미 리(Tommy Lee, 드럼)

큰 키와 긴 팔다리, 잘생긴 외모로 인기가 좋았다.

1995년 여배우 파멜라 앤더슨(Pamela Anderson)과 결혼한 후 신혼여행을 떠나게 되는데 그곳에서 셀프로 자신들의 모습을 촬영한다. 추억용으로 간직하려던 이 동영상은 강도들에 의해 귀금속과 함께 도난당했고, 인터넷에 유출되어 만천하에 공개되었다. 아름다운 외모를 가진 혈기왕성한 두 젊은 남녀의 영상은 웬만한 성인비디오를 뛰어넘어 전 세계에 큰 충격을 주었다. 하지만 부부는 이미 자신의 신체가 공개된 마당에 위기를 기회로 삼아 유통회사에 판권을 팔아 정식으로 유통시켜 버린다. 이 전략을 통해 상상 이상의 큰돈과 인기를 얻어 슈퍼셀럽이 된다. 실제로 미국의 인터넷 보급률이 이 당시에 상승하고 있던 때라서 해당 유통회사의 사이트 트래픽이 3배 이상 증가했다고 한다.

영상은 호텔, 섬(정글), 요트 등 다양한 장소에서 촬영되어 몰입도와 현장감이 자연스러운 높은 퀄리티로 평가받아 '성인들의 디즈니'라고 불린다고.

믹 마스(Mick Mars, 기타)

다른 멤버들에 비해 10살 정도 많고 차분하며 사고를 치지 않는 유일한 멤버이다. 어린 시절 강직성 척추염이라는 병을 앓아 무대에서나 실생활에서나 얌전히 생활하는 편이다. 알코올 의존증이 있지만 다른 멤버들처럼 남들에게 피해를 주진 않는다. 토미 리가 호텔을 다 박살내고 알몸으로 복도를 질주해 신고를 받고 출동한 경찰들이 믹 마스를 대신 잡아가는 등 억울한 일을 당하기도 했다. 어떻게 수십 년을 함께 생활했을까 의문이 들 정도로 부처 같은 인물이다.

머틀리크루는 큰 사고도 치고 죽을 고비도 몇 번 넘기면서 뜻을 모아 재활원에 들어가 치료를 받기도 했다.

악명에 가려졌지만 머틀리크루의 음악은 깔 수 없을 정도로 위대하다. 그루브하면서 질주하는 굉음에 팝적인 멜로디를 가미해 대중성도 잡았다. 1억 장에 달하는 판매고가 이를 증명하듯 내는 앨범마다 빌보드차트 정상과 상위권을 차지하는 등 다량의 히트곡을 보유하고 있다.

의외로 연습도 꾸준히 해 연주력도 뛰어나고 청룡열차 드럼 같은 무대장치를 고안해내는 등 뮤지션으로서 멋진 모습을 보여주기 위해 노력한다. 단순히 놀기만 한 것은 아니었던 것이다. LA 메탈의 시작을 알렸으며 호황을 다 겪고 종지부까지 찍고 나온 LA 메탈의 처음과 끝을 장식한 'King of LA Metal' 밴드이다.

앞에서 머틀리크루를 세 단어로 요약할 수 있다고 했는데 여기에 '음악'을 추가해 네 가지라고 정정하겠다.

추천곡

<Home Sweet Home>, <Dr Feelgood>, <Girls, Girls, Girls>, <Wild Side>, <Live Wire>, <Shout at the Devil>, <Smkin' In The Boys Room>, <Looks That Kill>, <Don't Go away Mad>, <Too Fast for Love>, <Primal Scream> 등

마이너의 장르를 메이저로 - 메탈리카

1980년대 초, 론 퀸타나(Ron Quintana)는 헤비메탈 팬 매거진의 창간을 앞두고 잡지명을 고민한다. 친구인 라스 울리히(Lars Ulrich)에게 'METALLICA'라는 이름이 어떠냐고 물어보는데 그 이름이 너무 마음에 들었던 라스 울리히는 순간적으로 기지를 발휘한다. METALLICA보다 'META MANIA'가 더 직관적이고 잡지에 어울린다며 적극적으로 권유했고, 퀸타나도 받아들인다. 그 후 라스 울리히는 론 퀸타나의 동의 없이 조용히 밴드명을 메탈리카로 정하고 훗날 어마어마한 전설이 된다. 물론 메탈리카의 성공 이후 라스 울리히는 이름값을 두둑하게 보상해주었다고 한다.

라스 울리히는 지역신문에 모집 광고를 내 밴드원을 모집하였다. 이후 약간의 멤버 교체(데이브 머스테인)가 있었지만 라스 울리히(드럼), 제임스 헷필드(James Hetfield, 보컬·기타), 클리프 버튼

(Cliff Burton, 베이스), 커크 해밋(Kirk Hammett, 기타)으로 메탈리카의 클래식 라인업을 완성한다.

이들은 당대 메인스트림으로 자리 잡고 있는 팝 메탈/헤어 메탈/LA 메탈/글램 메탈 등과 같은 예쁘장한 멜로딕 메탈을 타도하는 것이 목표였다. 눈엣가시들을 잡기 위해 NWOBHM의 음악적 특징을 바탕으로 좀 더 금속적이고 공격적인 리프를 중심으로 현란하면서도 펑크적인 요소까지 가미된 스래쉬 메탈을 선보인다.

1983년 7월에 발매된 데뷔 앨범 [Kill 'Em All]은 앨범명에 걸맞게 모두 죽여 버릴 듯한 전차 같은 사운드를 들려주었다. 레코딩과 프로듀싱 수준도 미흡하고, 최전성기 시절의 음악성에 비하면 작품성 면에서도 부족함이 있었지만 나름 변화무쌍하면서 알찬 리프들로 꽉 채워져 있어 단순히 어린 패기로만 만들어진 앨범이 아니었다. 또한 이 앨범은 최초의 스래쉬 메탈 앨범으로, 앞으로 나아가야 할 길을 제시해주었다. 특히 <Seek & Destroy> 등이 사랑받으며 수많은 마니아층에게 메탈리카의 이름을 알리는 데 큰 역할을 했다.

1984년 7월에 발매된 2집 앨범 [Ride the Lightning]에서는 무작정 치고 달리는 스래쉬를 넘어 메탈리카가 추구한 서사가 있는 드라마틱한 구조와 진정성 있는 주제 의식을 잘 담아냈다. 더 무겁고 진중해진 사운드와 멤버들 간에 주고받는 테크닉한 연주력으로 전작에 비해 상당한 발전을 이루었다. 헤밍웨이의 소설 『누구를 위하여 종은 울리나』에서 모티브를 가져온 <For Whom the Bell

Tolls>, 모든 음악 장비를 도난당하고 상실감과 허무감으로 쓴 <Fade to Black>, 성경의 「출애굽기」 모티브인 <Creeping Death>, 러브크래프트(Lovecraft)의 크툴루 신화 소설을 모티브로 한 <The Call of Ktulu>, 그리고 사형 제도를 다룬 <Ride the Lightning> 등이 사랑을 받으며 한층 더 정갈해진 훌륭한 작품성을 보여주었다.

1986년 3월에 나온 3집 앨범 [Master of Puppets]는 인디 장르로 치부되었던 스래쉬 메탈에 예술성과 대중성을 부여하여 메인스트림에 올려놓은 절정의 앨범이다. 마약 이야기를 다룬 올타임 넘버원 메탈 곡 <Master of Puppets>, 헤비한 베이스 인트로를 시작으로 장엄한 변박의 마법 같은 연주곡 <Orion>, 스래쉬 메탈의 정수를 담은 <Battery> 등 명곡을 남겼다.

메탈리카는 길어지는 곡 속에서 기승전결의 각 부분마다 짜임새 있는 음악적 포인트를 배치하여 기억에 오래 남는 곡을 만들어냈다. 이 앨범은 대중에게 사랑을 받으며 스래쉬의 본질까지 더해져 기존 팬들에게까지 박수를 받아 현재까지도 진정한 명반으로 평가를 받고 있다.

상승세를 타고 있던 메탈리카는 1986년 9월 불의의 사고로 핵심 멤버였던 클리프 버튼을 잃고 만다. 해체까지 생각했던 메탈리카는 제이슨 뉴스테드(Jason Newsted)를 새 멤버로 받아들이고 우여곡절 끝에 1988년 9월 4집 앨범 […And Justice for All]을 발매한다. 프로그레시브적 요소를 가미한 앨범은 큰 사랑을 받았지만 베이스 음량을 의도적으로 낮추어 녹음했다는 논란으로 새 멤버 제이슨 뉴스테드에 대한 왕따설이 돌기도 했다.

시기적으로 메탈이라는 장르가 무너지고 있던 1991년 8월, 당대 거장 프로듀서인 밥 록과 함께한 일명 '블랙 앨범'이라 불리는 5집 앨범 [Metallica]가 발매된다. 중저음의 터프한 기존 사운드에 팝적인 멜로디 라인을 적극적으로 도입하여 모두에게 큰 사랑을 받았다. 간결하고 편안한 음악으로 메탈리카에 대한 진입 장벽이 낮아져 새로운 리스너들을 대거 수용할 수 있었던 것이다. <Enter Sandman>, <Sad but True>, <The Unforgiven>, <Nothing Else Matters> 등 버릴 곡 하나 없는 명곡으로 꽉 찬 이 앨범은 3,000만 장 이상의 판매고를 보여주었다.

메탈리카는 메탈이라는 장르 안에서도 정말 딥하고 마이너한 음악이던 스래쉬 메탈을 직관적인 리프와 리드미컬한 박자감, 지루하지 않으면서 다이나믹한 곡의 구성 등 최고의 요소들을 잘 버무려 모든 사람들의 귀를 만족시켜주었고, 여러 파생 장르들이 태어나는 데 큰 영향력을 끼쳤다.

이후 [Load], [Reload], [St. Anger] 등 얼터너티브적 요소를 적극 도입한 앨범들을 발매하여 극과 극으로 나뉜 평가를 받고 있지만, 현재까지 이들이 다져놓은 족적은 록 음악사에서 추앙받고 있다.

카드 내기 - 클리프 버튼

론 맥거비니의 탈퇴로 베이스의 공백을 채우기 위해 메탈리카는 할리우드의 유명 클럽들을 찾아다닌다. 그러던 중 트라우마(Trauma)라는 밴드의 공연을 보게 되었고 베이스를 연주하고 있던 엄청난 실력자인 클리프 버튼을 만나게 된다. 그들은 클리프에게 밴드 가입을 권했고 클리프도 현재 소속되어 있는 밴드가 너무 상업적으로 변모한 것 같다는 생각을 하고 있어 제안에 응한다. 다만 한 가지 조건을 제시하는데 현재 메탈리카가 활동하고 있는 LA가 아닌 자신의 고향이자 주 활동지인 샌프란시스코로 옮겨와 달라는 것이었다.

메탈리카는 이 조건을 받아들여 모든 짐을 챙겨 새로운 지역으로 옮겨 새롭게 시작한다.

클리프 버튼은 메탈리카 멤버 중에 유일하게 대학까지 정규 음악교육 과정을 거친 정통파 음악가였다. 그는 록/메탈, 블루스, 컨트리, 재즈는 물론 바흐와 모차르트 같은 고전 클래식 음악까지 섭렵할 정도로 음악적 경지가 높았다. 밴드 초창기에는 나머지 멤버들에게 화성학과 작곡 방법을 가르쳐주면서 메탈리카를 함께 발전시켰다. 대표곡인 <Master of Puppets>을 비롯하여 <For Whom the Bell Tolls>, <Orion>, <The Call of Ktulu> 등 훌륭한 연주곡들 모두 클리프의 음악적 영향력이 크게 반영되었다.

1986년 9월 26일, 메탈리카는 3집 [Master of Puppets]으로 전

성기를 맞아 유럽 투어를 돌고 있었다. 침대가 딸려 있는 대형 버스를 타고 다녔지만 침대의 수가 부족하여 모두가 편안하게 잠을 자지 못했다.

공연과 장거리 이동으로 지친 멤버들은 돌아가면서 침대를 사용했는데, 그날은 멤버들끼리 침대를 두고 카드 내기를 하였고 클리프 버튼이 가장 좋은 카드를 뽑아 침대를 차지한다. 모두 잠자리에 든 다음 날 새벽 6시, 도로를 달리던 버스는 갑자기 균형을 잃고 미끄러져 도로 옆으로 넘어져 전복된다. 자고 있던 멤버들과 스태프들은 놀라 기어서 버스에서 나왔고 서로의 안부를 확인했다. 하지만 클리프 버튼이 보이지 않아 두리번거리며 찾아보니 피를 흘리며 버스 아래에 깔려 있었다. 사고 당시 창문을 깨뜨리며 바닥으로 떨어졌는데 그 위를 버스가 그대로 깔아버린 것이다. 엄청난 충격으로 장기가 손상되어 그 자리에서 즉사했고, 불과 스물넷이라는 이른 나이에 세상을 떠나고 만다.

음악적 핵심을 잃은 메탈리카는 커다란 충격으로 한동안 제대로 활동하지 못하고 해체까지 고민한다. 제임스 헷필드는 "우리는 베이시스트를 잃은 게 아니라 밴드의 영혼을 잃었다"며 그의 죽음을 특히 안타까워했다. 하지만 여기서 그만두면 클리프 버튼에게 면목이 없다며 새로운 멤버 제이슨 뉴스테드를 영입하고 활동을 이어나간다.

클리프 버튼이 생전에 남겨둔 베이스 리프 녹음테이프와 연습노트를 모아 4집 [···And Justice for All]에 <To Live Is to Die>

라는 연주곡을 만들어 그를 위한 헌정곡을 수록한다. '사는 것이 죽는 것이다'라는 뜻의 "To Live Is to Die" 문구는 클리프의 추모비에도 새겨져 있다.

워낙 인간성이 좋았던 클리프를 위해 동료인 메가데스는 <In My Darkest Hour>를, 앤스랙스(Anthrax)는 <Among the Living>이라는 헌정곡을 발표했다.

복수심에 탄생한 밴드 - 메가데스

라스 울리히가 메탈리카 밴드원을 모집하기 위해 올린 공고를 통해 제임스 헷필드, 론 맥거브니, 데이브 머스테인(Dave Mustaine)과 함께 초창기 메탈리카가 시작된다. 이 중 데이브 머스테인은 출중한 기타 실력을 갖추었지만 불같은 성격으로 항상 멤버들과 잦은 말다툼과 불화를 겪었다. 제임스 헷필드도 엄청난 술고래였지만 머스테인은 제임스 헷필드마저 심각하게 걱정할 만큼 술과 마약에 찌들어 살았고 멤버들에게 상당히 공격적으로 대했다.

론 맥거브니의 실력이 마음에 들지 않았던 머스테인은 정식 멤버로 인정하지 않았으며 베이스에 맥주를 부어버리는 몹쓸 짓까지 저지른다. 결국 상처받은 론은 밴드를 탈퇴하고 악기들을 모두 팔아 음악계에서 영원히 떠난다.

데뷔 앨범의 제작 과정에서 제임스 헷필드와 데이브 머스테인은 음악적 주도권을 잡기 위해 엄청난 기싸움을 벌였고 둘 중 하나가 죽지 않는 한 끝나지 않을 것 같아 멤버들은 고민 끝에 머스테인을 해고하기로 결정한다(메탈리카의 데뷔 앨범 [Kill 'Em All]과 초기 앨범들을 들어보면 데이브 머스테인의 흔적이 상당히 많이 남아 있을 정도로 영향력을 끼쳤다).

해고 후 클리프 버튼과 커크 해밋과 영입해 최정예 멤버를 구성한 메탈리카는 산뜻한 출발을 알렸고 데이브 머스테인도 고향으로 돌아가는 버스에 몸을 실어 출발하였다. 집으로 돌아온 머스테인은 좌절감에 술에 찌든 채 살았다. 분노와 답답함으로 하루하루를 보내던 중 아랫집에서 시끄러운 연주소리가 들려 찾아가 욕을 하며 화분을 집어던진다. 아랫집에 살던 데이빗 엘렙슨(David Ellefson)은 사과의 의미로 자신이 녹음한 데모 테이프를 건네주었고, 테이프를 들은 머스테인은 다시 찾아가 함께 음악을 해보자며 손을 내민다. 그렇게 해서 메가데스(Megadeth)가 탄생했다.

엘렙슨의 탄탄한 학구적·음악적 이론 기반으로 만들어진 세련된 베이스 라인은 향후 날카롭고 본능적인 메가데스의 음악에 한층 기품을 달아주었다. 워낙 눈이 높은 데이브 머스테인은 마음에 드는 보컬을 찾지 못해 결국 자신이 보컬까지 맡게 되는데, 커리어 동안 완벽성을 추구했던 탓에 멤버 교체가 잦았다. 대표적으로 닉 멘자(Nick Menza)와 마티 프리드먼(Marty Friedman)이 함께 황금기를 보냈으며, 한때는 판테라의 다임벡 데럴(Dimebag Darrell)을 영입하려고 했다.

메탈리카가 승승장구하는 모습을 본 머스테인은 강박에 휩싸여 메탈리카와는 다른 아이덴티티을 갖는 독자적인 사운드를 만들어 내기 위해 고심했다. 태생적으로는 동일한 스래쉬 메탈로 시작했지만 두 밴드가 가는 길은 조금 달랐다.

메탈리카는 스래쉬 메탈을 대중적으로 끌어올리기를 희망해 팝적인 사운드와 융합하여 실험적인 도전을 감행한다. 정교하면서 멜로디컬한 장엄한 곡 구성에 서사적인 음악으로 상업성과 음악성을 동시에 잡는 데 성공했다.

반면 메가데스는 스래쉬 본질의 뿌리를 더 굳건히 지켰다. 원초적이며 깊은 폭발을 고수한 신경질적인 냉철 사운드를 만들어 냈다. 데뷔 앨범인 [Killing is My Business… and Business is Good!](1985)부터 [Peace Sells… But Who's Buying?](1986), [So Far, So Good… So What!](1988), [Rust in Peace](1990), [Conuntdown to Extinction](1992) 등등 스래쉬 메탈의 명반으로 꼽히는 작품들을 많이 만들어냈으며 현재까지도 쉬지 않고 2, 3년에 한 번씩 정규 앨범을 발매하고 있다.

인지도와 판매량 면에서는 대중 친화적인 메탈리카가 객관적으로 앞서는 것이 사실이다. 하지만 "언제부터 스래쉬가 그렇게 정교했냐? 스래쉬는 거친 피킹 맛으로 듣는 거다"라는 마니아 팬들의 스래쉬 정신을 지켜준 쪽은 메가데스로, 오히려 수호자 메가데스를 음악적으로 더 높게 평가하는 경우도 있다. 물론 정답은 없다.

짜장과 짬뽕의 취향 차이일 뿐. 둘 다 최고다.

데이브 머스테인은 수십 년간 메탈리카라는 트라우마에 시달렸다. 독자 노선을 구축하여 질주하고 싶었지만 주변의 인식과 편견, 2인자라는 그늘에서 벗어나지 못해 심적으로 많은 고생을 했다. 길을 가다가 사람들이 메탈리카라고 비아냥거리기도 했고 라디오에서 메탈리카의 음악이 나오면 누구보다 빨리 꺼버렸다.

절정인 사건은 2017년 그래미 시상식에서 메가데스가 [Dystopia](2016) 앨범으로 생애 최초로 그래미를 수상했을 때였다(역대 11번의 노미네이트만 됐을 뿐 12번째 노미네이트 때 처음 수상, 이미 메탈리카는 8번 수상했다). 하필 이날 메가데스가 무대로 올라오는 동안 축하곡으로 메탈리카의 <Master of Puppets>가 연주되었다. 순식간에 시상식 분위기는 싸해졌고 모두 데이브 머스테인의 눈치를 보기 시작했다. 그러나 그는 여유롭게 에어 기타까지 치며 웃음을 지어 보였다. 후에 연주자들이 메가데스의 곡은 너무 어려워서 연주를 못하는 걸 탓할 수 없다며 '센스 있는' 모습을 보여준 것이다.

메가데스는 세계태권도연맹 공식 홍보대사다. 머스테인은 어릴 적부터 태권도를 해 유단자이며 왼팔과 왼손의 신경수축증으로 기타 연주를 할 수 없었을 때 재활의 일환으로 태권도를 활용하기도 했다. 장기간 정신적 굴곡 속에서도 멘탈을 지킬 수 있었던 것도 태권도를 통한 정신 수양 덕분이며 인생 전체 자신감의 원천이라고 밝힌 바 있다.

추천곡

<Symphony of Destruction>, <Peace Sells>, <Hangar 18>, <Holy Wars... The Punishment Due>, <Tornado of Souls>, <Angry Again>, <A Tout le Monde>, <Trust>, <Dystopia>, <Skin O' My Teeth>, <Countdown to Extinction> 등

일본인이 된 메가데스 - 마티 프리드먼

메가데스의 기타리스트였던 마티 프리드먼은 2000년 마지막 공연을 끝으로 탈퇴를 알렸다. 약 10년간 메가데스의 명반으로 손꼽히는 앨범들을 함께 만든 마티 프리드먼의 탈퇴 이유는 '지쳐서'였다. 더 이상 음악가로서 발전할 수 없다고 느꼈고 휴식을 원했다. 놀랍게도 휴식 후 그의 거처는 메탈계가 아닌 일본이었다.

마티 프리드먼은 동양음악과 동양 사상과 동양의 정서, 특히 일본에 관심이 많았다. 10대 시절 아버지의 직업 때문에 하와이로 이주해 살았으며 그 당시 많은 일본인들을 만나며 자연스럽게 그들의 문화를 접하게 되었다. 메가데스 활동 중에 발매한 솔로 앨범에서도 오리엔탈적인 사운드와 메탈을 결합한 음악을 꾸준히 들려주었다. 그는 일본 애니메이션에도 관심이 많았고, 독학으로 일본어를 공부해 웅변대회에 나가 상까지 받은 이력도 있다.

메가데스에서 많은 돈과 유명세를 얻은 마티는 본격적으로 자신이 하고 싶던 음악을 시작하기 위해 일본에 터를 잡는다.

그는 엔카에 메탈을 접목시키는 시도와 J팝을 비롯한 다양한 일본 음악을 연구하며 여러 가수들의 음반 제작에도 참여한다. 또 일본 음악방송에 패널로 수차례 출연하면서 전 일본 국민이 아는 외국인 방송인으로 자리를 잡았고 직접 음악 프로그램들을 진행하기도 한다. 많은 애니메이션의 OST에 참여하면서 메가데스 시절의 파괴력은 상상할 수 없을 정도로 은근히 귀여운 연주도 많이 보여준다. 진정한 록/메탈 골수팬들은 점점 떠나갔지만, 본인이 행복하다면 어쩔 수 없는 일이다.

마티는 일본뿐만 아니라 한국 음악에도 관심이 많다. 동방신기의 가창력을 칭찬했고, 가수 양수경을 만나고 싶어 했으며, 자신이 진행하는 음악 프로그램에 그룹 바버렛츠(The Barberettes)를 출연시키기도 했다.

BTS가 세계를 휩쓴 2020년 한 방송에서 "일본의 음악이 미국과 유럽에서 유행하고 있지만, K-Pop에 비해서는 아직 멀었다"며 소신 발언을 한 일도 있다. 2009년 방송 중에 알게 된 일본인 첼리스트와 결혼하였으며 앞으로의 행보도 변함이 없을 것으로 보인다.

록밴드의 마스코트 -
Vic Rattlehead vs Eddie the Head

많은 록밴드들은 자신의 밴드를 상징하는 캐릭터/마스코트를 가지고 있다. 메가데스의 Vic Rattlehead, 아이언메이든의 Eddie the Head, 모터헤드의 Snaggletooth, Misfits의 Crimson Ghost, Anthrax의 The Not Man, Disturbed의 The Guy 등 자신들만의 마스코트를 알리기 위해 노력한다.

이 마스코트들은 전략적으로 사용하기에 매우 좋다. 밴드와 혼연일체가 되어 그 자체의 상징성이 되기도 하며 티셔츠와 같은 굿즈를 만들어 홍보 및 상업용으로도 효과적이다. 또한 컨셉 앨범의 스토리를 전개하는 데 주인공으로 활용하거나, 외부 다른 회사와의 협업 시에도 사용할 수 있는 등 다방면으로 활용이 가능하다.

이들 중에서 가장 인기 있는 두 캐릭터는 단연 Vic Rattlehead와 Eddie the Head이다. 둘 다 이름에 '헤드'가 들어가고 생김새도 은근히 비슷하다.

먼저 Vic Rattlehead는 메가데스의 데뷔 앨범 [Killing Is My Business··· and Business Is Good!]의 3번 트랙 <The Skull Beneath the Skin>에 탄생 비화가 나온다. 빅 레틀헤드를 보면 눈, 입, 귀가 철제나 금속 같은 것으로 개조되어 있다. 이것은 공자의 논어나 일본의 삼불원의 원숭이상에서 말하는 '악한 것은 보지도, 듣지도, 말하지도 말라'라는 의미이며, 흑마법(?)을 통해 빅 레틀헤드를 그렇게 만들어버리는 제작 과정이 담겨진 곡이다.

같은 앨범의 4번 트랙인 [Rattlehead]에선 데이비드 머스테인의 어린 시절 헤드뱅잉을 많이 해서 부모님이 부르던 별명이라는 것을 알 수 있다. 이 두 곡을 조합해보면 Vic Rattlehead는 곧 머스테인 자기 자신이라는 결론을 도출해낼 수 있다.

정규 앨범 1집부터 4집까지는 앨범 커버에 꾸준히 등장하더니, 5집인 [Countdown to Extinction]부터는 뒷면으로 밀려나고 그 후부터는 나올 때도 있고 안 나올 때도 있고 그렇다. 2006년에 발매된 컴필레이션 앨범인 [Arsenal of Megadeth]에는 "메가데스 병기창"이라는 한글이 적힌 포탄을 들고 있는 빅 레틀헤드의 커버가 발매되어 국내 팬들을 놀라게 했다.

2023년에는 게임 회사 워게이밍(Wargaming)과 협업하여 자사의 게임들에서 빅 레틀헤드의 이미지와 고유 음성, 그리고 메가데스의 곡들을 들을 수 있게 되었다.

Eddie the Head는 쉽게 에디라고 불린다. 에디는 아이언메이든의 강력한 컨셉을 위해 의도적으로 좀비에서 차용해온 것이며 영국의 일러스트레이터인 데릭 릭스(Derek Riggs)가 멤버들의 의견을 반영하여 그려주었다.

에디는 1집부터 17집까지 모든 앨범 아트워크에 등장한다. 팬들 사이에서는 수많은 앨범 컨셉으로 에디가 평생 고통을 받는다며 동정을 표한다. 살인마나 악마를 조종하는 존재, 영국군, 두뇌 수술을 받고 정신병원에 감금, 스핑크스, 파라오상, 미라, 생체 고문당하는 SF 외계인, 사무라이 등등, 끊임없이 변화의 고통을 받고 있다….

에디는 무대 위에서도 활약한다. 사람보다 훨씬 큰 모습으로 나와 기타를 치기도 하고, 마법사, 해적, 외계인 역할을 하며 영국군복을 입은 브루스 디킨스와 칼싸움도 한다.

관객들에게 에디의 무대 퍼포먼스는 또 다른 하나의 볼거리이다. 2008년에는 Metal Hammer Golden Gods Awards에서 '아이콘 어워드'를 수상하기도 했다. 제대로 키워낸 마스코트는 제2의 밴드 일원으로 팬들에게 신선한 재미도 선사하고 스스로 돈도 벌어오는(?) 아주 훌륭한 요물이다.

나만 남았는데? - 본조비

욕을 먹어도 너무 많이 먹었다.

본조비(Bon Jovi)는 동시대에 활동했던 동료 밴드들에게 안타까울 정도로 조리돌림당한 밴드였다. 더러운 꼴을 다 보며 밑바닥부터 기어 올라와 자리를 잡은 LA 메탈 밴드들과 언더그라운드의 비주류 음악을 메인스트림에 힘겹게 올려놓은 스래쉬 메탈 밴드들에게 본조비는 눈엣가시였다. 록의 정신도 없으면서 그저 대중이 좋아할 만한 사운드로만 채워진 팝 메탈을 주도하던 본조비는 '자신'들의 닦아놓은 길에 무임으로 올라탄, 그저 공으로 먹으려는 얄미운 심보로밖에 보이지 않았다.

록/메탈이라 함은 술, 마약, 섹스 등 향락적이고 자극적인 스토리 자체인데, 본조비는 이와 반대로 항상 '믿음, 사랑, 신념, 깨끗함' 같은 건강한 이야기를 전하며 남녀노소 전 국민 모두에게 사랑을 받았다. 록/메탈이 항상 악마의 음악으로 인식하던 대중들도 본조비 음악만큼은 괜찮다고 인정해주었는데 '그들'의 눈에는 그저 착한 척하는 것으로 보였다. 또한 역사상 가장 잘생긴 프론트맨인 본조비가 돈과 명성, 여성 팬들을 싹 쓸어가니 나머지 밴드들은 배가 아픈 정도가 아니라 배탈이 나기 시작했다.

메탈리카의 제임스 헷필드와 머틀리크루의 니키 식스의 기타에는 "Kill Bon Jovi"를 새겨 넣을 만큼 당대 본조비는 공공의 적이었다. 이런 악조건(?) 속에서 본조비는 하드록적인 블루스와 R&B에 팝 멜로디를 가미한 자신들의 필살기인 '뉴저지 사운드(New Jersey Sound)'를 내세워 활동해 나갔다. 특히 데스몬드 차일드(Desmond Child)와 밥 록(Bob Rock)이 함께한 1986년 전설의 3집 [Slippery When Wet]이 메가 히트를 치며 욕을 하던 모두의 입을 닫게 만들었다. 본조비의 영원한 대표곡인 <Livin' on a Prayer>, <You Give Love a Bad Name>, <Wanted Dead or Alive> 같은 곡이 수록된 이 앨범은 3,000만 장의 판매고를 올려 해당 연도에 가장 많이 팔린 앨범으로 빌보드 앨범차트에 8주간 1위를 차지했다.

<Livin' on a Prayer>는 4주 연속 싱글차트 1위에 올라 단순한 히트곡을 뛰어넘어 1980년대 록 음악 전체를 대표하는 상징적인 곡이 되었고 <You Give Love a Bad Name>도 한 주간 싱글차트 1위에 오르며 전성기를 함께했다.

여러 록밴드와 음악 비평가들이 본조비에 대한 부정적인 인터뷰나 글은 많이 봤지만 [Slippery When Wet]을 까는 사람은 단 한 명도 보지 못했다. 1990~2000년대가 되면서 얼터너티브에 헤비메

탈이 무너지고, 남녀 모두 틴 아이돌과 힙합이 무대를 지배하며 새롭고 거대한 파도에 힘겹게 맞서 싸우던 헤어 메탈 밴드들은 조용히 자취를 감추었으나, 본조비는 유일하게 이를 견뎌냈다.

90년대 3집 이후 나온 [New Jersey], [Keep the Faith], [These Days]는 모두 좋은 성적을 거두었으며 오히려 2000년대에 들어와서 더 큰 반향을 일으켰다.

밀레니엄 시대에 돌입한 2000년, 본조비의 제2의 전성기를 안겨준 7집 [Crush] 앨범의 <It's My Life>가 발매되었고, 2002년 [Bounce]가 앨범차트 2위를 기록하고 2005년 [Have a Nice Day]는 그래미를 수상한다. 2007년 [Lost Highway], 2009년 [The Circle], 2013년 [What about Now], 2016년 [The House Is Not for Sale] 등의 앨범들이 모두 앨범차트 1위를 차지하며 롱런을 이어나갔다.

2018년에는 로큰롤 명예의 전당에 입성하였고 2020년대에 들어와서도 꾸준히 활동 중이다. 이것은 본조비의 음악이 시대와 나이를 불문하고 누구에게나 듣기 좋은 음악을 선사해 아직까지도 사랑받고 있어서이다.

누군가가 록 음악은 과거의 영광과 그 시절의 추억을 듣는 것이라고 말했지만 적어도 본조비에게만큼은 적용되지 않는다. 세상에서 가장 욕과 박수를 동시에 많이 받은 밴드 중 하나이니까.

그 외 추천곡

<Runaway>, <Bed Medicine>, <I'll Be There for You>, <Keep The Faith>, <Bed of Roses>, <Always>, <It's My Life>, <Have a Nice Day> 등

토미와 지나가 누군데? - 본조비

밀레니엄 시대가 도래한 2000년, 각자의 솔로 활동을 마친 본조비는 약 5년의 공백을 깨고 [Crush] 앨범으로 돌아온다. 본조비는 데뷔 초창기부터 희망찬 가사와 격려의 메시지를 담은 곡을 꾸준히 발표해왔다. 이 앨범에서도 <It's My Life>라는 곡으로 자신들의 정체성의 계보를 이어갔다. 가슴 뜨거워지는 도입부와 트렌디하면서 쉬운 후렴구, 그리고 당당하게 살아가라는 가사 내용으로 큰 사랑을 받았다. 이 곡에는 시대를 뛰어넘는 재미있는 2가지 인용 가사가 있다.

첫 번째는 "Like Frankie said, I did it my way."(프랭키가 말한 것처럼 난 내 방식대로 했어.)로 본조비가 평소 존경하던 같은 뉴저지 출신의 대선배 가수 프랭크 시나트라(Frank Sinatra)의 1969년 발매한 곡 <My Way>를 레퍼런스했다. <My Way>는 삶의 끝에선 남자가 자신을 되돌아보며 주체적인 삶을 살아왔다고 담담히 고백하는 내용으로 <It's My Life>에서 말하고자 하는 내용과 일맥상

통한다.

두 번째는 “This is for the ones who stood their ground. For Tommy and Gina who never backed down.”(이 곡은 뜻을 굽히지 않는 이들을 위한 거야. 토미나 지나 같은 절대 물러서지 않는 사람들을 위한 것이지.) 부분이다. 여기서 Tommy와 Gina는 물러서지 않는 강인한 인물이라는 정도로만 묘사되어 있다.

그렇다면 Tommy와 Gina는 정확히 누구일까? 사실, 이 둘은 본조비의 곡에 처음으로 등장하는 인물이 아니다. 아마 본조비의 팬이라면 바로 알아채겠지만 Tommy와 Gina는 1986년에 발표된 [Slippery When Wet] 앨범의 수록곡이자 본조비의 상징적인 곡인 <Livin’ on a Prayer>에 등장하는 인물들이다. <Livin’ on a Prayer>는 노동자계급인 Tommy와 Gina를 중심으로 전개하는 스토리텔링 형태의 노래이다.

부둣가에서 일하는 Tommy와 식당에서 일하는 Gina는 힘든 현실 속에서 살아가지만 서로를 사랑하고 의지하고 기도하며 견뎌내자는 내용이다. 이 곡은 당대의 시대 상황을 대변해주던 곡으로, 시련을 이겨낸 주인공들을 <It’s My Life>에서 다시 한 번 센스 있게 언급하고 강조한 것이다.

본조비는 이전까지만 해도 살짝은 주춤했던 차트 성적을 보여주었고 해체설까지 돌던 위기 상황이었다. 하지만 이런 연계성 있는 곡들로 무장한 [Crush] 앨범을 통해 새천년 시대의 새로운 부활을 제대로 보여주었다.

가장 위험한 밴드 - 건즈앤로지스

시작부터 남달랐다. 액슬 로즈(Axl Rose)가 이끄는 할리우드로즈(Hollywood Rose)와 트레이시 건즈(Tracii Guns)가 이끄는 LA건즈(LA Guns), 두 밴드가 의기투합하여 각자의 이름을 따 만든 밴드 건즈앤로지스(Gun's N Roses)였지만 데뷔 전부터 내부 갈등으로 인해 트레이시 건즈는 탈퇴하고 없었다.

1987년 발매한 데뷔 앨범 [Appetite for Destruction]은 발매 당시 크게 주목받지 못했다. 여성 혐오적인 초판 앨범 커버(이후 커버 교체)와 앨범 속지에는 욕설이 난무했고 수록곡 대부분이 술과 마약, 이민자들에 대한 인종차별, 여성 희롱 및 성소수자 비하와 같은 사회적 논란거리들로 가득했다. 심지어 마지막 트랙 <Rocket Queen>은 실제 녹음 부스에서 성관계를 하면서 신음 소리를 녹음해 싣기도 했다.

이런 불량스러운 앨범은 레코드 숍 매대에 올려놓거나 MTV에서 틀어줄 리가 만무했다. 그러나 우연히 수록곡 <Welcome to the Jungle>이 새벽 시간대 MTV에 방영되면서 대중의 귀에 꽂히게 되어 히트를 쳤고 역주행하기 시작한다. 또 다른 수록곡 <Sweet Child O' Mine>은 1년 만에 빌보드 싱글차트 1위에 올라가 앨범은 현재 헤비메탈 최고의 명반 중 하나로 평가받고 있다.

건즈앤로지스의 음악은 당대 유행하던 팝 메탈과 LA 메탈에 어느 정도 영향을 받았지만 엄연히 정통 아메리칸 블루스와 하드록에 근간을 두고 있었다. 액슬 로즈의 저음과 고음의 레인지를 마음대로 넘나드는 보컬에 슬래쉬(Slash)의 요술 같은 리프는 과거로 회귀하는 듯한 원초적이면서 본질을 되찾아가는 쫀득한 사운드를 들려주었다.

음악만 불량했던 게 아니다. 건즈앤로지스는 록 스타(?)답게 대내외적으로 끊임없는 논란을 일으켰다. 공연에 지각하는 건 기본이고 공연 중 객석으로 몸을 날려 관객을 폭행하기도 했다. 공연장에 가던 중 불법 U턴하다 벌금을 받았다는 이유로 공연을 취소하고, 무대 세팅이 제대로 되어 있지 않다고 취소하고, 이외에도 각종 인터뷰와 시상식에서 욕설하거나 파파라치를 폭행하기도 했다. 또한 옆집 여성이 시끄럽다고 항의하자 술병으로 머리를 깼다는 논란이 있을 만큼 기행을 펼쳤다. 2009년 내한 공연 당시도 당연히 2시간 30분 가까이 지각해 공연시간 자체가 줄어들기도 했다.

멤버들이 캐릭터가 강해 모두 한 성깔했는데 특히 액슬 로즈의 이기적인 독주가 심했다. 이런 망나니 같은 행보에도 불구하고 건즈앤로지스가 계속 사랑을 받을 수 있는 이유는 음악성 때문이었다. 1991년 동시 발매된 [Use Your Illusion 1]과 [Use Your Illusion 2]는 역사상 최고의 앨범으로 손꼽힌다. 총 30곡, 150분 러닝타임이라는, 무모해 보이는 이 과감한 도전은 두 앨범이 동시에 빌보드 앨범차트 1위와 2위를 석권하는 기적을 이루어냈다.

이 앨범에는 멤버들 각자의 확고한 취향과 록 음악의 변천사를 보여주는 듯한 시대별 음악 스타일과 미래 지향적인 음악까지 총망라되어 잘 버무려져 있다. 초기의 로큰롤 스타일부터 블루스, 펑크, 하드록, 싸이키델릭, 심지어는 인더스트리얼 사운드까지 다양한 장르를 경험할 수 있는데, 특히 <Don't Cry>, <November Rain> 같은 멜로디컬한 서사적인 곡들이 사랑을 받았고 <Civil War>, <Knockin' on Heaven's Door>, <You Could Be Mine> 등도 히트를 쳤다.

그간 있었던 사건과 사고에 대한 항변과 멤버들 간의 우정 이야기를 포함한 전체적인 자전적 스토리, 성적 취향 이야기, 존경하는 이에 대한 헌정곡, 리메이크곡, 팬과 안티에 대한 헌사와 욕설 등을 다룬 솔직하면서도 다각화된 음악이 이들의 삶에 이입되면서 듣기 좋은 완성형 앨범이 만들어진 것이다.

1991년 9월, 너바나의 [Nevermind]와 불과 며칠 차이로 발매되어 당시 기존 메인스트림과 새로운 얼터너티브 록의 대결로 용호상박을 겨루었다. 결론적으로 누가 이겼다고 할 수 없고 양쪽 모두의 승리였다. 두 앨범 다 각자의 위치에서 최고의 명반으로 자리매김했으니까.

이후 내부 갈등으로 핵심 멤버들이 탈퇴하고 밴드는 쇠퇴의 길을 걷게 된다. 건즈앤로지스는 짧은 전성기를 보냈지만 확실히 한 시대를 대표한 아이콘이었으며 엄청난 임팩트를 남겼다. 사라져가던 록의 반항정신과 음악적 재능, 에너제틱한 활동으로 큰 영감을 남겼으며 아직까지도 많이 듣는 80, 90년대의 대표적인 록 넘버 곡들을 쏟아냈다.

그 외 추천곡

<Estraged>, <Paradise Ciry>, <Dust N' Bones>, <Live and Let Die>, <Nightrain>, <Patience>, <Get in the Ring> 등

닥터페퍼 - 건즈앤로지스

건즈앤로지스는 1987년 데뷔 앨범인 [Appetite for Destruction]부터 [G N' R Lies], [Use Your Illusion I, II]까지 꾸준한 성공을 거두었다. 1993년 발매된 다섯 번째 스튜디오 앨범인 [The Spaghetti Incident?]에서는 고전음악을 커버한 노래들을 선보

여 좋은 모습을 보여주었다. 액슬 로즈는 바로 다음 연도인 1994년부터 새롭게 기획 중이던 다음 앨범 [Chinese Democracy]에 대해서 언급하기 시작한다. 하지만 이 시기에 멤버들 간의 불화와 갈등이 커져, 기타 슬래쉬와 베이스 더프 맥케이건이 탈퇴한다. 이보다 더 빨리 탈퇴했던 이지 스트래들린까지 포함한 원년 황금 멤버들이 모두 떠나버려 결국 밴드엔 액슬 로즈 혼자 남게 되었다.

자존심 강한 독불장군이었던 액슬 로즈는 떠나간 멤버들 모두 필요 없고 자신만이 진짜 건즈앤로지스라며 떵떵거리고 다닌다. 새로운 멤버들을 영입하여 활동을 시작한 밴드는 뭔가 잘 맞지 않아서인지, 진작 예고했던 [Chines Democracy]는 한 해, 두 해 흘러도 나올 기미가 보이지 않았다.

몇 년간 오매불망 기다리던 팬들은 앨범 발매가 무너진 것은 아니냐며 항의와 의심을 하기 시작했고 액슬 로즈는 공연이나 인터뷰에서 항상 곧 나온다며 기다리라고 맞수를 두었다. 하지만 앨범 소식은 온데간데없고, 뉴스에는 액슬 로즈의 사건과 사고에 관한 체포 뉴스만 주구장창 나왔다.

매년 공수표만 날리던 액슬 로즈 덕분에 팬들 사이에서는 새 앨범은 조롱거리가 되고 만다. 이 시기 원년 멤버들은 의기투합하여 벨벳리볼버(Velvet Revolver)라는 밴드를 만들어 열심히 활동했고 2005년에는 그래미 베스트 하드록 퍼포먼스 부문을 수상하여 액슬 로즈와 비교되는 행보를 보여주었다.

2008년 3월, 갑자기 미국의 음료회사 닥터페퍼가 "올해에 만약 건즈앤로지스의 신보가 발매된다면 전 미국인들(슬래쉬와 버킷헤드를 제외한)에게 닥터페퍼 음료 한 병씩 돌리겠다"라고 도발 광고를 해버린다. 전 국민 앞에서 큰 개망신을 당해 분노해서였을까? 그해 11월, 액슬 로즈는 "잘 마시겠다"라며 응수하고 15년 만에 [Chinese Democracy]를 발매한다. 과정이야 어찌됐든 신보 소식에 팬들은 환호했고, 닥터페퍼 측도 이런 날이 올 줄 몰랐다며 흔쾌히 약속을 지키겠다면서 인터넷으로 무료 교환 쿠폰을 뿌렸다.

얼터너티브 = 너바나?

얼터너티브 록을 이야기하면 많은 사람이 너바나(Nirvana)를 떠올리지만, 사실 얼터너티브는 특정한 하나의 장르라기보다 음악의 한 기조, 사조, 태도 등을 의미하는 광의적인 용어로 해석해야 한다.

얼터너티브가 유행하기 이전인 80년대에는 헤비메탈이 음악의 메인스트림이 되어 큰 인기를 끌고 있었다. 헤비메탈은 블루스와 컨트리로 시작해 수십 년에 걸쳐 진화하고 발전하면서 많은 훌륭한 밴드들이 음악적 유산을 남겼다. 메탈은 정통성과 어마어마한 실력을 필요로 하는 자부심 있는 장르가 되었다.

메탈 헤드들은 자신들이 좋아하는 음악이 전 세계 음악의 주류가 되었음에 큰 기쁨을 느꼈을 것이다. 하지만 인기가 생기면 자연스럽게 돈이 되기 때문에 수많은 대형 레이블에서 공장처럼 양산형 메탈을 제작하기 시작했고 이로 인해 음악성은 점점 퇴색되고 기믹(gimmick)적인 요소만 흥행하게 되었다.

이에 본질을 찾고자 매너리즘 사운드를 탈피하고 메탈에 영향을 받지 않는 새로운 음악을 선보이자는 움직임 속에서 얼터너티브 록이 탄생하게 되었다.

얼터너티브 안에는 그런지 록뿐만 아니라 영국의 브릿팝, 네오펑크, 뉴웨이브, 인디 록, 슈게이징 등 지역별로, 장르별로 천차만별의 하위 음악들이 있다. 어쩌면 그중에서 가장 먼저 임팩트 있게 등장해 음악의 본류의 물꼬를 확 튼 밴드가 너바나였다. 이에 그런지 록의 대표인 너바나가 얼터너티브 록 전체의 대표로 인식되었고 '얼터너티브=너바나'라는 등식이 성립하게 된 것이다.

그런지 록이란 시애틀에서 시작된 장르로 너바나, 펄잼(Pearl Jam), 엘리스인체인스(Alice in Chains), 사운드가든(Soundgarden)이 4대 그런지 밴드로 유명한데, 그러나 이 네 밴드는 각각의 특징이 조금씩 다르기 때문에 그런지가 딱 이런 음악이라고 규정짓는 건 어렵고 애매모호하다. 전체적으로 디스토션을 가득 먹인 날것의 사운드에, 단순하면서 느린 템포의 곡 구성, 보컬의 토해내는 듯한 거친 음색을 바탕으로 우울하면서 패배주의적 감성이 짙게 깔려 있다. 이전 시대의 신디사이저 같은 추가적인 악기는 당연히 빠지고 화려한 기타 솔로의 기교들 역시 배제되는 등 고전적인 형태를 띤다.

시애틀이 비가 많이 오는 날씨 때문인지 늘 우울한 분위기가 형성되어 그런지 음악이 우울하다는 설이 있지만 이는 믿거나 말거나다. 이러한 기본적인 특징 아래 너바나는 펑크적인 요소가, 펄잼은 아메리칸 하드록적 요소가, 엘리스인체인스와 사운드가든은 헤비메탈적인 요소가 많이 묻어 있다.

1991년, 마이클 잭슨을 밀어낸 너바나의 앨범 [Nevermind] 신드롬과 펄잼의 [Ten]의 성공을 비롯한 이 B급 감성들의 폭풍은 음악적 흐름에 큰 변화를 가져왔다. 고인 물이던 헤비메탈은 점점 쇠퇴하게 되었고 새로운 다양한 장르가 잉태되어 후대에 영향을 남겼다.

그런지만의 일맥상통하는 우울함이 있어였을까? 4대 밴드의 보컬 4명 중 3명이 일찍 세상을 떠났고 펄잼의 에디 베더(Eddie Vedder)만 우두커니 무대를 지키고 있다.

추천곡

너바나 : <Smells like Teen Spirit>, <Come as You Are>, <Lithium>, <In Bloom>, <Breed>, <About a Girl>, <Heart-Shaped Box>, <All Apologies>, <The Man Who Sold the World> 등

펄잼 : <Even Flow>, <Jeremy>, <Alive>, <Black>, <Why Go>, <Wreckage>, <Yellow Ledbetter>, <Runing>, <Daughter> 등

엘리스인체인스 : <Man In The Box>, <Would?>, <Rooster>, <Nutshell>, <Them Bones>, <We Die Young> 등

사운드가든 : <Black Hole Sun>, <Spoonman>, <Live to Rise>, <Outshined>, <Superunknown>, <Fell on Black Days> 등

가해자와 피해자 – 너바나

1987년, 워싱턴주 타코마에서 록 콘서트를 관람하고 집으로 돌아가던 14세 소녀가 강간당하는 사건이 발생한다. 범인은 제럴드 아서 프렌드(Gerald Arthur Friend)로, 소녀를 거꾸로 매달아 묶어놓고 채찍으로 때리고 면도칼로 긋고 횃불과 토치로 고문하는 등 상상을 초월하는 짓을 저지른다. 피해자는 범인이 주유를 하려고 잠시 차를 세운 틈을 타 탈출에 성공했고, 쓰레기 범인은 체포된다.

평소 여성의 인권을 중시하던 커트 코베인(Kurt Cobain)은 이 사건에 영감을 받아 <Polly>라는 곡을 만든다. 이 곡은 강간범의 시점에서 가사를 썼으며, 가사에 나오는 "Polly"는 어린 소녀를 의미하고 실제 고문 방법과 과정을 비유적으로 표현했다.

우울한 어쿠스틱 코드 진행과 담담한 목소리를 통해 끔찍한 사회문제를 이야기한 곡은 너바나의 2집 앨범 [Nevermind]에 수록되어 1991년에 발표된다. 그러나 <Polly>가 발매된 후 얼마 지나지 않아 또 다른 두 명의 강간범들이 이 곡을 흥얼거리며 한 여성을 겁탈하는 사건이 발생한다.

커트는 이에 충격과 분노, 그리고 죄책감을 느끼며, 이번에는 피해자의 시점에서 쓴 곡 <Rape Me>를 만들어 3집 앨범 [In Utero](1993)에 수록한다. "Rape Me"는 자신을 마음껏 강간하라는 직설적이고 거침없는 가사로 성범죄 문제를 고발하고 있다. '강간할 테면 해봐라, 내가 언젠간 복수하겠다'라는 역설적 메시지를 통해 성범죄의 심각성을 강조한 이 곡은 일부러 심의를 통과하지 못할 정도로 강한 억양과 표현을 사용했다. 커트에게 심의는 문제가 되지 않았으며 오로지 자신의 생각을 노래로 세상에 알리고 싶은 마음뿐이었다.

커트 코베인 자살 의혹 -
커트 코베인&코트니 러브

1994년 3월 26일, 커트 코베인은 마약 중독 치료를 위해 LA의 재활원에 입소한다. 그러나 재활원 생활이 버거웠던 커트는 3월 31일 무단으로 센터를 탈출해 잠적해버린다. 며칠 뒤인 4월 8일, 전 세계에 속보로 커트 코베인이 시애틀의 자신의 집에서 사망했다는 뉴스가 전해진다.

당일 커트의 집을 방문한 전기 검침원에 의해 시신이 발견되었고, 사망 추정일은 사흘 전인 4월 5일로 자신의 얼굴에 총을 맞은 채 숨져 있었다. 경찰의 수사 결과, 가슴 위에 얹혀져 얼굴로 향해 있던 총구 방향과 시신 옆 유서, 방 안쪽으로 잠겨 있던 문, 타인의 지문이 없던 점, 평소 우울증을 앓고 있었다는 점, 이전의 자살 시도 등을 토대로 자살로 결론 내리고 수사를 종결한다.

커트는 평소에도 신체적·정신적 아픔으로 자살을 암시하는 말과 행동을 자주 했기에 일각에서는 그의 자살이 어쩌면 당연한 흐름이라고 보고 있다. 실제로 3집 앨범명도 원래는 '"I Hate Myself and I Want to Die.(난 내가 싫다. 그리고 죽고 싶다)'라고 지으려 했으나 소속사의 반대로 무산되기도 했다.

커트는 LA 재활원을 탈출한 후 시애틀로 가는 비행기에서 절대 앙숙이었던 건즈앤로지스의 더프 맥케이건을 만난다. 훗날 더프 맥케이건의 말에 따르면, 평소 같으면 서로 헐뜯기 바빴을 텐데 그 날따라 커트가 아주 친절하게 인사를 해주길래 본능적으로 무언가 이상하다고 느꼈다고 한다.

탈출한 후 커트의 아내 코트니 러브(Courtney Love)는 커트의 행방을 찾아달라며 톰 그랜트(Tom Grant)라는 사설탐정을 고용한다. 코트니에 의해 고용된 톰이었지만 커트의 죽음에 대해 수많은 수상한 점을 발견하고 혼자서 더 심도 있는 조사를 시작하여 자살이 아닌 타살이라는 의혹을 제기한다. 톰 그랜트가 제기한 여러 의문점을 보면 다음과 같다.

첫째, 커트의 부검 결과 헤로인이 치사량의 3배가 넘는 양이 검출된다. 헤로인에 취하면 보통 의식을 잃게 되는데 이 상태에서 어떻게 총을 세워 장전하고 자신의 얼굴 쪽으로 발사할 수 있었는지 의문이다.

둘째, 총에서 4개의 지문이 나왔지만 식별이 불가능했고, 유서 종이와 펜을 비롯하여 방 안의 대부분의 물건에서 커트의 지문이 나오지 않았다. 이는 누군가가 살해 후 모든 지문을 의도적으로 지웠다는 의심을 갖게 한다.

셋째, 경찰의 발표에 따르면 방문이 하나였다고 했지만 톰 그랜트가 현장을 확인한 결과 문이 하나 더 있었고 이는 경찰이 의도적으로 숨긴 것이라는 의심을 낳았다.

넷째, 시신 옆에 놓여 있던 유서의 마지막 4줄의 필적이 확연히 달랐다. 미국의 필체 전문가 매슬 마틀리(Marcel Matley)와 옥스퍼드 대학의 레지널드 앨튼(Reginald Alton)은 마지막 4줄이 다른 사람의 필적이라고 감정했다.

다섯째, 밴드 멘토스(Mentors)의 보컬 엘든 호크(Eldon Hoke)는 코트니 러브로부터 남편의 머리통을 날려주면 5만 달러를 주겠다는 제의를 받았다고 폭로한다. 앨런 호크는 커트 사후 3년 후인 1997년에 열차에 치여 의문사했다.

여섯째, 커트와 코트니의 결혼 당시, 혼전 계약 중 하나는 만약 이혼하게 되면 재산분리를 하지 않는다는 조건이었다. 커트는 이혼을 준비 중이었고, 코트니 입장에서는 이혼하게 되면 막대한 재산을 받을 수 없고 일정 금액의 위자료만 받게 된다. 코트니가 재산을 차지하기 위해 커트를 죽일 수밖에 없다는 의혹이 제기되었다.

이외에도 커트 사망 후 누군가가 그의 신용카드를 사용하려는 시도가 있었으며, 주변 사람들의 증언을 종합해보면 커트의 사망 사건의 배후에 코트니 러브로 귀결되고 있다. 심지어 코트니 러브의 아버지까지도 자신의 딸이 커트를 죽인 것 같다고 말한 바 있다.

이렇게 많은 의혹이 제기되었지만 당시 수석 검사관이던 니콜라스 하트숀(Nikolas Hartshorne)은 언론을 통해 자살 사건이 확실하다고 못 박아버린다. 이 검사관은 알고 보니 오래전부터 코트니와 친분이 있었고 내연 관계라는 소문도 돌았다.

빈스 닐&액슬 로즈&커트 코베인

1. 빈스 닐(머틀리크루 보컬) vs 액슬 로즈(건즈앤로지스 보컬)

1989년, LA의 록 클럽에 놀러 간 건즈앤로지스의 기타리스트 이지 스트래들린은 미모의 여성을 발견하고 찝쩍거리며 추파를 던진다. 여성은 모델이자 빈스 닐의 두 번째 부인인 샤리스 루델(Sharise Ruddell)이었다. 작업에 실패한 이지는 어쩌다 보니 실랑이를 벌이게 되었고 폭력까지 주고받는다. 복부를 얻어맞은 샤리스 루델은 남편에게 이 사실을 알렸고, 화가 난 빈스 닐은 복수를 다짐한다.

며칠 뒤 1989년 9월 6일 MTV 시상식이 있던 날, 빈스 닐은 이지를 찾아가 얼굴이 피범벅이 될 때까지 폭행하고 도망간다. 친한 친구가 맞았다는 소식을 들은 액슬 로즈는 빈스 닐을 죽이겠다고 난리를 친다. 이후 액슬과 빈스는 1년 넘게 각종 매체에서 서로를 헐뜯기 바빴으며 한 방송사의 뉴스는 이들의 싸움을 진지하게 보도하기도 했다.

둘은 시간과 장소를 정해 만나서 남자 대 남자로 싸우길 원했다. 법적인 책임 없이 경기장에서 룰을 정해 시원하게 한판 싸우고 이를 생방송으로 전 세계에 내보내자는 흥미진진한 제안을 주고받는다. 원래 건즈앤로지스는 1987년 머틀리크루의 공연 오프닝 밴드까지 서줄 만큼 원만한 관계였으나 이 사건으로 완전히 등을 돌리게 되었다. 이후 벌어진 용호상박과 같은 싸움은 실제 만남으로 이어졌지만 결과는 아무도 모른다. 액슬 로즈는 자신이 권총을 챙겨 나갔는데 빈스 닐이 쫄아서 나오지 않았다고 주장했으며, 반면에 빈스 닐은 자신이 경호원을 데리고 나가자 액슬 로즈가 갑자기 도망쳤다고 밝혔다.

각자 본인과 팬들 사이에서는 서로가 이겼다고 주장하며 왈가왈부하고 있지만 누가 이겼냐를 떠나 당대 최고의 노빠꾸 록 스타들의 흥미로운 싸움으로 기억되고 있다.

2. 액슬 로즈(건즈앤로지스 보컬) vs 커트 코베인(너바나 보컬)

1990년대 초반, 건즈앤로지스와 너바나는 최고의 양대 록밴드들이었다. 새로운 음악에 늘 관심이 많던 액슬 로즈는 너바나의 얼터너티브, 그런지 록에도 관심이 있었고, 너바나 모자를 쓰고 다닐 정도로 커트 코베인에게 호감을 보였다. 그러나 평소 페미니즘과 사회적 약자의 편에 서서 인권운동을 벌이던 커트 코베인에게 액슬 로즈의 기행은 혐오의 대상이었다.

1992년 액슬이 커트에게 합동 투어를 제안했으나 단번에 거절당하면서 액슬의 짝사랑은 그렇게 끝나게 된다. 이후 액슬답게 180도 돌변해 커트 코베인을 공개적으로 비난하기 시작했으며 특히 커트 코베인과 코트니 러브가 임신 중에도 주기적으로 마약을 한 사건을 언급하며 둘 사이의 관계는 극도로 나빠진다.

액슬은 이미지와는 다르게 의외로 마약을 즐기지 않는다. 이들의 갈등은 1992년 MTV 시상식에서 절정에 달한다. 커트 부부는 액슬 로즈의 면전에 대고 "우리 아이의 대부가 되어달라"라며 비꼬았으며 이는 평소 폭력적인 행실로 유명한 액슬 로즈를 조롱한 것이었다. 이에 격분한 액슬은 코트니에게 "창녀 주제에 입 좀 닥쳐라!"라며 맞받아쳤고, 싸움이 벌어질 뻔했지만 주변 사람들에 의해 겨우 말린다.

이후 무대에 오른 너바나는 공연 중 "Hi, Axl, where's Axl?"이라고 외치며 모두가 보는 앞에서 그를 조롱거리로 만들어버린다. 이 싸움은 결국 밴드 대 밴드 전체 싸움으로 커지게 되었고, 당대 최고의 음악성을 자랑하던 두 밴드는 서로의 음악을 깎아내리며 견원지간 사이가 된다.

이후 건즈앤로지스의 내부 분열과 1994년 커트 코베인의 사망으로 그때서야 두 밴드 간의 갈등은 잠잠해졌다.

티켓 마스터 고소 - **펄잼**

너바나의 [Nevermind]가 그런지 열풍을 몰고 온 후 다음으로 주목받은 앨범은 펄잼의 [Ten]이었다. [Ten]은 [Nevermind]보다 한 달가량 빨리 발매되었지만, 너바나의 임팩트가 너무 강해 1년 정도 뒤에야 주목을 받으며 차트를 점령하게 된다.

너바나와 펄잼, 두 밴드는 그런지의 양대 산맥으로 꼽히는데 그들의 음악은 동일한 우울감과 패배주의적 감성을 확연히 다른 사운드를 표현했다. 너바나가 노이즈가 낀 폭발적인 사운드를 보여준다면, 펄잼은 아메리칸 하드록의 계통을 이어받아 차분하고 깔끔하면서 안정감 있는 사운드를 제공한다.

펄잼의 음악에는 사회 비판적인 메시지가 가득 담겨 있다. 모두가 언급하기 불편해하는 세상의 부조리에 대한 이야기를 마다하지 않는다. 수록곡 <Jeremy>에서는 왕따와 총기 문제를, <Even

Flow>는 노숙자가 된 청년의 사회적 고뇌를, <Alive>는 가정의 비극적 면모를, <Black>은 이별의 아픔을 이야기했다. 펄잼 커리어 내내 당대의 무거운 문제들을 직관적으로 대변하고 행동으로 보여주고, 옹골진 사운드 속에 보컬 에디 베더의 가슴에서 우러나오는 진득한 분노의 목소리는 큰 가치와 감명을 전한다. 이는 음악을 넘어 깊은 사회적 의미를 지닌 작품이라는 평가를 받고 있다.

[Ten]의 대성공은 그들을 스타로 만들어주는 동시에 음악산업계의 관습에 대한 불만을 갖게도 만들었다. 음악의 진정성을 통해 세상의 변화를 원했던 그들은 음반사와 방송사에서 자신들의 음악을 돈벌이 수단으로만 이용하는 것에 저항하기로 한다.

1993년 발매된 2집 [Vs.]부터 단 한 곡도 싱글로 발매하지 않고 뮤직비디오도 제작하지 않는다. 1996년 3집 [Vitalogy]로 그래미상을 수상하지만 "이런 시상은 별 의미 없다"며 소감을 말한다. 훗날 공개된 다큐멘터리에서는 먼지가 쌓인 그래미 트로피를 찍은 영상이 그들의 입장을 잘 보여주었다.

음악사에서 펄잼다운 사건을 가장 잘 보여준 것은 1994~95년에 있었던 예매 대행사 티켓 마스터와의 소송전이다. 티켓 마스터가 폭리를 취하기 위해 티켓 값을 비싸게 팔아 팬들이 마음껏 공연을 볼 수 없다고 판단한 펄잼은 그 공연을 보이콧하고 이후의 공연도 모두 취소시킨 뒤 고소장을 접수한다. 미 의회에서 조사단이 꾸려져 조사를 진행하여 펄잼은 청문회에 증인으로 참석하는 등 1년간 소송이 이어졌다. 계란으로 바위 치기 격인 이 싸움에서 결국 패소했지만 상업주의에 맞서 싸운 음악인으로서 용기 있는 행동은 펄잼의 위상을 드높였다.

티켓 마스터의 압박 때문인지 이후 펄잼은 대도시와 대형 공연장에서는 공연이 성사되지 않았다. 펄잼도 큰 공연보다는 작은 공연장에서 팬들과 소통을 원했던 차, 작은 기획사였던 골든보이스와 손을 잡고 LA 인근 코첼라의 한 클럽에서 공연을 하게 되는데 이는 현재의 세계적 공연이 되어 있는 '코첼라 페스티벌'의 시발점이 되었다.

펄잼은 현재까지도 초심을 잃지 않고 꾸준히 진정한 로큰롤 정신을 보여주며 후배 음악인들에게 정신적·음악적 유산을 남기고 있다.

이름 살게요 - 스키드로우

마지막 헤비메탈의 불꽃을 태웠던 스키드로우(Skid Row), 꽃미남 보컬 세바스찬 바흐(Sebastian Bach)의 이미지가 크게 각인되어 있지만 실질적으로 밴드의 리더는 기타리스트 데이브 세이보(Dave Sabo)이다. 세바스찬 바흐는 오디션을 통해 발탁되었다.

'Skid Row'라는 밴드명은 자동차가 급브레이크를 밟아서 도로에 생기는 자국인데, 사회의 밑바닥이라는 의미로 통용된다. 메탈 밴드의 거친 이미지와 잘 어울리는 밴드명이다. 그러나 현재 서술하고 있는 Skid Row 이전에 동명의 밴드가 있었다. 바로 유명 기타리스트 게리 무어(Gary Moore)가 소속되어 1960년대 활동하던 아일랜드 밴드 Skid Row이다. 세이보는 Skid Row라는 이름을 사용하기 위해 게리 무어에게 3만 5천불이라는 거금을 지불하여 구매한다. 그리고 이 당시에 또 다른 Skid Row 밴드가 있었다. 이 밴드는 나중에 밴드명을 바꾸는데 그 새로운 이름이 놀랍게도 너바나(Nirvana)이다.

세이보는 당시 록 스타로 자리 잡은 존 본 조비와 친하게 지내던 동네 친구 사이였다. 밴드 본조비 결성 초기에 잠깐 활동도 같이했고, 둘은 서로 먼저 뜨는 사람이 도와주자고 약속했다. 스키드로우 결성 초 마땅한 배급사를 찾지 못하던 중 본 조비가 자신의 소속사인 뉴저지언더그라운드뮤직(New Jersey Underground Music)과 계약을 알선해주고 본조비 오프닝 무대에 스키로로우를 세워주면서 조금씩 인지도를 넓혀갔다(밴드 신데렐라[Cinderella]도 마찬가지로 본조비의 도움을 받아 성장했다) .

그 후 대형 음반사인 애틀랜틱 레코드(Atlantic Records)와 계약을 맺고 1989년 동명의 데뷔 앨범인 [Skid Row]를 발매한다. 이 앨범은 <18 & Life>, <Youth Gone Wild>, <I Remember You> 등의 히트곡으로 단숨에 최정상 신인 밴드로 우뚝 선다. 2년 뒤인 1991년 또 다른 명반이자 대표작인 [Slave to the Grind]에는 <Monkey Business>, <Quicksand Jesus>, <Wasted Time> 등의 곡으로 연달아 전성기를 보낸다.

밴드는 승승장구했지만 세바스찬 바흐가 스키드로우의 판권을 모두 가지고 있던 본 조비에게 불만을 품기 시작한다. 앨범 판매량은 많지만 초창기에 맺은 계약으로 인해 수입의 많은 부분이 본 조비에게 들어가는 게 못마땅했던 것이다. 물론 본 조비가 물꼬를 터준 건 사실이지만 스키드로우의 인기에 큰 역할을 한 것은 단연 세바스찬 바흐였다.

193cm 금발 꽃미남에 자유자재인 초고음 샤우팅과 매력적인 스크래치 창법, 무대 전체를 뛰어다니며 휩쓰는 퍼포먼스까지 당대 최고의 프런트맨으로 수많은 여생 팬들을 끌어 모았다. 바흐의 입장에서 보면 어느 정도 이해가 된다. 이런 상황에 내 편 좀 들어줬으면 좋겠는데, 정작 세이보를 비롯한 멤버들의 그냥 그러려니 하는 태도가 마음에 들지 않았다. 그리하여 점차 독단적인 행동을 하게 되고 갈등이 점차 커져 시상식에서 대놓고 더 이상 본 조비의 도움 따윈 필요 없다고 말했다. 훗날 둘은 주먹다짐까지 하게 된다.

이렇게 불안한 상황 속에서 아슬아슬하게 1995년 3집 [Subhuman Race]까지 활동하고 1996년 결국 세바스찬 바흐는 밴드에서 해고된다. 바흐 탈퇴 후 수차례의 보컬 교체로 현재까지도 꾸준히 활동하고 있는 스키드로우지만 과거의 영광만큼은 재현하지 못하고 있다.

시대적으로 얼터너티브 록 물결로 메탈이 침체에 빠진 것도 원인이겠지만 바흐의 상징성과 대중성 또한 밴드의 생사에 큰 영향을 주었다.

미안하다 친구야 - **판테라**

1990년대에 접어들면서 헤비메탈은 메인스트림에서 점점 밀려나고 있었다. 그때 남아 있는 불꽃에 다시 기름을 부어버린 밴드가 바로 판테라(Pantera)였다.

다임백 대럴(Dimebag Darrel)과 비니 폴(Vinne Paul), 일명 애봇(Abbott) 형제가 이끈 밴드는 메이저 입성 앨범인 5집 [Cowboys from Hell]의 성공 이후 꾸준히 명반을 발표하며 헤비메탈 씬을 되살리는 데 성공한다.

다임백 대럴의 면도날 같은 피킹, 비니 폴의 빈틈없는 드러밍, 렉스 브라운(Rex Brown)의 그루브한 베이스 라인, 그리고 필립 안젤모(Phillip Anselmo)의 예리한 칼날 같은 피치의 브루털 창법의 그루브 메탈은 빌보드차트마저 씹어 먹고 다닌다. 음악성과 상업성, 두 마리 토끼를 모두 잡은 밴드로 이후 메이저 씬에 이 정도의 카리스마를 보여준 밴드가 또 있을까라는 생각을 가지게 한다.

다임백 대럴은 엄청나게 날카로운 실력과는 반대로 보살 같은 인성을 가진 사람으로 유명했다. 서로 디스하고 까내리기 바쁜 뮤지션들 사이에서도 다임백 대럴을 욕하는 사람은 한 명도 없었다.

반면에 보컬 필립 안젤모는 인종차별 발언 등 수많은 논란을 일으키는 인물이었다. 도무지 어디로 튈지 모르는 안젤모의 기행은 판테라 7집 이후로 더욱 심해진다. 그는 밴드원들과의 소통을 거의 하지 않고 보컬 녹음도 다른 지역에서 따로 진행하며 멤버들을 피해 다녔다.

당시 필립 안젤모는 무리한 스케줄과 과격한 퍼포먼스로 퇴행성 디스크를 겪고 있었다. 수술이 필요했고 완치까지 1년 6개월 이상이 걸릴 정도로 심각한 상황이었다. 하지만 성공 가도를 달리고 있던 안젤모는 통증을 참으며 술과 진통제, 마약에 의존했다. 멤버들은 치료를 권했지만 안젤모는 혼자 조용히 마약을 할 수 있는 시간과 공간이 필요했던 것이다. 실제로 공연 후 마약 과복용으로 심장마비까지 왔다가 겨우 살아난 적도 있었다.

갈등이 점점 커지자 안젤모는 멤버들에게 1년만 쉬다 오겠다고 통보한다. 멤버들은 그가 치료와 요양을 할 줄 알았다. 그런데 안젤모는 어처구니없게 자신의 또 다른 밴드의 앨범을 발매하고 투어를 돈다. 비니 폴은 당장 안젤모를 해고하자고 하지만 다임백 대럴은 그를 조용히 기다린다. 그러나 점점 엇나가던 밴드는 결국 2003년 11월, 공식적으로 해체되고 이후 안젤모는 애봇 형제를 꾸준히 욕하고 다닌다.

판테라의 종지부를 찍은 애봇 형제는 데미지플랜(Damage Plan)이라는 새로운 밴드를 결성해 활동한다. 2004년 4월, 신시내티의 한 클럽에서 공연 중 술에 취한 한 남자가 무대 위로 올라오려다 경비원들에게 제지를 당한다. 남자는 저항하다가 조명 장비를 넘어뜨려 데미지플랜은 약 2,000달러의 피해를 입었다. 하지만 앨범 홍보와 공연으로 바빠서 고소를 취하하고 넘긴다.

그로부터 8개월 후 다시 신시내티의 한 클럽에서 데미지플랜의 공연 중 갑자기 총성이 울렸고 연주 중이던 다임백 대럴이 피를 흘리며 쓰러졌다. 범인은 주변 사람들에게도 총을 난사해 공연장은 아수라장이 된다.

다임백 대럴은 급하게 심폐소생술을 받았지만 네 발 중 세 발이 머리 쪽에 맞아 그 자리에서 즉사했다. 이 사고로 다임백 대럴을 포함해 4명이 숨졌고, 범인도 경찰이 쏜 총에 맞아 사살된다. 이 범인은 바로 8개월 전 조명 장비를 넘어뜨렸던 나단 게일(Nathan Gale)이라는 사람이었다.

나단 게일은 판테라의 광적인 팬이었지만 정신분열증 환자였다. 그는 판테라가 자신이 쓴 아이디어와 가사를 훔쳐서 성공했다는 망상을 가지고 있었다. 사고 발생 2주 전에 필립 안젤모가 인터뷰에서 "다임백은 좀 맞아도 싸다"라는 발언을 했는데, 이게 나단 게일에게는 다임백을 죽이라는 신호로 들렸다는 소문도 있다.

레전드가 너무도 허망하게 일찍 떠나버려 안타까웠던지 그동료 뮤지션 잭 와일드(Zakk Wylde), 니켈백(Nikelback) 등이 추모곡을 발표했다. 다임백을 미워하던 안젤모도 함께했던 시절과 갑자스러운 그의 사망, 그리고 앞서 언급한 소문에 의한 죄책감으로 화해하지 못한 것을 후회한다고 한다.

추천곡

<Cowboys from Hell>, <Walk>, <Cemetery Gate>, <This Love>, <Domination>, <I'm Broken>, <Mouth for War>, <Fucking Hostile>, <5 Minutes Alone>, <Psycho Holiday> 등

Final Countdown - 유럽

팝/록 음악에 관심이 없는 사람이라도 <The Final Countdown>의 전주 부분만 들어도 "어! 이 노래 들어본 적 있어"라고 말할 것이다. 웅장함과 비장함이 느껴지는 사운드와 어디 출동이라도 해야 할 듯한 시원한 멜로디로 단 한 번만 들어도 머릿속에 각인되기 쉽다. 많은 스포츠 구단이나 운동선수들의 테마곡으로 사용되고 있으며, 이 음악을 듣기만 해도 몸 안의 아드레날린이 분비되는 느낌이 든다.

<The Final Countdown>은 스웨덴의 대표 밴드 유럽(Europe)의 곡으로, 1986년 2월 14일에 발매한 3집 앨범에 수록된 곡이다.

이 앨범이 발매되기 약 2주 전인 1986년 1월 28일에는 전 세계를 놀라게 한 사건이 있었다. 챌린저호 대참사로 불리는 이 사건은 NASA의 우주왕복선 챌린저호가 발사된 후, 우측 부스터의 고장으로 80초 만에 폭발해 7명의 비행사가 전원 사망한 사고이다. 이 사

고로 사망한 승무원 중에는 우주에서 최초로 원격 수업을 하기 위해 선발된 민간인 교사 크리스타 매콜리프(Christa McAuliffe)도 포함되어 있었다.

챌린저호의 발사 장면은 CNN을 통해 실시간으로 전 세계에 송출되고 있었고, 교사의 특별한 승무로 수많은 학교에서도 시청하고 있었다. 가장 안타까운 것은 크리스타 매콜리프의 부모가 현장에서 딸이 우주로 떠나는 모습을 지켜보고 있었다는 점이다. 순식간에 일어난 폭발 사고를 지켜본 사람들은 믿기지 않는 표정으로 넋을 잃고 말았다.

챌린저호의 승무원들은 과학적 임무뿐만 아니라 다양한 임무를 수행할 계획이었는데, 그중 하나가 우주에서 최초로 녹음된 음악을 발매하기 위한 프로젝트도 포함되어 있었다.

많은 사람들이 2주의 짧은 간격을 두고 발매된 <The Final Countdown>을 챌린저호의 추모곡으로 잘못 알고 있다. 그러나 이 곡의 실제 녹음은 발매하기 1년 전인 1985년에 이미 완성된 곡이었으므로 시기적으로 맞물린 단순한 해프닝일 뿐이다. 일어나지도 않은 일을 미리 예상하고 곡을 만들었다는 것은 당연히 말도 안 된다.

개인적으로는 사실의 여부를 떠나 이 노래를 듣는 순간만이라도 돌아가신 분들에 대한 추모가 이루어진다는 것이 이 곡의 최고의 매력인 것 같다.

굴러들어온 돌이 박힌 돌을 빼다 - 헬로윈

카이 한센(Kai Hansen, 보컬 + 리드 기타)을 필두로 미하일 바이카스(Michael Weikath, 기타), 마르쿠스 그로스코프(Markus Grosskopf, 베이스), 잉고 슈비흐텐베르크(Ingo Schwichtenberg, 드럼)는 밴드 헬로윈(Helloween)을 결성하여 함부르크를 중심으로 활동을 시작한다.

초창기 헬로윈의 음악은 직선적인 스래쉬 메탈 밴드의 느낌이 강했고, 1985년 발매한 1집 [Walls of Jericho]는 10만 장 이상 팔리며 각광받는 밴드로 주목받는다. 밴드의 주도권을 쥐고 있던 카이 한센은 보컬에 대한 부담감을 덜기 위해 당시 고등학생이던 18세 미하일 키스케(Michael Kiske)를 영입하고, 한층 더 음악성에 집중하여 기존의 스래쉬와 파워 메탈에 국한되지 않고 멜로디가 강조된 사운드를 구축해낸다.

1987년과 1988년에 발매된 헬로윈의 마스터피스라고 할 수 있는 연작 앨범 [Keeper of the Seven Keys Part 1]과 [Keeper of the Seven Keys Part 2]는 메탈의 강함 속에 아름다운 선율의 판타지를 느낄 수 있는 신선한 사운드와 키스케의 시원시원한 고음 보컬로 독일을 넘어 유럽 전역에서 크게 성공한다. <A Tale That Wasn't Right>, <Future World>, <Eagle Fly Free>, <Dr. Stein>, <I Want out> 등 많은 곡들이 사랑받았으며, 유러피언 파워 메탈 혹은 멜로딕 스피드 메탈이라고 불리는 새로운 장르가 탄생한다.

약간 만화 주제곡 같은 유치할 수도 있는 사운드로 호불호가 갈리지만 의외로 한국과 일본 등 아시아 시장에서도 크게 성공한다. 그들은 스트라토바리우스(Stratovarius), 랩소디오브파이어(Rhapsody of Fire), 에드가이(Edguy), 블라인드가디언(Blind Guardian) 등과 일본의 엑스재펜(X-Japan)에게까지 영향을 주었다.

헬로윈이 성장하면서 보컬 키스케의 영향력이 밴드 내에서 점점 커지게 된다. 헬로윈의 스타일에 변화를 주고 싶었던 그는 리더 카이 한센과 음악적으로 갈등이 생긴다. 보통 이런 경우 뒤늦게 영입된 키스케가 밴드에서 짤릴 텐데, 놀랍게도 카이 한센이 모든 걸 던지고 밴드를 탈퇴한다. 굴러들어온 돌이 박힌 돌을 빼버린 격인 초유의 사태가 발생한 것이다.

후에 키스케가 실권을 잡아 밴드를 이끌어 나가고, 카이 한센은 감마레이(Gamma Ray)라는 밴드를 만들어 활동한다.

키스케의 입김이 들어간 두 장의 앨범, 1991년 [Pink Bubbles

Go Ape]와 1993년 [Chameleon]은 기존의 헬로윈과는 너무 다른 음악이라 리스너들은 갸우뚱거렸고, 오히려 당시 감마레이가 발매한 앨범들이 진정한 헬로윈이라는 소리를 듣게 된다.

두 장의 앨범을 끝으로 키스케는 밴드에서 해고되는데 이때 원년 멤버 잉고 슈비흐텐베르크도 함께 해고된다. 잉고는 최고의 드러머였지만 알코올 중독, 마약 중독과 유전성 조현병 때문에 치료를 위해 어쩔 수 없이 내보내야 할 상황이었다. 그 후 1995년 잉고는 미안하다는 메모를 남기고 달리는 열차에 뛰어들어 생을 마감하고 마는데 이는 헬로윈의 슬픈 역사로 남게 된다.

남은 원년 멤버 미하일 바이카스가 세 번째 주도권을 잡으며 잦은 멤버 교체(롤랜드 그래포우(Roland Grapow), 앤디 데리스(Andi Deris), 울리 쿠쉬(Uli Kusch) 등)가 있었지만 현재까지도 [The Time of the Oath], [The Dark Ride], [Rabbit Don't Come Easy] 등 꾸준히 앨범을 내며 활동하고 있다.

특이한 것은 헬로윈에서 파생된 밴드들은 모두 넓은 아량을 가진 가족 친화적인 분위기라는 점이다.

키스케는 탈퇴 후 많은 밴드에 피처링을 해주었다. 음악적으로 다투었던 카이 한센의 감마레이에서도 피처링을 해주었고, 자신의 후대 보컬인 앤디 데리스의 친정 밴드인 핑크크림69(Pink Cream 69)에서도 피처링을 해주었다. 이들과 플레이스벤덤(Place Vendome)이라는 밴드를 결성하고, 위에 언급된 롤랜드 그래포우와 울리 쿠쉬가 헬로윈에서 탈퇴한 후 함께 만든 마스터플랜

(Master Plan)에서도 피처링해주었다.

울리 쿠쉬도 원래는 카이 한센의 눈에 띄어 감마레이의 드러머로 있다가 헬로윈에 합류했던 것이고, 키스케는 감마레이에서 잘하고 있던 카이 한센을 다시 꼬셔 유니소닉(UNISONIC) 밴드를 결성하여 활동하고….

이렇게 복잡한 상황 속에서 가장 재미있는 것은 2017년부터 미하일 키스케, 카이 한센 모두 최초의 헬로윈으로 돌아가 2보컬, 3기타 체제로 다 같이 활동하고 있다는 점이다.

뒤죽박죽인 면이 많지만 헬로윈만의 굳건한 뿌리만큼은 뽑히지 않을 것 같다.

성대결절 - 데이비드 커버데일

록 보컬계에 큰 영향을 끼친 레전드 보컬 데이비드 커버데일(David Coverdale). 전 세계에 그의 창법을 선호하고 따라 구사하는 보컬들이 굉장히 많다.

원래 커버데일은 요크셔 지방의 한 양장점에서 의상을 판매하면서 무명 밴드의 서브 보컬을 맡고 있었다. 딥퍼플의 보컬 이안 길런이 탈퇴한 후 커버데일은 오디션을 통해 후임 보컬로 들어와 딥퍼플 3기를 이끌게 된다.

초창기 커버데일은 소울풀하면서도 딥한 블루지한 느낌의 중저음이 탄탄한 보컬이었다. <Burn>이라는 곡에서도 초고음 샤우팅 부분은 베이시스트인 글렌 휴즈가 질러주었다. 딥퍼플의 해체 후에는 화이트스네이크(Whitesnake)라는 밴드를 만들어 활동을 이어간다. 1978년 첫 앨범을 발매한 이후 1, 2년 안팎으로 꾸준히 앨범을 발표하던 화이트스네이크는 1984년 <Slide It in> 앨범 이후

3년 넘게 소식이 들리지 않았다.

당시 커버데일은 고질적인 성대결절로 인해 라이브에서 기량 차이가 심각했다. 목 상태가 너무 좋지 않아 공연 중 중단했던 적도 있었다. 그는 성대결절 수술로 평생 목소리를 잃을까 봐 걱정이 많았지만 이 공백기에 결국 수술과 치료를 결심한다.

1987년, 영국에서는 [1987], 미국에서는 [Whitesnake]라는 이름으로 앨범이 발매되었는데, 리스너들은 깜짝 놀랐다. 이전에는 들어볼 수 없었던 초고음 영역까지 내는 것이었다. 커버데일은 정확히 성대결절은 아니었지만 비중격만곡증을 앓고 있었다(콧구멍을 둘로 나누는 벽인 비중격이 휘어져 비강이 좁아져 호흡이나 소리에 영향을 주었던 것이다).

수술로 비중격을 원래 위치로 돌리니 막힌 혈자리가 뚫리듯 고음이 폭포처럼 콸콸 쏟아져 나왔다. 기존의 블루지한 보컬에 초고음까지 더해져 금상첨화가 되었고, 앨범은 세계적으로 1,000만 장 이상 팔려 큰 성공을 거두었다.

추천곡

<Here I Go Again>, <Is This Love>, <Still of the Night>, <Crying In the Rain>, <Children of the Night> 등

유튜브를 만든 장본인 - **자넷 잭슨**

마이클 잭슨의 동생으로 잘 알려진 자넷 잭슨(Janet Jackson)은 한국에서는 인지도가 높지 않지만 세계적으로는 큰 영향력을 끼친 가수이다. 특히 댄스 분야에서는 당대부터 현재까지 최고로 손꼽히며, 매력적인 퍼포먼스와 창조적인 안무로 '댄스 디바'라는 개념을 최초로 만들어냈다.

잭슨 가의 영향력 아래에서 발매했던 두 장의 앨범이 상업적으로 실패하자 자넷 잭슨은 아버지로부터 독립해 스스로 프로듀서를 선택해 앨범을 제작한다. 과거에 시키는 대로만 움직였던 자신이 아닌, 스스로를 컨트롤할 수 있다는 것을 보여준 3집 [Control]이 1986년에 발매되고 이는 그녀 커리어에서 중요한 전환점이 된다.

리듬앤블루스에 펑크와 힙합 비트를 더해 만들어진 뉴잭스윙 장르를 토대로 한 이 앨범은 수록곡 중 5곡이 빌보드 핫100 Top 5에 드는 놀라운 성적을 거둔다. 세계적인 스타가 된 자넷 잭슨은 연이어 입지를 다진다.

1989년 발매한 4집 [Janet Jackson's Rhythm Nation 1814]에서는 Top 5 안에 7곡을 올리며(전 세계에서 유일하다) 그중 4곡이 1위를 차지했다. 특히 자넷 잭슨의 트레이드마크인 <Rhythm Nation>에서 군복을 입고 춘 칼군무는 지금까지도 회자되고 있다. 밀리터리 콘셉트와 직접 고안한 소름 돋게 딱딱 맞는 칼군무는 그녀를 댄스의 여왕 자리에 올려놓게 된다. 이전에도 춤추며 노래하는 가수들이 있었지만, 자넷 잭슨은 완전히 다른 차원의 안무와 무대 퀄리티를 보여주었다. 결국 이 앨범은 1990년 전체 앨범차트 1위와 1990년 가장 많이 팔린 앨범이 되었다.

이후 발매한 1993년 작 5집 [Janet], 1997년 작 6집 [The Velvet Rope], 2001년 작 7집 [All for You] 모두 앨범차트 1위와 싱글차트 1위를 차지했다.

3집 이후 약 15년 동안 구설수 없이 최정상의 자리를 꾸준히 지켜온 자넷 잭슨은 자신의 이야기부터 사회 전반의 다양한 문제까지 다루며 메시지상으로도 점차 성숙해졌다. 장르의 스펙트럼도 넓어졌다. 그래미에서 팝, R&B, 댄스, 록, 랩 장르에서까지 노미네이트되었으며 시간이 지날수록 그녀만의 음악적 색채가 확고해져 갔다.

하지만 승승장구하던 자넷 잭슨에게 큰 봉변이 터지고 만다.

2004년 2월 1일, 자넷 잭슨은 최고의 스타들만이 설 수 있는 슈퍼볼 하프타임 쇼에서 공연을 하게 된다. 마지막 무대에서 저스틴 팀버레이크(Justin Timberlake)와 함께 <Rock Your Body>를 선보이던 중 마지막 순간에 저스틴 팀버레이크가 갑자기 자넷 잭슨의 상의 가슴 부분을 손으로 뜯어버려 생방송에 가슴이 그대로 노출되고 만 것이다. '니플게이트'라고 불리는 이 사건은 무려 1억 4천만 명의 시청자들이 보았고, 전 세계적으로 엄청난 논란을 불러일으켰다.

주최 측인 MTV는 사전에 계획된 퍼포먼스가 아니었다고 해명했고, 자넷 잭슨 측은 원래 겉옷만 뜯어내 붉은 속옷만 노출할 예정이었으나 실수로 사고가 났다고 대변했다. 특히 자넷 잭슨의 유두에 피어싱이 있었다는 것이 크게 문제가 되었고 이 사건으로 자넷 잭슨은 처음으로 큰 위기를 맞이했다.

다음 날인 2월 2일 예정대로 8집 [Damita Jo]의 선싱글 <Just a Little While>이 발매되었으나 차트에서 45위에 그치고 만다. 항상 1등만 하던 자넷 잭슨은 큰 충격을 받았다. 그런데 그보다 심각한 것은 여론이 점점 나빠지는 것이었다. 수차례의 사과 방송을 하고 예정되어 있던 콘서트들도 취소되었으며 결국 8집 활동을 일찍 접어야 했다.

이 사건의 여파가 어느 정도였냐 하면 2004년 전체 구글 검색어 1위가 자넷 잭슨이었다. 사람들이 하도 영상을 보려고 인터넷을 검색하니깐 자베드 카림(Jawed Karim)이라는 사람이 여기에서 번뜩 아이디어를 얻어 현재의 최대 동영상 공유 검색 서비스 업체인 '유튜브'를 창업한다.

시간이 흐르면서 자넷 잭슨은 실력과 꾸준한 노력으로 여론을 뒤집는 데 성공한다. 이후 발매한 앨범들은 다시 빌보드 1위 자리를 탈환하며 과거의 명성을 되찾았다. 그녀가 끼친 영향력은 많은 후배들에게 존경받고 있으며 2019년에는 로큰롤 명예의 전당에 헌액되었다.

그 외 추천곡

<Miss You Much>, <Escapade>, <That's the Way Love Goes>, <All for You>, <Together Again>, <Love Will Never Do>, <When I Think of You>, <Alright>, <Black Cat> 등

구라, 한 번 더 - 밀리바닐리

'보니엠'으로 세상을 속인 프랭크 파리안의 음악적 센스는 정말 뛰어났다. 1980년대 말, 파리안은 유럽의 유로댄스팝과 미국의 R&B, 힙합 등의 요소를 융합한 신선하면서도 감각적인 음악을 통해 새로운 아티스트를 기획, 제작하기로 한다.

그는 오디션을 통해 브래드 하웰(Brad Howell), 존 데이비스(John Davis), 찰스 쇼(Charles Shaw), 주디 로코(Jodie Rocco), 린다 로코(Linda Rocco) 등 다섯 명의 보컬을 모았다. 하지만 당시의 MTV 시대에는 음악뿐만 아니라 시각적인 요소도 중요했다. 파리안은 멤버들의 외모가 시장성에 부족하다는 것을 깨닫는다.

파리안은 새로운 방법을 모색하게 되는데 그가 선택한 방법은 비주얼이 좋은 멤버를 영입하여 대신 무대에 올리는 것, 즉 립싱크 가수를 만들겠다는 것이었다. 정말 말도 안 되는 이야기지만 이미

보니엠으로 한 번 세상을 속인 전적이 있는 파리안에게는 못할 것이 없었다. 그는 마침 무명 가수인 팹 모반(Fab Morvan)과 롭 필라투스(Rob Pilatus)라는 흑인 듀오를 눈여겨보던 중이었다.

이들은 훤칠한 키에 남자다운 몸매, 꽃미남다운 이목구비를 갖추었고 모델과 브레이크댄싱 경력도 있었다. 세상은 공평하듯 아쉽게도 그들의 보컬 실력은 그렇게 뛰어나지 못했으니, 어떻게 보면 파리안이 추구하는 음악적 상황이나 경향과 잘 맞아떨어지는 찰떡같은 듀오였다.

파리안은 둘에게 제안을 했고, 스타가 되는 것이 꿈이었던 둘은 이 제안을 받아들였다. 그렇게 1988년, 백업 싱어들이 노래를 하고 팹과 롭은 립싱크를 하는 가짜 싱어 밀리바닐리(Milli Vanilli)가 탄생한다.

유럽에서 데뷔한 밀리바닐리는 상당한 인기를 끌었다. 파리안은 이 기세를 몰아 미국으로 진출한다. 1989년 발매된 미국 데뷔 앨범 [Girl You Know It's True]의 수록곡 중 5곡이 빌보드 Top 10에 들었고, 그중 3곡인 <Girl You Know It's True>, <Baby Don't Forget My Number>, <Blame It on the Rain>가 1위를 차지한다. 밀리바닐리는 1989년 빌보드 전체에서 1위를 가장 많이 한 아티스트가 된 최고의 신인이었다. 이후 나온 앨범들도 승승장구해 1990년 그래미 신인상을 수상하는데 소감으로 "우리는 폴 매카트니나 믹 재거보다 재능이 뛰어나며 새로 등장한 엘비스 프레슬리다"라고 했다. 거짓말의 크기가 커지고 당당해진 것이다.

그런 와중에 밀리바닐리에 대한 논란이 은연중 불거진다. 노래할 때는 영어 발음이 좋고 상당한데 인터뷰에서는 엉성한 영어 실력을 보여주었다(롭은 독일 출신이고, 팹은 프랑스 출신으로 영어가 유창하지 않았다). 또 앨범에서의 목소리와 실제 목소리의 차이가 나며 공연에서 항상 AR만 튼다는 점도 논란에 불을 붙였다.

이러한 의구심들이 하나둘씩 피어나자 밀리바닐리는 립싱크를 하는 가짜 가수라는 소문이 돌기 시작한다. 설상가상으로 백업 싱어였던 찰스 쇼가 진실을 폭로하자 다급히 입막음용으로 돈을 주어 폭로를 철회시키지만 이미 대중의 의심은 눈덩이처럼 부풀어져 갔다.

사태가 심각해지자 밀리바닐리는 수습을 위해 다음 앨범부터 직접 노래를 부르겠다고 어필했지만 파리안은 이를 거부한다. 결국 내부 갈등이 커지자 파리안은 진실을 폭로했고 모두 파멸 속으로 빠져든다. 그래미 신인상 자격이 박탈되는 등 세계적인 사기극은 막을 내리게 되었다.

이후 파리안은 백업 싱어들을 데리고 The Real Milli Vanilli를 결성해 앨범을 냈고, 팹과 롭도 본인의 목소리로 Rob&Fab을 결성해 앨범을 발매하지만 대중의 관심을 끌진 못했다.

소련의 영웅 - 키노

고려인 아버지와 우크라이나인 어머니 사이에서 태어난 빅토르 최(Viktor Tsoi)는 어릴 적부터 서양 대중음악에 푹 빠져 있었다. 1980년대 당시 소련은 공산 독재 국가였으며 적국이었던 미국 및 서방 국가들의 음악을 듣는 것은 금지되어 있었다. 그러나 빅토르 최가 살고 있던 레닌그라드(현 상트페테르부르크)에서는 인근 국가인 핀란드를 통해 암암리에 서양 음악이 유통되었고 젊은이들 사이에서 큰 인기를 끌었다.

빅토르 최도 그런 젊은이 중 하나였다. 그는 명문 예술학교에 재학 중 불법적인 록 그룹을 만들었다는 이유로 퇴학을 당하고 만다. 퇴학 후 그는 보일러공으로 일하면서 자신의 음악을 만들었고 여러 밴드에서 연주를 도우며 실력을 키웠다.

당시 '레닌그라드 록 클럽'이라는 유일한 공연장이 있었는데 이곳에서는 철저한 검열을 통해 사회주의에 맞는 노래만 부를 수 있었다. 관객들도 아무리 신이 나더라도 일어서서 소리를 지르거나 춤을 출 수 없었고 정적인 자세로 듣기만 해야 했다. 당대의 인기 밴드 아크바리움(Аквариум)의 멤버들은 빅토르 최의 재능을 알아보고 그를 도와 키노(КИНО)라는 밴드로 앨범을 내고 공연을 할 수 있게 되었다.

키노의 음악에는 당시 사회주의 체제에 반하는 은유적인 가사들이 많았다. <Алюминиевые Огурцы(알루미늄 오이)>, <Я объявляю свой дом...(безъядерной зоной(나는 나의 집을 선언한다…[비핵화 지대로]>, <Группа крови(혈액형)> 등은 직접적으로 표현하지 않았지만 자유를 위한 변화의 시대를 비유적으로 갈망했다.

키노의 이러한 행보는 소련 전체에서 가장 인기 많은 가수로 자리 잡게 되지만 점점 정부의 눈엣가시가 되어갔다. 빅토르 최는 "키노의 음악이 정치와는 별 상관이 없다"고 선을 그었지만 모호한 해석으로 선동적인 위태로운 흐름이 늘 존재했다. 키노의 음악 스타일은 단순한 코드에 멜랑콜리한 음율, 감정을 절제하듯 낮은 목소리로 읊조리는 스타일로 당대의 억눌리던 시대상을 잘 반영한 느낌을 주었다.

1990년 전성기 시절 단독 콘서트로 60,000명을 운집시키는 괴력을 보여주고 관중들에게 다음 앨범을 기대해달라고 한다. 하지만 얼마 후인 1990년 8월 15일, 빅토르 최는 자차로 운전 중 버스와 정면충돌하여 그 자리에서 즉사하고 만다.

이 사건에 대해서는 아직까지도 풀리지 않은 의문점들이 많이 남아 있다. 수사 과정에서 공개된 사진이 가짜라는 의문, 기각된 목격자들의 진술, 가족에게까지 공개되지 않은 시신 등으로 인해 여전히 미스터리로 남아 있다.

정부가 빅토르 최를 죽였다는 소문에 당시 대통령인 고르바초프도 애도 성명을 낼 만큼 큰 사건이었고 5명의 여성들이 투신자살하는 베르테르효과까지 사회적으로 일어났다.

기대해달라던 앨범은 남은 멤버들에 의해 공식적인 앨범 제목도 없이 발매되고 키노는 곧 해체한다. 살얼음판 같던 시대와 그런 국가에서 변화의 태동을 꿈꾸던 영웅은 그렇게 떠나 버렸다.

여담이지만 러시아로 귀화한 쇼트트랙 선수 안현수가 빅토르 안으로 이름을 정한 것도 승리라는 뜻의 빅토리와 더불어 빅토르 최를 기리고 싶어 그렇게 했다는는 후문이다.

아시아 최강 밴드 - **엑스재팬**

엑스재팬(X-Japan)은 한국에서도 록 발라드 곡으로 큰 사랑을 받았지만 원래는 강렬한 메탈 음악으로 시작했다. 1980년대 중후반, 이미 인디 씬에서 파괴적인 퍼포먼스와 강력한 음악으로 유명했었다.

요시키(Yoshiki)가 직접 설립한 엑스터시레코드에서 1988년 발매한 데뷔 앨범 [Vanishing Vision]은 일주일 만에 초도 물량 1만 장을 판매하며 오리콘 앨범차트 19위까지 올라 인디 밴드로서는 이례적인 기록을 세운다.

그들은 메이저 데뷔를 진지하게 고민하게 된다. 음악적 자존심 하나로 버티던 인디 씬의 최강자로서 메이저 데뷔란 대중적인 가수가 되는 것이며, 이는 동료 밴드들에게 손가락질을 받을 일이었다. 그러나 '일단 팬들을 모아야 자신의 음악을 들려줄 수 있다'는 신념을 가지고 대형 레이블인 소니레코드와 계약하며 메이저로 올라온다.

초창기에는 심포닉하면서 멜로딕한 파워, 메탈 사운드에 일본 특유의 뽕끼를 섞은 일본식 메탈을 선보였다. [Blue Blood], [Jealousy], [Art of Life], [Dahlia] 같은 앨범을 발매하면서 점점 대중적이고 말랑한 파워 발라드도 보여주었다. 어릴 적부터 클래식 음악을 하던 요시키의 오케스트라에 록을 접목한 서정적인 사운드와 타이지와 히데의 적절한 편곡, 애절하면서 거친 토시의 보컬은 청춘의 감성을 촉촉이 젖게 만들었다.

특히 이들의 음악과 더불어 파격적인 패션과 헤어스타일은 새로운 문화와 장르를 만들었다. 딱 달라붙는 가죽옷에 가부키 같은 진한 화장, 몸통만 한 머리 스타일은 대중들에게 큰 충격을 주었다. 시각적 예술까지 강조된 비주얼 록을 창시한 엑스재팬은 서브컬처였던 메탈을 일본 음악시장의 메인스트림에 올려놓았고 글레이(Glay), 루나씨(Luna Sea), 라르크 앙 시엘(L'Arc~en~Ciel), 디르 앙 그레이(DIr en Grey), 각트(Gackt), 미야비(Miyavi) 등 수많은 후배 가수들에게 큰 영향을 끼쳤다.

전설의 초밥집 라이브를 비롯해 수차례 예능 프로그램에 출연해 흑역사를 많이 써가면서까지 인지도를 쌓아온 엑스재팬은 전성기 시절 도쿄돔 최초로 3일 연속 공연을 성공적으로 치른 밴드였다. 공연 퍼포먼스 중 팔을 X자로 꼬고 점프하는 동작에서, 당시 5만 명이 넘는 인원이 동시에 점프해 진도 3의 지진이 측정되는 해프닝이 일어나기도 한다.

엑스재팬은 미국 진출이라는 거대한 꿈을 이루기 위해 노력하며 일본을 넘어 아시아를 대표하는 밴드로 자리매김한다. 엑스재팬이 가장 존경하던 밴드 KISS의 진 시몬즈는 "이들이 영미권에서 태어났다면 세계에서 가장 큰 밴드가 됐을 것"이라고 말하기도 했다.

요시키는 10살에 아버지의 자살을 직접 목격했다. 어린 시절 받은 충격은 그의 삶에 큰 영향을 주어 죽음을 주제로 한 곡을 많이 썼다(Say Anything, Tears, Blue Blood, Week End, Silent Jealousy 등). 뿐만 아니라 함께한 동료 히데, 타이지, 히스의 죽음을 겪으면서 그의 음악은 더욱 심오해졌고, 애절함이 짙게 배게 된다.

그 외 추천곡

<Endless Rain>, <Week End>, <Kurenai>, <X>, <Blue Blood>, <Joker>, <Sadistic Desire> 등

사이비 종교에 빠진 보컬 - **엑스재팬**

1990년대에 엑스재팬은 최전성기를 맞아 안정된 활동을 지속하게 된다. 밴드로서뿐만 아니라 각자의 개인적인 활동 영역도 넓혀가고 있었다. 토시는 1993년 록 뮤지컬 「햄릿」의 주인공 역할을 맡았고 그곳에서 상대역(오필리아 역)을 맡은 여가수 모리타니 카오리를 만나게 된다.

둘은 가깝게 지내면서 빠르게 연인 관계로 발전했는데, 당시 토시는 가족과의 금전적인 문제로 힘들어하고 있던 때라 그녀의 다정한 위로가 큰 힘이 되었다. 하지만 훗날 밝혀진 바에 따르면 카오리는 사이비 종교 H.O.H (Home Of Heart)의 신자로서 교주 마사야(쿠로부치 토루)의 철저한 계획하에 의도적으로 토시에게 접근한 것이었다.

H.O.H는 '상처받은 내면을 음악으로 치료한다'는 교리를 가진 사이비 집단이었다. 정신적으로 피폐했던 토시는 사랑하는 연인의 권유로 정신치료 코스를 받게 되고 점차 그 종교에 빠져들게 된다. 이 과정에서 카오리와 교주는 화려한 엑스재팬의 음악보다는 내면을 위한 음악이 진정한 음악이라며 토시에게 탈퇴를 명령했고, 인생에 회의감을 느끼고 있던 토시는 이를 받아들인다. 1996년 카오리와 결혼하면서 토시는 멤버들에게 밴드 탈퇴를 통보한다.

큰 충격을 받은 멤버들이 탈퇴를 극구 말렸지만 토시의 의지를 꺾지 못했다. 결국 1997년 12월 31일의 라스트 라이브 공연을 마지막으로 토시는 탈퇴하기로 합의했다(당시 라이브를 보면 다른 멤버들은 밴드의 전매특허인 화려한 의상과 화장을 하고 있었지만, 토시만 지극히 평범한 모습으로 공연을 했다. 또한 히데의 표정을 보면 체념한 듯한 모습을 볼 수 있다). 그렇게 라스트 라이브를 끝으로 대체 보컬을 구할 수 없었던 엑스재팬은 해체하고 만다.

이후 토시는 유명세를 이용당하여 종교의 간판 역할을 한다. 길거리와 시장, 노인정 등을 돌아다니며 종교의 음악적 교리를 전파하고 음반 판매점에서 노동을 착취당하기도 한다. 한번은 노인들을 상대로 옥 장판을 강매하다가 소송에 휘말리는 사건까지 발생한다. 이로 인해 약 10년 동안 10억 엔(약 100억 원) 이상을 갈취당하고, 지속적인 폭행과 언어폭력을 당하며 자아를 점점 상실하게 된다.

2007년, 교주 마사야는 더 이상 토시에게 뽑아낼 것이 없다고 보고 엑스재팬을 재결성해 돈을 벌어오게 할 계획을 세운다. 이 무렵 토시는 지금까지 엑스재팬의 음악을 악으로 규정하던 마사야가 태도를 바꾼 것에 의구심을 품게 되고, 그제야 비로소 자신의 상황을 객관적으로 바라보게 된다.

그는 즉시 유치원 때부터 친구였던 요시키에게 도움을 청하고, 요시키는 어린 시절 함께 지낸 이야기와 먼저 세상을 떠난 동료 히데와의 추억 등을 이야기하며 토시와 함께 그리운 과거를 되돌아본다. 그렇게 수차례 만남을 통해 망가져 있던 토시를 물심양면으로 도와주어 제자리로 돌려놓는 데 성공한다. 토시는 10년 만에 X-Japan을 재결성하고 예전처럼 활동하기 시작한다.

2010년에는 카오리와 이혼하고, 교주 마사야를 법정에 세워 공식적으로 H.O.H를 해체시키는 데 앞장서기도 한다. 각고의 노력 끝에 '잃어버린 10년'을 되찾고 대중에게 돌아온 토시는 제2의 전성기를 이어가고 있다.

묻힐 뻔한 최고의 순애보 명곡 - **리차드 막스**

리차드 막스(Richard Marx)의 아버지 딕 막스(Dick Marx)는 뮤지션이면서 광고 음악회사의 소유주였다. 어릴 적부터 아버지의 영향을 받아 음악교육을 받았고, 다양한 광고 CM송을 경험하며 실력을 쌓았다. 이러한 '음(音)수저' 배경과 출중한 실력 덕분에 리차드 막스는 1987년 데뷔 전에도 라이오넬 리치, 케니 로저스, 마돈나, 휘트니 휴스턴 같은 슈퍼 아티스트들과 함께 작업하며 실력파로 인정받았다.

<Right Here Waiting>은 그의 2집 앨범 [Repeat Offender](1989)에 수록된 곡으로, 전 부인인 배우 신시아 로즈를 위해 만든 곡이다. 연애 시절 신시아 로즈가 아프리카로 장기간 촬영을 떠나게 되자 보고 싶은 마음을 담아 이 곡을 썼다. '여기서 기다릴게요'라는 제목처럼, 바다 건너 멀리 떨어져 있어도 잘 극복하겠다는 순애보적인 메시지를 담고 있다. 이 곡은 20분 만에 완성되었고, 리

차드 막스는 직접 전해주려고 했으나 비자 문제로 인해 배편으로 보냈다.

원래는 지극히 개인적인 곡이라 발표할 생각이 없었으나 친구가 이 곡을 듣고 무조건 발표해야 한다고 강력히 주장해 세상에 공개하게 되었다. 중독성 있는 아름다운 선율과 아련한 목소리의 묻힐 뻔한 세계 최고의 팝 발라드 곡은 친구 덕분에 빛을 보게 된 것이다.

빌보드차트 1위를 차지하고 그래미도 수상했지만 이 곡의 대성공으로 거둔 가장 큰 행복은 신시아 로즈와의 결혼이었다. 리차드 막스는 2016년 대한항공 비행기에서 승무원을 폭행하려고 난동을 피운 승객을 제압한 일화가 있다.

그 외 추천곡

<Now and Forever>, <Endless Summer Night>, <Hazazrd>, <Hold on to the Nights> 등

1990

00:53 -02:03

1990
Miscellaneous knowledge about pop songs

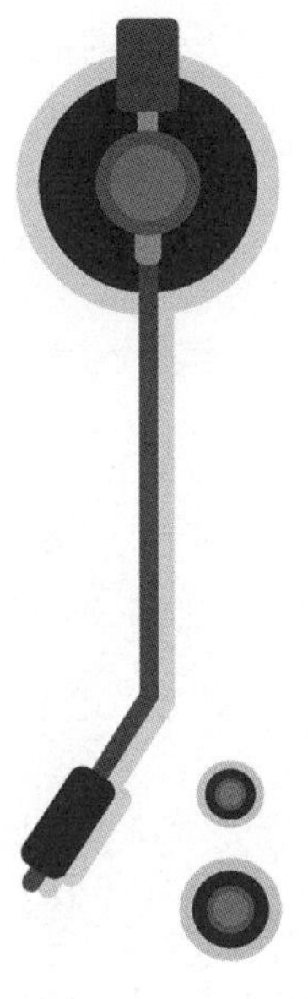

Part 5.

1990년대 음악 장르 및 특징

1990년대 대중음악은 다양화와 글로벌화가 두드러진 시기였다. 여러 장르가 동시에 발전하며 혼합되고 새로운 기술과 인터넷의 보급이 음악산업에 큰 영향을 미쳤다.

1990년대 음악 장르 및 특징

1990년대 대중음악은 다양화와 글로벌화가 두드러진 시기였다. 여러 장르가 동시에 발전하며 혼합되고 새로운 기술과 인터넷의 보급이 음악산업에 큰 영향을 미쳤다.

얼터너티브 록의 하위 장르인 '그런지 록'은 시애틀을 중심으로 발전하며 무거운 기타 리프와 어두운 가사로 특징지어졌다. 헤비메탈과 펑크 록의 결합을 보여주며 인디 레이블에서 주류로 성공적으로 진출했다. 대표적인 아티스트로는 너바나, 펄잼, 사운드가든, 앨리스인체인스, 스매싱펌킨스 등이 있다.

영국에서는 '브릿팝'이라는 새로운 장르가 태어났다. 밝고 경쾌한 멜로디와 영국 문화와 생활을 주제로 한 가사를 많이 보여주었는데 1960년대 브리티시 인베이전과 연관성을 가지며 대표적인 아티스트로는 오아시스, 블러, 펄프, 수퍼그래스 등이 있다.

'힙합'은 다양한 스타일과 서브 장르로 발전했다. 갱스터랩을 중심으로 이스트코스트와 웨스트코스트의 대립이 두드러졌다. 대표적인 아티스트로는 투팍, 노토리어스 B.I.G, 스눕독, 우탱클랜 등이 있다.

'R&B'는 부드럽고 감성적인 멜로디와 보컬을 토대로 힙합 비트와 어우러지며 현대적인 R&B로 발전했다. 사랑과 인간관계 같은 주제를 다룬 가사로 팝의 메인 장르로 자리 잡았으며 대표적인 아티스트로는 머라이어 캐리, 보이즈투멘, 티엘씨, 어셔 등이 있다.

헤비메탈과 힙합, 얼터너티브 록의 요소를 결합한 '누메탈'이 탄생했다. 어둡고 분노가 담긴 가사에 강한 기타 리프와 래핑 보컬이 신선한 조합을 이루었다. 대표적인 아티스트로는 콘, 림프비즈킷, 슬립낫, 린킨파크 등이 있다.

'라틴 팝'은 라틴음악과 팝 음악의 결합을 보여준다. 스페인어와 영어를 혼합한 가사와 댄스 비트, 활기찬 멜로디로 인기를 끌었다. 대표적인 아티스트로는 리키 마틴, 샤키라, 엔리케 이글레시아스, 글로리아 에스테판 등이 있다.

힙합, 재즈, 소울, 일렉트로닉을 혼합한 '트립 합' 장르는 어두운 분위기와 느린 비트, 몽환적인 사운드와 감성적인 보컬의 특징을 보여주었다. 대표적인 아티스트로는 매시브어택, 포티스헤드, 트리키 등이 있다.

이 외에도 '컨트리', '테크노&하우스', '팝' 등 많은 장르가 탄생하고 발전하고 사랑받았다. 이들은 서로 영향을 주고받아 혼합되며 현대 대중음악의 기반을 형성하는 데 중요한 역할을 했다.

한국인이 사랑한 록밴드 - 스틸하트

가장 유명한 팝송, 노래방 금지곡, 남성들의 목소리를 박살낸 초고음곡, 이제는 이런 타이틀을 붙이는 것 자체도 진부하게 느껴지는 <She's Gone>의 주인공 스틸하트(Steelheart). 한국인들의 스틸하트 사랑도 각별하지만 역으로 스틸하트의 한국 사랑도 특별하다.

스틸하트는 1990년에 메이저 데뷔한 미국 밴드로 1981년부터 지역 클럽에서 활동하며 경험을 쌓아온 베테랑 밴드였다. 한국에서는 록발라드인 <She's Gone>에 너무 초점을 맞춰져 있는데 스틸하트는 엄연히 파워풀하면서 스피디한 헤비메탈 그룹이다. 특히 보컬 밀젠코 마티예비치(Miljenko Matijevic)의 목소리는 저음, 중음, 고음의 모든 음역대에서 안정적이다. <She's Gone>, <I'll Never Let You Go> 등의 명곡을 남겼지만 미국에서의 성적은 크게 눈에 띄진 않았다. 하지만 아시아, 특히 한국에서의 인기는 남달랐다. 감성적인 멜로디와 초고음의 음역대, 호소력까지 겸비한 곡은 현재까지도 노래방에서 가장 많이 부르는 팝송에 랭크되고 있다.

스틸하트의 밴드 생활은 순탄치만은 않았다. 1992년 2집 투어 중 무대 위 조명탑에 올라가려다가 탑이 넘어져 밀젠코 마티예비치는 두개골, 턱, 광대뼈, 척추를 다쳐 4년 이상 재활치료를 받았다. 소리를 내는 신체부위인 머리와 몸을 다쳐 회복 시간이 길어지다 보니 결국 밴드는 해체하고 만다.

밀젠코는 LA에서 택시를 탔다가 한국인 기사에게 한국에서 자신의 인기가 많다는 것을 처음 듣고 주시하고 있었다고 한다. 최근에는 보답이라도 하기 위해 내한 공연도 자주 오고, TV 방송에도 출연하고, 세월호 참사에 애도를 표하고, 야구 시구도 하고, 심지어 뮤직비디오에 한복도 입고 한국어로 직접 녹음해 앨범을 발매까지 했다.

밀젠코의 한국 사랑은 계속해서 꾸준할 것으로 보이는데, 제2의 마티 프리드먼(메가데스 밴드 출신 기타리스트로 현재 일본에서 20년 넘게 활동 중)이 되길 바라본다.

그 외 추천곡

<I'll Never Let You Go>, <Can't Stop Me Lovin' You> 등

무대의상은 양말 - 레드핫칠리페퍼스

관객들에게 즐거움을 주는 퍼포먼스는 아티스트들에게 매우 중요하다. 마이크를 돌리기도 하고, 사람의 키보다 큰 앰프들을 쌓아놓고 악기를 부수거나 불꽃과 폭죽을 터뜨리기도 하며, 오토바이를 타고 무대에 오르거나 춤을 추는 등 다양하고 재미있는 볼거리를 제공하기 위해 세세한 부분까지 신경 써야 한다.

레드핫칠리페퍼스(Red Hot Chili Peppers)는 'Sox on Cox'라고 불리는 독특한 퍼포먼스로 유명하다. Sox는 양말, Cox는 남성의 성기를 뜻하며 말 그대로 나체 상태에서 성기에 양말만 입고(?) 공연을 한다. 1983년 데뷔 이후 꾸준히 이 화끈하고 더럽고 충격적인 쇼를 이어왔으며 팬들은 그들을 진정한 괴짜라며 열렬히 지지했다.

1988년에 발매한 [The Abbey Road E. P] 앨범은 비틀스에 대

한 존경을 담은 헌사 앨범인데, 앨범 커버는 비틀스의 [Abbey Road] 커버를 그대로 따라서 했다. 물론 'Sox on Cox' 상태로…. 1999년 우드스톡 공연에서는 베이시스트 플리(Flea)가 양말마저 벗어던지고 실오라기 하나 걸치지 않은 채 베이스로 중요 부위만 가린 채(?) 연주하는 전설적인 무대를 선보이기도 했다. 개인적인 생각인데 2005년 한국 방송계의 최대 사고로 인디밴드들이 지상파에서 영구 퇴출된 '카우치(Couch) 사건'[1]도 레드핫칠리페퍼스의 영향을 받은 것이 아닌가 싶다.

기타리스트 존 프루시안테(John Frusiante)가 탈퇴하고 새로 들어온 데이브 나바로(Dave Navarro)가 공연에 여자 친구와 친척들을 초대했을 때 'Sox on Cox'를 보고 '현타'가 왔다는 유명한 이야기도 있다.

그러나 레드핫칠리페퍼스는 이런 파격적인 무대로만 유명해진 것이 아니다. 이들은 흑인의 그루브한 펑크 음악을 록에 접목시켜 지대한 영향을 끼쳤다.

몇 번의 멤버 교체가 있었지만 황금기 멤버들은 모두 탁월한 실력을 가진 것으로 정평이 나 있다. RHCP의 주축 사운드인 플리의 공격적인 베이스 슬래핑, 보컬 앤서니 키디스(Anthony Kiedis)의 박자감 있는 래핑과 감성적인 보컬, 블루스적이면서 멜로딕한 사

---

[1] 2005년 7월 30일 MBC TV「생방송 음악캠프」 라이브방송 중 카우치 밴드의 남성 멤버 1인과 스파이키 브랫츠 밴드의 남성 멤버 1인이 하의를 완전히 탈의해 성기를 노출시킨 사건

운드를 모두 아우를 수 있는 기타리스트 존 프루시안테, 그리고 파워풀한 드러밍의 채드 스미스(Chad Smith)까지…, 이들이 만들어내는 농밀하면서도 내재적인 비트와 그루브는 전 세계적으로 큰 사랑을 받았다.

[Mother's Milk], [Blood Sugar Sex Magik], [One Hot Minute] 같은 앨범에서는 통통 튀는 펑키스러운 쫀득함이 잘 담겨져 있고 이후 발매한 [Californication], [By the way], [Stadium Arcadium] 앨범에서는 보다 성숙한 사운드와 낭만이 느껴지는 음악을 들을 수 있다. 특히 [Stadium Arcadium]은 그래미에서 6관왕을 차지하며 RHCP의 음악을 총망라했다.

유쾌하고 장난기 넘치는 밴드이지만 그들의 음악을 들어보면 단순히 잘 만들어야겠다는 고뇌에서 나온 것이 아니라 진정으로 음악을 순수하게 사랑해서 만들어졌다는 것을 느낄 수 있다. 모든 것이 장난이지만 음악에서 만큼은 진정 장난이 없는 레전드이다.

추천곡

<Can't Stop>, <Dani California>, <Snow>, <By the way>, <Otherside>, <Give It away>, <Scar Tissue>, <Californication>, <Dark Necessities>, <Black Summer> 등

슈퍼밴드의 일본 사랑 - **미스터빅**

미국의 실력파 베이시스트 빌리 시언(Billy Sheehan)은 이상적인 밴드를 만들기를 꿈꿔왔다. 당시 그는 뛰어난 실력을 가졌지만 자신의 이름을 널리 알릴 수 있는 특정 밴드에 소속되어 있지는 않았다. 그는 업계에서 자신과 비슷한 처지에 있는, 아직 빛을 보지 못한 고수들을 찾아 전화를 돌리기 시작한다. 그렇게 모인 멤버들은 백인이지만 호소력 짙은 흑인 소울풍의 보컬 에릭 마틴(Eric Martin), 육각 만능 능력치를 가진 기타의 신 폴 길버트(Paul Gilbert), 탄탄한 기본기 속의 화려함을 바탕으로 만능 박자감을 보여주는 팻 토피(Pat Torpey)였다.

이들은 음악계에서 알아주는 강호를 떠돌아다니는 영웅호걸들로 말 그대로 어벤저스였다. 보통 각기 다른 실력과 취향이 만나면 엄청난 시너지를 내거나 아니면 이도 저도 아니게 말아먹거나 둘 중 하나가 되기 마련이다.

주위의 기대와 설렘 그리고 걱정과 견제를 받으며 모인 이 4인은 1988년 미스터빅(Mr. Big)이라는 밴드를 결성하고 1989년, 동명의 데뷔 앨범 [Mr. Big]을 발매한다. 이 앨범에는 록 스피릿이 잘 느껴지는 곡부터 미스터빅만의 록 발라드풍 곡까지 다양한 스타일의 곡들이 조화를 이루고 있었다. 슈퍼밴드의 면모를 잘 보여준 것이다. 그러나 음악적으로나 상업적으로 엄청난 성적을 거두지는 못했고 그렇다고 못 들어줄 정도도 아닌, 나름 선방한 정도였다.

미스터빅의 초대박 행진은 1991년 발매한 2집 [Lean into It]에서 터지게 된다. 마지막 트랙이었던 <To Be with You>가 우연찮게 큰 사랑을 받아 빌보드 싱글차트 1위와 세계 15개국에서 차트 1위를 달성한다.

이 곡은 보컬 에릭 마틴이 학창 시절 좋아하는 여자 친구를 꼬시기 위해 썼던 곡으로, 앨범 제작 당시에는 이 곡을 넣을까 말까 많은 고민을 했다. 한 곡 한 곡 세심하게 준비했는데 곡 자체가 약간 부족하고 어울리지 않는 느낌이었다고 한다. 그냥 '에라 모르겠다' 생각하고 약간의 보정만 채 앨범의 문을 닫는, 여운을 남기는 느낌으로 마지막 트랙에 넣었는데 그것이 핵탄두급으로 터져 미스터빅을 세계적인 밴드로 만들어주었다. 이 앨범에는 <To Be with You>뿐만 아니라 미스터빅의 대표곡들이 다수 수록된 훌륭한 명반이다.

미스터빅은 자신들만의 발라드가 세상에 먹힌다는 것을 알고 물 들어온 김에 계속 노를 저어간다. 그 후 앨범마다 미스터빅만의 어쿠스틱 팝 발라드풍 노래를 많이 선보이며 꾸준한 사랑을 받았다.

본래 록/메탈 성향이 강했던 폴 길버트가 잠시 밴드를 떠나고 새로운 기타리스트 리치 코젠(Richie Kotzen)이 들어오면서 좀 더 부드러운 성향의 곡들이 주를 이루었다. 록밴드냐 팝 밴드냐 하는 말이 있긴 했지만 노래만 좋으면 장땡이라는 반응이 다수였다.

미스터빅의 곡들은 아시아에서 큰 사랑을 받았고, 특히 일본에서는 충성 고객이 아닌가 싶을 정도로 열렬한 사랑을 받았다. 세계 판매량이 떨어질 때에도 일본에서만큼은 굳건히 받쳐주어 미스터빅에게 일본은 없어서는 안 될 곳이었다. 이에 보답이라도 하듯 [Live! Raw Like Sushi 1], [Raw Like Sushi 2], [Raw Like Sushi 3—Japandemonium], [Live at Budokan], [In Japan], [Back to Budokan] 등의 라이브 앨범을 발매했다.

에릭 마틴은 박효신의 <눈의 꽃>의 원곡인 나카시마 미카의 <유키노 하나>를 비롯해 일본 곡들의 영문 버전 앨범을 발매하기도 한다. 폴 길버트는 일본에서 아예 2년 동안 살며 일본인 여성과 결혼한다(밴드 메가데스의 기타리스트 마티 프리드먼과 마찬가지로). 또 재미있는 것은 폴 길버트는 일본 기타 업체인 아이바네즈의 기타만 사용하고, 빌리 시언은 야마하의 베이스, 팻 토피는 타마의 드럼을 사용하며, 미스터빅의 전매특허인 드릴 피킹을 할 때 그 드릴도 마키다 제품을 사용한다.

여담이지만 폴 길버트는 2018년 신해철 30주년 기념 추모 앨범에 참여했다. 실제로 신해철을 만난 적은 없지만, 신해철의 음악적

업적을 알고 훌륭하다고 생각했으며, 젊은 나이에 세상을 떠난 것을 알게 되어 기꺼이 참여하게 되었다.

그 외 추천곡

<Wild World>, <Shine>, <Daddy, Brother, Lover, Little Boy>, <Take Cover>, <Green-Tinted Sixties Mind>, <Just Take My Heart> 등

변화의 바람 - 스콜피온스

1989년 8월 12일, 13일 양일에 걸쳐 모스크바의 중앙 레닌스타디움에서 모스크바 음악평화 축제가 개최된다. 이 공연은 냉전 시대에 서로 간의 이해를 증진시키고 개혁의 물결이 전 세계로 퍼져나가길 염원하는 동시에, 마약 및 알코올 중독자들을 돕기 위한 기금을 마련하기 위한 대규모 콘서트였다. 해외 밴드 6팀(스콜피온스, 오지 오스본, 머틀리크루, 본조비, 스키드로우, 신데렐라)과 소련 밴드 3팀이 참가했다.

10만 명 이상의 관객이 운집하고 전 세계 각국에 생중계될 만큼 큰 주목을 받았으며 음악을 통해 사상을 초월해 모두가 하나가 될 수 있음을 보여준 콘서트였다.

당시 소련은 고르바초프 대통령의 개방정책과 함께 공산국가 곳곳에서 크고 작은 시위들이 벌어지고 있었다. 스콜피온스(Scorpions)의 보컬 클라우스 마이네(Klaus Meine)는 모스크바 방문 당시 도시를 거닐며 지나가는 사람들, 강과 공원, 건물들을 보며 변화의 꿈틀거림을 느끼고 큰 영감을 받게 된다. 이 경험과 감정을 토대로 <Wind of Change>라는 곡을 만들게 되고 콘서트 1년 후인 1990년 11월 6일, 11번째 정규 앨범인 [Crazy World]를 통해 세상에 공개된다.

<Wind of Change>는 냉전 종식과 동구권 유럽 국가들의 독립에 대한 바람을 가사에 은유적으로 담아냈다. 휘파람 소리로 시작하는 도입부와 노래 전체의 쓸쓸함은 마이네가 직접 겪은 8월 모스크바에서의 감정을 청자들에게 잘 전달해준다. 실제로 보았던 장소들의 명칭을 언급하면서 장면을 쉽게 이미지화시켜 마치 그 현장에 있는 듯한 생생함을 느끼게 해준다.

뮤직비디오에서는 베를린장벽이 무너지는 장면을 비롯해 과거 사상 때문에 발생했던 역사적 비극 사건들을 보여주며 가슴을 울린다. 언젠가는 영광의 순간, 즉 냉전 붕괴에 도달할 수 있다는 믿음과 희망의 메시지는 전 세계 사람들에게 큰 감명을 주어 큰 사랑을 받게 된다.

노래는 UK차트 2위, 유럽 각국 차트 1위, 빌보드차트 4위를 기록했으며 1,500만장에 달하는 판매고를 올려 가장 많이 판매된 싱글 중 하나가 된다. 스콜피온스는 곡의 로열티로 받은 7만 달러를 고르바초프에게 전했고 그 돈은 어린이 병원에 배정되었다.

세계 모든 이의 바람이었을까? <Wind of Change>가 유행하면서 베를린장벽 붕괴 이후의 독일도 통일을 맞이하게 되고 1991

년 소련이 붕괴되면서 공식적으로 냉전 시대가 막을 내리게 된다. <Wind of Change>는 냉전의 종결과 반전을 상징하는 곡이 되었고, 2022년 발생한 러시아-우크라이나 전쟁 때도 개사되어 불리고 있다.

그 외 추천곡

<Still Loving You>, <Holiday>, <Always Somewhere>, <Rock You like a Hurricane>, <No One like You>, <Big City Nights>, <The Zoo> 등

록과 클래식의 만남 -

딥퍼플&메탈리카&스콜피온스

지금이야 다양한 장르가 협업하고 크로스오버를 보여주는 것이 너무도 당연하고 자연스러운 일이다. 의외의 것들에서 새로운 것이 창조되며 기존 생각의 틀을 깨 더 나은 음악이 탄생하기도 한다. 하지만 과거에는 서로의 음악 장르에 침범하지 않는 것이 당연하다고 여겨졌고 섞이면 정통성이 사라진다는 생각을 하던 시절이 있었다.

록과 클래식.

180도 정반대의 길을 걷고 있는 듯한 이 물과 기름 같은 조합의 협업은 1969년 딥퍼플과 런던필하모닉 오케스트라에 의해 시원하게 깨졌다. 딥퍼플의 핵심 멤버였던 리치 블랙모어와 존 로드는 모두 클래식 악기로 음악을 시작해서인지 딥퍼플의 고출력 사운드엔 클래식의 감성들이 숱하게 묻어 있다.

1969년 9월 24일, 런던의 로열앨버트 홀에서 딥퍼플과 로열필

하모닉 오케스트라의 역사적인 협업 공연이 진행된다. 공연의 1부에서는 로열필하모닉 오케스트라의 교향곡 제6악장이 연주되었고 2부에서는 딥퍼플이 단독으로 <Hush>, <Wring That Neck>, <Child in Time> 세 곡을 연주했다.

3부에서는 이 공연의 하이라이트인 50분짜리 대곡 <Concerto for Group and Orchestra>가 연주된다. 이 곡은 존 로드가 작곡하고 이안 길런이 작사한 곡으로, 50분의 긴 러닝타임 안에서도 3악장으로 나뉘어 있어 각 악장마다 다른 속도와 다양한 악기들을 사용하고 있으므로 집중해서 들어보는 게 좋다. 오케스트라는 이 협연을 계기로 아예 콘서트를 위한 조직을 새로 개편해 역사를 이어가고 있다. 당시에는 부정적인 인식 속에서 모험적인 시도였지만 후대의 다양한 무대에 큰 영향을 끼쳤다.

메탈리카도 1999년 4월 21일과 22일 양일에 걸쳐 샌프란시스코심포니와 협연을 했다. 메탈리카의 곡들에 샌프란시스코심포니의 관현악기 사운드를 덧입혀 한층 풍부하고 고급스럽게 들린다.

메탈리카의 곡들이 장엄하면서도 생각보다 템포가 빠르지 않기 때문에 묘하게 잘 어우러졌다. 이 공연의 실황은 라이브 앨범으로 발매되어 상업적으로도 큰 성공을 거두었다. 샌프란시스코심포니와 메탈리카의 앞 글자를 따 [S&M](1999)이라는 앨범명으로 발매되어 빌보드 앨범차트 2위를 기록하고 그래미 어워즈 수상도 한다.

스콜피온스도 2000년 6월 베를린필하모닉 오케스트라와 협연을 했다. 당시 독일은 하노버엑스포를 개최했는데 밀레니엄 시대에 개최한 최초의 엑스포로 세계 각국의 관심이 높았다.

이에 걸맞은 주제가가 필요했던 독일 정부는 베를린필하모닉 오케스트라와 하노버 출신의 세계적인 밴드 스콜피온스에게 맡기게 된다. 공연은 엑스포 전야제에 진행되었고 스콜피온스의 기존 곡에 오케스트라의 웅장함을 결합시켜 연주되었다.

이 공연에서 마성의 도입부를 들려준 <Hurricane 2000>을 선보여 큰 임팩트를 남겼으며, 익숙한 히트곡에 부드럽고 다채로운 오케스트레이션을 입혀 절묘하고 아름다운 사운드를 선보였다.

개인적으로 한 가지 눈여겨 보게 되는 것은 바로 이들의 의상이었다. 스콜피온스는 기존의 자유로운 록 스타일을 고수했고 악단들도 평소 무대에서 입던 정장을 입고 연주했다. 하지만 이 모두를 지휘해야 하는 지휘자는 통가죽으로 된 연미복을 입고 있다. 지휘를 하려면 최대한 가볍고 편한 소재의 옷을 입어야 하는데 가죽옷을 입은 것은 아마도 록과 클래식의 중간지대 역할을 상징하는 것이 아닐까라는 생각이 들었다.

베를린필하모닉 오케스트라는 100년이 넘는 역사 동안 오직 클래식만 연주하던 자존심 강하고 정통성 있는 세계 최고의 권위 있는 오케스트라였다. 그 지조와 금기를 깨고 타 장르의 대중가수와 손을 잡고 공연하고 앨범까지 발매한 일은 그 자체로 큰 사건인 동시에 스콜피온스가 얼마나 대단하고 독일을 대표하는 밴드인지를 증명해주는 것이었다.

어떻게 국가(國歌)가? - 휘트니 휴스턴

휘트니 휴스턴(Whitney Houston)은 'The Voice'라는 별명으로 불릴 정도로 탁월한 가창력을 지닌 가수로 세계적인 인정받았다. 어릴 적부터 음악가 집안에서 자란 그녀는 타고난 재능과 후천적인 교육으로 폭발적인 가창력과 풍부한 성량을 자랑했다.

최초의 디바(DIVA)로 불리는 그녀는 넓은 음역대, 여러 창법을 두루 섭렵한 소리의 장인으로 흑인의 R&B 소울과 가스펠을 팝 음악시장에 성공적으로 접목시켰다. 특히 한 음절을 여러 음정으로 부르는 멜리즈마(Melisma) 창법은 훗날 모든 가수의 필수 기교로 자리 잡았다.

이외에도 그녀는 뛰어난 곡 해석 능력으로 모든 노래를 자신만의 스타일로 업그레이드시켜 제작자들에게 늘 기대 이상의 결과물을 안겨주었다. 다른 사람들이 아무리 따라 불러도 그녀의 곡은 그녀만의 맛과 감동과 울림이 존재해 대체 불가였다.

1985년 동명의 데뷔 앨범 [Whitney Houston]은 2천만 장 이상의 판매고를 기록하고 여성 가수로서 최초로 올해의 앨범차트 1위에 오르며 90년대에 여성 가수들이 팝 시장을 장악하는 시절의 포문을 열었다. 1987년 발매된 2집 [Whitney]도 2천만 장 이상의 판매고를 올렸으며 1, 2집에서 연달아 나온 싱글 곡 <Saving All My Love for You>, <How Will I Know>, <Greatest Love of All>, <I Wanna Dance with Somebody (Who Loves Me)>, <Didn't We Almost Have It All>, <So Emotional>, <Where Do Broken Hearts Go> 7곡 모두가 연속으로 싱글차트 1위에 오르는, 아직도 깨지지 않는 전무후무한 기록을 세웠다.

영화배우 데뷔 준비 등 바쁜 나날을 보내던 휘트니 휴스턴은 미국의 대표 대규모 행사인 슈퍼볼에서 국가를 제창해달라는 요청을 받는다. 큰 행사에서 경건한 국가를 부르기 위해서는 가창력을 인정받아야 하고 사고나 스캔들이 없어야 가능했다.

1991년 1월 27일, 제25회 슈퍼볼에서 전 세계에서 수억 명이 지켜보는 가운데 휘트니는 박자를 바꾸어 더욱 풍성하게 편곡된 <The Star-Spangled Banner>를 소름 끼치게 소화해내며 다시 한 번 위엄을 뽐낸다. 미국 국가는 몇몇 유명 가수들이 영원한 흑역사가 남을 만큼 어렵다. 그러나 이를 완벽하게 부른 휘트니는 최고의 퍼포먼스를 남겼고 곧이어 싱글로 발매되어 빌보드차트 20위에 오른다. 준수한 판매량을 기록한 이 싱글의 수익금 일부는 적십자에 기부되어 당시 진행 중이던 걸프전에 지원되었다.

그런데 얼마 후 휘트니의 공연이 립싱크로 불러졌다는 논란이 불거진다. 사실 큰 행사였기 때문에 주변의 제트기 소음, 오픈형 스타디움의 음향적 문제, 관중의 함성 소리, 실연자의 실수에 대한 염려 등으로 사전에 원 테이크로 녹음한 것을 튼 게 맞았다. 그러나 휘트니는 이후 다른 행사에서 한 번 더 재연해 논란을 시원하게 잠재운다.

2001년 9·11 테러로 미국이 큰 충격을 받았을 당시 이 노래가 다시 재발매되어 미국인의 애국심과 사기를 고취시켰다. 이번에는 빌보드차트 6위까지 올랐고, 수익금은 테러 복구를 위해 또다시 기부되었다.

한 나라의 국가(國歌)라는 것은 어찌 보면 팝과 전혀 관련도 없고 범접하기도 힘들다. 그러나 자신의 곡 해석 능력과 노래 실력으로 대중들에게 큰 사랑을 받고 차트 상단에도 올려놓은 휘트니 휴스턴은 정말 둘도 없는 엄청난 능력자였다.

그 외 추천곡

<I'm Your Baby Tonight>, <All the Man That I Need>, <Love Will Save the Day>, <I Know Him So Well>, <Exhale>, <Count on Me> 등

가장 많이 팔린 영화 사운드 트랙 - **휘트니 휴스턴**

1992년 11월 25일, 가수로서 성공을 거둔 휘트니 휴스턴의 영화 데뷔작인 「보디가드(The Bodyguard)」가 개봉된다. 영화는 대스타 여주인공과 그녀를 경호하는 남주인공의 사랑을 다루며, 공과 사를 지켜야 하는 관계 속에서 여러 사건을 겪으며 싹트는 감정과 심적 갈등을 그린다. 다소 진부할 수 있는 이 스토리의 시나리오는 1975년에 만들어졌으며, 과거 다이애나 로스를 주연으로 제작될 예정이었으나 엎어진 바 있다.

대스타 여주인공 역을 맡은 휘트니 휴스턴은 케빈 코스트너(Kevin Costner)와 호흡을 맞추었고 영화는 상업적으로 초대박을 터뜨렸다. 휘트니 휴스턴의 연기력과 영화 자체에 대한 평가는 다소 갈리기도 했지만, 결과적으로는 제작비 대비 20배에 가까운 박스오피스 수익을 올렸다. 사실 영화보다 더 큰 성공을 거둔 것은 영화의 사운드트랙 [The Bodyguard : Original Soundtrack Album]이었다. 13곡이 수록된 이 앨범에서 휘트니는 6곡을 불러 사실상 휘트니의 앨범이라 봐도 무리가 없었고 앨범은 역사에 길이 남을 기록들을 갈아치운다.

6곡 중 3곡인 <I Will Always Love You>, <I'm Every Woman>, <Jesus Loves Me>는 각각 돌리 파튼(Dolly Parton), 샤카 칸(Chaka Khan), 찬송가를 리메이크한 곡이다. 영화 스토리에 어울리는 곡들을 가져와 편곡했으며, 나머지 3곡 <I Have

Nothing>, <Run to You>, <Queen of the Night>은 영화의 장면에 맞추어 제작되었다. 특히 <I Have Nothing>의 작곡가 린다 톰슨(Linda Thompson)은 실제로 엘비스 프레슬리의 연인으로서 몇 년간 대스타를 옆에서 지켜본 심정을 투영해 곡을 만들었다.

6곡 모두 큰 사랑을 받았지만, 그중에서도 특히 '웬~ 다이아~'로 유명한 <I Will Always Love You>는 휘트니의 대표곡이자 음악사에서도 명곡으로 자리 잡게 된다. 노래 시작 후 약 40초 동안 무반주로 휘트니가 노래를 부르는데 무의식적으로 노래에 몰입되어 무반주인 것을 캐치하지 못하는 경우도 있다. 이 노래는 듣는 것만으로도 한편의 영화, 한 사람의 인생의 다양한 감정과 느낌들을 전달받을 수 있다는 것을 깨닫게 된다.

<I Will Always Love You>는 싱글 발매 직후 전 세계 각국에서 차트 1위를 차지하였고, 빌보드차트에서 무려 14주 동안 1위를 기록하며 당대 최고 기록을 갱신한다. 이 곡은 역대 싱글 판매 2위(1위는 엘튼 존의 <Candle in the Wind 1997>)를 기록하고 있으며, 1994년 그래미에서 올해의 레코드상과 최우수 팝 보컬 퍼포먼스 부문을 수상했다. 앨범 전체로는 4,100만 장 이상의 판매고를 기록하며 음반 역대 판매량 3위(1위는 마이클 잭슨의 <Thriller>, 2위는 핑크플로이드의 <The Dark Side of the Moon>)에 올랐다. OST 부문에서는 비지스의 <Saturday Night Fever>를 뛰어넘어 1위에 안착한다. 싱글과 마찬가지로 1994년 그래미에서 올해의 앨범상을 수상했으며, 연말 차트에서 1위도 차지했다. 한국에서도 큰 사랑을

받아 100만 장 이상 팔리며 공식적으로 외국 음반 판매 1위를 기록했다.

휘트니와 어릴 적부터 같은 교회를 다녔던 케빈은 휘트니가 천방지축으로 이곳저곳 뛰어다니는 모습을 기억하고 있다고 했다. 촬영 내내 서로에게 의지하고 힘이 되어주었고, 2012년 휘트니가 갑자기 사망했을 때 케빈이 심금을 울리는 추모사를 전하며 마지막까지 그녀의 보디가드가 되어주었다.

휘슬 불면 1위 - 머라이어 캐리

머라이어 캐리(Mariah Carey)의 목소리는 마치 올림픽과 같다. 가성, 진성, 두성, 흉성, 믹스 보이스를 자유자재로 사용하며 초저음부터 최고음까지 내는 소리는 가히 상상을 초월한다. 그녀의 스튜디오 레코딩 공식 음역대는 F2(0옥타브 파)에서 Bb7(5옥타브 라#)로, 인간이 들을 수 있는 가청 범위의 소리를 대부분 낼 수 있다.

단순한 음 높이뿐만 아니라 후두를 조이고 풀면서 톤을 가볍게 또는 헤비하게 조절하는 능력, 음색, 리듬감, 감정, 호흡, 표현 등 보컬 프레이징에서도 뛰어나다. 특히 돌고래 소리라고 불리는 그녀의 전매특허 휘슬 레지스터(Whistle Register) 창법은 머라이어 캐리를 세계 정상에 올려놓는 데 큰 역할을 했다. 특히 한국에서도 많은 사랑을 받은 <Emotions>은 그녀의 휘슬 레지스터가 얼마나 높은지 제대로 증명한 곡이다. 머라이어 캐리의 가창력에 영향을 받아 가수의 꿈을 키운 사람들을 많이 만듦과 동시에, 그 어려운 노래의 난이도 때문에 다시 좌절감도 많이 선사한다는….

머라이어 캐리는 정통 팝 발라드부터 다른 실력파 가수들과의 하모니적인 콜라보 송, 그리고 래퍼들이 피처링한 팝과 힙합의 융합 등 트렌디한 대중화에도 앞장섰다.

특히 그녀의 진가는 차트 성적에서 돋보인다. 1990년에 나온 동명의 데뷔 앨범 [Mariah Carey]에서 4개의 싱글곡이 1위를 달성하며 그래미 2관왕을 수상했고, 그 이후 현재까지 총 19곡을 빌보드차트 1위에 올렸다. 이 19곡이 1위를 차지한 기간은 무려 93주로 독보적인 기록일 뿐 아니라 더 놀라운 것은 이 19곡 중 18곡이 머라이어 캐리의 자작곡이라는 점이다. 엄청난 보컬 능력에 싱어송라이터, 프로듀서로서의 능력까지 갖춘 만능 엔터테이너이다.

90년대는 머라이어 캐리의 시대라고 해도 과언이 아니다. 10년 동안 7장의 정규 앨범을 내며 각 앨범마다 최소 1,000만 장에서 3,000만 장 가까이 판매했다. 2001년 자신이 주연을 맡은 영화이자 사운드트랙 앨범인 8집 [Glitter]가 실패하면서 미끄러지기 시작했지만 그녀는 여전히 대중의 사랑을 받고 있다.

자신을 발굴해준 소니뮤직레코드의 CEO 토미 모톨라(Tommy Mottola)와 결혼하면서 엄청난 백그라운드를 손에 넣어 차트 1위에 대한 덤핑 논란도 있었지만, 홀로서기 이후 끊임없이 자신을 증명해 그 논란을 털어낼 수 있었다.

그 외 추천곡

<Vision of Love>, <Love Take Time>, <Someday>, <I Don't Wanna Cry>, <I'll Be There>, <Dreamlover>, <Hero>, <Fantasy>, <One Sweet Day>, <Always Be My Baby>, <Honey>, <My All>, <Heartbreaker>, <Thank God I Found You>, <We Belong Together>, <Don't Forget about Us>, <Touch My Body> 등

부동의 성탄 연금 - 머라이어 캐리

1990년대 초반, 머라이어 캐리는 성공적인 앨범을 연이어 발매하며 큰 인기를 누렸다. 특히 최고 전성기를 안겨준 3집 [Music Box] 이후 소속사는 뜬금없이 크리스마스 앨범을 제작하자고 제안한다. 당시에는 캐럴송을 내는 가수는 거의 없었고 내더라도 대부분 연차가 지긋한 중견 가수들의 몫이었다. 머라이어 캐리는 썩 내키지 않았지만 이왕 하는 거 자신만의 크리스마스 캐럴을 만들고자 마음먹는다.

어릴 적 순수하게 느꼈던 크리스마스의 기대와 설렘을 공감해 담아내면서도 음악적으로 겨울이라는 것을 물씬 느낄 수 있게 만들고 싶었다. 캐럴이란 게 귀에 산뜻하게 확 들어오는 신선한 느낌보단 과거부터 쭉 이어져 내려오는 친숙한 코드와 멜로디를 차용하는 게 낫다고 판단한 그녀는, 업 템포 느낌의 가스펠적이면서도 거룩한 오버 사운드의 캐럴을 만들어낸다. 그렇게 탄생한 곡이 바로 오늘날 친숙하고 유명한 <All I Want for Christmas Is You>이다. 가사적인 측면도 크리스마스의 선물을 주고받는 물질적인 사랑보다, 옆에 있어 달라는 정신적인 사랑을 노래하며 철학적인 메시지를 녹였다.

1994년 10월 발매된 4집 [Merry Christmas]는 이어져온 저력에 힘입어 상업적으로 큰 성공을 거두었고, 특히 <All I Want for Christmas Is You>는 크리스마스 송의 전설의 시작을 알린다. 하지만 발매 당시 이 곡은 빌보드 싱글차트에 진입하지 못했다. 당시 싱글차트에 진입하려면 실물 음반이 발매되어야 했는데 레코드사의 전략에 의해 발매되지 않았다. 대중들은 듣고 싶은 노래의 싱글이 발매되지 않으면 그보다 단가가 높은 풀 앨범을 구매해야 했는데 수익성을 위해 일부러 내지 않은 것이다. 그럼에도 불구하고 <All I Want for Christmas Is You>는 매년 크리스마스 시즌마다 TV와 라디오에서 꾸준히 방송되었고 영화 「러브 액츄얼리(Love Actually)」에 삽입되면서 꾸준한 인기를 끌었다.

그러던 중 2001년, 빌보드의 룰이 변경되어 실물 음반이 없어도 싱글차트에 진입할 수 있게 되면서 이 곡은 최초로 81위에 오르게 된다. 하지만 당시에는 한 번 Hot 100에 진입한 곡은 재진입이 불가능하다는 룰이 있어 이 곡은 잠깐 차트에 얼굴만 내비치고 사라진다. 이 룰도 결국 2012년에 폐지되어 몇 번이고 재진입이 가능하도록 바뀌었다. 다시 차트 기록지에서 꿈틀대기 시작한 곡은 2012

년부터 20~30위권으로 시작해 매년 차츰 올라가더니 결국 2018년에는 3위까지 오른다.

머라이어 캐리와 소속사는 시대의 흐름을 눈치 채고 2019년에 새로운 뮤직비디오를 촬영하면서 적극적인 홍보와 푸시를 한다. 그 결과, 2019년 12월 셋째 주에 결국 빌보드 싱글차트 1위에 올랐고, 다음 해인 2020년 1월 첫째 주까지 3주간 1위를 유지한다.

기록의 여제답게 이 곡으로 인해 발매 25년 만에 1위 달성이라는 기록과 1990년대, 2000년대, 2010년대, 2020년대까지 4연대에 걸쳐 싱글차트 1위를 차지한 유일무이한 가수가 된다. 머라이어 캐리는 이 곡으로 최소 1,000억 원 이상의 로열티를 받으며 역대 단일곡 저작권료 1위를 기록 중이다.

시간이 흐를수록 이 열기는 더 뜨거워지면 뜨거워졌지 쉽게 꺼지진 않을 것으로 예상되며, 진정한 연금 송으로 명맥을 이어나갈 것이다.

내한 공연 참사 - 뉴키즈온더블록

뉴키즈온더블록(New Kids on the Block)의 등장은 이전까지 팝 시장에 존재하지 않았던 새로운 형태의 센세이션이었다. 잘생기고 훤칠한 다섯 명의 10대의 백인 청소년들이 무대에 올라 딱딱 맞는 군무를 선보이며 중독성 있는 음악으로 관객들에게 친근하게 다가와 주었다. 이들은 10대 팬들을 겨냥한 틴 팝을 유행시킨 장본인으로 미국을 넘어 전 세계적으로 큰 인기를 끌었다.

1984년 데뷔 후 <I'll Be Loving You (Forever)>, <Hangin' Tough>, <Cover Girl>, <Please Don't Go Girl>, <You Got It (The Right Stuff)>, <Tonight> 등 수많은 히트곡이 있지만 뉴키즈를 진정한 세계적인 아이돌로 만들어준 곡은 1990년에 발매한 <Step by Step>이었다.

이전까지만 해도 음악의 소비층에서 10대들은 구매력이 약하다는 이유로 주 타깃층에서 무시되기 일쑤였다. 하지만 현생을 살아가는 20, 30대 이상의 바쁜 직장인들보다 자신들 좋아하는 가수에 더 깊게 빠지는 경향이 있어 알고 보니 구매력이 훨씬 높았다. 10대들의 취향을 저격시켜주는 뉴키즈를 위해서 음반뿐만 아니라 머천다이즈(굿즈)들까지 폭발적으로 구매해주어 상업적으로 큰 성과를 거두게 해주었다.

뉴키즈의 등장 이후 수많은 아류 보이그룹들이 등장하기 시작했고 이들은 현대 음악시장에 크게 자리를 잡고 있는 아이돌 형태의 시조 격인 셈이다. 국내 방송에서 뉴키즈온더블록의 이름을 따서 만들어진 프로그램이 있을 정도로 이들의 영향력은 아직도 남아있다.

30년이 지난 지금도 많은 사람들에게 기억되고 있지만 그 당시에는 정말 어마어마한 인기를 누렸다. 특히 1992년 2월 17일 있었던 내한 공연은 이들의 인기가 얼마나 대단했는지를 단적으로 보여주지만 비극적인 결과를 초래한 공연이었다.

당시 공연이 이루어졌던 올림픽체조경기장은 약 1만 명을 수용할 수 있는 크기의 공연장이었다. 그러나 주최 측은 안전에 대한 인식 부족과 수익성을 위해 6,000명이 넘는 관객을 추가로 입장시켰다. 무대가 시작되자 흥분한 소녀 팬들은 조금이라도 가까이 보기 위해 무대 쪽으로 몰리기 시작했고 결국 넘어지면서 수백 명이 깔리는 사고가 발생한다. 70여 명이 중경상을 입어 병원에 실려갔으며 그중 한 여고생은 의식불명 상태에 빠졌다가 결국 32시간 만에 사망하고 만다.

시작 후 30분 만에 아수라장이 되어 공연이 중단될 뻔한 위기였지만 팬들은 떠나지 않고 버텨 3시간 만에 공연을 재개해 마무리할 수 있었다. 이 사건으로 정부와 언론, 기성세대들은 사고의 원인을 10대들의 문화 탓으로 돌리며 비난하기 시작한다.

공영 뉴스에서는 "10대들의 외국 문화에 미쳐 있는 광란"이라는 표현을 사용했고 자식의 호텔을 예약해준 부모는 뭐하는 사람이냐는 막말을 내뱉기도 했다. 문화부는 앞으로 외국 가수의 공연을 불허하겠다고 했으며, 교육부는 학생들을 똑바로 교육하겠다는 입장을 밝혔다. 수많은 협회에서 관련 성명서를 발표했고 이러한 반응은 세대갈등으로 이어지면서 젊은 문화는 또 한 번 짓밟히고 만다.

과연 이 사고의 원인이 안전을 고려하지 않은 성인 관계자들이었을까, 순수하게 자신들의 문화를 사랑한 아이들이었을까?

학교, 때려치자! - 드림시어터

한 동네에 살았던 한국계 미국인 존 명(John, Myung, 베이스)과 존 페트루치(John Petrucci, 기타)는 어릴 적부터 음악적 취향을 공유하며 훗날 록 스타를 꿈꾸었다. 이들은 록/메탈을 좋아했지만 특히 예스, 제네시스, 러시로 대표되는 프로그레시브 록에 빠져 있었다. 하지만 보수적인 가정의 부모님들은 하버드 대학교와 같은 명문대에 진학하기를 바랐고 둘은 보란 듯이 함께 버클리 음대에 입학한다.

학교에서 만난 마이크 포트노이(Mike Portnoy, 드럼)와 함께 러시, 아이언메이든의 음악을 커버하며 합을 맞추기 시작했고 마제스티(Majesty)라는 밴드를 결성한다. 사운드의 풍성함을 더하기 위해 뉴욕대를 다니던 또 다른 동네 친구 케빈 무어(Kevin Moore, 키보드)를 영입하게 되는데 이후 이들은 학교에서 더 이상 배울 것이 없다고 판단하고 최고의 명문대를 전부 자퇴해버린다.

이들이 추구한 음악은 프로그레시브 록의 웅장한 구성력 및 악곡 스케일에 헤비메탈의 파워풀한 사운드를 결합한 진보적인 헤비메탈, 즉 프로그레시브 메탈이었다. 이들을 세상을 알린 건 보컬 제임스 라브리에(James Labrie)를 영입한 후 발매한 1992년의 2집 [Images and Words]였다. <Another Day>, <Pull Me Under>, <Take the Time> 등의 곡이 수록되어 있으며, 후에 나올 앨범들에 비해 팝과 하모니적인 요소가 많아 상업적으로 큰 사랑을 받았다. 화성학적으로 다채로운 곡 구성을 통해 서사성을 입혔고, 난해한 변박과 정교한 기교적 연주, 끝을 모르는 보컬의 고음, 메탈과 재즈의 융합 등으로 "밴드 음악을 이렇게까지도 할 수 있구나!"라는 걸 보여주었다.

당시에는 너바나 같은 얼터너티브 록이 유행하면서 테크니컬보다는 감성적인 면이 중요시되는 경향이 없지 않았지만 드림시어터는 이 모든 걸 뛰어넘는 미친 수준의 개개인의 연주 실력을 자랑했다. 현재까지도 각 악기별 최고 실력자를 손꼽으면 모두가 상위권에 랭크될 만큼 뛰어나다고 정평이 나 있다. 이후 나온 앨범들마다 뚜렷한 테마와 컨셉이 존재하며 다양한 철학적인 실험정신을 담고 있어 발매 때마다 모두를 깜짝 놀라게 했다.

특히 1999년 작 5집 [Metropolis Pt. 2: Scenes from a Memory]는 2집 수록곡인 <Metropolis Pt. 1: The Miracle and the Sleeper>에 이어지는 후속 작으로, 니콜라스라는 주인공이 최면술사를 만나 전생의 살인사건을 추적하는 스토리를 다룬다. 이 앨범은 박진감, 슬픔, 사랑 등의 감정을 잘 표현한 훌륭한 연출과 완성도를 보여주며 가장 드림시어터다운 앨범으로 평가를 받는다.

이외에도 많은 앨범들이 초기에는 듣기 어렵다고 느껴질 수 있지만 앨범마다 한 곡, 한 곡 정독하듯 들으면 드림시어터만의 정수를 느낄 수 있다. 음악 자체가 한 편의 영화나 작품으로 봐도 무방할 정도로 훌륭하다.

2010년 마이크 포트노이 탈퇴 이후 영입된 마이크 맨지니(Mike Mangini)는 2005년부터 버클리 음대 정교수로 활동하고 있었는데 드림시어터 활동을 위해 교수직을 사임했다. 다른 멤버들은 학생인 상태에서 학교를 떠났다면 맨지니는 교수 신분으로 학교를 떠난 것이다.

멤버 모두가 비상할 정도로 똑똑하지만 학교와는 맞지 않았던 걸까?

최연소 가수 - 조르디

트로트의 여왕이라고 불린 하춘화는 1955년 6월생이다. 1962년 2월 데뷔 앨범 [하춘화 가요 앨범]을 발매했을 때 나이는 만 6세로, 전 세계 최연소 데뷔라는 타이틀로 『기네스』에 등재되었다. 하지만 얼마 후 1958년생인 마이클 잭슨이 '잭슨5'로 5세에 데뷔하면서 기록이 깨졌다고 한다.

1992년, 그보다 더 어린 가수가 프랑스에서 등장한다. 1988년생으로 당시 4세 6개월인 조르디(Jordy)가 <Dur dur d'être bébé>(아기 노릇도 못 해먹겠네)라는 곡으로 데뷔한다. 제목 그대로 "일로 와라, 이거 해라, 저거 해라, 이 닦아라, 코 만지지 마라, 얌전히 있어라" 등 부모님에게 들을 수 있는 교육성 잔소리(?)를 아기의 입장에서 속마음을 풀어낸 재미난 가사였다.

당시 유행하던 디스코풍의 비트감 있는 음악으로 상당한 인기를 끌었다. 백댄서의 무릎 높이도 안 되는 키에 통통 바운스를 튕기면서 노래하는 모습에 사람들은 웃음꽃을 피웠고 립싱크를 할 때 입이 하나도 맞지 않지만 귀여워서 모든 게 용서되던 유일한 가수였다.

조르디는 전 세계 어른들의 마음을 정확히 저격했다. 프랑스에서는 15주간 1위, 다른 유럽 각국에서도 1위를 차지했으며 빌보드 차트에서도 58위까지 올랐다. 아프리카와 아시아에서도 상당한 인기를 끌었다. 특히 우리나라에서는 KBS의 「토요대행진」에 출연했으며, 「배철수의 음악캠프」에도 나왔는데 당시 배철수 씨가 "지금 조르디가 스튜디오에서 뒹굴고 놀고 있어서 진행이 안 되고 있다"고 언급해 웃음을 자아내기도 했다.

본인은 아무것도 모르는 아기일 뿐이지만 한편으론 어두운 이면도 많았다.

부모가 아동노동 착취로 돈을 벌고 있다는 논란은 끊임없이 제기됐다. 음악도 점점 상업적이면서 선정적으로 변했다. 차기 앨범 뮤직비디오에선 조르디가 헐벗은 다 큰 여성들을 껴안고 놀고 있는 모습이 나오기도 했다.

또 부모는 조르디 농장이라는 체험형 농장을 개업하는데, 동물들과 놀 수 있으면서 한 번씩 조르디가 DJ로서 음악도 틀어주고 노래를 불러주는 방식이었다. 부모는 이 농장을 프랜차이즈화하여 전국권으로 확산시킬 계획이었으나 프랑스 정부에서 아동 착취 논란으로 조르디의 노래를 TV와 라디오에서 송출을 금지시키면서 조르디의 인기는 끝이 나게 되었다.

훗날 조르디가 인터뷰에서 부모가 날 이용하다가 가치가 떨어져서 자신을 버렸다고 언급하기도 한다.

어린아이가 뭘 알고 했겠는가, 그저 어른들이 시키는 대로 했을 뿐일 텐데.

교황 사진 찢는다 - 시네이드 오코너

등장부터 반항적이었다. 시네이드 오코너(Sinéad O'Connor)가 데뷔할 당시 소속사는 오코너에게 여성적인 외모와 섹시한 의상을 요구했다. 페미니스트였던 오코너는 여성을 성 상품화시킨다는 생각에 화가 치밀어 보란 듯이 삭발을 하는 반골적인 모습을 보여주었다. 소속사는 어쩔 수 없이 삭발한 머리로 1집 앨범 [The Lion and the Cobra](1987)를 발매했고 이 민머리는 오코너의 트레이드마크가 된다.

데뷔 앨범은 빌보드 앨범차트 40위 안에 들며 오코너의 이름을 알리기 시작했다. 그리고 1990년 프린스의 곡을 리메이크해 발매한 <Nothing Compares 2 U>가 빌보드 싱글차트 1위와 세계 각국에서 1위를 차지하여 순식간에 슈퍼스타가 된다. 수많은 방송, 공연, 시상식 등에서 그녀를 섭외했지만 자신의 기준에 맞지 않으면 모두 출연을 거부했다.

과거 매체에서 전쟁을 용인하거나 여성을 희롱하거나 약소국, 약소민족, 소수 인종을 무시한 전력이 있으면 출연하지 않았고 인권을 무시하지 말라며 소리쳤다.

1990년 뉴저지의 한 공연장에서 주최 측은 오코너에게 공연 전 미국 국가를 부를 것을 요구한다. 공연장의 전통이었지만 오코너는 자신이 미국인도 아닌데 왜 불러야 하느냐며 거부한다. 당시 미국은 걸프전의 정당화를 위한 애국 의식 고취를 한창 진행 중이었는데 외국 가수가 감히 이를 거부하자 오코너는 언론에서 때리기 딱 좋은 타깃이 되었다. 뉴저지 출신의 미국 보수주의 끝판왕 가수인 프랭크 시나트라 역시 오코너 비판에 빠지지 않았다.

1991년 그래미 시상식에서 오코너는 베스트 얼터너티브 뮤직 퍼포먼스 부문의 수상자가 되었다. 하지만 그래미가 진실성보단 상업적이며 출연자들 의식이 형편이 없다며 수상 거부를 선언한다.

눈엣가시 같던 가수가 재차 이런 행보를 보이니 건방진 가수라는 낙인이 찍힐 수밖에 없었다. 1992년 오코너는 새 앨범의 홍보를 위해 「SNL」에 출연한다. SNL이라고 하면 '모두 까기 인형'의 대명사인 프로그램이라 평소 오코너의 성향이라면 출연하지 않았을 것 같은데 희한하게도 출연에 응한다.

여기엔 오코너만의 숨겨진 이유가 있었다. 생방송인 「SNL」에서 자신의 신곡을 부르지 않고 뜬금없이 밥 말리의 <War>을 무반주로 부른다. 그러곤 갑자기 노래의 마지막 가사인 "Evil(악마)"에 당시 교황이었던 요한 바오로 2세의 사진을 들어올리곤 찢더니

“Fight the real enemy(진짜 적과 싸우자)”라고 말한 후 촛불을 끄고 퇴장해버린다.

충격이었다. 전 세계에서 난리가 났다. 말도 안 되는 일이었다. 교황의 사진을 찢는다는 것은 성스러운 종교에 대한 전쟁선포나 다름없었다.

방송국으로 수천 통의 항의 전화와 오코너 음반 불매운동, 살해 협박이 이어졌다. 다음 주 「SNL」의 호스트로 출연한 배우 조 페시(Joe Pesci)는 찢어진 교황의 사진을 테이프로 붙여 들고 나와 환호를 받고 “내 방송이었으면 오코너를 한대 갈겼을 거다”라며 한방 날렸다.

오코너의 행위는 가톨릭 신부들의 아동 성폭력 사건에 대한 항의로 교황이 이 사실을 과거부터 은폐하고 있다는 것을 알리기 위해 퍼포먼스를 벌인 것이었다.

2주 뒤 뉴욕에서 밥 딜런의 헌정 공연 무대에 올랐지만 관중의 야유는 쉴 새 없이 쏟아졌다. 오코너는 굴하지 않고 한 번 더 <War>을 열창한 후 눈물을 쏟아낸다. 많은 사람들은 ‘네가 뭔데 활동가인 척을 하냐, 그냥 조용히 음악이나 할 것이지’라는 시선으로 향후 오코너의 커리어 내내 안 좋게 평가했다. 그러나 오코너는 꾸준히 앨범을 냈고 불의에 참지 않는 모습을 보여주었다.

<Nonthing Compare 2 U> 이후 이에 대적하는 큰 히트곡은 없지만 오코너는 음악의 상업적인 성공만을 추종하지 않는 유일한 가수였다. 음악을 통해 자신이 하고 싶은 이야기를 전달하는 것이

그의 목표였다. 오코너는 특히 종교적인 문제에 예민했다.

사실 그녀는 어릴 적부터 수녀원에서 운영하는 보호시설에서 자랐으며 누구보다도 구원을 열망하던 사람이었다. 그러나 자신이 진실로 사랑하는 신과 종교가 현실에서는 믿음과는 다른 모습을 보이자 심적인 배신감이 커져갔다. 큰 소리로 꾸짖으면 어긋난 길에서 원래대로 돌아와 주길 바랐을 것이다.

꾸준히 사회운동을 이어나가던 오코너는 이단 교파에 들어가 가톨릭에서 인정해주지 않는 여성 사제의 서임을 받았고, 2018년에는 이마저도 버리고 이슬람교로 개종한다.

그녀는 양극 성 장애의 질병을 가지고 있었으며 우여곡절이 많은 삶으로 극심한 스트레스를 받아 수차례 자살을 시도했다. 그러던 중 2022년 셋째 아들이 자살하자 힘든 시간을 견뎌내다가 2023년 7월 26일 생을 마감한다.

시간이 지나면서 하나둘 사건들의 진실이 밝혀진 후 생전에 그녀가 일관되게 했던 행동에 많은 사람들이 공감하게 되어 그녀는 박수와 함께 평화 속으로 영면했다.

아일랜드 좀비 - 크랜베리스

UFC 정찬성 선수는 맞아도 쓰러지지 않는 피지컬로 유명했다. 쓰러져도 다시 일어나는 좀비를 연상케 하여 '코리안 좀비'라는 별명을 얻게 되었다. 게임을 할 때 그의 입장 곡 또한 자신을 상징하는 크랜베리스(The Cranberries)의 <Zombie>를 선택하여 팬들에게 크랜베리스의 곡을 친숙하게 만들어주었다.

크랜베리스는 게리 무어, U2와 같은 아일랜드 출신의 세계적인 밴드이다. 아일랜드인은 한때 세계에서 가장 슬픈 민족이라고 불릴 만큼 역사적으로 큰 고통을 받아왔다. 그래서인지 아일랜드 가수들의 노래를 들어보면 대부분 슬픈 애환이 담겨 있다는 느낌을 자연스레 받는다. 특히 크랜베리스는 그런 아일랜드의 특수성과 감성을 더 많이 표현한 밴드였다. 앨범명들만 보아도 [No Need to Argue](싸울 필요 없다, 1994), [To the Faithful Departed](죽은 이들을 위해, 1996), [Bury the Hatchet](화해하다, 1999) 등 우울한 분위기를 암시한다.

<Zombie>라는 곡도 1993년에 있었던 영국 체셔주 워링턴(Warrington) 폭탄 테러 사건에서 영감을 받아 만든 곡이다. 아일랜드공화국군(IRA)이 영국군의 철수를 요구하며 무장투쟁을 벌였고 이 과정에서 3세 조나단 볼(Johnathan Ball)과 12세 팀 패리(Tim Parry)가 사망한다. 이 곡은 테러와 전쟁을 일으키는 자들은 모두 뇌가 없는 좀비와 같다는 강력한 메시지를 담고 있으며 유럽 여러 국가에서 1위를 차지한다. 놀랍게도 <Zombie>가 히트한 후 얼마 지나지 않아 IRA는 종전을 선언했고, 시간이 흘러 2005년에는 더 이상 무장투쟁으로는 통일이 힘들다고 판단하여 선거 투쟁 방식으로 전환했다.

크랜베리스의 상징이기도 한 숏컷의 여성 보컬리스트 돌로레스 오리어던(Dolores O'Riordan)의 처연한 음색은 천하일품이었다. 그녀가 가진 한이 느껴지는 목소리와 특유의 꺾기 스킬은 곡의 몽환적인 분위기를 한층 더 가미했다. 그녀는 다양한 곳에서 영감을 얻어 뛰어난 작곡·작사 능력을 보여주었으며 흔치 않은 여성 보컬리스트의 맥을 이어갔으나 안타깝게도 2018년 런던의 한 호텔 욕조에서 사망한 채로 발견되었다. 사인은 과다 음주에 의한 익사 사고였다.

'가수는 노래를 따라간다'는 말이 있듯 그녀의 사망 소식을 듣고 많은 이들은 차분하고 오묘하게 경건한 마음이 가졌다. 마이클 히긴스(Michael Higgins) 아일랜드 대통령은 "오리어던과 크랜베리스는 국제적인 음악에 엄청난 영향을 주었다"라는 말로 추모했다.

쓰러지지 않고 꾸준히 아일랜드를 세계에 알린 크랜베리스는 진정한 아일랜드의 좀비였다. <Zombie> 외에도 왕페이(Wáng Fēi)가 커버한 「중경삼림」 OST <DREAMS>(왕페이 버전 제목은 <몽중인>, 왕페이가 숏컷을 한 이유도 오리어던과 비슷한 느낌을 내기 위함)과 도입부가 유명한 <Ode to My Family>과 <Linger> 등이 많은 사랑을 받았다.

과거가 싫은 국민가수 - 자드

카마치 사치코는 어린 시절부터 음악, 체육, 미술, 글쓰기 등 예체능 분야에서 재능을 보였지만 그중에서도 노래를 가장 하고 싶었다. 대학 졸업 후 평범한 회사에 다니던 사치코는 가수의 꿈을 키우며 여러 오디션과 콘테스트에 도전한다. 예쁜 외모와 재능 덕분에 가라오케 퀸, 레이스 퀸 모델 선발에서 수상을 하여 연예계 활동을 시작하게 된다.

그녀는 다양한 잡지와 그라비아* 세미누드집까지 발간했으며 방송이나 광고에도 간간히 출연한다. 가수가 되고 싶었던 그녀는 우회하는 방식이지만 소중한 기회라 여기고 열심히 활동했다. 그

* '만화나 화보 등에 실리는 멋진 몸매의'라는 의미. 사진에서 음각판 인쇄기법을 일컫는 말에서 나왔다고 하며 일본에서 정착시킨 용어다. 성인용과 비성인용이 있다.

만큼 간절했던 것이다. 당시에는 이러한 루트를 통해 연예인이 되는 경우가 종종 있었다.

그러던 중 인기 가수 비비 퀸즈(B.B. Queens)의 백코러스 오디션을 보게 되는데 탈락하지만 그녀의 잠재력을 알아본 Being 사장 나가토 다이코는 그녀를 영입하고 ZARD 프로젝트를 계획한다. 사카이 이즈미라는 새 이름으로 5인조 밴드 ZARD의 보컬이 되었으나 사실상 1인 밴드였다. 그나마 2년 후 멤버 전원이 탈퇴하며 'ZARD = 사카이 이즈미'로 굳혀지게 된다.

1991년 폴리스의 <Every Breath You Take>를 샘플링한 데뷔곡 <Goodbye My Loneliness>로 이름을 알렸고, <眠れぬ夜を抱いて>(네무레누요루오다이테), <負けないで>(마케나이데), <揺れる想い>(유레루오모이), <My Friend>, <Don't You See!> 등 발표하는 곡들마다 승승장구한다.

90년대에 발매된 대부분의 싱글이 오리콘 차트 1, 2위에 안착하고 대부분의 앨범이 밀리언셀러에 등극한다. 특히 지금도 전 일본인들에게 사랑받고 있는 <負けないで>는 응원가 같은 밝은 멜로디에 희망찬 가사로 큰 인기를 끌었다. 당시 버블경제 이후 추락해가던 일본 전체에 힘을 불어넣어줄 정도의 파급력을 지녔으며 교과서에 실리기까지 했다.

ZARD의 대부분의 곡은 사카이 이즈미가 직접 가사를 썼다. 작사에 감각이 있던 그녀는 노래를 받으며 그에 어울리는 느낌대로 아름다운 가사를 썼으며, 커리어 전체에서 단 두 곡을 제외하고 모든 곡을 직접 작사했다. 모두가 ZARD의 음악을 알 정도로 큰 사랑을 받았지만 정작 그녀의 사적인 것을 아는 사람은 거의 없다.

갸루(ギャル, Gal) 화장이 유행하던 시절에 ZARD는 맨얼굴에 가까운 수수한 외모로 묘한 분위기를 풍기며 신비주의 전략으로 활동한다. 방송 출연은 평생 단 7번뿐이었다. 그중 5번이 「뮤직스테이션」이라는 음악 프로그램이었으며 콘서트도 1999년에 최초로 했고 이후에도 몇 번 하지 않았다.

ZARD가 인기를 얻으면서 대중과 언론에서 그녀의 과거 행적을 찾아보기 시작했다. 다소 외설적일 수 있었던 과거 때문에 이상한 루머도 많이 돌았고, 본인도 이 때문에 스트레스를 많이 받고 후회했다고 한다. 신비주의가 소속사의 요구이기도 했지만 어쩌면 그녀의 성향과 잘 맞아떨어진 컨셉이었을 것이다.

일본 최고의 가수이자 한국에서도 유명했던 사카이 이즈미는 생각보다 허무하게 세상을 떠났다. 2006년 자궁경부암이 발견되어 치료했지만 다음 해 4월 폐로 전이되어 다시 입원한다. 2007년 5월 26일 새벽, 입원 중이던 병원 옆 비상 슬로프 아래에서 머리에 피를 흘리며 쓰러진 채 뒤늦게 발견되었다. 급히 치료를 했으나 다음 날인 27일 결국 뇌좌상(뇌타박상)으로 사망한다.

조사 결과 비가 오던 그날 비상 슬로프를 올라가다가 실족사로 결론난다. 하지만 이곳은 평소에 다니던 산책길도 아니고 난간의 높이가 고작 1.2미터인데 165cm인 사카이 이즈미가 왜 떨어졌는지 의문을 남겼다.

소속사 Being은 ZARD의 인기가 사후에도 지속되는 것을보고 기념일마다 기념 앨범, 다큐 영상, 생전 사진집을 발매해 여전히 수입을 챙기고 있다. 공식 트리뷰트 밴드인 SARD UNDERGRO-UND를 데뷔시키기도 한다.

똥앨범이 새 시대를 열어? - 그린데이

그린데이(Green Day)의 1994년 정규 3집 앨범이자 메이저 데뷔 앨범 [Dookie]는 빌보드 앨범 차트 2위에 오르고, 전 세계적으로 2,000만 장 이상의 판매고를 올리며 성공을 알린 앨범이다.

이 앨범은 70년대 런던의 섹스피스톨즈, 더클래시, 뉴욕의 라몬즈가 선보인 3코드의 단순하면서도 거친 펑크 록 위에 상업적이면서 매끄러운 팝 멜로디를 얹어 팝 펑크 혹은 네오 펑크라는 새로운 음악적 조류를 탄생시켰다. 같은 해에 발표된 오프스프링(The Offspring)의 [Smash] 앨범과 함께 팝 펑크의 양대 산맥으로 꼽히며 90년대와 2000년대의 주류 음악 중 하나로 자리매김한다.

개인적인 경험과 가치관이 담긴 그린데이의 곡들은 큰 사랑을 받았으며 이후 Sum 41, Simple Plan, Blink-182, My Chemical Romance, Avril Lavigne, Boys Like Girls, Fall out Boy,

Paramore 등 수많은 밴드들에 영향을 주었다. 한국 인디 씬에도 큰 파장을 일으켰다.

과거 정통 펑크는 실력 있는 연주력과 음악성보다는 기존 질서와 규범을 거부하는 저항 정신이 중요했다. 그런데 이는 골수 펑크 팬들에게는 진정성이 부족하다는 이유로 환영받지 못했지만 아이러니하게 음악사적으로는 새 시대를 여는 중추적인 역할을 했다. 이렇게 중요한 앨범을 왜 '똥'으로 표현했는지 의아할 수 있을 것이다. 사실 'Dookie'라는 용어는 미국에서 '대변'을 뜻하는 속어로 어그로 좀 끈 것이지 절대 '똥앨범'이라고 생각한 것은 아니다. 앨범 커버를 자세히 보면 이곳저곳에서 원숭이와 개들이 시민들에게 똥을 뿌리는 모습을 찾아볼 수 있다.

[Dookie] 이후 천천히 내리막길을 걷던 그린데이는 정확히 10년 뒤인 2004년 7집 [American Idiot]으로 제2의 전성기를 맞이한다. 이 앨범은 당시 9·11 테러와 이라크 전쟁 등 대내외적으로 혼란스러웠던 부시 대통령 시절, 미디어를 통해 미국인들을 지배하려는 정부와 그들을 지지하는 신보수주의 세력을 비판한 앨범이다. 대놓고 써놓은 "멍청한 미국인"이라는 앨범 이름에서 알 수 있듯이 이 앨범은 펑키한 리듬의 록 오페라 컨셉을 통해 미국의 실상을 신랄하게 비판했다.

앨범의 스토리는 이렇다.

'Jesus of Suburbia'라 불리는 주인공 청년이 사회 때문에 가정이 파탄 나 집을 떠나게 되는데 이르는 곳마다 피폐해진 도시와 길거리를 보며 더 큰 고립감과 좌절감을 느낀다. 방황하던 중 나쁜(?) 성자 지미를 만나 마약 중독에 빠지고 더더욱 피폐한 생활로 고통을 겪던 중에 한 여성 구원자를 만나 사랑에 빠지고 찬양하며 커다란 깨달음을 얻어 집으로 돌아온다. 하지만 정신을 차려보니 자신이 겪은 모든 것은 허상이었고 아무것도 바뀌지 않은 원점으로 돌아오고 만 것이다. 청년은 혼자서는 세상을 바꿀 수 없다는 것을 깨달으며 허무하게 막을 내린다.

이 스토리는 평범한 미국인들이 느끼는 외로움과 비인간적 관계들, 손만 뻗으면 닿는 마약과 같은 사회문제들, 멍청한 미디어에 노출되어 허구의 세상에서 정신없이 비정상적인 삶을 살고 있다는 회의감을 고발하고 있다.

탄탄한 서사성과 정치적 교훈, 펑크로서의 이례적인 대곡 지향의 곡들의 배치한 구성력, 그리고 문학성까지 모든 것을 갖춘 완벽한 명반으로 2005년, 2006년 그래미상을 수상하고 2009년에는 브로드웨이 뮤지컬로도 제작되었다.

추천곡

<Last Night on Earth>, <Basket Cafe>, <21 Guns>, <Holiday>, <American Idiot>, <When I Come around>, <Boulevard of Broken Dreams> 등

9월이 지나면 깨워주세요 - 그린데이

<Wake Me Up When September Ends>는 그린데이의 제2의 전성기를 맞게 해준 앨범 [American Idiot]에 수록된 곡이다. 이 곡은 보컬 빌리 조 암스트롱(Billie Joe Armstrong)의 개인적인 경험을 바탕으로 만들어졌다.

빌리의 아버지는 1982년 9월 1일 식도암으로 세상을 떠났다. 당시 10살이던 빌리는 아버지의 죽음에 큰 충격을 받아 온종일 방에 틀어박혀 울기만 했다. 어머니가 방문을 두드리며 나오라고 했지만, 빌리는 현실을 받아들일 수 없어 "9월이 끝나면 깨워주세요!"라는 대답만 했다.

가사 중 "7 years has gone so fast"는 아버지가 돌아가신 후 7년, 즉 1989년이다. 그린데이로서 밴드를 시작하는 시간까지의 그리움으로 가득 차 있다는 것을 표현한 것이다. 곡의 분위기는 펑크 밴드로서의 그린데이와는 사뭇 다르다. 차분하면서도 감성적이고 진심이 느껴지는 곡으로 이후 그린데이의 대표곡으로 자리매김한다.

이 곡은 2001년, 같은 9월에 일어난 9·11 테러라는 큰 고통을 겪은 미국인의 마음을 위로하는 추모곡으로 사용되기도 한다. 앨범의 11번째 트랙에 위치시킨 것도 이러한 추모적인 이유 때문이다.

황제장인, 황제사위 -
마이클 잭슨&리사 마리 프레슬리

팝 음악사에는 두 명의 황제가 존재한다. 바로 로큰롤의 황제 엘비스 프레슬리와 팝의 황제 마이클 잭슨이다.

흥미로운 점은 이 두 황제가 잠시 가족으로 인연을 맺었다는 것이다. 마이클 잭슨의 스타성과 수많은 논란에 가려져 그가 결혼했다는 사실을 모르는 사람도 은근히 많다.

마이클 잭슨은 두 번 결혼했다.

첫 번째 결혼 상대는 엘비스 프레슬리의 딸인 리사 마리 프레슬리(Lisa Marie Presley)였다. 두 사람은 1994년 5월 18일에 결혼했다. 엘비스가 1977년에 사망하여 직접 황제 사위를 맞이한 건 아니지만 이 결혼은 세계적으로 큰 이슈가 되었다. 당시 아동 성추행 스캔들을 잠재우기 위한 가짜 결혼이라는 음모론이 돌기도 했으나 이전부터 연인 사이였던 것이 밝혀지면서 논란은 일단락되었다.

리사 마리는 마이클 잭슨의 <You Are Not Alone> 뮤직비디오에도 출연해 다정한 부부 관계를 보여주는 듯했지만 1996년 1월 18일, 2년도 채 안 돼 이혼한다. 이혼 사유는 아이를 빨리 갖고 싶어 하는 잭슨과 결혼 생활이 좀 더 안정되면 아이를 갖자는 리사 마리의 의견 차이였다.

훗날 리사 마리는 이혼을 후회하며 잭슨에게 재결합을 제안했지만 잭슨은 이를 거절했다고 한다.

한국계 친구와 엇갈린 우정 - 위저

2013년 지산월드록페스티벌에서 위저(Weezer)는 김광석의 <먼지가 되어>를 커버하며 한국인들의 마음에 진정한 여운을 남겼다. 발음도 쉽지 않을 텐데 노력하고 심지어 잘하는 모습으로 친근한 이미지를 각인시킨 밴드이다.

1992년 데뷔한 이들은 중독성 있는 단순한 리듬의 심플하고 알찬 스타일이 큰 무기였으며 건전한 서프 록/팝 스타일로 대중의 마음을 사로잡았다. 1994년 발매한 <Buddy Holly>라는 곡에는 웃픈 사연이 있다.

앨범 커버가 처음에는 위저의 리더인 리버스 쿼모(Rivers Cuomo)와 어린 시절을 함께 보낸 여자 친구와 찍은 사진이었다. 한국계 여사친인 경희 씨와의 추억을 모티브로 만들어진 곡으로, 놀림받던 아시아계 경희 씨를 자신이 보호해주는 우정에 관한 내용이다.

미국 배우 매리 타일러 무어(Mary Tyler Moore)를 닮은 여사친과 버디 홀리를 닮은 자신을 가사에서 빗대었으며 이 때문에 곡명도 <Buddy Holly>로 지었다(실제 버디 홀리와는 전혀 무관한 노래지만 한편으로 의아하게 버디 홀리의 생일에 맞추어 발매했다).

차트 상위권을 차지하게 된 곡은 아름다운 스토리로 순탄한 길로만 갈 줄 알았는데 안타까운 일이 발생한다. 앨범 커버의 주인공인 경희 씨가 자신의 사진을 허락 없이 사용했다며 고소를 한 것이다. 리버스 쿼모는 경희 씨에게 연락을 취해보았지만 일방적으로 끊겨 어쩔 수 없이 황급히 앨범 커버를 자신의 친동생과 찍은 사진으로 교체한다.

우정보단 프라이버시가 더 중요한 세상일까?

그 외 추천곡

<Island in the Sun>, <Think Fast>, <Say It Ain't So>, <Hash Pipe> 등

브릿팝 전쟁 - 오아시스 vs 블러

블러(Blur)는 데뷔 앨범 [Leisure](1991)와 2집 [Modern Life Is Rubbish](1993)로 차근차근 성장하며 대중적인 브릿팝 밴드로 자리 잡았다. 반면에 오아시스는 데뷔 앨범 [Definitely Maybe](1994)부터 화려하게 성공하며 일약 스타덤에 오른다. 두 밴드는 차세대 영국을 대표할 떡잎들로 항상 스포트라이트를 받고 있었으며 늘 서로가 비교 대상이었다.

본격적인 라이벌 구도는 1995년 브릿 어워즈에서 한 발언으로 시작된다. 블러는 3집 [Parklife](1994)로 오아시스의 1집을 누르고 브리티시 그룹상, 베스트 브리티시 앨범상, 브리티시 싱글상, 베스트 뮤직비디오상까지 4개의 상을 싹쓸이해버린다. 보컬 데이먼 알반(Damon Albarn)은 수상 소감을 말하던 중 "이 상을 오아시스와 함께 나누고 싶다"라며 뜬금없는 멘트를 날린다. 데이먼은 기쁜 마음으로 언급했다고 하지만 오아시스와 그 팬들은 언짢아했다.

그 후 블러의 소속사에서 이 불씨에 기름을 부어버린다. 블러는 4집 [The Great Escape]의 발매를 앞두고 싱글 곡 <Country House>를 내놓을 계획이었고, 오아시스는 2집 [(What's the Story) Morning Glory?]를 내놓기 전에 싱글 <Roll with It>을 발매할 예정이었다. 블러의 소속사는 의도적으로 오아시스의 싱글 발매일인 1995년 8월 14일까지 기다렸다가 같은 날 동시에 발매한다.

영국의 방송과 언론은 비틀스와 롤링스톤즈 이후 30년 만에 일어나는 차트 경쟁이라며 크게 주목한다. 결과는 같은 기간 동안 오아시스가 22만 장, 블러가 27만 장을 판매하여 블러의 승리로 끝이 났다.

안 그래도 한 성질 하는 오아시스는 2연패를 당해 크게 격분했다고 한다. 그로부터 한 달 후인 1995년 9월 11일 블러의 4집이 발매되고, 또 한 달 뒤인 1995년 10월 2일 오아시스의 2집이 발매되며 3차전에 돌입했다. 두 번의 대결에서 블러가 승리했는데, 3차전은 과연 어떻게 됐을까?

오아시스의 2집 [(What's the Story) Morning Glory?]는 폭발적인 반응을 일으켰다. 앨범에는 제2의 영국 국가라고 불리는 <Wonder Wall>을 비롯해 <Don't Look Back in Anger> 같은 명곡들이 수록되었으며 전 세계적으로 3천만 장 이상 팔려 압승을 거두었다. 두어 차례 잽을 맞던 오아시스는 단 한 방의 카운터펀치로 블러를 쓰러뜨려 "블러가 전투에서는 승리했지만 전쟁에서는 패배했다"는 말이 생길 정도였다.

이 성질머리 고약한 두 밴드는 서로에 대한 악담이 지독했다. 바로 다음 해인 1996년 브릿 어워즈에서 수상한 오아시스는 기다렸다는 듯 [Parklife]를 'Shitlife'라고 조롱했다. 또한 오아시스의 노엘 갤러거(Noel Gallagher)는 블러 멤버들이 에이즈에 걸려 죽어버렸으면 좋겠다는 악담을 퍼부었다가 에이즈 환자들에게 사과하기도 했다.

이들은 서로의 앨범을 쓰레기라고 욕하고, 외모와 스타일에 대한 인신공격도 하며 늘 칼날을 곤두세웠다. 하지만 최근에는 나이가 들면서 서로 화해했고 함께 모이기도 하는데 그러면서 다른 그룹을 욕한다고….

그 외 추천곡

오아시스 : <Whatever>, <Stand by Me>, <Champagne Supernova>, <Live Forever>, <Let There Be Love>, <Supersonic>, <Stop Crying Your Heart out>, <Little by Little>, <She's Electric>, <The Materplan>, <Married with Children> 등

블러 : <Song 2>, <Girls & Boys>, <Coffe & T.V.>, <Tender>, <Ong Ong>, <Lonesome Street>, <Sweet Song>, <Parklife>, <Beetlebum>, <Charmless Man> 등

앞으로 펩시만 마십시다 - **오아시스**

90년대 혜성같이 등장한 브릿팝의 중심 밴드 오아시스는 비틀스 이후로 영국 최고의 밴드로 칭송받을 정도로 인기가 많았다. <Live Forever>, <Wonder Wall>, <Don't Look Back in Anger>, <Stand by Me>, <Champagne Supernova>, <Little by Little>, <She's Electric> 등으로 유명한 오아시스의 강점은 과거의 단순하면서도 기본에 충실한 로큰롤 사운드와 수려한 멜로디 라인이다.

당시 대부분의 음악이 획기적이면서 실험적인 새로운 사운드를 추구했지만 오아시스는 반대의 길을 걸었다. 올드 리스너들에게는 60년대로 회귀하는 감성적인 음악으로, 영 리스너들에게는 오히려 단순한 기타 리프가 듣기 편한 음악으로 다가왔다. 대중에게는 이러한 친숙함은 어디서 많이 들어본 노래 같다는 인상을 주었는데 실제로 많은 곡들이 표절 논란에 휩싸였다.

오아시스의 곡을 대부분 작곡하는 노엘 갤러거는 본인이 존경하고 좋아한 밴드들의 음악을 차용하거나 오마주하는 것으로 유명하다. 인터뷰에서 본인 스스로 이를 인정하며 "너희도 우리 노래 쓰고 싶으면 마음대로 쓰라"며, 평소 거친 발언을 자주 하던 쿨한 오아시스답게 대처했다.

가장 유명한 표절 소송은 <Shakemaker>라는 곡으로 코카콜라 광고에 쓰인 뉴씨커스(The New Seekers)의 <I'd Like to Teach

the World to Sing>과 12마디, 약 4초 정도의 후렴구가 유사하다는 판결로 50만 달러를 배상했다. 이후 노엘은 공연 중에 "자, 우리 모두 이제 펩시만 마십시다!"라고 말하기도 했다.

또 다른 곡 <Cigarettes & Alcohol>은 티렉스(T-Rex)의 <Get It on>과 유사하다는 논란엔 "우리 덕분에 오히려 T-Rex가 유명해졌으니 좋은 거 아니냐?"라는 발언을 하기도 했다. 그 외에도 <Step out>은 스티비 원더의 <Uptight>에 소송당하며 스티비 원더를 공동 작곡가로 이름을 올려야 했고, <Whatever>는 닐 인네스(Neil Innes)의 <How Sweet to Be an Idiot>과의 표절 판결로 금전적으로 배상했다. <Don't Look Back in Anger>의 도입부는 존 레논의 <Imagine>과 상당히 유사하고 코드 진행은 비틀스의 <Let It Be>와 유사하다는 논란도 있었다. 이외에도 많은 곡들이 표절 논란에 휩싸였다. 배철수 씨는 오아시스를 "기라성 같은 선배들의 곡들을 강한 스파이크로 되받아친다"고 평하였다.

노엘과 리암은 어릴 적부터 비틀스의 광팬이었다. 하지만 자신들이 '제2의 비틀스'로 불리는 것에 대해서는 "우린 제2의 비틀스가 아니고, 그냥 오아시스"라며 불만을 표했다. 그럼에도 불구하고 리암은 수년간 존 레논의 동그란 안경을 쓰고 장발을 따라했으며, 자기 집을 비틀스하우스라 부르고 아들의 이름도 '레논'이라고 지을 정도로 존 레논을 동경했다.

비틀스의 드러머 링고 스타의 아들인 잭 스타키(Zak Starkey)가 잠시 동안 오아시스의 드럼 세션을 맡았는데 이때 정식 멤버로 가입해줄 것을 제안했으나 거절당한다.

혹시 네가 뱅크시? - 블러

과거의 괴짜가 앤디 워홀이라면 현대의 괴짜는 뱅크시(Banksy)다.

뱅크시가 누구인가?

아마 그에 대해 명확히 알고 있는 사람은 전 세계에 몇 명 없을 것이다. 신원을 알 수 없는 그래피티 작가로 인지도에 비해 대중에게 공개된 정보는 없어도 너무 없다. 아무도 없을 때 몰래 담벼락에 작품을 그리고 사라지며, 자신의 그림을 길바닥에서 60달러라는 헐값에 팔기도 한다(후에 SNS나 인터넷을 통해 본인의 작품임을 공개하면서 가격이 억 단위로 뛰어올랐다). 또한 이스라엘 분리장벽에 반전사상을 담은 작품을 남기고, 자신의 작품이 경매에서 100만 달러에 낙찰되는 순간 분쇄기로 파쇄해버리는 등의 기괴한 행보를 이어가고 있다. 그런데 대중들은 이런 뱅크시에 더 열광하며 그의 정체를 밝히는 데 혈안이 되어 있다.

이 책은 음악에 관한 책인데 앤디 워홀에 이어 왜 또 뱅크시 이야기를 하고 있지?

이유는 90년대 영국 브릿팝의 선두주자 블러 때문이다. 2003년에 발매된 블러의 7집 앨범 [Think Tank]의 앨범 커버가 뱅크시의 작품이다. 항간에는 블러 멤버들과 뱅크시가 어릴 적부터 친하게 지내던 동료라는 소문이 있다. 실제로 뱅크시가 담벼락에 그림을 그리고 있고, 블러가 망을 봐주고 있는 사진이 공개된 적도 있었다.

데이먼 알반은 한 인터뷰에서 기자의 기습적인 "당신이 뱅크시입니까?"라는 질문에 "그건 대답 못 해드린다"라고 애매한 대답으로 얼버무렸다. 사실이 어떻든지 간에 최소한 블러는 동료의 정체를 잘 지켜주는 입이 무거운 밴드이다.

아디다스 입어야지 - 콘

1990년대에 헤비메탈은 주류에서 밀려나고 그 자리를 얼터너티브 록, 그런지 록, 인더스트리얼, 일렉트로닉, 코어, 펑크 같은 다양한 하위 장르들이 잉태되거나 재창조되어 채우기 시작한다. 이 시기에 록뿐만 아니라 힙합도 뉴스쿨에서 골든 에라로 넘어가면서 점점 더 대중음악의 주류로 자리 잡게 되었다.

시대의 변화와 함께 이전에는 서로를 배제하던 록과 힙합이 크로스오버를 시작했고 이로 인해 '누메탈(Nu Metal)'이라는 새로운 장르가 탄생한다. 1986년 런-디엠씨(Run-D.M.C)와 에어로스미스가 함께한 리메이크곡 <Walk This Way>에서 보컬과 랩이 어우러진 사례의 기원을 찾아볼 수 있다.

누메탈은 록/메탈과 힙합 리듬을 본격 결합하고 다양한 타 장르의 음악 요소들을 적극 차용하여 만들어진 새로운 형태의 퓨전 음악이다. 이렇듯 누메탈은 원체 장르 불명의 음악이자 혼합 장르이므로 그 내부에서도 꽤 다양한 형태로 나타났다. 이런 누메탈의 중심에 그 원류라고 할 수 있는 밴드 콘(Korn)이 있다.

콘의 대표곡 <Blind>가 수록된 동명의 데뷔 앨범 [Korn]은 발매하자마자 큰 사랑을 받았다. 이들의 음악은 7현 기타(심지어는 '젠트 Djent' 스타일의 8현 기타)를 사용하는 초저음역대 다운 튜닝의 무거운 헤비 사운드에, 훵크와 힙합 리듬의 그루브, 뭔가 방향을 잡기 힘든 곡의 진행, 우는 듯한 노래에서 급격히 터져나오는 그로울링 등으로 우울하면서도 공포감과 피폐함을 느끼게 하는 독특한 사운드를 만들어냈다.

보컬 조나단 데이비스(Jonathan Davis)는 어린 시절에 겪은 사실을 바탕으로 가정폭력, 아동학대, 왕따, 우울증, 자살 같은 비극적 사회문제를 가사에 담아냈다. 이전에는 들어보지 못한 독특한 사운드와 가사에 대중은 열광했고, 누메탈 장르는 순식간에 주류로 우뚝 선다.

1996년 2집 [Life Is Peachy]는 빌보드 앨범차트 3위를 차지하고, 이후 탄력을 받아 1998년 3집 [Follow the Leader]와 1999년 4집 [Issues]는 차트 1위를 기록한다. 그 후에도 콘은 꾸준히 상위권 차트에 진입하며 세기말 음악시장을 잠식하는 데 성공한다. 특히 2집의 타이틀곡 <A.D.I.D.A.S>가 히트하면서 아디다스사는 콘에게 의상을 적극 협찬한다. 뮤직비디오와 콘서트에서 아디다스 트레이닝복을 입고 나오면서 이는 또 다른 상징이 된다.

이런 콘의 영향을 받아 등장한 후배 밴드들 중에는 형형색색의 저지 패션과 알록달록한 머리 염색을 한 뮤지션들이 많아졌다. 또 빡시한 티셔츠, 카고 바지, 배기 팬츠 등 이전의 로커 이미지와는 전혀 다른 새로운 이미지를 형성하게 된다.

1998년, 콘이 가장 잘나가던 시절, 당연히 아디다스의 광고 모델을 할 줄 알았는데 의외로 푸마의 광고 모델로 계약하는 통수를 쳐 버린다. 삐진 아디다스와는 수십 년이 지난 2023년에서야 공식 협업을 통해 신발을 출시하기도 한다.

콘은 현재까지도 2년마다 앨범을 꾸준히 발표하며 평단의 좋은 평가를 받고 있다. 콘과 누메탈의 영향은 2000년대에 들어와 서태지를 비롯한 한국 가수와 밴드들이 시도한 장르이기도 하다.

그 외 추천곡

<Blind>, <Got the Life>, <Freak on a Leash>, <Falling away from Me>, <Here to Stay> 등

기록 제조기 - **보이즈투멘**

80년대 활동한 흑인 R&B/팝 그룹인 뉴에디션(New Edition)을 존경해 그들의 수록곡을 팀명으로 사용한 보이즈투멘(Boyz II Men)은 놀랍게도 뉴에디션의 멤버 마이클 비빈스(Michael Bivins)에게 발탁되어 데뷔한다.

이들은 90년대 음악계를 주름잡던 R&B 보컬 그룹으로, 감미로운 하모니의 발라드들로 큰 사랑을 받았다. 테너, 바리톤, 베이스 그리고 내레이션까지 각기 다른 보컬 능력을 조화롭게 섞어 파워풀하면서도 섬세한 소리를 만들어 청자들에게 큰 감동을 전하고, 감정을 소재로 한 가사들 역시 많은 이들을 위로했다.

이후 중창 그룹의 유행을 다시 선도하며 90년대에 대기록들을 써내려갔다. 1992년 발매한 곡 <End of the Road>는 13주 연속으로 싱글차트 1위를 했다. 이는 빌보드 개편 이전인 1956년 엘비스 프레슬리가 세운 <Don't Be Cruel / Hound Dog>의 11주 기록(개편 후 공식 1위는 올리비아 뉴튼존의 <Physical>로 10주)을 넘기며 36년 만에 경신했다.

다음 해인 1993년 휘트니 휴스턴의 <I Will Always Love You>가 14주로 재경신하지만, 그다음 해인 1994년 보이즈투맨의 <I'll Make Love to You>가 14주 연속 타이 기록을 세운다. 당시 15주차로 넘어가는 찰나의 <I'll Make Love to You>를 끌어내린 것은 다름 아닌 자신들의 후속곡인 <On Bended Knee>였다.

이 기록은 좌절인지 영광인지는 잘 모르겠지만 1964년 비틀스가 <I Want to Hold Your Hand>에서 <She Loves You>에서 <Can't Buy Me Love>까지 3곡 연속 본인의 곡으로 1위를 바꿔치기 한 이후 30년 만에 나타난 기록이다.

1995년, 당대 최고의 가수 머라이어 캐리와 함께한 곡 <One Sweet Day>가 무려 16주 연속 톱을 찍으며 4년간의 진기명기 쇼를 보여주었다. 그런데 영원히 깨질 것 같지 않던 이 기록은 2019년 Lil Nas X가 발매한 <Old Town Road>가 19주 연속 1위를 하며 자리를 내주게 된다.

한 주도 1위 하기 어려운 빌보드 싱글차트를 한 번 올라갈 때마다 최소 3달씩 버텼다는 것은 대중에게 정말 엄청난 사랑을 받았다는 증거가 아닐 수 없다. 진정 한 시대를 주름잡은 보이즈투멘이다.

그 외 추천곡

<4 Seasons of Loneliness>, <It's So Hard to Say Goodbye to Yesterday>, <Water Runs Dry>, <Motownphilly>, <In the Still of the Nite>, <Hey Lover>, <A Song for Mama> 등

팬클럽 회장 - 셀레나

테하노(Tejano Music)는 라틴 음악의 하위 장르로 멕시칸과 아메리칸 음악을 퓨전한 대중음악이다. 미국과 멕시코의 국경에 접해 있는 텍사스주의 히스패닉 사회를 중심으로 큰 인기를 끌기 시작해 전국적으로 유행을 탔다. 그 인기의 중심에는 여가수 셀레나(Selena)가 있다.

셀레나 킨타니아 페레스는 1990년대 초반에 왕성히 활동하여 세계적으로 3천만 장 이상 앨범 판매고를 올리고 테하노 뮤지션으로는 최초로 그래미를 수상했다. 멕시코 차트에서는 무려 97주 동안 1위를 차지할 만큼 독보적인 존재였다. 그녀의 활약은 라틴 팝을 세계적으로 알리는 데 큰 기여를 했다.

1993년 셀레나의 공연을 보러온 욜란다 살디바르(Yolanda Saldivar)라는 여성은 셀레나에 빠져 팬이 된다. 셀레나를 열성적으로 좋아한 욜란다는 셀레나의 팬클럽이 만들어진다는 소문을 듣고 셀레나의 아버지에게 전화를 걸어 자신이 회장을 맡겠다며 제안한다. 열정에 감명을 받은 아버지는 욜란다에게 회장직을 맡겼고 순수한 팬심이던 욜란다도 열심히 관리를 하여 회원 수도 상당히 늘어났다.

11살 차이가 난 셀레나와 욜란다는 가수와 팬의 관계를 넘어 가까운 친구가 되었다. 음악뿐만 아니라 패션에도 재능이 있던 셀레나는 자신의 브랜드를 설립하였고 부티크 재정 관리도 욜란다에게 맡긴다. 그런데 관리하는 돈이 많아져서인지 욜란다의 공금 횡령이 결국 셀레나 아버지에게 발각되고 만다. 1995년 3월 해고된 욜란다는 그동안의 재무 관리 기록들을 정리해 전달하기 위해 셀레나와 텍사스의 한 호텔에서 만나기로 했다.

셀레나는 지금까지의 우정을 고려해 좋게 사건을 해결하고 싶었으나 욜란다는 이런저런 말을 늘어놓으며 서류들을 건네지 않는다. 실랑이가 벌어지던 중 욜란다는 준비한 권총을 꺼내 셀레나에게 총격을 가하고 나서 도주하고, 황급히 병원으로 이송된 셀레나는 동맥 파열로 인한 과다출혈로 사망하게 된다.

당시 셀레나의 나이는 겨우 23세였다. 앞길이 창창했던 셀레나는 그렇게 비극적인 운명을 맞았고 욜란다는 체포되어 종신형을 선고받았다.

사망 후 미리 녹음되어 있던 유작 앨범 [Dreaming of You]가 발매되어 첫날에만 17만 장이 팔리는 대기록을 세우며 대중들은 그녀의 마지막 길을 꽃길로 만들어주었다. 셀레나가 사망한 후 텍사스 주지사는 셀레나의 생일인 4월 16일을 'Selena Day'로 지정한다. 이 주지사는 후에 미국 대통령이 되는 조지 워커 부시(아들 부시)였다.

이 노래 뭐야? - 사라 브라이트만

팝페라 가수로 성공을 거둔 사라 브라이트만(Sarah Brightman)에게 특별한 친구가 한 명 있었다. 바로 독일의 올림픽 금메달리스트이자 복싱 영웅인 헨리 마스케(Henry Maske) 선수다.

어느 날 그는 브라이트만에게 자신의 은퇴 경기에 쓰일 노래를 만들어달라고 부탁한다. 브라이트만은 자신의 앨범 발매까지 미루며 친구의 부탁을 들어주기 위해 노력해보지만 악상이 쉽게 떠오르지 않았다. 새로운 영감이 필요했던 그녀는 이탈리아 나폴리로 여행을 떠나게 되고, 그곳의 한 카페에서 우연히 <Con Te Partiro>라는 곡을 듣게 된다. 노래에 깊은 감명을 받은 브라이트만은 곡의 원작자를 찾아갔는데 그가 바로 안드레아 보첼리(Andrea Bocelli)였다. 이 곡은 당시 가수로서 막 이름을 알리기 시작한 보첼리가 1995년 산레모 가요제에서 불렀던 곡이었다.

브라이트만은 그 자리에서 보첼리에게 듀엣으로 재녹음을 제안하였고 보첼리는 흔쾌히 승낙했다. 재녹음 과정에서 "Con Te Partiro"의 부분을 "Time to Say Goodbye"로 바꾸어 녹음하고 1년 만에 <Time to Say Goodbye> 제목으로 재발매된 곡은 전 세계 각국의 차트 1위에 오르고 1,200만 장 넘게 팔리는 대성공을 거두었다.

실제로 헨리 마스케의 은퇴 경기에서 <Time to Say Goodbye>가 울려 퍼지게 된다. 비록 마스케는 경기에서 패배하여 화려한 은퇴는 아니었지만, 장엄한 노래와 함께 링 위에서 흐느끼는 가슴 뭉클한 장면이 연출되었다.

이 곡은 사랑하지만 헤어져야 하는 상황의 슬픔을 잘 담아내어 서양에서는 장례식에서도 자주 사용되곤 한다.

전설이 된 키보드 파이터 - 언니네이발관

1990년대에는 인터넷을 사용하기 위해 전화선을 이용한 PC통신이 필요했다. 그중 하이텔은 대표적인 PC통신 업체로 그 안에는 수많은 커뮤니티가 존재했다. 많은 사람들은 온라인에 접속해 각자의 관심 분야에 대해 열띤 토론을 나누던 낭만이 있던 장소였다. 록 음악을 사랑하는 사람들을 위한 커뮤니티인 '메탈동'도 있었는데, 당시 현역 뮤지션들(신해철, 이적, 유희열, 이승환 등)도 즐겨 찾던 온라인 동호회였다.

이 메탈동에는 'mypsb(My Pet Shop Boys로 추정)'라는 전설적인 키보드 파이터가 있었는데 그는 한국 록이 너무 메탈 위주로 돌아가며 외국 록밴드를 모방하는 따라쟁이 수준이라고 매일 신명나게 악플을 남겼다. 본인이 싫어하던 뮤지션들을 지독하게 까댔는데 특히 넥스트를 심각하게 비판한다. 실제로 신해철과는 키보드 배틀까지 맞장 뜨게 된다(나중에 화해했다).

또한 mypsb는 메탈동 내에 '모던 록'이라는 소모임을 만들어 메탈에 반하는 행보를 이어간다. 당시 메탈동에는 현역 밴드들이 있었는데, mypsb는 그들에 꿀리지 않으려 자신이 '언니네이발관'(어릴 때 본 에로영화에서 따온 이름)이라는 밴드의 리더라며 구라를 치고 다녔다.

그렇다, mypsb는 향후 한국의 인디 록 전설이 된 언니네이발관의 리더 이석원이었다. 이석원은 사실 악기를 다룰 줄 모르고 밴드 활동도 해본 적 없는 문외한이었지만, 음반 가게 사장으로서 음악적 깊이와 화려한 글빨로 모두를 속이는 데 성공했다. 90년대에는 아직 정보가 많지 않아서 주작을 해도 사실 판가름을 하기가 어려운 시절이었다.

소문은 눈덩이처럼 커져 이석원은 KBS 라디오 「전영혁의 음악세계」에까지 출연하여 이제 전 국민을 대상으로 더 큰 구라를 쳐버린다. 이석원은 '현타'를 깨닫고 뒤늦게 커뮤니티를 통해 실제 밴드 요원들을 모집해 밴드를 결성하기에 이르는데, 모집 과정에서 다른 멤버들 역시 실제로는 악기를 다룰 줄 모르면서 연주자라고 속여 밴드에 합류한다. 그렇게 해서 이석원이 기타와 보컬을, 류한길은 키보드를, 류기덕은 베이스를, 유철상은 드럼 포지션으로 밴드를 만들었는데 연주를 할 줄 아는 사람은 단 한 명도 없었다. 상황이 이렇게 되자 이석원은 음반 가게 사장 시절 인연을 맺은 노이즈가든(Noizegarden)의 기타리스트 윤병주에게 도움을 청한다.

윤병주는 자신의 밴드 베이시스트 이상문을 데리고 와 합숙까지

시키며 혹독한 트레이닝을 실시해 어느 정도 들을 만한 수준까지 도달하는 데 이른다. 그러던 중 「전영혁의 음악세계」에서 다시 출연해달라는 요청이 오고 이번에는 직접 연주까지 해달라고 했다.

이석원도 대단한 게 이걸 또 덥석 물어버린다. 밴드원들은 다른 밴드의 음악을 커버할까 고민해보지만 어설프게 커버했다간 실력이 다 뽀록날까 봐 기준이 없는 자신들의 자작곡을 만들어서 연주하기로 한다. 일주일에 얼렁뚱땅 3곡을 만들어 라디오에 출연해 '이젠 정말 도망칠 수 없다. 욕을 먹고 다 들통 나더라도 정면 돌파하겠다'는 마음으로 자작곡을 선보였다. 놀랍게도 청취자들의 반응은 뜨거웠고, "깔 만한 실력이 되니까 깠던 거구나"라며 인정을 받게 된다. 본인들도 어리둥절해진 언니네이발관은 물들어온 김에 노 젓듯 음악 활동을 이어나갔고, 대한민국 모던 록의 효시가 되는 명불허전 전설이 된다.

특히 언니네이발관의 1집 [비둘기는 하늘의 쥐], 2집 [후일담], 5집 [가장 보통의 존재]는 한국 대중음악 100대 명반에 늘 선정되는 명반으로 꼽힌다.

추천곡

<아름다운 것>, <가장 보통의 존재>, <산들산들>, <100년 동안의 진심>, <누구나 아는 비밀>, <너의 몸을 흔들어 너의 마음을 움직여>, <순간을 믿어요>, <혼자 추는 춤>, <인생은 금물>, <너는 악마가 되어가고 있는가?> 등

더 이상 날 수 없어요 - **알 켈리**

자신이 날 수 있다고 믿었던 <I Believe I Can Fly>(1996)의 주인공 알 켈리(R. Kelly). 2022년 6월, 그는 날개를 잃고 팝 음악 역사상 최악의 범죄자로 전락하고 만다.

마이클 잭슨의 <You Are Not Alone> 등 부드럽고 감명 깊은 다수의 노래를 작곡하고 6천만 장 이상의 앨범 판매고를 올리던 1990년대 R&B 장인 알 켈리는 징역 30년형을 선고받고 여생의 대부분을 감옥에서 보내게 되었다. 그의 죄명은 성폭행, 성매매, 낙태 중절, 미성년 성관계, 아동 포르노 제작/소지, 성병을 숨기고 성관계, 공갈/감금/협박, 성 착취 등 듣기에도 민망한 추잡한 범죄들이다.

알 켈리는 데뷔 후부터 끊임없이 성범죄 논란이 있었다. 1995년 아동 성폭행 혐의, 2002년 포르노 유출 사건 등 늘 연기가 나는 굴뚝이었다. 돈으로 초호화 변호인단을 구성하여 평생 법망을 요리조리 피해 다닌 알 켈리는 결국 꼬리를 밟히게 된다. 그는 자신의 명성과 지위를 이용하여 어린 10대, 20대 가수 지망생들을 성공시켜 주겠다고 꼬드긴 후 성폭행을 일삼고, 심지어 자신의 집에 '딸들'이라고 부르는 미성년자들을 수년간 감금해 성노예로 삼기도 했다. '밀실의 엄마'라고 불린 한 여성이 알 켈리의 범죄를 도와 집 안에서 소녀들의 핸드폰을 압수하고 몸에 딱 달라붙는 타이즈만 입히고 생활하게 하였으며 밥 먹는 시간, 자는 시간, 화장실 가는 시간 등 철저하게 통제했다.

또 다른 유명한 사례는 '알리야' 사건이다. 성숙한 목소리로 어린 나이에 데뷔하자마자 큰 성공을 거둔 R&B 여가수 알리야(Aaliyah)는 그녀를 프로듀싱해주고 데뷔시켜준다는 명목하에 알 켈리한테 지속적으로 추악한 범죄를 당하고 있었다. 어릴 때부터 성폭행하고, 심지어 임신 후 불법 낙태중절 수술까지 한다. 또 자신의 범죄를 숨기기 위해 공무원에게 뇌물을 줘 알리야의 나이를 위조해 혼인신고까지 해버린다(훗날 범죄가 밝혀지며 결혼은 취소되었다).

알 켈리는 철저하게 두 얼굴을 지닌 인간이었다. 방송, 인터뷰, 대중들 앞에서는 자신의 억울함을 눈물로 호소하고 항변하며 자신의 인생을 걸고 싸우고 있다고 말했지만, 실제로는 자신의 범죄에 매우 뻔뻔했으며 심지어 주위에 자랑하고 동영상을 공유했다. 스태프들이 다 보고 있는 투어버스 안에서 성폭행을 자행하기도 했다.

자신의 한 행동들을 '영감'이라는 포장으로 성적인 가사를 썼고, 안무도 성폭행 당시 행위를 묘사하는 등 자신과 피해자만 알 수 있는 은밀한 제스처로 표현해 피해자들에게 트라우마를 남겼다. 총 11명의 피해자가 알 켈리를 고소했으며, 재판 당시 범죄 피해 목격자 증언만 해도 45명에 달했다. 그의 악질적인 범죄는 다큐멘터리로도 제작되어 세상에 알려졌다.

튀자! - 스파이스걸스

1990년대 초중반, 영국의 하트매니지먼트사(Heart Management)는 팝 음악시장이 보이그룹이 지배하고 있으며 여성 팬들이 주요 소비층이라는 점을 파악하고 남성 팬을 타깃으로 하는 걸그룹을 만들 계획을 세운다.

이에 1994년 2월, 일간지 *The Stage*에 걸그룹 오디션 공고를 내어 각지에서 끼 넘치는 400명의 소녀들을 불러 모았다. 높은 경쟁률을 뚫고 1차, 2차 오디션을 거쳐 제리 할리웰(Geri Halliwell), 멜라니 B(Melanie B), 멜라니 C(Melanie C), 엠마 번튼(Emma Bunton), 빅토리아 아담스(Victoria Adams)까지 모두 5명의 멤버가 확정된다.

각자의 개성이 뚜렷하고 강한 성격을 가진 이들은 스파이스걸스(Spice Girls)라는 그룹 이름을 정하고 몇 달간 연습생 생활을 거쳤으며 하루라도 빨리 데뷔하기를 원한다. 당시에는 소속사가 그룹을 키워 음반사에 찾아가 쇼 케이스를 진행해 픽업되는 방식이었다. 여러 차례 성공적인 쇼 케이스를 선보인 스파이스걸스를 원하는 음반사의 제의가 넘쳐났다. 곧 데뷔할 수 있다는 희망을 품은 스파이스걸스는 설레는 마음으로 그날이 오기를 손꼽아 기다린다. 하지만 하트매니지먼트는 금전적인 이유와 더 유리한 계약을 원해 갖가지 핑계를 대며 선택을 미뤘다. 소속사의 시커먼 속셈을 눈치챈 다섯 소녀들은 합심하여 녹음해둔 데모 테이프를 들고 시원하게 튀어버린다.

이때 들고나온 테이프 중 한 곡이 훗날 세상을 강타한 <Wannabe>였다. 직접 다른 소속사와 음반사를 찾아다니던 스파이스걸스는 제작자 사이먼 풀러(Simon Fuller)를 만나 전폭적인 지지를 받으며 버진레코드(Virgin Records)와 계약을 맺는다.

1996년 데뷔곡 <Wannabe>가 세상에 나오자 반응이 뜨거웠다. 신나고 중독성 있는 이 슈퍼 메가 히트곡의 파급력은 실로 대단해서 전 세계 37개국에서 1위를 차지했고 빌보드차트에서는 4주간, UK차트에서는 7주간 1위를 기록했다. 2014년 맨체스터 산업과학박물관(MOSI)에서 가장 캐치한 곡을 찾기 위해 12,000명에게 무작위로 천여 곡을 들려주고 아는 노래가 나오면 버튼을 누르는 실험을 했는데 <Wannabe>가 당당히 1위를 차지했다. 이 곡을 듣고 <Wannabe>임을 알아차리기까지 걸린 평균 시간은 놀랍게도 2.29초였다.

이전의 걸그룹은 모두 똑같은 옷을 입고 주로 메인 보컬을 중심으로 다른 멤버들이 서브 역할을 하는 경우가 많았다. 그러나 스파이스걸스는 이러한 틀을 완전히 탈피하여 다섯 멤버 각각의 개성과 정체성이 뚜렷한 현대의 걸그룹 포맷을 정립하고 후대에 큰 영향을 주었다.

각자의 특징에 따라 진저 스파이스(Ginger Spice), 스케어리 스파이스(Scary Spice), 스포티 스파이스(Sporty Spice), 베이비 스파이스(Baby Spice), 포쉬 스파이스(Posh Spice)(첫 문단에 언급된 순서)로 불렸고, 다섯 명이 보여준 페미니즘적이면서 혁명적인 걸 파워는 어린 소녀들의 마음에 불을 지펴 커다란 팬덤을 형성했다.

스파이스걸스의 활동 기간은 약 5년 정도지만 <Wannabe>를 비롯해 <Say You'll Be There>, <2 Become 1>, <Spice up Your Life>, <Too Much>, <Stop>, <Viva Forever>, <Goodbye> 등 수많은 히트곡을 남겼다. 그들은 댄스음악뿐만 아니라 그루비하면서 서정적인 음악도 잘 소화했는데, 9천만 장에 달하는 판매고를 기록하며 역사상 가장 성공한 걸그룹이 되었다.

여담이지만 축구선수 데이비드 베컴(David Beckham)은 게리 네빌(Gary Nevile)과 TV를 보다가 빅토리아 아담스를 보고 첫눈에 반해 "저 사람과 결혼할 거야"라고 했는데 실제로 이루어졌다.

불 지른다 - 티엘씨

1990년대 팝 걸그룹 중 영국에는 스파이스걸스가 있었다면, 미국에는 티엘씨(TLC)가 있었다. TLC는 다른 걸그룹의 틴 팝이나 걸 팝과는 달리 뉴잭스윙, R&B, 걸스 힙합을 기반으로 인기를 끌었다.

이 흑인 3인조 여성 그룹은 음악이나 패션에서 여성의 당당함을 일깨워주었다. 각 앨범과 곡마다 여성의 주도적인 성적 선택과 권리, 낙태 문제, 피임, 성병 예방 및 에이즈 문제, 외모 지상주의 등을 이야기하며 당시 무너져가던 의식을 재건하려 했다.

패션도 여성의 몸매가 드러나는 의상이 아니라 컬러풀하면서 큰 사이즈의, 사내아이들이 입을 것 같은 옷을 입었다. 특히 멤버 레프트아이(Left Eye)는 알 없는 안경에 콘돔을 끼워 활동했으며 보이시한 매력으로 언제 어디서나 당당한 여성의 행보를 톡톡히 보여주었다.

1집 [Ooooooohhh… on the TLC Tip]이 크게 히트하여 스타가 된 TLC는 2집 발매 직전 큰 사고를 치고 만다. 당시 레프트아이는 애틀란타 팔콘 소속의 미식축구 선수인 안드레 리슨(Andre Rison)과 연인 관계였는데 1994년 6월 9일, 안드레가 파티 후 새벽 늦게 귀가하여 언쟁 도중 격분한 레프트아이는 욕조에 안드레의 신발을 넣고 불을 붙여버린다. 이 불은 순식간에 퍼져 집 전체를 홀라당 다 태워버린다. 레프트아이는 방화 혐의로 체포되어 처벌을 받게 되고 스캔들 메이커라는 이미지를 얻게 된다.

이 사건으로 진짜 말로만 하지 않는 당당함을 증명(?)해서인지, 2집 [CrazySexyCool]은 어마어마한 인기를 끌며 전작보다 훨씬 큰 성공을 거두었다. 물론 음악적으로도 성숙하고 훌륭했다.

그러나 1, 2집의 큰 성공에도 불구하고 소속사와의 불공정한 계약으로 인해 멤버들이 파산하고 건강상의 문제로 5년간의 공백기를 가지게 된다. 그렇게 5년 만에 나온 3집 [FanMail]도 큰 성공을 거둔다.

그런데 4집 [3D]를 발매하기 직전 또 큰 사건이 터지고 만다. 레프트아이가 온두라스에서 휴가를 보내던 중 교통사고로 세상을 떠난 것이다. 새로운 앨범의 발매와 활동에 지장이 생겨 자연스럽게 TLC는 자취를 감추게 되었다.

TLC는 특히 대한민국 음악시장에 큰 영향을 주었다. 1990년대 등장한 한국의 많은 1세대 걸그룹 중 TLC를 모티브로 태어난 그룹이 상당히 많다. 메인 보컬/메인 래퍼/메인 댄서의 포메이션도

TLC를 벤치마킹해 정착되었다. 걸스 힙합 음악, 패션, 사이버틱한 컨셉, 뮤직비디오까지 비슷한 느낌의 가수들이 대거 등장하는 데에는 티엘씨의 영향이 컸다.

추천곡

<No Scrubs>, <Waterfalls>, <Creep>, <Diggin' on You>, <Baby-Baby-Baby> 등

모두 2킬로씩 빼드릴게요 - **아무로 나미에**

아무로 나미에는 1992년, 같은 오키나와 출신의 액터스 스쿨 동기들과 함께 슈퍼몽키즈(Super Monkey's)라는 그룹으로 데뷔했다. 어린 나이에도 불구하고 실력과 스타로서의 자질을 보여준 아무로 나미에는 1995년 솔로 가수로 전향하고 소속사를 AVEX로 옮기면서 본격적인 전성기가 시작된다.

싱글 <Body Feels EXIT>를 시작으로 <Chase the Chance>, <Don't Wanna Cry>, <You're My Sunshine> 등 발매하는 싱글마다 차트 1위를 기록했으며, 대부분 100만 장 이상 판매되는 밀리언셀러를 달성한다. 특히 정규 앨범 [Sweet 19 Blues]는 300만 장 이상 판매되며 가요계의 최정상에 오른다.

이 시기에 아무로 나미에는 음악뿐만 아니라 패션을 비롯해 일거수일투족이 유행한다. 그녀가 입었던 옷과 액세서리, 화장법은 소녀들을 중심으로 급격히 퍼져나갔다. 많은 소녀 팬들이 아무로 나미에의 트레이드마크인 까맣게 태운 피부와 갈색 생머리, 미니 스커트를 따라 입고 검정 통굽 부츠를 신고 다녔으며 가냘픈 몸을 만들기 위해 다이어트를 했다.

실제로 이 시기에 일본 여성들의 평균 몸무게가 2, 3킬로그램 줄었으며 이러한 사회적 파장은 '아무라 현상'이라 불리며 일본 경제학사전에도 등재된다. 통굽을 신고 운전하다가 엑셀과 브레이크 페달 사이에 통굽이 끼어 사고가 많이 발생하자 한 지자체에서는 운전 시 통굽을 금지하기도 했다. 한때 유행했던 갸루(ギャル) 패션도 아무라 현상을 토대로 진화된 것이다.

1996년과 1997년, 최연소 나이로 일본 레코드 대상 그랑프리를 연달아 수상한 아무로 나미에는 1997년 돌연 임신과 결혼을 발표한다. 당대 최고의 스타가 20살의 어린 나이에 속도위반 결혼을 발표한 것은 보수적인 일본 사회에 큰 충격을 던져주었다. 놀라운 것은 결혼 상대가 무려 15살이나 많은 동료 가수인 SAM(마루야마 마사히루)이라는 점이었다. SAM은 같은 AVEX 소속사의 TRF 그룹의 멤버로, 꽃미남이라기보다는 푸근한 인상의 아저씨 같은 이미지였다.

아무로 나미에는 어린 시절 부모님이 이혼해 어머니 손에 자라 어쩌면 아버지 같은 사람에게 끌렸을지도 모른다. 기자회견에서도 SAM은 다정하고 기댈 수 있는 사람이라고 말하며 결혼에 대한 강한 의지를 내보였었다. 아이러니하게도 아무라 현상은 이러한 상황에서도 이어졌으며 결혼 발표 당시 입고 나온 버버리 미니스커트가 완판되고 일본 사회에서 혼전 임신으로 결혼하는 경우가 수치적으로 늘어났다.

아무로 나미에는 아이를 출산하고 화려하게 무대로 복귀했지만 곧바로 슬럼프에 빠지게 된다. 1999년 어머니가 돈 문제로 의붓삼촌에게 살해당해 큰 충격에 빠져 은퇴까지 생각하게 되고 SAM과의 결혼 생활도 순탄치 않아 2002년에 결국 이혼하게 된다.

힘든 상황 속에서도 음악 활동을 이어갔지만 판매량은 계속 떨어졌고 설상가상으로 야심차게 준비했던 미국 진출도 무산된다. 각종 고초 속에서 2007년 발매한 [Play] 앨범과 2008년 <60s 70s 80s> 등을 통해 어느 정도 재기에 성공했고 많은 콘서트와 다른 가수와의 콜라보를 다양하게 이어나간다.

2017년 9월 16일, 공식 홈페이지에 아무로 나미에가 직접 쓴 글이 올라온다. 25주년 감사의 인사와 더불어 1년 뒤인 2018년 9월 16일에 은퇴하겠다고 선언한다. 앞으로 남은 1년 동안 마지막으로 온힘을 다해 활동하겠다고 했는데, 실제로 그녀는 1년 동안 자신의 커리어 최고의 곡들을 담아 베스트 앨범을 냈고, 전국과 해외를 돌며 콘서트를 하고 TV 출연도 많이 했다. 마지막 날인 2018년 9월 15일, 고향인 오키나와로 돌아와 공연을 하고 가수로서의 아무로 나미에의 삶을 마무리했다. 은퇴할 때 내각총리를 지낸 당시 관방장관 스가 요시히데도 아쉽다고 이야기할 정도로 일본 사회 전반에 큰 영향을 미쳤다.

아무로 나미에는 아마 일본 음악사에서 유일무이하게 롱런한 여자 솔로 가수가 아닐까 싶다. 그녀는 그 자체로 하나의 브랜드이자 아이콘이었다.

그 외 추천곡

<Can You Celebrate?>, <Love Story>, <Baby Don't Cry>, <New Look>, <Sweet 19 Blues>, <Hero>, <Want Me, Want Me>, <All for You>, <Body Fells Exit> 등

안녕, 영국의 장미 - 엘튼 존&다이애나 스펜서

다이애나 스펜서(Diana Spencer)는 1981년 영국 왕실의 찰스(Charles III) 왕세자와 결혼해 왕세자비가 되었다. 1996년 이혼하기 전까지 15년간 소박하고 따뜻한 마음씨로 권위 없는 모습을 보여주며 국민에게 큰 사랑을 받았다. 그녀는 평소 봉사와 자선 활동으로 '민중의 왕세자비'라는 별명도 얻었다. 하지만 그녀의 삶은 항상 행복하지만은 않았다. 15년간 이어진 남편과의 힘든 결혼 생활과 왕실과의 갈등으로 지칠 대로 지쳤고 늘 파파라치에게 쫓겨 다니며 힘든 삶을 살았다. 실제로 다이애나는 역사상 가장 많이 사진이 찍힌 여성으로 그 당시 파파라치 사이에서 그녀의 사진이 30억 원이 넘는 금액에 판매되기도 했다.

1997년 8월 31일, 다이애나는 호텔에서 저녁 식사를 마치고 차를 타고 돌아오는 길에 지하차도에서 오토바이를 타고 쫓아오는 파파라치들을 피하려다 기둥에 부딪히는 사고를 당한다. 사고 발생 직후 다이애나는 즉사하지 않고 살아 있었지만 몰려든 파파라치들은 그녀를 구하지 않고 차문을 열어 사진만 찍어댔다. 심지어 중상을 입은 사람의 몸을 움직여 사진이 잘 나오게 위치를 바꿔 사진을 찍어대 이로 인해 구조가 지연되었다. 다이애나는 뒤늦게 응급실로 이송되어 치료를 받았지만 내상이 심해 숨을 거두게 되었다.

엘튼 존과 다이애나는 생전에 자선 사업을 계기로 친해졌으며 오랜 시간 우정을 나눈 막역한 사이였다. 스펜서 가문은 엘튼 존에게 장례식장에서 추모의 노래를 불러달라고 요청한다. 엘튼 존은 급히 버니 토핀에게 전화를 걸어 마릴린 먼로를 추모하기 위해 만든 곡인 <Candle in the Wind>와 같은 곡이 필요하다고 말한다. 그러나 소통의 오류로 토핀은 <Candle in the Wind>를 개사하자는 것으로 이해하고 개사된 가사를 전달한다. 엘튼 존은 시간이 부족한데다 어쩌면 이미 대중에게 잘 알려진 곡이 추모에 더 적합할 수도 있다고 생각해 이를 수긍한다.

의외로 마릴린 먼로와 다이애나 왕세자비의 삶에는 많은 유사점이 있었다. 화면 속에 비친 모습과 언론의 끈질긴 집착, 불우한 결혼 생활, 주변과의 갈등, 심지어 둘 다 36세에 요절한 것까지.

1997년 9월 6일, 전 세계에서 수많은 사람들이 지켜보는 가운데 엘튼 존은 "Goodbye, England's Rose"로 시작되는 가사로 다이애나를 그리워하는 마음을 담아 <Candle in the Wind 1997>을 불렀다. 이 노래는 전 세계인의 마음을 촉촉이 적시며 큰 화제를 일으켰다. 영국의 장미를 잃은 국민의 상실감은 매우 컸고 왕실의 차가운 태도와 그간의 행적에 분노하기 시작한다. 왕실의 지지율은 현격하게 떨어져 왕정을 폐지해야 한다는 말까지 나오며 큰 비난을 받게 된다.

<Candle in the Wind 1997>은 곧이어 싱글로 발매되어 빌보드차트 1위에 14주간 머물렀다. 3,000만 장 이상 판매되어 전체 싱글 판매량 역대 1위를 기록한다. 엘튼 존은 이 곡의 수익금을 전액 다이애나재단에 추모 기금으로 기부했다. 경건하고 보수적인 왕실 장례식에 팝 가수가 노래를 부른 것은 전례 없는 일로 이는 권위적인 형식을 거부했던 다이애나 왕세자비였기에 가능했던 것이다.

DJ, MJ - 김대중&마이클 잭슨

마이클 잭슨은 1996년 10월 'History World Tour' 투어로 처음으로 내한 공연을 가졌다. 마이클 잭슨은 한국이 전 세계 유일한 분단국으로, 자신의 세계 평화에 대한 메시지를 알리기에 가장 적절한 국가라고 생각했다.

그러나 당시 경실련 및 종교계, 시민단체 등 40여 개의 단체가 그의 내한 공연을 극구 반대했다. 아동 성추행 사건으로 논란을 겪은 바 있는 마이클 잭슨의 한국 방문이 국민의 정서를 해치며 적절하지 않다는 이유였다. 1993년 'Dangerous World Tour' 때 한 차례 무산된 전적이 있던 주최 측은 청소년 관람 금지 조건을 타협점으로 공연을 성사시켰다. 이로 인해 6만 명을 수용할 수 있는 잠실 올림픽경기장에는 60% 정도의 인원만 입장해 다소 휑한 느낌이었다.

전 세계 어디서나 빈자리 없이 꽉 찼던 공연장에 비하면 아쉬

웠을 테지만, 마이클 잭슨은 이틀의 공연에서 관중을 열광시키며 엄청난 환호성을 이끌어냈다. 두 번째 공연 날, 크레인을 타며 <Earth Song>을 부르던 중 한 남성 팬이 크레인에 따라 오르는 위험천만한 상황이 벌어졌다. 마이클 잭슨은 그 관객이 떨어지지 않도록 끝까지 부둥켜안고 노래를 불러 프로다운 모습을 보여주었다.

성황리에 공연을 마친 마이클 잭슨은 그로부터 1년 뒤 극비리에 한국을 방문한다. 방한의 목적은 네버랜드아시아와 영화제작소 건립의 후보지인 무주 리조트를 둘러보기 위해서였다. 처음에는 일정도 비공개로 하고 취재진과 일반인의 출입도 막았으나 마이클 잭슨의 존재를 숨기기란 불가능해 결국 도착하는 순간부터 카메라에 포착되고 만다. 그렇게 3박 4일 동안 투자 사업 관련 일정을 보내던 중, 마이클 잭슨은 동행하던 유종근 전북 도지사에게 조용히 한 가지 부탁을 한다. 바로 당시 새정치국민회의 총재인 김대중을 만나고 싶다는 것.

마이클 잭슨은 김대중을 미국 망명 시절부터 알고 있었고 김대중의 세계 평화에 대한 행보에 관심을 가지고 있었다. 유종근은 즉시 만남을 주선하고 방한 마지막 날에 DJ와 MJ는 마주 앉게 된다.

두 사람은 공통 분모였던 세계 평화와 자유, 인권에 대해 환담을 나누었다. MJ은 DJ에게, 대통령이 된다면 향후 판문점에서 북한 어린이를 위한 자선공연을 하고 싶다고 했고, DJ은 MJ에게 '경천애인(敬天愛人, 하늘을 공경하고 사람을 사랑함)'이라는 휘호를 써서 선물했다. 놀랍게도 김대중 총재는 15대 대한민국 대통령이 되어 1998년 2월 취임식을 가졌다.

정부에서 공식적으로 마이클 잭슨을 초청했다고 밝혔지만 국민들은 이전의 만남이 단순한 퍼포먼스가 아니냐며 설마했다. 그러나 마이클 잭슨은 다른 스케줄을 제쳐두고 전세기를 타고 한국에 들어왔다. 취임식에서 둘은 뜨겁게 포옹하는 장면을 보여주었고 다음 날에는 따로 접견실에서 만나 둘 사이가 얼마나 친밀하고 돈독한지 보여주었다.

1999년, 김대중 대통령과 약속했던 판문점은 아니었지만 서울에서 「마이클 잭슨과 그의 친구들」 자선공연을 개최했다. 마이클 잭슨을 비롯하여 보이즈투멘, 머라이어 캐리 등이 함께 공연에 참가했다.

공연 당시 마이클 잭슨은 한국이 통일되면 그때 반드시 공연을 하겠다고 약속했다. 하지만 그 약속은 지켜지지 못하고 2009년 마이클 잭슨은 심장마비로 사망한다. 김대중 대통령은 개인적으로 우정을 나누었던 좋은 친구를 잃어 슬프다며 애도를 표했다. 그리고 안타깝게도 두 달 뒤에 김대중 대통령도 세상을 떠나게 된다.

세계 평화를 위해 함께 애쓰던 두 친구는 같은 해에 같은 길을 떠났다.

최악의 디스전 - 투팍&비기

동부와 서부의 힙합이 발전하면서 힙합 시장의 위상은 커져갔다. 비록 힙합이 동부에서 시작되었지만 서부 힙합이 더 상업적으로 성공하고 있었다. N.W.A를 시작으로 스눕 독(Snoop Dogg), 사이프러스 힐(Cypress Hill), 투팍(2PAC) 등 많은 아티스트들이 큰 성공을 거두고 있었고 동부 아티스트들 역시 훌륭했으나 약간은 밀리는 형국이었다.

자존심이 상한 동부 쪽에서 시기와 질투를 표현하기 시작했다. 모두가 모이는 시상식 같은 자리에서 양측은 서로에게 비난을 가하는 등 좋은 관계를 형성되지 못했다. 특히 동부 출신의 래퍼 팀 도그(Tim Dogg)가 1991년 <Fuck Compton>이라는 디스 곡을 발매하면서 컴프턴 출신의 N.W.A 전원과 서부 힙합 전체를 비난하면서 이로 인해 동·서부의 갈등이 본격적으로 시작된다.

실제로 갱단과 밀접한 관계가 있던 양측은 서로 죽이겠다는 살해 협박이 만연해 서로의 지역에 발길도 주지 않았다. 당대 최고의 래퍼로 칭송받던 서부의 투팍과 동부의 노토리어스 B.I.G(The Notorious B.I.G., 일명 비기) 두 래퍼 사이에 자연스럽게 라이벌 구도가 형성된다.

1994년 11월 30일 새벽, 투팍은 녹음을 위해 오랜만에 뉴욕 맨해튼의 녹음실을 찾는다. 스튜디오가 있는 건물에 도착한 투팍은 엘리베이터를 기다리던 중에 괴한 세 명이 총을 겨누며 금품을 갈취해간다. 반항하던 투팍은 그 자리에서 다섯 발의 총알을 맞게 된다.

부상을 당한 몸을 이끌고 겨우 스튜디오로 올라간 투팍은 비기와 퍼프 대디(Puff Daddy)를 만나지만 그들은 시큰둥한 반응을 보인다. 사람이 총을 맞아 피를 흘리며 나타나면 놀라서 무슨 일이냐고 물어볼 법도 한데 이들은 마치 모든 것을 다 알고 있다는 듯 '어째서 얘가 아직 살아 있지?'라는 눈빛이었다고 한다. 게다가 강도들은 반지와 팔찌는 훔쳐갔지만 고가였던 시계는 빼앗지 않는 어설픈 모습까지 보였다.

투팍은 곰곰이 생각해보았다. 아무래도 단순한 강도 사건이 아니라 자신의 목숨을 노린 위장된 사건처럼 보였고 그 배후에 동부 래퍼들이 있다고 의심한다. 소문은 점차 번져가자 비기와 퍼프 대디는 자신들은 상관없는 일이라고 부인했다.

그러던 중 1995년, 비기의 신곡 <Who Shot Ya?>(누가 쐈을까?)라는 의미심장한 곡을 발표해 다시 불을 지피게 된다. 비기는 마약상에 관한 곡이라 해명했지만 투팍은 이를 듣고 비기가 범인이라는 확신을 갖게 된다. 이에 투팍은 1996년 맞디스 곡인 <Hit ‘Em Up>을 발표해 큰 충격을 준다.

역대 최고의 디스 곡으로 꼽히는 이 곡은 비기와 퍼프 대디의 배드보이레코즈(Bad Boy Records), 맙 딥(Mobb Deep)뿐만 아니라 동부 힙합 전체를 디스한다. 실명을 언급하며 당사자들뿐 아니라 가족까지 모두 죽이겠다는 살벌한 가사로 갈등은 최고조에 이르게 된다. 이에 비기는 다시 제이지(Jay-Z)의 곡 <Brooklyn’s Finest>에서 이를 맞받아친다.

1996년 9월 7일, 투팍은 데쓰로우레코즈(Death Row Records)의 수장 슈그 나이트(Suge Knight)와 라스베이거스의 한 호텔에서 마이크 타이슨의 경기를 관람한 후 호텔 차를 타고 이동하던 중 신호에 걸려 정차하게 되었고 왼쪽 편 차에서 여성들이 팬이라며 차창을 열고 말을 건넨다. 대화 중 오른쪽 편으로 다른 차량이 정차했고 그 차에서 수십 발의 총알을 난사된다. 네 발을 맞은 투팍은 병원으로 이송되었으나 혼수상태에 빠져 있다가 9월 13일 사망한다. 이에 갈등 관계가 있던 비기가 사주해 투팍을 살해했다는 소문이 돌기 시작하고, 여러 명의 용의자가 수사망에 올랐지만 미제 사건으로 남게 된다.

1997년 2월부터 비기는 곧 발매할 2집 앨범 [Life after Death]의 홍보와 수록곡들의 뮤직비디오 촬영, 시상식 등의 행사로 인해 한동안 캘리포니아와 LA에 머무른다.

1997년 3월 9일 새벽, 행사를 마친 비기는 숙소로 돌아가던 중 신호에 걸려 정차했다. 비기의 차 옆으로 한 차량이 다가와 창문이 열리더니 총격을 가했다. 네 발의 총탄을 맞은 비기는 병원으로 이송되었으나 사망하고 만다. 투팍이 사망한 지 6개월 만에 똑같은 방법으로 살해된 것이다. 이 사건 역시 많은 사람들이 얽히고 특이점이 많았지만 결국 투팍 살해 사건과 마찬가지로 미제 사건으로 남게 된다.

동·서부 두 진영은 각자를 대표하는 전설들을 잃고 나서 큰 깨달음을 얻게 된다. 조금씩 천천히 교류하며 관계를 회복하고 협업도 하며 서로 선 넘는 도발을 하지 않는 무언의 문화가 형성된다. 천재적인 아티스트 둘의 비극적인 죽음은 모두에게 상처만 남겨 다시는 흡사한 일이 재발되어선 안 된다는 각성을 하게 만들었다.

그 외 추천곡

투팍 : <California Love>, <Do for Love>, <Life Goes on>, <Changes>, <All Eyez on Me>, <Drea Mama 등

노트리어스 B.I.G : <BIg Poppa>, <Hypnotize>, <Juicy>, <Gimme the Loot>, <Mo Money Mo Problems> 등

잡힌 발목을 뿌리치기 위한 노력들 - 라디오헤드

토킹헤즈의 곡에서 이름을 따온 밴드 라디오헤드(Radiohead)는 1993년 데뷔 앨범 [Pablo Honey]를 발매한다. 초기에는 큰 주목을 받지 못했지만 수록곡 <Creep>이 이스라엘의 한 방송사 라디오에서 인기를 끌기 시작해 유럽과 미국으로 퍼지며 점차 인지도를 쌓았다. 특히 미국에서 큰 인기를 얻었는데 곡 자체에서 풍기는 우울감과 수려한 멜로디, 찢어지는 상징적인 디스토션 소리(소속사가 <Creep>을 타이틀곡으로 선정한 것에 대한 불만으로 일부러 더 강하게 넣음), 한 여성을 갈망하는 한 찌질한 남자의 감성에 대한 표현이 당시 세대의 위안과 공감을 얻는 데 성공한다.

빌보드차트 상위권에 오르며 라디오헤드는 이 곡 하나로 2년 동안 수백 번의 세계 투어를 진행할 수 있게 되었다. 하지만 이로 인해 '라디오헤드 = Creep'이라는 공식이 생겨난다. 사람들은 오직 <Creep>만 불러주길 원했고 다른 곡에는 관심조차 없었다. <Creep> 덕분에 스타가 되었지만 어쩌면 독이 든 성배와 같았다.

<Creep>의 대성공에 대한 부담감을 안고 1995년에 발매된 2집 [The Bends]는 우울한 서정성이 살아 있는 기타 사운드를 중점으로 한 상당한 완성도가 있는 명반으로, 소포모어 징크스를 깬 앨범으로 평가받는다. 브릿팝이 판을 치던 시대에 라디오헤드만의 독자적인 길을 걸어 나갔으며, U2의 보노는 이 앨범을 "집에 불이 나면 들고 나와야 할 앨범"이라고 꼽기도 했다.

2년 뒤인 1997년에는 최고의 아트록 명반으로 평가받는 3집 [OK Computer]가 발매된다. 이 앨범은 1990년대 최고의 명반 중 하나로 꼽히며, 이전과 확연히 다른 음악을 선보이고 싶었던 라디오헤드는 컴퓨터를 이용한 전자음악을 도입해 기타에 뿌리를 둔 축축하면서 멜랑콜리한 전위적인 감성을 잘 보여주었다. 보컬 톰 요크(Thom Yorke)는 철학적이고 우주론적인 서적을 섭렵해 가사로 현실의 자본주의화된 사회의 부패와 디스토피아를 꼬집었다. 실험적이면서도 팝적인 요소를 충분히 담아 대중성과 비평성을 모두 사로잡았고, 그래미 수상도 이루어낸다.

2장의 명반을 연달아 발표하며 성공했지만 사람들은 여전히 <Creep>을 불러주길 원했고 심지어 <Creep>만 듣고 공연장을 떠나는 일도 자주 목격되었다. 팬들은 변화해가는 음악을 인정해주면서도 <Creep>과 유사한 곡이 없냐고 묻곤 했는데 라디오헤드는 이에 싫증을 넘어 염증까지 느낀다. 인터뷰도 <Creep>에 대한 질문을 하지 않는 조건으로 응했고, 결국 1998년 이후 콘서트 셋리스트에서 <Creep>을 빼버리고, 2009년 이후 7년 넘게 부르지 않다가 2016년에 와서야 다시 불렀다(2012년 내한 공연 당시에도 아쉽게도 듣지 못했다).

끊임없이 변화를 원하던 라디오헤드는 2000년에 4집 [Kid A]를 발매하며 전 세계에 커다란 충격의 폭탄을 던졌다. 이 앨범은 밴드의 공식과 문법을 모두 파괴하는 실험정신을 보여주었다. 기존의 기타와 드럼 대신 전자악기인 옹드 마르트노와 공간감을 줄 수 있는 앰비언트 장비를 사용해 차가운 전자음 주파수에 갇힌 듯한 기분을 느끼게 했다. 프로그래밍된 전자 비트에 오케스트라적인 웅장함이 더해졌고, 톰 요크의 목소리는 보컬인지 악기인지 구분이 잘 안 될 정도였다. 록밴드를 뛰어넘어 일렉트로닉 밴드로 융화돼 버렸다.

이 난해하고 어려운 음악의 평가는 극과 극으로 갈라졌다. 너무 다른 괴리감 때문에 기존의 라디오헤드 사운드를 좋아하던 팬들이 많이 떠나기도 했다. 하지만 이 앨범도 빌보드차트, UK차트 1위는 물론 그래미를 수상하며 수많은 출판사가 선정하는 2000년대 최고의 앨범으로 꼽히기도 한다. 그 후 [Kid A]의 B 사이드 곡들을 모은 앨범 [Amnesiac](일명 Kid B)과 다시 록 스타일이 강조된 [Hail to the Thief]를 발매하며 꾸준한 인기를 유지했다.

2007년 독립 레이블에서 발매한 [In Rainbows]는 미래의 스트리밍 시대를 예견이라도 한 듯 인터넷으로 음원을 다운로드할 수 있게 했다. 원하는 만큼의 돈을 내고 다운로드받을 수 있었지만 대부분 0원을 내고 무료로 다운받았다(이 방법은 이미 스매싱펌킨스가 2000년에 발매한 [Machina II/The Friends & Enemies of Modern Music]에서 선보인 적 있다).

라디오헤드는 자신들이 닦아놓은 길에 큰 음악적 소스를 뿌려놓아 많은 후배 밴드들이 따라오게 했지만, 정작 자신들은 그 길을 탈피하고 새로운 옆길을 뚫어나가길 반복했다. 인간의 내면 감성을 잘 표현할 줄 알며 우주광적인 외부 세계에 대한 실험적인 표현도 잘 했던 이 진보적인 밴드는 그야말로 전설이 아닐 수 없다. 이러한 행보는 어쩌면 불붙은 <Creep>의 심지를 끄기 위해 고군분투한 결과가 아니었을까?

그 외 추천곡

<No Surprises>, <High and Dry>, <Fake Plastic Trees>, <Karma Police>, <Paranoid Android>, <Just>, <My Iron Lung> 등

화장실 변태 - **조지 마이클**

왬!으로서, 솔로 아티스트로서 당대 팝 시장의 대표 아이콘이 된 조지 마이클은 늘 동성애자가 아니냐는 소문이 돌았다. 대외적으론 수많은 여성 스타들과 염문설이 끊이질 않았고 공식적으로 여자 친구가 존재한 적도 있었다. 하지만 뭔가 외형적으로나 음악적으로 은은하게 동성애자의 향이 뿜어져 나왔고 컬처클럽의 보이 조지가 인터뷰에서 조지 마이클은 게이가 맞다며 떠벌리고 다니곤 했다.

1998년 4월, 조지 마이클은 캘리포니아 베벌리힐즈의 한 공원에서 잘생긴 남자에게 유혹을 당한다. 남자는 조지를 공중화장실로 데리고 가 서로의 성기를 보여주며 은밀하게 즐길 것을 요구했고 조지는 욕정을 참지 못해 정신줄 놓고 따르게 된다. 순간 남자는 돌변해 자신이 경찰임을 밝히고 조지를 공연음란죄로 체포한다. 알고 보니 그는 항간의 화제였던 조지의 정체성을 밝히기 위해 의

도적으로 사복을 입고 접근해 함정수사를 펼친 것이었다. 체포된 조지는 만천하에 공식적으로 아웃팅당하고 당대 섹스심벌의 이미지에서 멍청한 변태로 추락한다.

이전에는 자신의 정체성을 언급하지 않았던 조지가 이 사건을 겪은 후 동성애자임을 고백하고 오히려 LGBT 운동가이자 에이즈 자선기금 모금 활동가로 활동한다. 조지는 얼마 지나지 않아 <Outside>(1998)라는 곡에서 화장실 사건을 풍자한 뮤직비디오를 공개한다. 경찰복을 입은 인물들이 화장실에서 사랑을 나누는 장면을 담은 영상을 본 당시 사건의 경찰은, 자신을 저격했다며 조지 마이클에게 1,000만 달러의 소송을 제기한다.

그 후 동성 연인과의 결혼까지 발표한 조지는 성적으로 한 번 더 곤욕을 치른다. 2008년 어느 날 새벽 3시, 런던 헴스테드의 한 공원에서 조지는 한 남성과 밀회를 즐기는 장면이 파파라치에 찍혔다는 소문이 돈다. 이에 조지는 "그런 일은 절대 없다. 만약 있더라도 사진을 공개하면 고소하겠다"라며 뭔가 이중적인 답변을 내놓았다.

최악의 콘서트 - 우드스탁 1999

1969년 우드스탁 페스티벌 이후 마이클 랭은 25주년을 기념하여 1994년 우드스탁을 개최했다. 메탈리카, 에어로스미스, 크랜베리스, 그린데이 등이 참가해 우드스탁의 의미를 되새기며 좋은 평가를 받았지만 흥행에 비해 경제적인 수익은 기대에 미치지 못했다. 5년 후, 랭은 90년대에 빈번하게 일어난 총기 사고들로 혼란스러운 사회에 히피 정신을 다시 심어주길 원했다. 메트로폴리탄 엔터테인먼트사의 CEO 존 셰어와 손잡고 30년 전의 기억을 재현하기 위해 우드스탁 99를 기획한다.

1994년도의 우드스탁이 헌정 공연의 느낌이었다면 '우드스탁 99'는 우드스탁의 부활을 알리는 신호탄으로 계획되었다. 물론 좋은 의미를 앞세운 공연이었지만 이들에게 가장 중요한 요소는 경제적인 수익이었다.

공연 장소를 물색하던 둘은 뉴욕주 롬에 있는 폐 공군기지를 발견한다. 활주로로 사용되던 넓은 부지와 주거시설, 보안시설, 인근의 병원, 소방서까지 있어 새로운 시설을 구축할 필요가 없어 아주 제격이었다. 롬시와 협약을 맺고 개최를 확정한 주최 측은 당시 최고의 밴드였던 레이지어게인스트더머신, 콘, 림프비즈킷, 레드핫칠리페퍼스, 키드록, 오프스프링 등을 섭외한다. 그 과정에서 '사랑과 평화'의 취지였던 우드스탁의 본질적인 음악과는 맞지 않는다는 의견도 있었지만 흥행을 위해 당시 유행하던 누메탈 밴드들을 대거 섭외한다.

누메탈이 어떤 음악인가. 히피의 플라워 정신을 부드럽게 일깨워줄 소프트 록과는 거리가 먼, 상당히 공격적이고 광적인 음악이다. 마이클 랭과 존 셰어를 비롯한 나이 많은 대표격 주최자들은 어떤 음악을 하는지도 사실 잘 몰랐다고 한다.

콘서트는 1999년 7월 23일부터 25일까지 개최되었고, 3일간 25만 명 이상의 유료 관객들이 몰려들었다. 대부분이 혈기 왕성한 10대~20대의 젊은 층이었다. 시작에 앞서 평화를 상징하는 티베트 승려를 초청해 기도를 드리고 축제의 시작을 알리는 샴페인을 티셔츠에 싸서 깨뜨리는 퍼포먼스를 했는데 10여 차례를 때려도 깨지지 않았다. 어찌 보면 역대 최악의 콘서트로 꼽힐 복선을 암시한 것이었다.

우드스탁 99는 상당히 많은 문제점이 지적되었다. 폐쇄된 공간에 입장시키며 물과 음식물 반입을 금지시키고 내부에서 판매하는 음식물만 제공했다. 당시 시중에서 물 한 병에 60센트였는데 우드스탁 99에서는 4달러로 시작하여 나중에는 공급량이 부족해 12~16달러까지 올라갔다. 한여름에 콘크리트 땡볕에서 진행되었음에도 불구하고 주최 측에서는 그늘막을 준비하지 않았고, 관객 수에 비해 간이화장실도 부족했으며, 수돗물도 부족해 사용하려면 기본 30분씩 줄을 서야 했다. 수 톤에 달하는 쓰레기들이 계속 발생해도 수거업체가 수거해가는 양은 턱없이 부족했다.

이 모든 것은 돈만을 목적으로 한 주최 측의 예산 삭감으로 인해 발생한 문제들이었다. 25만 명이라는 엄청난 숫자가 참여한 콘서트에서 가장 중요한 것은 안전이었지만 주최 측은 신경조차 쓰지 않았다. 참가자들은 사실상 3일 동안 모든 것이 용인되고 마음대로 할 수 있는 무법지대에 입장한 셈이었다.

마약 백팩을 메고 다니며 판매가 이루어졌고 이곳저곳에 많은 사람들이 술과 마약에 취한 채 쓰러져 있었다. 혈기왕성한 남성들끼리 서로 시비를 걸고 폭력을 행사하고 여성들은 성추행과 성폭행을 당했다. 우드스탁 69에서 추구하던 평화스러운 분위기와는 정말 극악 반대의 경향이었다. 어디서 잘못 배워온 히피 정신이랍시고 옷을 다 벗고 나체로 돌아다녔으며 유로 생중계를 촬영하던 방송국은 판매를 위해 더 선정적이고 야한 장면들로 가득 채웠다.

'사랑과 평화'가 결국 자본이라는 것을 깨달은 참가자들은 하루, 이틀이 지나자 주최 측의 부당한 대우와 조치에 항의하기 시작했다. 공연 중에는 무대 위로 쓰레기를 던지며 예술작품이 그려진 합판을 부쉈고, 스태프들에게 돌을 던지기도 했다. 그들의 분노는 멈추지 않았고 큰 사고가 나는 건 시간문제였다.

누메탈 밴드들은 더 자극적인 퍼포먼스로 사람들의 심리를 건드려 분노를 표출하게 만들었으며 그 현장은 마치 전쟁터를 연상케 했다. 수도시설의 파이프라인을 모조리 박살내고 간이화장실도 망가뜨려 똥물의 파티가 되었는데도 거길 뛰어 들어가 수영하고 그 물을 마시는 등 엉망진창이 되었다. 축제가 끝난 후 뉴욕에서 구강염이 유행할 정도였다.

바리케이드를 다 무너뜨리고 넘어와 음향 탑에 수십 명이 올라가 설비를 부수고, 결국 일부 스태프들은 생명의 위협을 느껴 도주하고 만다. 이 행사에는 '평화순찰대'라는 이름의 안전요원들이 있었지만 전문적인 업체가 아니라 알바 형식의 지원자들을 받아 구성되었다. 비실비실한 평화순찰대를 무서워하는 사람은 아무도 없었으니 관객들을 제재하는 건 이미 불가능한 일이었다. 폭염으로 수백, 수천 명이 열사병으로 쓰러지는데도 구급차 역시 형편없이 부족했다. 또 음식물이 부패돼 악취가 공연장 전체를 뒤덮었다.

우드스탁 99는 참가자들을 위한 축제가 아니라 오직 돈을 벌기 위한 주최자의 축제였다. 많은 사건과 사고가 끊임없이 발생되었지만 주최 측은 매일 있던 기자회견에서 아주 평화롭게 잘 진행되고 있다고 거짓말을 했다.

3일째가 되던 날, 많은 사람들이 피로와 짜증을 느끼며 먼저 떠났음에도 여전히 많은 관객이 공연장에 남아 있었다. 그들이 끝까지 남아 있는 이유는 공식적인 마지막 무대인 레드핫칠리페퍼스 후에 히든 무대가 준비되어 있다는 소문 때문이었다. 소문에 따르면 마이클 잭슨, 프린스, 건즈앤로지스, 그레이트풀데드 중 한 팀이 출연할 것이라는 얘기가 돌았고 스태프들 사이에서도 정확히 알고 있는 사람은 없었으며 답을 아는 사람은 마이클 랭과 존 셰어 두 명뿐이었다.

그리고 마지막 날 주최 측은 깜짝 이벤트로 10만 개의 초를 나눠주어 감성적으로 콘서트를 마무리하려 했다. 그러나 소방당국의 승인을 받지 않은 상황이었고 화가 치밀어 폭발 직전의 관객들에게 불을 쥐어준다는 건 크나큰 실수였다. 감동적인 연출을 원했겠지만 관객들이 보여준 건 지옥의 불기둥이었다. 쓰레기에 불을 붙이기 시작해 점점 확산되어 이곳저곳에서 가스 폭발 사고가 발생한다. 하필 그때 무대에서는 레드핫칠리페퍼스가 지미 헨드릭스의 <FIRE>를 헌정 연주하고 있었다.

물론 모두가 은연중에 기대한 히든 무대는 실제로는 존재하지 않았고 그냥 영상으로 대충 마무리해버렸다. 마지막까지 통수를 맞은 관객들은 분노에 휩싸여 모든 물건을 남김없이 부쉈다. 결국 뉴욕 경찰이 출동하여 상황을 진압했지만 이 콘서트는 역대 최악의 사건으로 길이 남게 되었다.

1999년 최고의 음반 속 한국 노래 -

레이지어게인스트더머신

『롤링스톤』지와 『타임』지에서 1999년 최고의 음반으로 선정된 레이지어게인스트더머신(Rage Against the Machine)의 3집 앨범 [The Battle of Los Angeles]가 발매되었을 당시, 한국의 음악 팬들은 깜짝 놀라게 된다. 5번째 트랙인 <Sleep Now in the Fire>의 마지막 부분에 작은 소리로 한국어가 들렸던 것이다.

자세히 들어보면 엄정화의 <Poison> 곡의 일부가 포함되어 있었고 이는 녹음 당시 기타리스트 톰 모렐로(Tom Morello)의 앰프로 한인 지역방송 라디오가 잡혀서 함께 녹음되었기 때문이다. 멤버들은 이 우연히 섞인 사운드가 생각보다 괜찮다고 느껴 그대로 두었다고 한다. 곡을 자세히 들어보면 "여보세요?"라는 말도 들리는데, 신기하면서도 재미있는 해프닝이 벌어진 것이다.

R.A.T.M은 1992년에 데뷔한, 누메탈이 유행하기 이전부터 랩메탈을 선보인 원조 격의 미국 밴드이다. R.A.T.M의 가장 큰 특징은 너무나도 확고한 정치색을 가진 좌파 밴드라는 점이다. 예전부터 사회적 메시지를 전달하며 정치적 견해를 표현한 뮤지션들이 많았지만 R.A.T.M은 그중에서도 단연 가장 짙은 색을 띠고 있다.

톰 모렐로의 강렬한 기타 사운드와 보컬 잭 데 라 로차(Zack de La Rocha)의 폭포수처럼 쏟아지는 사회 비판적인 랩핑은 대중은 물론 평단에서도 크게 인정을 받는다. 제2의 지미 헨드릭스라고 불리는 톰 모렐로의 기타 소리는 이펙터를 이용해 창조적인 소리를 만들어내며 기타 소리인지 의심스러울 정도로 독창적이다.

R.A.T.M은 록/메탈과 힙합의 경계를 넘어 두루두루 큰 사랑을 받는 밴드이다. 톰 모렐로는 하버드 대학교에서 사회학을 전공할 만큼 지적인 인물로 졸업 후 지역구 의원 사무실에서 일하다가 현실의 더러움을 몸소 느꼈다고 한다. 그의 큰할아버지는 케냐의 초대 대통령이었으며 정치적인 성향의 부모님 밑에서 자라면서 그의 사상은 자연스럽게 체화되었다.

R.A.T.M의 정치적 목소리는 매우 다양한 분야에서 울려 퍼진다. 반정부주의와 반자본주의를 바탕으로 미국을 '악의 제국'이라고 표현하고, 파렴치한 기업들을 손가락질하며 불매운동도 서슴지 않는다. 한국의 기타 회사 Cort사의 부당해고된 노동자를 대변한 적도 있으며 인종차별주의, 미국의 사회적 시스템 등 핍박받는 모든 이들의 확성기가 되어준다. "정치를 하기 위해 밴드를 한다"는

말이 있을 정도로 혁명적이고 급진적인 이들의 외침은 실제로 큰 파급력을 갖고 있다.

한 가지 더 흥미로운 사실은 <Sleep Now in the Fire>의 뮤직비디오의 한 장면에 "Donald. J. Trump for President(도널드 트럼프를 대통령으로)"라는 팻말이 등장하는데, 이는 실제로 17년 뒤에 현실이 되었다.

그 외 추천곡

<Killing In the Name>, <Take the Power Back>, <Bombtrack>, <Wake up>, <Know Your Enemy>, <Bulls on Parade> <Guerrilla Radio> 등

9999버그 폭발사고 - **다프트펑크**

프랑스 파리의 한 고등학교를 다니던 기마뉘엘 드 오맹 크리스토(Guy-Manuel de Homem-Christo)와 토마 방갈테르(Thomas Bangalter)는 서로 좋아하는 음악과 영화의 취향이 비슷해서 금세 친해진다.

그들은 같이 음악을 해보자고 의기투합하고 기타리스트 로랑 블랑코비츠(Laurent Brancowitz, 향후 Phoenix의 기타리스트)를 영입하여 'Darlin'이라는 록밴드를 결성한다. 밴드명은 평소 좋아하던 비치보이스의 명곡인 <Darlin>에서 따왔다. 그러나 그들의 기대와는 달리 영국의 한 주간지는 "Daft punky thrash"(허접한 펑크 쓰레기다)라며 혹평했다. 멤버들은 상처받기보다는 오히려 "ㅋㅋㅋ 이 표현 재밌는데?"라고 생각했다고 한다.

밴드는 결국 해체하고 기마뉘엘과 토마스는 더 이상 저물어가는 록에 몰두하기보다는 새롭게 유행하던 EDM 음악에 매료되어 전 세계 클럽을 쉴새없이 누비는 새로운 도전을 꿈꾼다. 이들은 진정으로 자신들이 해야 할 음악이 전자음악임을 깨닫고 저렴한 신디사이저와 샘플러를 구매하여 틈틈이 곡 작업을 한다. 새로운 팀명이 필요한 그들은 한바탕 욕먹었던 'Daft punky thrash'라는 단어가 자신들 음악에 딱 맞다고 생각하여 다프트펑크(Daft Punk)로 정한다.

파티에서 만나게 된 레코드사 사장인 스튜어트 맥밀란(Stuart McMillan)을 통해 <The New Wave>와 <Da Funk>를 싱글로 발매했는데 빌보드차트 상위권에 안착하고 클럽음악 씬에서 어마어마한 관심을 받았다. 그들은 이후 본격적으로 소속사와 매니저를 구해 음악 활동을 시작하는데 고가의 전문적인 장비를 사용하지 않고 기존에 쓰던 장비로 집 안에 박혀서 1집을 만들어냈다. 1997년에 발매한 [Homework]라는 이름을 가진 앨범은 대중으로부터 큰 사랑을 받는다. 그리고 2집 작업을 하던 중에 놀랄 만한 큰 사고가 일어난다.

1999년 9월 9일 오전 9시 9분에 레코딩 중 '9999버그'가 걸려 샘플러가 터져 큰 폭발이 일어났고 수술 후 정신을 차려보니 둘은 로봇이 되어 있었다. …뭐…그렇단다…. 아무튼 그들은 본래 부끄러움이 많아 인터뷰할 때 뒤를 돌아 뒤통수를 보여주거나 얼굴에 봉투를 뒤집어쓰기도 했었다. 또한 자신들의 사생활 보호와 음악에 좀 더 몰입시키고 싶어서라는 이유도 있었다.

이 '로봇들'은 2000년대로 넘어와 일렉트로닉 음악을 양지로 끌어울려 세계적인 유행을 선도하는 주역 중 하나가 된다. 총 4장의 정규 앨범을 발매하고 영화음악도 만들고 다양한 뮤지션들과의 협업도 이어나가며 다방면으로 활동한다. 카니예 웨스트, 퍼렐 윌리엄스, 더위켄드 등 누구든 다프트펑크와의 협업을 하면 트렌디한 음악으로 성공을 거두었으므로 뮤지션들 사이에서 다프트펑크는 보증수표와 같은 존재였다.

두 로봇은 결국 2014년 그래미에서 올해의 앨범상과 올해의 레코드상을 비롯해 총 5관왕을 휩쓰는 쾌거를 이룬다. 여담으로, 2010년 남아공 월드컵 때에는 자신들이 어린 시절 좋아하던 「스타워즈」의 전설적인 로봇들과 같은 동급의 로봇(?)으로 출연하는 광고를 찍으며 자신들이 진짜 대중문화의 일부가 될 만큼 성공했다고 느꼈다고 한다.

2021년 2월 22일, 다프트펑크 공식 채널에 'Epilogue'라는 동영상이 하나 올라온다. 팬들은 오랜만의 복귀작인가 기대했지만 영상의 내용은 정반대였다. 두 로봇은 허허벌판을 같이 걸어가다 회색 로봇(토마)이 멈추고 황금 로봇(기마뉘엘)은 말없이 쳐다본다.

로봇이 힘들고 지쳤던 것일까? 눈은 보이지 않았지만 헬멧 안으로 뭔가 슬픔이 느껴진다. 회색 로봇은 뒤로 돌아 등에 있는 버튼을 황금 로봇이 작동시켜주고 멀리 물러난다. 카운트다운 후 회색 로봇은 폭발하고 황금 로봇은 혼자 석양이 넘어가는 길을 저벅저벅 걸어가며 다프트펑크의 활동 연혁이 적혀 있는 화면을 보여준다.

후에 인터뷰를 통해 해체가 맞다고 인정했다. 해체의 이유는 복합적이지만 핵심은 둘의 음악적 관심에 차이가 생겼고 앞으로의 부담감 때문이라고 밝혔다. 상당히 다프트펑크스러운 은퇴 선언이었다. 두 로봇은 많은 사람들의 박수를 받으며 영원히 떠나고 만 것이다.

그 외 추천곡

<I Feel It Coming>, <Get Lucky>, <Starboy>, <Something about Us>, <One More Time>, <Harder Better Faster Stronger>, <Istant Crush>, <Digital Love> 등

사탄교 목사 - **마릴린맨슨**

섹스심벌 마릴린 먼로(Marilyn Monroe)의 아름다움과 살인마 찰스 맨슨(Charles Manson)의 추악함을 합쳐 인간의 양면성을 보여주기 위해 만든 이름, 마릴린맨슨은 음악사에서 가장 기괴한 인물이자 동일시되는 밴드이다(다른 멤버들의 이름도 여성과 살인마의 조합으로 만들었다).

마릴린맨슨은 록의 기본 악기들에 전자음악 기기의 소리를 접목하고, 심지어 산업 현장의 기계음이나 소음까지 차용한, 다소 생소한 장르인 인더스트리얼 록을 하는 밴드이다. 그들은 외모, 음악, 뮤직비디오, 사상, 패션, 퍼포먼스 등 모든 것이 기괴하고 충격적이어서 '쇼크 록'이라 불리기도 한다. 하얗게 칠한 얼굴에 무대 위에서 가터벨트와 가죽 속옷을 착용하고 피를 뚝뚝 흘리며 자해하거나 옷을 벗고 성행위를 묘사하는 퍼포먼스는 충격과 혐오감을 주기도 한다.

그들은 나름의 철학과 세계관으로 마약, 폭력 찬양, 종교적 가십, 악마주의 같은 반사회적·반국가적인 내용을 음악으로 다루었다. 기성사회를 신랄하게 비판하는데 표현 방법이 너무 자극적이고 극단적이어서 정부와 사회단체들로부터 질타를 받았다. 실제로 장관과 의원들이 맨슨과 소속사에 청문회를 열 정도로 논란의 중심에 있었다.

특히 1996년에 발매한 2집 [Antichrist Superstar]는 전 세계 기독교인들에게 광역 디스를 선사해 그들의 안티가 되는 결정적인 역할을 했다. 앨범명은 유명 뮤지컬 「Jesus Christ Superstar」를 비꼬며 패러디했는데, 웜보이라는 인물이 적그리스도가 되어 세상을 종말시킨다는 디스토피아적인 록 오페라 컨셉 앨범이다.

노이즈가 득시글한 지저분한 사운드, 여기에 맨슨의 스크리밍과 곡 구성은 평단의 좋은 평을 받았고 상업적으로도 크게 성공한다. 하지만 무대 위에서 성경을 찢거나 불태우고 십자가를 부수고 욕설을 가득 담아버리는 행보는 기독교인들의 분노를 극에 달하게 했다.

맨슨은 총 4차례의 내한 공연을 가졌는데 올 때마다 기독교계의 극심하게 반대했다. 실제로 맨슨이 진정 사탄을 숭배하는지는 알 수 없다. 하지만 사탄교의 창시자 안톤 라베이(Anton Lavey)에게 1994년에 명예직 사탄교 목사를 수여받았다. 맨슨은 어릴 적에 미션스쿨을 10년 넘게 다닌 독실한 신자였는데 그곳에서 친구들에게 따돌림을 당해도 아무런 조치를 취하지 않는 기독교에 대해 반감이 생겼다고 한다.

추천곡

<Rock Is Dead>, <Sweet Dreams>, <The Beautiful People>, <mOBSCENE>, <This Is the New Shit>, <Deep Six>, <The Fight Song>, <Killing Strangers>, <Disposable Teens> 등

뭐만 하면 우리 탓이래… - 마릴린맨슨

1999년, 미국 콜로라도주의 콜럼바인 고등학교에서 끔찍한 대형 총기 난사 사건이 발생한다. 범인은 두 명인데 해당 학교의 재학생들이었다. 13명이 죽었고 24명이 부상당했으며 당사자들은 총으로 자살했다.

해당 지역의 총기 규제가 허술해서 돈과 신분증만 있으면 쉽게 총을 구입할 수 있었다. 범인들은 다량의 총기와 직접 만든 99개의 수제 폭탄을 준비했고, 학교 내 폭발물 설치 장소와 인근 시선 분산용 설치 장소, 대피 이동 경로 등을 파악한 후 1년 동안 계획을 세웠다. 훗날 이 사건은 여러 범죄들의 카피캣에 영감을 주기도 했다.

이 사건으로 미국 전체가 큰 충격을 받고 각계각층에서 입장이 쏟아졌다. 정부와 언론은 이 사건에 대해 총기 규제법, 청소년 폭력, 따돌림 문화, 경찰의 무능력한 대처 등 사회적인 차원에서 원인을 분석해야 했으나 원인을 지엽적인 것으로 돌리려 했다. 엉뚱하게 범인들의 가정환경, 즐기던 게임, 영화, 음악 등으로 원인을 돌렸다.

범인들의 집에서 발견된 총싸움 게임 '둠', 청소년 마약 관련 영화 「바스켓볼 다이어리(The Basketball Diaries)」, 쇼크 록의 선두주자 마릴린맨슨 등이 타깃이 되었다. 특히 엄청나게 마녀사냥을 당한 것은 단연 마릴린맨슨의 음악이었다. 물론 맨슨이 기괴한 분장과 파괴적인 음악 퍼포먼스를 자주 보여주었지만 그것은 단지 음악적인 컨셉일 뿐이었다.

정부 입장에서는 맨슨이 대중의 관심을 끌기엔 아주 적절한 먹잇감이었다. 언론은 "맨슨의 악마 음악을 듣고 살인을 계획했다"는 따위의 억지를 사고의 원인으로 돌렸다. 맨슨의 음악이 정신을 파괴시켜 마약과 폭력, 살인, 자살 등을 부추긴다는 쓰레기 기사에 대중은 쉽게 속아 넘어갔다. 진짜 폭력과 살인을 저지른 것은 당시 코소보 전쟁에 개입한 미국 정부였으나 정부는 상징조작이라는 기지를 발휘해 대중의 시선을 돌려버렸다.

전국 각지에서 학부모들을 주축으로 맨슨을 반대하는 집회가 열렸다. 3집 발간 기념 전미 투어 중이던 마릴린맨슨은 결국 투어 도중 잠적했고 억울한 심정을 인터뷰에서 토로했다. 이외에도 블랙사바스, 주다스프리스트 등도 자살 사건, 살인 사건에 연루된 적이 있었다. 단편적으로 비춰지는 록/메탈 밴드에 대한 부정적인 시선 때문에 이들은 종종 마녀사냥의 단골손님이 된다. 그중 맨슨이 가장 큰 사건이었다.

이 사태를 본 영화감독 마이클 무어(Michael Moore)는 「볼링 포 콜럼바인(Bowling for Columbine)」이라는 다큐영화를 제작했다. 콜럼바인 사건의 범인들이 평소 볼링을 즐겼으니 볼링도 살인의 원인이 된다는 내용으로 정부의 억지 논리를 꼬집어주는 다큐멘터리 영화였다.

마이클 무어는 영화에서 직접 맨슨의 인터뷰를 담았다. 맨슨의 일목요연하고 정교한 논리를 갖춘 반박 인터뷰는 그나마 그의 억울함을 대중에게 알리는 데 기여했다. 이 영화는 아카데미에서 장편 다큐멘터리상을 수상했다.

2000

00:53

-02:03

2000
Miscellaneous knowledge about pop songs

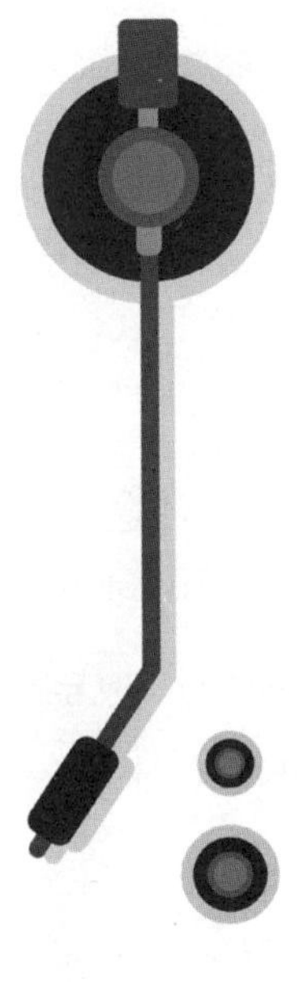

Part 6.

2000년대 음악 장르 및 특징

2000년대 이후는 디지털 혁명과 함께 음악산업이 크게 변화한 시기였다. 인터넷과 MP3의 보급, 스트리밍 서비스의 출현으로 음악의 소비 방식이 혁신적으로 변했다. 이와 함께 장르가 다양하게 발전하고 혼합되면서 새로운 음악 스타일이 탄생했다.

2000년대 음악 장르 및 특징

2000년대 이후는 디지털 혁명과 함께 음악산업이 크게 변화한 시기였다. 인터넷과 MP3의 보급, 스트리밍 서비스의 출현으로 음악의 소비 방식이 혁신적으로 변했다. 이와 함께 장르가 다양하게 발전하고 혼합되면서 새로운 음악 스타일이 탄생했다.

'팝'은 여러 장르와 결합하며 디지털 음악 플랫폼을 통해 글로벌한 인기를 누렸다. 대중적이고 접근이 쉬운 멜로디와 가사를 특징으로 하며 브리트니 스피어스, 크리스티나 아길레라, 케이티 페리, 저스틴 팀버레이크, 에드 시런, 아리아나 그란데, 빌리 아일리시 등이 대표적인 아티스트들이다.

'힙합&랩'은 크렁크, 트랩, 하이프 같은 다양한 스타일과 서브 장르로 발전하면서 여전히 독자적인 영역을 구축했다. 에미넴, 제이지, 카니예 웨스트, 릴 웨인, 50센트, 드레이크, 켄드릭 라마, 트래비스 스콧 등이 있다.

'인디 록&인디 팝'은 주류 음악에서 단절하여 독립 활동하며 실험적이고 독창적인 사운드로 온라인 플랫폼을 통해 마니아틱한 팬층을 형성했다. 대표적인 아티스트로는 아케이드 파이어, 모데스트 마우스, 뱀파이어 위켄드, 피닉스 등이 있다.

'얼터너티브 록'과 '포스트 그런지'는 어두운 주제를 유지하면서도 좀 더 멜로딕하고 접근하기 쉬운 구조의 록 스타일로 대중들에게 인기를 끌었다. 대표적인 아티스트로는 푸파이터즈, 콜드플레이, 라디오헤드, 더화이트스트라이프스, 니켈백, 크리드 등이 있다.

'일렉트로닉 댄스뮤직(EDM)'은 클럽과 페스티벌 문화에서 큰 인기를 끌었다. 강렬한 비트와 신디사이저 사운드를 기반으로 한 댄스음악은 전 세계를 방방 뛰게 만들었다. 대표적인 아티스트로는 다프트펑크, 티에스토, 데이비드 게타, 데드마우스 등이 있다.

컨트리음악은 팝 요소와 결합하여 '컨트리 팝'으로 발전했다. 대중적이고 감성적이며 서정적인 형태로 변화해 크로스오버 히트를 쳤다. 대표적인 아티스트로는 테일러 스위프트, 캐리 언더우드, 레이디 앤터벨럼, 키스 어반 등이 있다.

펑크 록의 강렬한 에너지와 팝의 멜로디가 결합하여 ‘팝 펑크’ 장르가 탄생했다. 빠르고 경쾌한 비트와 단순한 곡 구조는 청소년과 젊은 층에게 큰 인기를 끌었다. 대표적인 아티스트로는 그린데이, 심플플랜, 폴아웃보이, 블링크-182 등이 있다.

소울, R&B, 힙합, 재즈 등의 요소를 혼합하여 깊이 있는 음악과 감성적인 보컬, 가사를 보여준 ‘네오 소울’이 사랑받았다. 현대적인 사운드와 빈티지한 느낌을 잘 표현하며, 대표적인 아티스트로는 에리카 바두, 존 레전드, 디안젤로, 질 스콧 등이 있다.

한국에서 시작된 대중음악인 ‘K-Pop’은 소셜미디어와 유튜브를 통해 글로벌한 팬덤을 형성했다. 비주얼과 퍼포먼스가 강조된 다양한 장르를 혼합했으며 대표적인 아티스트로는 BTS, 블랙핑크 등이 있다.

1980년대 일본의 시티 팝과 신스 팝의 복고적인 요소가 결합한 ‘시티 팝&레트로 웨이브’가 유행했다. 신디사이저와 일렉트로닉 사운드를 토대로 복고적이면서 현대적인 감각을 잘 살려냈다. 대표적인 아티스트로는 나카무라 미츠키, 마이크로비츠, 더나이트플라이트오케스트라 등이 있다.

2000년대 이후 글로벌 음악시장에서 음악적 문화 교류가 활발해지면서 장르 간 경계가 허물어지고 음악의 소비와 제작 방식에 큰 변화를 가져왔다. 디지털 플랫폼이 음악 활동의 중심이 되면서 새로운 트렌드와 장르들이 부상했다.

머리를 밀자, 반짝반짝 - 브리트니 스피어스

브리트니 스피어스(Britney Spears)는 밀레니엄 전후 시대를 대표하는 팝 가수로 역대 가장 성공한 여성 솔로 가수 중 한 명이다. 그녀는 17살에 데뷔 앨범 [Baby One More Time]을 발표하자마자 2,500만 장을 팔아치우며 『기네스』에 등재되었고 당시 보이그룹들이 판을 치던 팝계에서 여성 솔로 가수로서 최정상에 오른다. 2000년대 가장 많이 검색된 인물이 될 정도로 영향력이 컸으며 어디를 가나 파파라치가 따라다니기 일쑤였다.

브리트니는 동료 가수 엔싱크(*NSYNC)의 리더 저스틴 팀버레이크(Justin Timberlake)와의 연애를 공개해 큰 관심을 받았다. 둘은 어린 시절 연예계 등용문이었던 「미키마우스 클럽」이라는 어린이 버라이어티 프로그램에 함께 출연했던 사이였다. 그러나 두 사람은 결별 과정에서 저스틴의 성관계 폭로로 진흙탕 싸움을 시작한다.

저스틴은 「SNL」에 출연해 “나는 아주 유명한 팝 가수와 사귀었다. 공식적으로는 순결을 지키고 있었지만 사람들이 없는 곳에서 엄청나게 관계를 했다”며 핵폭탄급 폭로를 해버린다. 당시 브리트니는 섹시한 이미지의 다른 여가수들과 달리 혼전 순결을 지키고 있다고 인터뷰하며 순수하고 착한 이미지로 큰 사랑을 받는 중이었다. 이후 저스틴은 <Cry Me a River>(2002)를 발표해 그들 사이에 있었던 일을 간접적으로 공개했다. 브리트니가 바람을 피워 헤어졌다는 소문을 암시한 것이다. 이에 브리트니는 <Everytime>(2004)으로 자신의 입장을 표명한다. 이런 일들로 브리트니가 힘들게 쌓아온 이미지는 박살났고 순수한 모습을 좋아하던 팬들도 점차 떠나게 된다.

브리트니의 멘탈은 점점 무너지기 시작했고 여러 남자와 다양한 연애를 시작한다. 한 번은 자신의 동창과 술을 마신 후 홧김에 혼인신고를 했다가 이틀 만에 이혼할 정도로 충동적이고 즉흥적인 모습을 보였다. 이상한 행동을 자주 보이던 중 자신의 백댄서였던 케빈 페더라인(Kevin Federline)과 사랑에 빠진다(재미있는 점은 케빈 페더라인이 이전에 엔싱크의 백댄서로 활동했었다). 하지만 케빈은 이미 애까지 딸린 유부남이었고 다른 여자와 동거 중이었다. 모두가 브리트니를 말렸고 소속사마저 케빈의 뒷조사를 하면서 반대했지만 이미 눈이 돌아버린 브리트니는 만난 지 3개월 만에 결혼해버린다.

브리트니의 돈과 명예가 필요했던 케빈은 신분 상승에 성공하여 자신이 하고 싶은 것을 하기 시작한다. 결혼 생활을 보여주는 버라이어티 프로그램에도 출연하고 브리트니의 돈으로 음악 앨범을 발매하며 대중의 관심을 즐긴다. 그러나 마치 예견된 결말처럼 둘의 결혼 생활은 비극으로 끝나게 된다. 케빈의 바람기와 브리트니의 의심과 집착으로 점차 파국으로 치닫던 중 케빈이 문자로 이혼을 통보한다.

법원은 당시 브리트니가 약물 복용과 우울증에 시달려 아이들을 키울 수 없다고 판단해 양육권을 케빈에게 주었고 둘은 이혼 절차를 밟는다.

2007년, 브리트니는 예고 없이 갑자기 케빈의 집을 찾아가 아들을 보여달라고 하다가 거절당한다. 충격을 받은 브리트니는 충동적으로 근처의 미용실로 들어가 바리캉을 들더니 자신의 머리를 밀어버리는 기행을 저지른다. 이 삭발 장면이 파파라치에게 찍혀 대중에게 알려지면서 큰 충격을 줬으며 미국의 한 매거진은 이를 2007년 최악의 사건으로 선정할 만큼 큰 이슈가 되었다.

이후 브리트니는 정신병원에 입원해 치료를 받았고 이후 가수로 재기하였다.

그 외 추천곡

<Toxic>, <Oops!... I Did It Again>, <Gimme More>, <Hold Me Closer>, <Lucky>, <Womanizer>, <Work Bitch>, <Circus> 등

누가 퇴물이래? - **산타나**

1960년대에 록 음악이 부흥하면서 세계 각국의 고유 음악들과 융합된 퓨전 음악들이 등장했다. 포크 록, 컨트리 록, 블루스 록, 서던 록, 재즈 록, 라가 록 등 수많은 새로운 록 장르들이 파생되었다.

밴드 산타나(Santana)는 카를로스 산타나를 중심으로 1966년에 결성되어 남미의 라틴 리듬과 록이 섞인 '라틴 록'을 선보였다. 1969년 발매한 데뷔 앨범 [Santana]의 수록곡 <Evil Ways>가 히트하면서 우드스탁69에 참가하게 되었고 그들의 존재를 세상에 알렸다.

1970년에 라틴록의 명반이라고 꼽히는 2집 [Abraxas]에서 <Black Magic Woman/Gypsy Queen>, <Oye Como Va>, <Samba Pa Ti> 같은 히트곡을 배출하면서 앨범차트 1위에 올랐다.

1971년엔 훗날 저니의 기타리스트가 되는 닐 숀(Neal Schon)과 함께한 3집 [Santana 3]도 큰 성공을 거두며 연속으로 빌보드 앨범차트 1위를 차지한다.

산타나의 음악은 퍼커션, 콩가, 봉고 같은 타악기를 많이 사용하여 리듬감이 뛰어나고, 정열적이면서도 끈적끈적한 라틴 멜로디가 일품이다. 라틴 뮤직을 기반으로 했지만 지나치게 본토에 치우치지 않고 균형 잡힌 음악으로 사람들이 듣기에 편안하면서도 음악성도 뛰어나다.

사실 산타나 밴드는 이름에서 알 수 있듯이 매우 독단적인 원맨 밴드이다. 멤버들을 동료보다는 세션으로 보는 경향이 있어 항상 갈등을 빚었고 그로 인해 커리어 내내 수많은 멤버 교체가 있었다. 한편으로는 산타나가 늘 새로운 시도와 실험을 원했기에 다양한 연주자가 필요했다. 대외적으로는 협업을 매우 중시하여 상업적인 성공보다는 자신이 존경하고 좋아하는 아티스트들과의 작업을 많이 했으므로 정규 스튜디오 앨범보다 콜라보레이션 앨범을 더 많이 발매하게 되었다.

80년대와 90년대에 살짝 주춤했던 산타나는 1999년 정규 8집 [Supernatural]로 다시 대중음악의 중심으로 돌아온다. 이 앨범은 정규 앨범이지만 동료인 에릭 클랩튼과 당시의 젊은 아티스트들을 대거 영입한 콜라보레이션 앨범이었다.

산타나는 새로운 음악 트렌드를 반영하기 위해 젊은 아티스트들의 재기발랄한 아이디어를 적극 수용했다. 팝과 힙합, 랩 요소가 산타나의 철학과 어우러진 이 앨범은 데뷔 30년 된 노장이 발매한 앨범이라고는 믿기지 않을 만큼 신선했다. 특히 보컬 롭 토머스(Rob Thomas)와 함께한 <Smooth>는 1999년 말부터 2000년 초까지 12주 연속 싱글차트 1위를 차지하며 20세기의 끝과 21세기의 시작을 마크했다. 이어서 R&B 가수 The Product G&B와 함께한 <Maria Maria>가 또다시 10주 연속 싱글차트 1위를 차지한다.

[Supernatural] 앨범은 1971년 이후 28년 만에 앨범차트 1위에 올라 가장 긴 기간이라는 기록을 세우며 3천만 장 이상의 판매고를 올려 산타나가 여전히 건재하다는 것을 증명했다. 2000년 그래미에서는 무려 8개의 부문에서 수상하며 1984년 [Thriller]로 세상을 휩쓸었던 마이클 잭슨과 함께 단일 최다 수상자라는 타이기록을 세워버리는 저력을 보여준다.

산타나의 스타일은 화려한 기교보다는 투박한 전통적인 장인의 느낌이 강하다. 뭔가 중절모를 쓴 모습은 이런 장인의 이미지를 구축하는 데 도움을 주는 것 같기도 하다. 하지만 진정 라틴 록의 거장답게 한 우물을 꾸준히 파온 그의 장인 정신은 그가 그래미 8관왕을 수상하는 데 충분한 이유가 되었다.

관종인가, 챌린저인가 - 카니예 웨스트

카니예 웨스트(Kanye West)는 어릴 적부터 다양한 가수들의 프로듀서로 활동하며 경력을 쌓다가 당시 대스타였던 제이지(JAY-Z)의 눈에 띄어 그의 명반인 6집 [The Blueprint]에 참여하게 된다. 무려 5곡을 프로듀싱하면서 앨범의 성공과 함께 프로듀서로서 입지를 확고히 다진다.

카니예는 보컬의 음정과 속도, 피치를 조절해 리듬을 살려 비트에 녹여내는, 다람쥐가 내는 소리와 비슷한 '칩멍크 소울(Chipmunk Soul)'이라는 새로운 샘플링 기법을 창조해낸다. 하지만 카니예는 프로듀서가 아닌 래퍼로 성공하길 원했다. 당시 래퍼라고 하면 강인한 랩핑과 고단한 인생을 살아온 길거리 출신들만이 랩을 뱉을 수 있다는 편견이 있었다. 카니예는 랩 실력도 애매하고 중산층 출신으로 진실성이나 상품성이 없다는 이유로 여러 레코드사에서 계약을 꺼려했다.

제이지의 레코드사인 라커펠라 역시 썩 내키지 않았지만 프로듀서 카니예를 잃을까 봐 울며 겨자 먹기로 래퍼로서 계약을 맺는다. 카니예의 열정을 보여주는 일례로, 계약 당시 CEO들이 모인 자리에서 책상 위로 올라가 랩을 했다는 설도 있다.

카니예는 1집 앨범 준비 당시 큰 교통사고를 당해 턱이 다 부러져 턱에 철심을 박는 수술까지 받는다. 그러나 카니예는 녹음장비를 병원에 모두 가져와 진통제를 맞아가며 음악을 만들고 부서진 턱으로 랩을 녹음해 2004년 1집 [The College Dropout]를 발매한다.

이 앨범은 길거리 음악 이야기만이 아니라 또 다른 이야기도 힙합에 담을 수 있다는 시사점을 제시했고, 빌보드 1위는 물론 그래미까지 수상하며 힙합의 새로운 장을 열게 된다. 이후 1집과 함께 '곰돌이 3부작' 혹은 '학교 3부작'으로 묶이는 2005년 2집 [Late Registration], 2007년 3집 [Graduation]을 연달아 발매한다. 2집에서는 영화음악 감독인 존 브라이언(John Brion)과 함께했고 3집에서는 스타디움 공연장을 꽉 채울 수 있는 전자 사운드를 도입해 음악의 영역을 더욱 넓혀갔다. 이 앨범들 모두 카니예에게 그래미를 안겨주며 트렌디한 힙합의 대명사이자 대중문화의 새로운 아이콘으로 자리 잡는다.

모두가 믿지 않았던 카니예는 보란 듯이 최정상의 자리로 올라갔다. 잘나가던 카니예는 2009년 역대급 관종 논란을 일으키고 만다. MTV 비디오뮤직 어워드 시상식에서 테일러 스위프트가 수상하는데 갑자기 무대로 올라가 마이크를 가로채 “이 상은 비욘세가 받아야 한다”며 사고를 쳐버린다. 분위기는 순식간에 얼어붙었고 전 세계적으로 욕을 먹었으며 공연이 모두 취소되기도 한다. 심지어 대통령 버록 오바마에게 “재캐스(jackass, 멍청이)”라는 비난을 듣기도 했다. 이미지가 나락으로 떨어진 카니예는 자숙 겸 평소 관심 있던 패션 공부를 위해 이탈리아로 떠난다.

팬디(FENDI)에서 인턴 활동을 하며 향후 오프화이트(Off-White) 창립자이자 루이뷔통(Louis Vuitton) 남성복 디렉터가 되는 패션 거장 버질 아블로(Virgil Abloh)를 만나 교류한다. 이 둘은 훗날 힙합과 스트릿 패션에 크나큰 영향을 미친다.

음악을 하던 비전공자 출신 카니예가 패션과 디자인에 도전하자 많은 사람들은 그를 무시했다. 하지만 카니예는 베이프(BAPE), 루이뷔통과의 협업을 시작으로 서서히 디자이너로서 입지를 다지더니 큼직한 결과물을 만들어낸다. 2009년 자신의 브랜드인 이지(YEEZY)와 나이키가 협업해 에어이지(Air Yeezy)를 발매하고, 2013년 아디다스와 콜라보한 아디다스 이지(Adidas Yeezy)를 내놓아 역대급 성공과 유행을 만들어낸다. 또 2022년에는 갭(Gap)과 콜라보를 했지만 일련의 사건들로 중도 해지되기도 한다.

카니예는 음악과 패션뿐만 아니라 모든 영역에서 유행에 휩쓸리는 것이 아니라 세상에 없던 것, 트렌디한 새로운 것을 창조하고 싶은 욕망으로 가득 차 있다. 물론 반유대 발언, 인종차별, 나치 발언, 자신을 신이라고 칭송하는 등 자신의 신념과 주장이 너무 강해 여러 차례 선을 넘는 모습을 보여주기도 한다. 하지만 항상 도전하는 자세로 보란 듯이 성공해 세상 사람들을 놀라게 하는 모습은 인정할 수밖에 없다.

2020년 대선 출마 이후 계속 나갈 의지를 보이는 첼린저 카니예는 진짜 언젠가 미국의 대통령이 될지도 아무도 모른다.

추천곡

<CARNIVAl>, <Runaway>, <Father Stretch My Hands, Pt. 1>, <Black Skinhead>, <Bound 2>, <Stronger>, <Hurricane> 등

내가 대통령 할거야 - 카니예 웨스트

카니예 웨스트는 수많은 발언 논란과 무대 난입에도 불구하고 천재적인 음악성과 선도적인 패션 스타일로 꾸준히 주목받고 있다.

그는 2015년 MTV VMA에서 2020년 대선 출마를 선언한다. 과거에도 정치적인 발언을 한 적도 있고, 조울증과 정신질환을 앓고 있는 그를 아는 대중들은 그저 흘려들었다. 그러나 5년 후 카니예는 다시 한 번 출마 의사를 밝히며 'Birthday Party'(생일이당. 정당,

잔치의 의미인 Party를 중의적으로 표현)라는 이름의 정당을 창당하겠다고 발표한다.

출정식과 유세에서는 백악관을 영화 「블랙팬서」에 나오는 와칸다처럼 만들겠다는 공약과 함께 아이를 출산하면 100만 달러를 지급하겠다는 파격적인 공약을 밝힌다(허경영 총재의 국가혁명당과 유사하다).

이를 지켜본 테슬라의 일론 머스크가 전폭적인 지지를 표하며 관심을 끌기도 했다. 하지만 실제로 그리 쉽게 창당할 수 없어 무소속으로 출마를 결정한다. 무소속 출마를 위해 각 주에 후보 등록을 해야 했는데, 이 과정에서 선거 조작 논란이 있어 일부 주에서는 철회당하기도 했으나 끝내 부랴부랴 등록을 마친다.

이를 보던 부인 킴 카다시안(Kim Kardashian)은 남편이 정신병을 앓고 있으니 이해해달라는 부탁 글을 SNS에 올리기도 한다. 카니예는 66,694표를 얻어 낙선했지만 2024년에 재도전하겠다고 한다.

이름 따라간다 - 존 레전드

얼마나 자신이 있었으면 자신의 예명을 레전드로 지었을까? 존 레전드(John Legend)는 아이비리그인 펜실베이니아 대학에서 영어영문학을 전공한 수재였다.

대학 시절, 자신이 장으로 있던 아카펠라 동아리 카운터파츠(Counterparts)로 활동할 당시 커버한 곡인 조안 오스본(Joan Osborne)-<One of Us>가 1998년 전미 대학 아카펠라 앨범에 수록될 정도로 호평을 받았다. 대학 졸업 후 보스턴컨설팅그룹에 입사해 일을 하면서도 꾸준히 곡 작업을 하다가 2001년 카니예의 앨범에 참여하면서부터 본격적으로 음악 활동을 시작한다.

2004년 데뷔 앨범 [Get Lifted]를 발매하여 <Ordinary People>로 R&B/소울의 신예로 우뚝 선다. 이어 발매된 2006년 2집 [Once Again]에선 <P.D.A>, 2008년 3집 [Evolver]에선 <Green Light>, 2013년 4집 [Love in the Future]에선 <All of Me> 등이 줄줄이

큰 사랑을 받는다.

존 레전드는 뛰어난 작곡과 작사 능력으로 편안한 멜로디 라인에 유니크한 반전의 곡 구성을 잘 보여주었다. 정통 R&B/소울에 펑키한 힙합이나 전자음악을 가미한 실험적인 음악도 선보였다.

그는 또한 피아노를 자유자재로 연주하면서 소울을 구사할 줄 아는, 호소력 있는 다재다능한 아티스트이다. 전체와 부분을 모두 볼 줄 알면서 본인만의 특유한 감성을 잘 표현한다는 평이다. 존 레전드는 항상 진정성 있는 음악적 신념을 꾸준히 이어가려고 노력하며, 존경받을 만한 인품까지 겸비해 남녀노소 누구에게나 사랑을 받고 있다.

미국의 대중문화계에는 각 분야를 대표하는 4개의 시상식이 존재한다. TV 방영 매체와 관련된 분야의 에미상(Emmy), 음악 및 청각 매체에 관련된 분야의 그래미상(Grammy), 영화 관련 분야의 오스카상(Oscar), 연극 및 뮤지컬 같은 극예술 관련 분야의 토니상(Tony)으로 이 중 하나만 수상해도 아주 영광이다.

별 따기만큼 어려워 보이는 수상을 4번 모두 수상한 사람에겐 시상식의 앞 글자를 따 EGOT Winner라고 부른다. 대중문화 끝판왕이라고 볼 수 있는 Winner들은 미국 역사상 단 16명밖에 존재하지 않는데, 존 레전드가 그중 한 사람이다.

존 레전드는 2004년 데뷔 후 2006년 첫 그래미상을 수상하여(지금까지 총 12회 수상) 첫 단추를 꿨으며 2015년에는 영화 「셀마」의 OST <Glory>로 오스카상을, 2017년에는 연극 「지트니(Jitney)」로

토니상을, 끝으로 NBC 특집 생방송「Jesus Christ Superstar Live in Concert」로 2018년에 에미상을 수상해 그랜드슬램을 달성한다.

16명 중 유일한 흑인 남성이며(유일한 흑인 여성은 우피 골드버그) 39세의 역대 2번째 어린 나이로 Winner가 되었다(최연소는「겨울왕국」의 <Let It Go>의 작곡가로도 유명한 로버트 로페즈'Robert Lopez'로 네 시상식을 두 번씩 수상한 유일한 더블 EGOT Winner이기도 하다).

존 레전드가 정말 놀라운 건 달성하기까지 데뷔 후 14년, 첫 수상 후 12년밖에 걸리지 않았다는 것이다. 이 짧은 기간 안에 존 레전드는 자신의 이름이 '전설'이라는 것을 증명이라도 하듯 진짜 레전드에 등극해버린다.

여담이지만 2020년 봉준호 감독이「기생충」으로 오스카 4관왕을 했을 당시 미국의 방송인 존 밀러(John Miller)가 한국어 수상 소감이 미국을 파괴한다는 글을 트위터에 올린다. 존 레전드는 그의 발언에 화가 나 "이런 멍청한 글은 돈을 받고 쓰는 거냐, 아니면 재미로 쓰는 거냐!"며 비판했다.

왕따 주제에, 넌 절대 유명해질 수 없어 - 레이디 가가

스테파니 제르마노타(Stefani Germanotta)는 센트럴파크가 있는 맨해튼에서 나고 자랄 만큼 부유한 환경에서 태어났다.

어릴 적부터 피아노에 재능을 보였지만 예술학교에 진학하지 않고 가톨릭 미션스쿨인 'Sacred Heart'에 입학한다. 이 학교는 패리스 힐튼(Paris Hilton)과 같은 재벌가 자녀들이 졸업하고, 영화 「가십 걸」의 배경이 되는 명문학교지만 상류층의 아이들 사이에서도 따돌림이 존재했다.

스테파니는 키가 작고 코가 크며 뚱뚱하다는 이유로 왕따 및 언어폭력을 당했는데 학교 자체가 워낙 보수적이라 훗날 그녀가 레이디 가가(Lady Gaga)로 성공한 것에 대해서도 학교의 수치로 여겼다.

이 답답한 환경 속에서 힘겹게 버텨낸 가가는 뉴욕대의 티시

(Tisch) 예술대학에 조기 입학하지만 성격과 음악적 견해가 맞지 않아 또 다시 따돌림을 당한다. 동기들은 "Stefani Germanotta, you will never be famous(스테파니 저먼노타, 넌 절대 유명해질 수 없어)"라는 페이스북 그룹을 만들어 가가의 사진을 마음대로 사용하면서 조롱하기도 했다.

결국 상처를 받은 가가는 자퇴하고 밴드를 만들어 음악 활동을 시작한다. 운 좋게 레코드사와 계약했지만 3개월 만에 방출되며 다시 상처를 받았고, 클럽에서 스트립쇼를 하며 마약에 손을 대고 심지어 성폭행까지 당하는 등 방황의 시간을 보낸다.

힘든 생활 중 몇 명의 은인들을 만나 불행의 실타래를 차근차근 풀어나간다. 먼저 프로듀서이자 전 남친인 롭 푸사리(Rob Fusari)를 만나 레이디 가가라는 이름을 얻게 된다. 퀸의 곡 <Radio Gaga>에서 따왔으며 가가의 보컬 스타일이 프레디 머큐리와 비슷하고 그를 존경하기 때문이었다.

또 전위 예술가인 레이디 스타라이트(Lady Starlight)와 함께 공연을 다니며 무대의상, 패션, 메이크업 스타일, 공연 스타일을 자연스럽게 체화했고 이는 훗날 그녀의 퍼포먼스에 큰 영향을 끼쳤다. 가가는 잠시 전업 작곡가로 일했는데, 가이드 녹음을 들은 에이콘(Akon)이 자신의 레이블과 계약을 맺어 데뷔시킨다.

2008년 데뷔 앨범 [The Fame]이 발매되고 <Just Dance>와 <Poker Face> 등이 큰 사랑을 받아 단숨에 스타덤에 오른다. 훌륭한 음악성과 독특한 컨셉으로 이목을 끌었는데, 가가는 팝 음악과 시각적 형상화의 조화를 중요하는 아티스트였다. '하우스 오브 가가(Haus of Gaga)'라는 개인 크리에이티브 팀과 함께 일했는데, 이들은 모두 26세 이하의 젊은 감성의 팀원들로 구성되어 가가의 의상, 소품, 무대 세트, 화장 등 시각적으로 표현되는 모든 것을 책임진다.

가가는 본인을 단순히 노래만 하는 가수로 보지 않고 행위예술 그 자체로 봐주길 바랐다. 그녀는 콘서트에서 한 번씩 너무 앞서간 행위예술 퍼포먼스(옷을 탈의해 성기 노출, 목을 자르는 퍼포먼스, 온몸에 피를 뒤집어쓰는 퍼포먼스, 자위행위 등)들과 충격적인 의상(생고기 드레스, 랍스터 의상, 개구리 의상, 별 의상 등)들로 구설수에 오르곤 했다.

음악적 스펙트럼도 상당히 넓은 아티스트이다. [The Fame]에서는 댄스 팝, 신스 팝을 주로 선보였고, 이후 [Born This Way]에서는 일렉트로닉에 록, 디스코, 하우스 등을 가미했으며, [ARTPOP]에서는 좀 더 초월적인 색채를 뽐냈다. 60살 연상의 원로 재즈 가수 토니 베넷(Tony Bennett)과 함께한 정통 재즈 앨범 [Cheek to Cheek]도 발매하고, [Joanne]에서는 어쿠스틱, 컨트리풍의 음악을 선보였다. 과도한 컨셉으로 인해 가창력이 별로일 거라는 편견을 이러한 다양한 음악성으로 과감히 타파하였다.

상업적으로 엄청난 성공을 거둔 가가는 그래미 역사상 유일하게 POP 카테고리의 모든 부문을 수상하는 아티스트가 되었다. 총 13개의 그래미 트로피를 비롯하여 다 논할 수 없을 정도로 수많은

'최초/유일'의 타이틀을 거머쥐었다.

가가는 음악뿐만 아니라 연기에도 일가견이 있다. 「아메리칸 호러 스토리」, 「스타 이즈 본」, 「하우스 오브 구찌」 등에 출연하여 아카데미, 골든글로브, 오스카 등에서 여우주연상 후보에 오르기도 했으며 타 부문에서는 수상의 영광도 안았는데, 단순히 흥행몰이용 스타를 섭외하여 연기를 하는 것이 아니라 진심으로 훌륭한 연기를 선보였다.

수년간 왕따를 당해 자존감이 바닥까지 떨어졌던 레이디 가가는 현재 더 이상 자신과 같은 고통을 겪는 청소년이 없어야 한다며 학교폭력(왕따) 추방 재단을 설립하여 활동하고 있다. 그 밖에도 성소수자를 지지하고 에이즈 예방 및 치료와 관련된 활동을 하고 있으며, 아이티와 일본에 대지진이 발생했을 때 구호금을 마련하는 데 앞장서기도 했다.

겉으로만 보면 상당히 괴짜처럼 보일 수 있지만 선한 마음으로 꾸준한 기부를 해 2010년, 2011년에는 세상에서 가장 선행(기부)을 많이 한 스타에 오르기도 했다. 한때의 왕따가 조금씩 세상을 바꾸고 있다.

그 외 추천곡

<Always Remember Us This Way>, <Rain on Me>, <Shallow>, <Telephone>, <Bad Romance>, <Born This Way>, <I'll Never Love Again>, <Hold My Hand> 등

꽉꽉 채운다 - **에미넴**

2000년대에 전 세계 아티스트 중 가장 많은 음반 판매고를 기록(2000~2010년 사이 3,200만 장)한 에미넴은 2010년대에 들어와 전성기는 지났다는 평가를 받고 있었다.

이에 에미넴은 자신이 여전히 건재함을 증명하기 위해 2013년 10월 15일 싱글 <Rap God>을 발매하며 현란한 랩 스킬을 선보인다. 이 곡은 엄청난 속사포 랩 곡으로 러닝타임 6분 4초 동안 무려 1,560개의 단어를 사용하여 『기네스』에 '세상에서 가장 많은 단어가 들어간 곡'으로 등재된다. 이를 환산하면 초당 4.28개의 단어를 내뱉은 셈이다. 초당 4.28개의 음절을 말하기도 힘들 텐데…, 대단한 기록이다.

더욱이 이 단어들은 아무렇게나 막 뱉어낸 단어가 아니라 라임(Rhyme)과 펀치라인(Punch Line)까지 모두 완벽하게 짜여 있어 에

미넴은 이 곡으로 '랩 갓'이라는 타이틀을 얻게 된다. 그리고 2020년 1월 31일 발매된 또 다른 싱글 <Godzilla>에서는 '30초 안에 가장 많은 단어를 사용한 곡'으로 다시 한 번 기네스북에 등재된다.

곡의 마지막 부분인 2분 57초부터 약 30초 동안 229개 단어를 사용했는데 1초에 7.6개의 단어를 내뱉은 셈으로 <Rap God> 이후 다시 한 번 발군의 실력을 보여주며 새로운 기록을 세웠다.

그 외 추천곡

<Houdini>, <Without Me>, <Lose Yourself>, <Stan>, <The Real Slim Shady>, <Mockingbird> 등

끝까지 예술로 가는구만 - **데이비드 보위**

2016년 1월 8일, 데이비드 보위는 69번째 생일에 맞춰 25번째 앨범 [Blackstar]를 발매한다. 그리고 이틀 후인 1월 10일, 그는 갑작스럽게 세상을 떠난다. 팬들은 뜻밖의 죽음이라 혹시 사고라도 당한 게 아닌가 생각했지만 공식적인 사망 원인은 암이었다. 18개월간의 투병 사실을 누구에게도 알리지 않으며 극비리에 앨범 작업을 했던 그는 마지막 선물을 남기고 그렇게 떠났다.

그의 죽음을 맞이한 후 이 앨범과 뮤직비디오를 곱씹어보면 데이비드 보위의 천재성을 다시 한 번 느낄 수 있다.

그는 죽음으로 인해 열 수 있는 수많은 수납 장치를 만들어놓았다. 평소 우주적인 관점의 내용을 많이 다뤘던 보위의 [Blackstar]라는 단순한 제목도 죽음을 맞이한 후에는 의학용어로 암을 지칭하는 'Black star'라는 의미를 깨닫게 된다. 음악적으로 이 앨범은 아트록을 기반으로 다양한 요소를 담았다. 난해한 전개와 아방가르드한 리듬, 변박(변박자[變拍子])적인 사운드에 재즈, 블루스, 심지어 성가적인 요소들까지 잘 표현했다. 이전까지 자신이 해오던 음악과 현대적인 감각을 더해 총체적으로 담아냈으며 평생의 음악을 되짚어볼 수 있는 총망라된 앨범이다.

4개의 페르소나 이전 데이비드 보위를 세상에 알린 <Space Oddity>란 곡이 있다. 이 곡은 톰 소령이라는 우주비행사가 지구를 떠나면서 관제소와의 교신을 주고받다 회로가 망가져 우주 미아가 되는 스토리이다. 1969년, 발매와 실제 아폴로 11호 발사의 시점이 맞물려 큰 인기를 끌었다.

이후 톰 소령은 <Ashes to Ashes>, <Hallo Spaceboy>, <Slow Burn> 등의 곡에서도 직·간접적으로 등장했다. 마지막 뮤직비디오인 <Blackstar>을 보면 한 여성 외계인이 덩그러니 앉아 있는 우주복 하나를 발견한다. 가까이 다가가 헬멧을 여는데 긴 세월이 흐른 해골이 있었고 외계인은 시체를 거두어 숭배하는 모습을 보여준다. 아마 보위는 예술가로서 자신이 뿌려놓은 최초의 분신 톰 소령을 거두어들이면서 자신의 행적이 깔끔하게 정리되길 원했던 것 같다.

또 다른 수록곡 <Razarus>의 뮤직비디오의 마지막 장면에선 관으로 연상되는 옷장에 직접 걸어 들어가 스스로 문을 닫으면서 자신의 죽음을 넌지시 암시했다. 자신의 예상되는 죽음까지도 팬들을 위해 컨셉으로 사용하며 예술로 승화시켜버렸다. 대체 어느 누가 죽임이 다가오는 그 암담한 순간에도 이런 생각을 할 수 있을까? 정말 데이비드 보위다우면서도 오직 보위만이 할 수 있는, 진정 소름 끼치는 아티스트이다.

참고로 라자루스(라자로/나사로)는 성경에서 병환으로 죽었다가 부활한 인물이다. 훗날 보위가 직접 돌아올 수 있다면 가장 '좋겠지만' 그게 아니라면 무언가 또 다른 작품을 남겨놓지 않았을까, 기대를 하게 된다.

노벨상을 받은 최초의 가수 - **밥 딜런**

스웨덴 한림원은 2016년 노벨 문학상에 대중가수인 밥 딜런을 선정해 세상을 깜짝 놀라게 했다. 문인 또는 작가가 아닌 대중가수가 수상할 자격이 되는가라는 새로운 논란은 세간의 화제였다.

한림원은 선정 이유에 밥 딜런의 가사는 대중음악 안에서 시적 표현을 창조했으며 밥 딜런의 음악은 귀를 위한 시이어서 수상 자격이 충분하다고 밝혔다. 전 세계에서 수많은 작가들은 노벨 문학상 수상을 부정하고 반대하는 글을 SNS에 올렸다. 어느 작가는 이제 '나도 그래미상을 수상할 수 있다'며 비아냥댔다.

찬성한 측은 가요의 작곡도 글쓰기의 일종이라며 반대 측 인사들의 좁은 시각을 꼬집었고, 밥 딜런의 수상으로 문학과 음악의 울타리를 파괴하고 새로운 패러다임을 제시했다며 한림원의 선택을 지지했다. 과연 앞으로의 흐름도 어디를 향할지 미래가 궁금해지는 상황이다.

밥 딜런은 1960년대부터 은유적인 가사로 많은 이들의 마음에 파고들었다. 그의 가사에는 폭력, 전쟁, 차별 등 당대 정치·사회적인 문제를 다루었고 평화 정신을 보여주었다. 문학적이면서 철학적인 메시지는 미국의 많은 대학에서 강좌로 개설될 만큼 교육적으로도 가치가 컸다. 단순하고 표면적인 이야기를 많이 다루던 비틀스도 밥 딜런을 만난 후부터 내면의 심도 있는 가사를 쓰기 시작했다는 점은 앞에서 밝힌 바 있다.

밥 딜런의 훌륭한 가사를 더욱 돋보이게 만들어주는 것이 바로 부드러운 그의 음악이다. 간결하면서 반복적인 음률을 통해 표현하려는 것들이 뇌리에 더 깊이 박힌다. <Blowin' in the Wind>, <Knockin' on Heaven's Door>, <Like a Rolling Stone> 등의 노래를 들으면서 가사를 읊어보면 마음 한구석에서 강한 감정의 전율이 느껴진다.

밥 딜런은 뭔가 알려고 하면 할수록 속을 더 알 수 없는 신비로운 인물 같다. 그를 완벽하게 이해할 순 없지만 그가 말하고자 하는 바를 조금이라도 깨닫고 싶다면 집중해서 들어보길 추천한다.

여담으로 밥 딜런은 1997년부터 노벨 문학상에 꾸준히 노미네이트되었지만 수상엔 전혀 기대하지 않았다고 한다. 2016년 수상할 당시 발표 현장에 다른 노벨 수상자들이 모두 참석했지만 그 혼자만 일정이 있어 유일하게 참석하지 못하고 4개월 뒤에 받아갔다고 한다.

새로운 장르의 탄생, 흉노 록 - 더후

수십, 수백 년의 시간 동안 음악은 모두 정의할 수 없을 정도로 수많은 장르가 만들어졌다. 단순한 박수 소리조차 음악이라 칭할 수 있으며 원초적인 과거의 음악에서 새로운 악기를 도입하여 결합하고 파생시키는 발전적인 과정을 반복해 현재에 이르렀다.

세월이 누적된 만큼, 또 그에 따라 더 나올 것이 있겠나 싶을 정도로 다양한 장르가 존재하지만, 최근에 신선한 장르가 탄생해 전 세계적으로 큰 놀라움을 자아냈다. 그것도 록의 불모지인 몽골에서 말이다.

몽골의 음악 프로듀서 다쉬카(Dashka)는 몽골 전통음악과 헤비메탈을 접목시켜 세상에 알리고 싶었다. 이를 위해 멤버들을 찾아 나섰지만 몽골 음악이 세계에 통할 수 있을까 하는 의문 때문에 누구 하나 긍정적으로 보는 이가 없었다.

다쉬카는 포기하지 않고 7년에 걸쳐 자신과 뜻을 함께할 멤버를 만나게 되는데 갈라(Gala), 엔쿠쉬(Enkush), 자야(Jaya), 템카(Temka) 4명이 그들이다. 밴드 이름은 더후(The Hu). 이들은 몽골 국립예술대학교에서 전통음악을 수료했거나 몽골 국립오케스트라에서 연주한 경험이 있는 실력자들이었다. 일부 몽골인들은 전통을 훼손시킨다며 손가락질을 하기도 했다.

이들은 몽골의 전통악기인 마두금, 텁쇼르, 주즈하프를 메인으로 하고 드럼과 전기기타 사운드는 최소한으로 사용해 신선한 사운드를 만들어냈으며 또 몽골의 전통 '흐미' 창법을 사용하여 묘한 긴장감을 불러일으켰다.

흐미 창법이란 한 사람이 성대에서 베이스 음을 내고 또 다른 발성기관에서 한 음을 더 만들어내는, 두 가지 이상의 소리를 동시에 내는 독특한 창법이다. 과거 드넓은 초원에서 소리의 파장을 크게 하여 동물들을 부르기 위해 사용되었고 현재 유네스코에 의해 인류무형유산으로 지정되었다.

몽골풍의 사운드와 현대적인 음악과의 퓨전으로 특유의 무게감 있는 기개와 주술적이자 몽환적인 면모가 잘 느껴진다. 또한 멋진 무기 같은 외형의 전통악기와 무대의상은 장인들에게 직접 의뢰해 수개월에 걸쳐 만들어졌다고 한다.

칭기즈칸이 호령했던 과거에 비해 현재 초라해진 몽골을 비판하는 <Yuve Yuve Yu>(2018), 몽골제국 시기의 군대를 연상케 하는 <Wolf Totem>(2018), 칭기즈칸을 찬양하는 <Shoog Sh-

oog>(2019) 곡들은 빌보드차트 상위권에 오르기도 했다.

이들은 몽골 문화를 세계에 알린 공로로 최고 훈장인 칭기즈칸 훈장을 받기도 했다. 새로운 장르인 'Hunnu Rock'(훙노 록, 자신의 조상 격인 흉노족에서 따온 이름)은, 전에 들어본 적이 없는 음악으로 전 세계 리스너들의 가슴을 설레게 만들었다.

BTS보다 57년이나 빠르다고? - **사카모토 큐**

방탄소년단(BTS)은 2020년 8월 21일에 발매한 디지털 싱글 <Dynamite>로 9월 5일 발표된 '빌보드 핫 100 차트'에서 1위를 차지한다. 이는 2012년 싸이의 <강남스타일>이 아쉽게 7주간 2위에 머문 이후 한국인들의 가슴을 뚫어준 쾌거였다. 이로써 BTS는 한국인으로서 최초로 '빌보드 핫 100 차트' 1위를 차지한 아티스트가 되었다.

아시아 최초로 1위를 차지한 곡은 BTS보다 57년 앞선 1963년 6월 15일부터 3주간 1위를 기록한 사카모토 큐의 <Sukiyaki>라는 곡이다.

이 곡은 원래 1961년 일본에서 <위를 보고 걷자(上を向いて歩こう)>라는 제목으로 발매되었다. 가사의 내용은 아무리 힘들어도 하늘을 보며 힘을 내자라는 희망적인 메시지인데 제목이 너무 뜬금없는 일본요리 '스키야키'다.

1962년 일본을 방문한 영국 레코드사 사장이 이 노래가 마음에 들어 음반을 영국으로 가져갔고, 영국의 재즈밴드 케니볼(Kenny Ball) 악단이 재녹음하는 과정에서 "우에오 무이테 아루코우"라는 발음이 어려워 즉석에서 쉽게 떠올릴 수 있는 일본어 단어 '스키야키'로 바뀌었기 때문이다. 이후 미국 DJ들에게 인기를 얻게 되는데 영국에서 사용된 제목 그대로 굳어지게 되었다. 놀라운 점은 이 곡이 일본어 원어 그대로 1위를 차지했다는 것이다.

일본은 사카모토 큐(1941~1985) 이후에도 여러 아티스트들이 빌보드에 도전했다. 1979년 여성 듀오 핑크레이디, 1980년 사카모토 류이치가 소속되어 있던 YMO(Yellow Magic Orchestra), 1985년 아시아 록밴드 중 최초로 빌보드에 랭크된 Loudness 등이 빌보드의 문을 두드렸다.

이제 아시아가 세계 음악시장에 메인스트림에 편입될 날이 머지 않아 보이며 한국이 주도적으로 그 역할을 해내길 기대해본다.

The Endless World of Pop

00:53 -02:03

에필로그

로커가 되고 싶었습니다. 중학생 시절, 우연히 들은 Judas Priest의 <Painkiller>는 저에게 너무나도 큰 충격 그 자체였습니다. 무대 위에 할리데이비슨을 타고 등장해 천하를 호령하는 초고음의 샤우팅과 무지막지하게 때려 부수는 연주는 저를 광분 상태로 만들었습니다. 세상에 이렇게 멋진 음악이 존재한다는 것을 알곤 록/메탈 장르를 듣기 시작했습니다.

한동안 강한 음악이 최고인 줄 알았던 중2병의 저는 시간이 흘러 음악에 다양성이 있음을 알게 되었고, 훗날 소프트한 팝들까지 들여다보게 되었습니다. 당시 친구 태혁이와 함께 멤버를 모아 스쿨밴드인 '중추신경'(동네 하찮은 밴드)을 결성했는데 이로써 로커가 되고 싶다는 꿈을 잠시나마 펼칠 수 있었습니다. 무대 위에서 노래했던 그때의 추억들은 현재 짧은 제 인생에서 가장 값진 경험 중 하나입니다.

평생 헤비메탈을 하고 싶었던 어린 시절의 저와 달리, 멤버들은 각자의 길을 위해 학업에 열중하였고, 공식적인 해체는 아니지만 자연스럽게 해산했습니다. 삶의 목표가 크게 없었던 저는 고등학생 시절 주구장창 메탈만 들으며 시간을 보냈으니 학교 성적은 당연히 뒷전이었습니다. 고3이 되었을 때 태혁이에게 한 통의 전화를 받았습니다. 공부 열심히 해서 같은 대학교에 가서 밴드 음악을 하자는 것이었습니다. 그 이야기를 듣고 온몸에 영롱한 기운이 돌았고, 처음으로 목표를 가지게 되었습니다.

내가 이 세상에서 가장 좋아하는 것을 하겠다는 의지로 그날부터 공부하기 시작했습니다. 그렇게 해서 수능에서 원하는 성적을 받아냈고 원서를 쓸 때 전부 같이 가기로 약속한 대학교에만 냈습니다. 전공? 그런 건 관심도 없었습니다. 그냥 그 학교에만 들어가면 됐습니다. 운이 닿아서인지 태혁이와 함께 같은 학교에 입학하였고, 록밴드 동아리들을 찾아다니며 한 걸음 더 나아가보려 했습니다. 꿈의 날개를 제대로 펼쳐보고 싶었지만, 대학 생활을 하면서 주변의 이야기를 들으며 생각이 많이 바뀌었습니다. 나이를 조금씩 먹으면서 꿈보다는 현실에 타협해야겠다는 판단이 들어 결국 지금 여기까지 오고 말았습니다.

현재 직장에 몸담고는 있지만 그래도 여전히 메탈을 사랑하고 있습니다. 그동안 전자기타, 피아노, 바이올린, 미디 등을 배워봤으나 끈기와 재능이 부족해서 뭐 하나 진득이 하지는 못했습니다. 음악을 전공하신 어머니의 유전자를 물려받았을 텐데도 왜 그런지 모르겠습니다. 하지만 제가 세상에서 가장 사랑하는 것을 어떻게든 아웃풋으로 만들어내고 싶은 나머지 이 책을 집필하게 되었습니다. 어떠한 형태로든 나라는 존재를 음악이라는 카테고리 안에 담그게 만들고 싶었습니다.

한편으로는 그런 생각도 듭니다. 과연 내가 세상에서 가장 좋아하는 것을 업으로 삼았더라면 행복했을까? 현실과의 괴리 속에서 내가 좋아하는 록/메탈이 미워지진 않았을까? 맞습니다. 음악인을 꿈꿨던 사람으로서 실현하지 못한 꿈에 대한 정신승리입니다.

한번은 누군가가 물었습니다. “가사도 못 알아듣고 소음, 굉음에 가까운 음악을 들으면서 대체 뭐가 좋냐?”라고요. 저도 정확히 모르겠습니다. 그냥 메탈을 듣고 있을 때가 가장 심적으로 평온하고 행복해집니다. 기쁠 때, 슬플 때, 힘들 때, 외로울 때, 화가 날 때, 아플 때, 설렐 때, 밥 먹을 때, 커피 마실 때, 산책할 때, 운전할 때, 샤워할 때, 생각할 때…. 모든 순간 내 귀와 뇌, 심장으로 록/메탈이 흘러들어와 나를 잡아주고 있습니다.

방에 숨어서 미친 음악을 들으며 미친놈처럼 감동의 눈물을 흘리는 저를 보며 결론을 내렸습니다. 한 번 메탈 팬은 영원히 메탈헤드로 남는다는 것을….

밴드 중추신경(2007~) 리더 박정한

P.S. 집필 기간 커피 한잔 시켜놓고 몇 시간씩 버티던 저를 이해해주고 물심양면으로 도와주신 대구광역시 북구 대현동 경북대학교 서문 카페 어펙션(Affection) 대표님과 스태프분들께 감사드립니다.

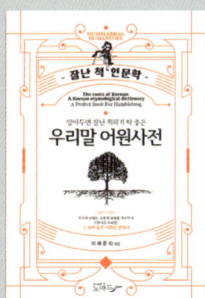

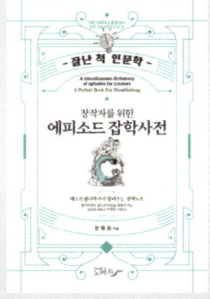

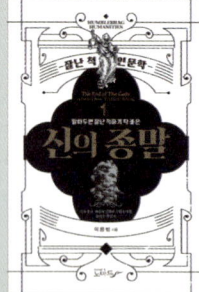

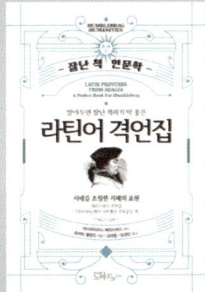

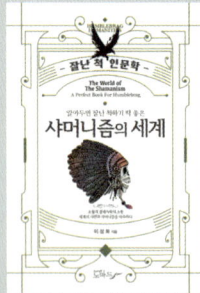

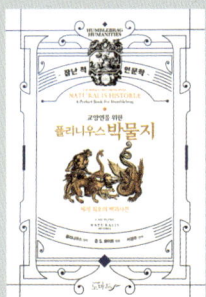